高等学校规划教材
GAODENG XUEXIAO GUIHUA JIAOCAI

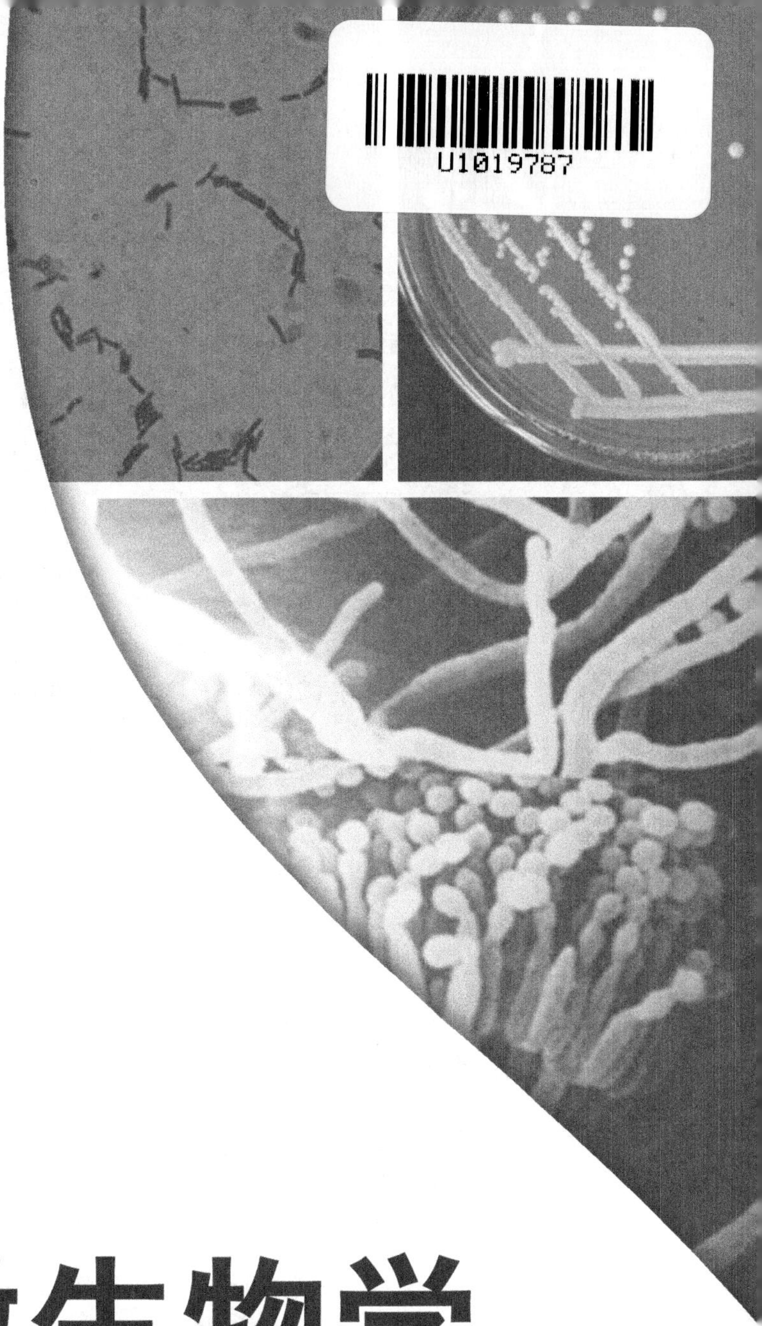

食品微生物学

SHIPIN WEISHENGWUXUE

贺稚非　李平兰　主编

西南大学出版社
国家一级出版社　全国百佳图书出版单位

图书在版编目(CIP)数据

食品微生物学 / 贺稚非，李平兰主编. ——重庆：西南师范大学出版社，2010.4(2024.2 重印)

ISBN 978-7-5621-4887-6

Ⅰ.①食… Ⅱ.①贺… ②李… Ⅲ.①食品微生物－微生物学 Ⅳ.①TS201.3

中国版本图书馆 CIP 数据核字(2010)第 044923 号

食品微生物学

贺稚非　李平兰　主编

责任编辑：杜珍辉

书籍设计：CASPALY 尚品视觉 周 娟　钟 琛

出版发行：西南大学出版社(原西南师范大学出版社)

印　　刷：重庆市圣立印刷有限公司

幅面尺寸：185 mm×260 mm

印　　张：17

字　　数：420 千字

版　　次：2010 年 7 月第 1 版

印　　次：2024 年 2 月第 3 次印刷

书　　号：ISBN 978-7-5621-4887-6

定　　价：52.00 元

编委会

主　编　贺稚非　李平兰

副主编　杜小兵　陈晓红

参　编　（按姓氏拼音）

陈晓红　南京农业大学

杜小兵　西南大学

贺稚非　西南大学

李平兰　中国农业大学

刘春芬　徐州工业职业技术学院

吴丽萍　南昌大学

项锦欣　重庆理工大学

旭日花　中国农业大学

余　翔　湖北师范学院

前 言 QIAN YAN

当前，不少有远见卓识的科学家都同意“21 世纪将是生物学世纪”的见解。在“生物学世纪”中，微生物学将起着特别重要的作用。自然科学中，如果说生命科学还是一个“朝阳科学”的话，则微生物学只能认为是一门“晨曦科学”；如果说微生物学是一个“富矿”的话，则目前它还是一个“刚剥去一层表土的富矿”。这是因为在微生物中存在着高度的物种、遗传、代谢和生态类型的多样性。微生物的多样性构成了微生物资源的丰富性，而微生物资源的丰富性则决定了对它的研究、开发和利用的长期性。

人类正面临着多种危机，诸如粮食危机、食品安全危机、能源匮乏、资源紧缺、生态恶化和人口爆炸等。人类进入 21 世纪后，将遇到从利用有限的矿物资源时代过渡到利用无限的生物资源时代而产生的一系列新问题。微生物细胞不仅是一个比面值大、生化转化能力强、能进行快速自我复制的生命系统，还具有物种、代谢和生态的多样性，使得它们能够在解决人类面临的各种危机中发挥其不可替代的独特作用。

(1)与人们生活息息相关的白酒、果酒、啤酒、葡萄酒等各种酒类，酸奶、干酪等各种乳制品，东方人饮用的酒酿，日本人的清酒，中国的绍兴酒；用近代发酵或酶反应技术生产的食品原料，葡萄糖、麦芽糖、果葡糖浆、甘露糖醇等；食品的添加剂如面包酵母、味精、赖氨酸、柠檬酸、甜味肽、肌苷酸和鸟苷酸(增鲜剂)，葡萄糖氧化酶和异维生素 C，乳链菌肽(Nisin 食品防腐剂)等重要的食品工业原料都是微生物发酵的产物。

微生物在其生命活动中产生的代谢产物一般可以分为两类：即初级代谢产物和次级代谢产物。初级代谢产物一般属于能量代谢或分解代谢的产物，如乙醇、有机酸(柠檬酸、乳酸、醋酸和丙酸等)、核酸、氨基酸、丙酮一丁醇、酶制剂、多糖类等；次级代谢产物是在微生物细胞分化过程中产生的，往往不是细胞生长所必需的产物，对细胞的生长并不具有明显的作用，而且通常以一簇结构相似的化合物组成，例如具有重要工业应用价值的抗生素、色素、蛋白抑制剂、免疫调节剂、甾体激素类、具有抗癌作用的活性物质、生物农药等。

(2)微生物与食品安全：当今由微生物导致的食品安全问题已经成为一个世界性的公共卫生问题。全球食品安全事件中大约有 70%是由于微生物引起的，近年来大的食品安全事件如日本的雪印酸奶发生金黄色葡萄球菌中毒，美国的花生酱类食品发生沙门氏杆菌中毒以及疯牛病、霍乱杆菌、结核等，给人类的健康带来威胁。

(3)微生物与粮食：微生物在提高土壤肥力、改进作物特性（如构建固氮植物）、促进粮食增产、防止粮食作物的病虫害、防止粮食霉腐变质以及把多余粮食转化为糖、SCP（单细胞蛋白）、各种饮料和调味品等方面，都可大显身手。

(4)微生物与能源：化石能源日益枯竭正在严重地困扰着世界各国。微生物在能源生产上有其独特的优点，目前已发现高温厌氧菌——热纤梭菌等能直接分解纤维素产生乙醇，降解植物秸秆；利用甲烷菌把自然界蕴藏量最丰富的可再生资源转化成甲烷；利用光合细菌、蓝细菌或厌氧梭菌等微生物可生产"清洁能源"——氢气。

(5)微生物与资源：微生物能将地球上永不枯竭的纤维素等可再生资源转化成各种化工、轻工和制药等工业原料。

(6)微生物与环境保护：利用微生物肥土、微生物杀虫剂或农用抗生素来取代会造成环境恶化的各种化学肥料或化学农药；利用微生物来净化生活污水和有毒工业污水。

食品微生物学是食品科学与工程、食品质量与安全等的必修课程，它以生物化学、有机化学、生物学、物理学和数学等为基础，专门研究与食品有关的微生物的形态结构特征、生理生化特性、生长繁殖规律、环境因素对微生物生长的影响、微生物的分类、微生物生态、微生物遗传变异与育种，掌握本门课程的基本理论、基本知识、基本技能，开发利用微生物生产对人类生活有利的方面，利用有益的微生物发酵生产调味品和食品，拓展食品的种类；对于引起食品腐败、导致食源性食物中毒的有害微生物要千方百计控制它，延长食品的货架期，保证食品的质量和安全性，杜绝食物中毒。

本书具有内容新颖性、系统性、启发性，参考了国内外优秀的教材，如[美]M. T. 马迪根等主编的《微生物生物学》、[美]James M. Jay 等主编的《现代食品微生物学》第六版，[英]J. Nicklin 等著的《微生物学》、周德庆主编的《微生物学教程》、沈平，范秀容等主编的《微生物学》、刘志恒著的《现代微生物学》、江汉湖 主编贺稚非副主编的《食品微生物学》。在书后附有主要的参考书，供读者查询和使用。

全书共十章，分别由西南大学、中国农业大学、南京农业大学、南昌大学、重庆理工大学、湖北师范学院完成，编者都是长期从事食品微生物学的教学科研经验丰富的老师，第一章贺稚非编写，第二章贺稚非、吴丽萍，第三章项锦欣，第四章吴丽萍，第五章贺稚非，第六章杜小兵，第七章余翔，第八章陈晓红，第九章刘春芬，第十章李平兰、旭日花。

在编写过程中得到西南大学各级领导的关心和支持，得到了西南大学出版社的领导和责任编辑等的大力支持和关心以及编委所在单位和领导的支持，在此一并致谢。在本书出版之际谨向他（她）们表示诚挚的谢意！

目录 MU LU

第一章 绪论 …… 001
1 微生物和食品微生物的概念 …… 001
2 微生物学的发展史 …… 003
3 21世纪的微生物学的展望 …… 010
4 食品微生物学研究的对象和任务 …… 011

第二章 微生物的主要类群及其形态结构 …… 012
1 原核微生物与真核微生物的概念及其区别 …… 012
2 细菌的形态结构 …… 013
3 放线菌 …… 035
4 真核微生物的形态结构及其生理功能 …… 038
5 病毒的形态结构 …… 053
6 微生物的分类鉴定 …… 064

第三章 微生物的营养 …… 069
1 微生物的营养 …… 069
2 微生物的营养类型 …… 075
3 营养物质进入菌细胞的方式 …… 077
4 培养基 …… 079

第四章 微生物的代谢 …… 085
1 微生物的能量代谢 …… 085
2 微生物的分解代谢 …… 092
3 能量转换 …… 098
4 微生物独特的合成代谢 …… 099

第五章 微生物的生长 …… 107
1 微生物生长的概念 …… 107
2 微生物生长量的测定 …… 107
3 微生物的群体生长规律 …… 110
4 环境因素对微生物生长的影响 …… 115

第六章 微生物遗传变异与育种 …… 128
1 微生物遗传变异的物质基础 …… 129
2 微生物的基因突变 …… 135
3 微生物的基因重组 …… 146
4 微生物的菌种保藏及衰退与复壮 …… 154

第七章 微生物的生态 …… 161
1 微生物在自然界中的分布与菌种资源的开发 …… 161
2 微生物与生物环境间的关系 …… 167
3 微物在生态系统中的地位与作用 …… 170

第八章 微生物与食品的加工生产 …… 174
1 细菌在食品加工中的应用 …… 174
2 酵母菌在酿酒工业中的应用 …… 186
3 霉菌在食品加工中的应用 …… 194
4 微生物在功能制品及食品添加剂生产中的应用 …… 201

第九章 微生物污染食品的来源及引起食品变质的主要微生物 …… 208
1 微生物污染食品的来源 …… 208
2 食品的细菌污染 …… 210
3 霉菌及其毒素对食品的污染 …… 220

第十章 食品的腐败变质及其控制 …… 227
1 食品的腐败变质 …… 227
2 食品腐败变质的控制 …… 246

第一章　绪论

1　微生物和食品微生物的概念

1861年，英国的哲学家和教育家斯宾塞在其著名的《教育论》中指出"人体健康是一切幸福的要素"这个精辟的观点。在现代科学中，对人类健康关系最大、贡献最为突出的应该算是微生物产生的抗生素了，微生物从产生到现在，为人类社会的进步和发展作出了自己的贡献。

在食品工业中乳酸菌发酵的美味酸奶和奶酪、酵母菌发酵生产的芳香面包、酒类以及微生物发酵的火腿、香肠等，使你享受到了食品微生物带给你的恩惠，多么色香味美的食品！可以说微生物与食品工业关系的重要性，你怎么强调也不过分。但是任何事物都有它的两面性，微生物也是一把十分锋利的双刃剑，它造福于人类的同时也给人类带来巨大的伤害，甚至是毁灭性的灾难。1347年由鼠疫耶尔森氏菌(*Yersinia pestis*)引起的瘟疫几乎毁灭了整个欧洲，有三分之一的人口死于这场灾难，后来的80年里，这种疾病一再猖狂，毁灭了75%的欧洲人口，一些历史学家认为这场灾难甚至改变了欧洲文化。我国在解放前夕也多次流行鼠疫，死亡率很高。目前新的传染病出现，如疯牛病、高致病性禽流感，艾滋病(AIDS)在全球蔓延，肺结核、霍乱等也卷土重来，金黄色葡萄球菌、沙门氏杆菌、志贺氏菌、蜡状芽孢杆菌等微生物引起多种食物中毒。因此，掌握食品微生物学的基本知识，利用有益的微生物造福于人类，生产种类繁多芳香的发酵食品；在食品生产的过程中，从原料到餐桌实现全程控制，控制有害的微生物污染食品，保障食品的质量安全，是我们从事食品生产和研究的人员义不容辞的责任。

1.1　微生物和食品微生物的概念

微生物(Microorganism，microbe)是一切个体微小、结构简单、种类多、繁殖快、分布广、肉眼看不见或看不清的微小生物的总称。它们包括原核微生物中的细菌(真细菌和古生菌)、放线菌、蓝细菌(又叫蓝绿藻或蓝藻)、支原体、立克次氏体和衣原体；真核微生物(酵母菌、霉菌和蕈菌)、原生动物和显微藻类以及属于非细胞类的病毒和亚病毒(类病毒、拟病毒和朊病毒)。

食品微生物学是在普通微生物学的基础上，专门研究与食品有关的微生物的性状及其在一定条件下微生物与食品的相互关系，利用有益微生物发酵生产食品，拓展食品的种类，对食品有害微生物，控制其生长繁殖，防止食品的腐败及疾病的传播，保证其质量安全。

1.2 微生物的主要生物学特性

缤纷的微生物世界中，微生物细胞的形态和大小差异很大，它们具有重要的共性，即个体微小、结构简单、表面积大、生长繁殖快、种类多、分布广、易变异、适应性强。

1.2.1 生长繁殖快

微生物具有极高的生长和繁殖速度。大肠杆菌是人类研究较为透彻的微生物细胞，在适宜的生长条件下，繁殖一代所需要的时间仅仅为12.5～20分钟，按平均20分钟繁殖一代计算，一个细胞一小时可繁殖三次，一昼夜可繁殖72次，按几何级数繁殖，由一个菌就产生4722366500万亿细胞。实际上，由于营养、代谢产物等条件的变化，微生物的快速分裂繁殖的速度只能维持一定的时间，一般大约12个小时进入稳定期，在液体培养基中细菌细胞的浓度达10^8～10^9个/mL，最高达到10^{10}～10^{12}个/mL 。

1.2.2 个体微小，表面积大

微生物细胞个体微小，结构简单，一般是单细胞微生物，少数真核微生物为简单多细胞结构微生物，还有非细胞结构的病毒。一般用微米(μm)单位描述大小，肉眼直接看不见，必须借助于光学显微镜才能看见。微生物细胞的体积越小，其比表面积越大。由于微生物细胞的比表面积大，使其在吸收营养物质、排除代谢产物方面具有很高的效率，以及与环境信息的交流功能正常进行。

1.2.3 种类多，分布广

目前人类对微生物的认识是十分有限的，所以估计细菌、古生菌和病毒的数量就很困难。微生物的种类繁多，据统计，微生物总数在200万～300万之间，其中人类记载过的有8万左右(其中细菌已知4760，真核有7.2万，病毒有5000)，而且每年都有新种发现。从分布上看，微生物分布在自然界的各个角落，除了火山的喷口中心外，正如苏联学者阿梅里扬斯基院士对微生物的描述："它们真是无处不在……"。可以认为微生物永远是生物圈上下限的开拓者和各项生存记录的保持者。

随着分子生物技术在研究微生物多样性的迅速应用，发现了特殊生态环境中的许多未知微生物。它们在医学微生物学、环境微生物学，发现新物种及其新生物学特性方面有突出的意义。PCR技术的应用已经使我们能比较容易地分析16SrRNA保守基因，研究微生物多样性，特别是那些不可培养的微生物。然而，从微生物混合样品中进行PCR扩增基因也有一定的困难。如何设计物种特异性分子探针是值得进一步研究的课题。

微生物的多样性还包括形态多样性、细胞化学多样性、代谢多样性、运动多样性、发育多样性、遗传多样性等，这些内容在后面的内容中有论述。

1.2.4 适应性强，易变异

微生物具有非常灵活的适应性，这是任何高等动植物都无法比拟的。主要原因是微生物细胞体积小、面积大的特点。它们可以适应低温、中温、高温、高酸、高盐、高压、高碱、高毒和高辐射等环境，有些甚至对这些条件具有惊人的适应力，堪称生物界之最。

微生物个体一般都是单细胞、简单多细胞或非细胞结构，它们通常都是单倍体，具有繁殖快、数量多以及与外界环境直接接触等特点，因此即使是变异频率十分低，也可在短时间内产生出大量变异的后代。有益的变异可为人类创造巨大的经济效益和社会效益，如发酵青霉素的菌种(产黄青霉 *Penicillium chrysogenum*),1943 年开始发酵时只能生产大约 20 单位的青霉素,现在早已超过了 5 万单位了;有害的变异也存在,如各种致病菌耐药性的变异、高致病菌菌株的变异等对人类健康有极大的威胁,工业菌种的生产性状的退化使经济效益降低等都是微生物变异的结果。

1.3 食品微生物研究的对象和内容

微生物研究作为一门学科比动物学、植物学要晚得多,至今不过 100 多年的历史。由于微生物细胞太小,在显微镜下才能看清楚,因此微生物学(Microbiology)定义为研究肉眼直接看不到的生物生命活动规律的科学。这些微小的生物包括非细胞结构的病毒、亚病毒(类病毒、拟病毒和朊病毒),原核细胞结构的真细菌、古生菌,真核细胞结构的酵母菌、霉菌和蕈菌、单细胞藻类、原生动物等。近年来发现一些少数细菌是肉眼可以看见的,如 1993 年正式确定为细菌的 *Epulopiscium fishelsoni* 以及 1998 年报道的纳米比亚硫磺珍珠(*Thiomargarita namibiensis*),均为肉眼可见的细菌。

食品微生物学研究的对象有细菌、酵母、霉菌、放线菌和病毒,以细菌、酵母菌、霉菌为主要的研究对象。主要研究的内容是微生物生命活动规律的科学。具体研究微生物的形态结构特征、营养与代谢、生理生化特性、生长繁殖规律、分类鉴定、遗传变异、微生物与其它生物之间的相互关系、微生物在食品加工的应用和有害微生物的防止。

食品微生物学具体研究的内容有微生物的形态结构、营养代谢特性、生长繁殖规律、遗传变异规律、微生物分类、生态等生命活动规律的科学,同时研究微生物在食品工业中的应用,利用有益的微生物发酵生产食品,控制有害的腐败微生物在加工过程中对食品的污染,保障食品的安全性。

在分子水平上研究微生物生命活动规律的分子微生物学,重点研究微生物与宿主细胞相互关系的新型学科领域。伴随着人类基因组计划兴起的微生物基因组学等分支学科和新型领域的兴起,标志着微生物学的发展又迈上了一个新的台阶,正以全新的面貌进入 21 世纪。

1.4 微生物在生物分类中的地位

由于微生物的多样性以及独特的生物学特性,如个体微小、繁殖快、分布广等,使其在整个生命科学中占有十分重要的地位。无论是 1969 年 Whittaker 提出的五界系统,还是 1977 年 Woese 提出的三域(Domain)系统以及 1966 年美国 P. H. Raven 等提出的动物界、植物界、原生生物界、真菌界、真细菌界和古生菌界六界系统,微生物都占据了绝大多数的位置,分别是 3/5 和 2/3 强。这是微生物在整个生物界的分类地位。

2 微生物学的发展史

2.1 微生物学形态学发展阶段——微生物的发现

人类在发现微生物细胞之前,已经不知不觉地利用微生物发酵生产食品和酒类。我国劳动人民很早就认识到微生物的存在和作用,是最早使用微生物的少数国家之一。

根据 Pederson(1971)报告,最早酿造啤酒的证据是在古巴比伦时代。据考古学家推测我国在 8000 年以前已经出现了曲蘖酿酒了;公元前 4000 多年前我国酿酒十分普遍;公元前 3000 年埃及人就食用牛奶、黄油和奶酪;2500 年前我国发明了酿酱、醋、酱油,知道用曲治疗消化道疾病。日本的酱油、食醋技术在公元 369～404 年从中国传入(Masai,1980)。公元 6 世纪(北魏时期),我国贾思勰的巨著《齐民要术》详细地记载了制曲、酿酒、制酱和酿醋等工艺。

大约 1000 年前,罗马人使用雪来包裹虾和其他易腐败变质的食品。熏肉的制作作为一种贮藏方法可能是从这个阶段开始的。虽然用了大量微生物学的知识和技术于食品制作、保藏,效果也佳,但微生物究竟和食品有什么关系?食品保藏的机理是什么?食品传播疾病的原因是什么?仍然是个谜。到了 13 世纪人们认识到肉食的质量特性,但还是无法解释肉的质量与微生物之间的关系。在此之前,麦角中毒(由真菌麦角菌引起),造成了很多人死亡,仅在公元 943 年法国因为麦角中毒死亡 40000 多人,而当时不知道这是由真菌引起的。

在食品微生物学发展历史上,具有里程碑作用的科学家中我们应该铭记列文虎克、巴斯德和科赫,他们为微生物学诞生为一门学科作出了重大贡献。

17 世纪中叶,荷兰商人安东尼·范·列文虎克(Antony Van Leeuvwenhock,1632～1723)是第一个看见并描述微生物的人。他用自制显微镜(放大倍数是 50～300 倍),观察到不同的细菌,首次揭示了一个崭新的微生物世界,由于他划时代的贡献,1680 年被选为英国皇家学会会员。

2.2 生理学阶段

在列文虎克发现微生物形态后的 200 年里,微生物的研究基本上停留在形态描述和分门别类的阶段。19 世纪中期,法国的路易斯·巴斯德(Louis Pasteur1822～1895)和德国的科赫(Robert Koch,1843～1910)将微生物的研究从形态的描述发展到生理学研究,建立了从微生物的分离、接种、纯培养到消毒、灭菌等一系列独特的微生物技术,奠定了微生物学的基础,揭示了微生物是食品发酵、食品腐败、人和动物疾病的原因。他们是微生物的奠基人,也是食品微生物的奠基人。

巴斯德为微生物学的建立和发展作出了卓越的贡献,巴斯德的突出贡献如下:

(1)彻底否定了自然发生学说

在这之前人类一直认为生物是自然发生的,虽然到了 17 世纪以后,对动植物生长发育和生活循环的研究,对"自生学说"产生了怀疑,但由于技术问题,任何证实微生物不是自然发生的仍是难题,巴斯德在前人工作的基础上,进行了许多实验,其中著名的曲颈瓶实验证实了空气中确实存在微生物,是有机物质腐败的原因。巴斯德自制了一个具有细长弯曲颈的玻璃瓶,其中盛有有机物质水溶液,经过加热灭菌后,瓶内可以一直保持无菌状态,不发生腐败变质,这是因为弯曲的瓶颈阻挡了外面空气中的微生物进入有机物质溶液内,如果瓶颈破裂瓶内溶液中出现微生物,有机物质就会发生腐败变质。巴斯德的实验彻底否定了"自生学说",并从此建立了病原学说,推动了微生物学的发展。

(2)证明发酵是由微生物引起的

酒精发酵是一个由微生物引起的生物过程还是纯粹的化学反应过程?曾是化学家和微生物学家激烈争论的问题。巴斯德认为一切发酵都与微生物的生长、繁殖有关,并经过多年的研究分离了许多引起发酵的微生物，证实酒精发酵是由酵母菌引起的。巴斯德还发现乳酸发酵、醋酸发酵和丁酸发酵都是不同细菌所引起的。推动了微生物由形态学向生理生化以及建立微生物的分支学科方向发展，为工业微生物学、食品微生物学和酿造学奠定了基础。

(3)创立了巴斯德消毒法(60℃～65 ℃,30 min)

一直沿用至今天的巴斯德消毒法(60℃～65 ℃,30 min)是杀死有害微生物的一种消毒方法，是巴斯德在研究法国葡萄酒变质和家蚕微粒子病的问题时发明的方法，这是巴斯德对人类的重大贡献，它推动了病原微生物学的发展。

(4)免疫学——预防接种

1798 年英国的 Jenner 医生发明了接种痘苗预防天花，但他并不明白免疫过程的机理。1887 年巴斯德研究了鸡霍乱，发现将病原菌经过减毒可诱发免疫性，从而预防鸡霍乱病，之后他又研究了炭疽病和狂犬病，首次制备成狂犬疫苗，为人类防治传染病作出了杰出贡献。

科赫和巴斯德是促进微生物诞生为一门学科并驾齐驱的科学家。作为著名的细菌学家，科赫的功绩在于：

(1)证实了炭疽病是由炭疽菌引起的；发现了肺结核病的病原菌，这是当时死亡率极高的传染病，因此科赫获得了诺贝尔奖；提出了证明某种微生物是否为某种疾病病原菌的基本原则——科赫法则。科赫在病原菌研究方面的开创性的工作，使 19 世纪 70 年代到 20 世纪 20 年代成了发现病原菌的黄金时代，包括植物病原菌。

(2)微生物基本操作技能方面的贡献

科赫发明了固体培养基分离纯化微生物技术，这是微生物学研究的基本技术，这项技术一直沿用至今天；发明了配制培养基的方法，这也是微生物研究的基本技术之一；发明了微生物的染色制片等技术，在微生物研究的方法学方面作出了重大贡献。

1892 年，苏联的伊万诺夫斯基发现烟草花叶病毒，开创了病毒学。

1909 年，德国医生和化学家埃尔里赫(Paul Ehrlich)用化学药剂控制病菌，发现了治疗梅毒的药物 606，开创了化学治疗。他的成功鼓舞了无数科学家去寻找更多、更好的化学治疗剂，终于在 1935 年，德国医生 G. Domagk 和同事发明了治疗链球菌感染的新药，一种红色的染料——百浪多息，同年证实其有效成分是磺胺。

1929 年弗来明(Alexander Fleming)发现他培养的葡萄球菌被某种物质杀死了，通过培养、显微镜检测是普通面包上生长的青霉菌，他推测产生有某种特殊的化学物质，通过研究发现青霉素确实分泌了具有抑制其他微生物生长的毒素，当时命名为盘尼西林(Penicillin)。1929 年弗来明报道了该结果，但他的研究结果不被重视，直到 1939 年，法国的微生物学家发现了一种细菌产生的化合物能用于阻止细菌的生长时，弗来明的研究报道才受到重视。

第二次世界大战爆发，军队急需医治伤兵伤口的感染，澳大利亚医生和同事开始分离纯化青霉素，并在美国研究成功了青霉素的扩大发酵和提纯工作，1943 年青霉素成功地应用在突尼斯和西西里战役中 500 名伤兵的治疗，第二次世界大战结束时，青霉素生产量扩大，取代了磺胺类药物。

1944 年，美国微生物学家瓦克斯曼(S. Waksman)从近一万株放线菌中找到了疗效显著的链霉素，接着相继发现了氯霉素、金霉素、土霉素、红霉素、新霉素、万古霉素、卡那霉素和庆大霉素等抗生素。

在微生物学发展的生理学时期，以巴斯德和科赫为代表的科学家在微生物学实验方法上取得了突破性的进展，他们创立的加热灭菌法和微生物纯培养等方法至今仍然是微生物学和其他相关学科研究中有效的、无法取代的基本方法。巴斯德和科赫的杰出工作，使微生物学作为一门独立的学科开始形成，并出现以他们为代表而建立的分支学科，如细菌学、消毒外科技术、免疫学、土壤微生物学、病毒学、植物病理学、真菌学、食品的罐藏防腐和酿造学以及化学治疗法等，微生物的研究内容日趋丰富，使微生物学迅速发展。

2.3 现代微生物学时期

20 世纪 80 年代以来，微生物在分子水平上的研究迅速发展，分子微生物学应运而生，出现了许多新概念，如生物多样性、转化、转导，细菌染色体结构和全基因组测序；细菌基因表达的调控和对环境变化的适应机理；细菌的发育及其分子机理；细菌细胞之间和细菌与动植物之间的信号传递等。

1997 年第一个真核生物酵母菌全基因组测序完成；埃希氏大肠杆菌基因组测序完成；流感嗜血杆菌全基因组测序完成，前面已经完成几十种微生物基因组的序列测定，在此过程中因微生物基因组的测序方法的不断改进，为人类基因组计划的序列测定完成奠定了基础。微生物基因组序列分析表明，在某些微生物中存在一些与人类某些遗传疾病相似的基因，因此可以利用这些细菌的模型来研究这些基因的功能，为认识庞大的人类基因组及其功能提供简便的模式。

综上所述，20 世纪的微生物学是与其他学科交叉和相互促进、获得令人瞩目的发展的过程，也为整个生命科学的发展作出了巨大贡献，并在生命科学的发展中占有重要地位。20 世纪 70 年代后，基因工程使得人们可以按照意愿定向改造菌种，使获得新型微生物产品成为可能，如今分子生物学逐渐成熟为一门崭新的独立学科。食品微生物发展大事记如表 1-1，食品立法发展过程如表 1-2。

表 1-1 食品微生物发展大事记

时间	重大事件
1659 年	Kircher 证实了牛乳中含有细菌
1680 年	列文虎克发现了酵母细胞
1780 年	Scheele 发现酸乳中主要酸是乳酸，1782 年，瑞典化学家开始使用罐贮的醋
1813 年	Donkin Hall & Gamble 对罐藏食品采用后续工艺保温技术，认为可使用二氧化硫作为防腐剂
1820 年	德国诗人 Justinus Kerner 描述了香肠中毒(可能是肉毒中毒)
1839 年	Kircher 研究发黏的甜菜汁，发现可在蔗糖液中生长，并使其发黏的微生物
1843 年	I. Winslow 首次使用蒸汽杀菌
1853 年	R. Chevallier-Appert 食品的高压灭菌获得专利
1857 年	巴斯德证明乳酸发酵是微生物引起的。在英国 Penrith，W. Taylor 指出牛乳是伤寒热传播的媒介
1861 年	巴斯德用曲颈瓶试验，证明微生物非自然发生，推翻了自然发生说
1864 年	巴斯德建立了巴氏消毒法
1867～1868 年	巴斯德研究了葡萄酒的难题，并采用加热法除去不良微生物，方法进入工业化实践
1867～1877 年	科赫证明炭疽病是炭疽菌引起的

续表 1-1

时间	重大事件
1873 年	Gayon 首次发表鸡蛋由微生物引起变质的研究，Lister 第一个在纯培养中分离出乳酸乳球菌
1874 年	在海上运输肉的过程中首次广泛使用冰
1876 年	发现腐败物质中的细菌总是可以从空气、物质或容器中检测到
1878 年	首次对糖的黏液进行微生物学研究，并从中分离出肠膜明串珠菌
1880 年	在德国开始对乳进行巴斯德杀菌
1881 年	科赫等首创明胶固体培养基分离细菌、巴斯德制备了炭疽菌疫苗
1882 年	科赫发现结核杆菌，从而获得诺贝尔奖
	Krukowisch 首次提出臭氧对腐败菌具有毁灭性杀伤作用
1884 年	E. Metchnikoff 阐明吞噬作用；Koch 发明了细菌染色和细菌的鞭毛染色
1885 年	巴斯德研究狂犬疫苗成功，开创了免疫学
1888 年	Miguel 首先研究嗜热细菌，Gaertner 首先从 57 人食物中毒的肉食中分离出肠炎沙门氏菌
1890 年	美国对牛乳采用工业化巴斯德杀菌工艺
1894 年	Russell 首次对罐藏食品进行细菌学研究
1895 年	荷兰的 Von Geuns 首先进行牛乳中细菌的计数工作
1896 年	Van emenegem 首先发现了肉毒梭状芽孢杆菌，并于 1904 年鉴定出 A 型，1937 年鉴定出 E 型肉毒梭状芽孢杆菌
1897 年	Bucher 用无细胞存在的酵母菌抽提液，对葡萄糖进行酒精发酵成功
1901 年	E. von Ehrlich(GR)白喉抗毒素
1902 年	提出嗜冷菌概念，0℃条件下生长的微生物
1906 年	确认了蜡样芽孢杆菌食物中毒
1907 年	E. Metchnikoff 及合作者分离并命名保加利亚乳酸杆菌，B. T. P. Barker 提出苹果酒生产中醋酸菌的作用
1908 年	P. Ehrilich(GR)\ E. Melchnikoff(R) 免疫工作
1908 年	美国官方批准苯甲酸钠作为某些食品的防腐剂
1912 年	嗜高渗微生物，描述高渗环境下的酵母
1915 年	B. W. Hammer 从凝固牛乳中分离出凝结芽孢杆菌
1917 年	P. J. Donk 从奶油状的玉米中分离出嗜热脂肪芽孢杆菌
1919 年	J. Bordet(B)免疫性的发现
1920 年	Bigelow 和 Esty 发表了关于芽孢在 100℃耐热性系统研究。Bigelow，Bohart，Richoardson 和 Ball 提出计算热处理的一般方法，1923 年 C. D. Ball 简化了这个方法
1922 年	Esty 和 Meyer 提出肉毒梭状芽孢杆菌的芽孢在磷酸缓冲液中的 Z 值为 18F
1926 年	Linden，Turner 和 Thom 提出了首例链球菌引起的食物中毒
1928 年	在欧洲首次采用气调方法贮藏苹果
1929 年	Fleming 发现青霉素
1938 年	找到弯曲菌肠炎暴发的原因是变质的牛乳
1939 年	Schleifstein 和 Coleman 确认了小肠结肠炎耶尔氏菌引起的胃肠炎
1943 年	美国的 B. E. Proctor 首次采用离子辐射保存汉堡肉
1945 年	Mcclung 首次证实食物中毒中产气荚膜梭菌的病理机理
1945 年	青霉素的发现和它的治疗价值
(GB)/E. B. Chain	
(GB)/H. W. Flory	
(Au)	

时间	重大事件
1951 年	日本的 T. Fujino 提出副溶血性弧菌是引起食物中毒的原因
1952 年	Hershey 和 Chase 发现噬菌体将 DNA 注入宿主细胞。Lederberg 发明了影印培养法
1954 年	乳酸链球菌肽在奶酪加工中控制梭状芽孢杆菌腐败的技术在英国获专利
1955 年	山梨酸被批准作为食品添加剂
1959 年	Rodney Porter 发现免疫球蛋白结构
1960 年	F. M. Burnet(Au)\ P. B. Medawar(GB)发现对于组织移植的获得性免疫耐受性
1960 年	Moller 和 Scheible 鉴定出 F 型肉毒梭菌。首次报告黄曲霉产生黄曲霉毒素
1969 年	Edeman 测定了抗体蛋白分子的一级结构。确定产气梭状芽孢杆菌的肠毒素，Gimenez 和 Ciccarelli 首次分离到 G 型肉毒梭菌
1971 年	美马里兰州首次暴发食品介导的副溶血弧菌性胃肠炎，第一次暴发食物传播的大肠杆菌性胃肠炎
1972 年	G. Eelman (US)抗体结构研究
1973 年	Ames 建立细菌测定法检测致癌物
1975 年	Köhler 和 Milstein 建立生产单抗体技术。L. R. Koupal 和 R. H. Deible 证实沙门氏菌肠毒素
1976 年	B. Blumberg (US),D. C. Gajdusck (US)发现乙型肝炎病毒的起源和传播的机理；慢性毒感染的研究
1977 年	Woese 提出古生菌是不同于细菌和真核生物的特殊类群。Sanger 首次对 Φ×174 噬菌体 DNA 进行了全序列分析
1977 年	R. Yalow (US) 放射免疫试验技术的发现
1978 年	澳大利亚首次出现 Norwalk 病毒引起食物传播的胃肠炎
1980 年	B. Benacerraf (US)、G. . mell (US)、J. Dausset (F)发现组织相容性抗原
1981 年	美国暴发了食物传播的李斯特病。1982～1983 年在英国食物传播的李斯特病
1982～1983 年	Prusiner 发现阮病毒(Prion)。美国首次暴发食物介导的出血性结肠炎 Ruiz-Palacios 等描述了空肠弯曲杆菌肠毒素
1983～1984 年	Mullis 建立 PCR 技术
1984 年	C. Milstein (GB)、G. J. F. Köhler (GR)、N. K. Jenne (D)单克隆抗体形成技术的建立(milstein & Köhlei)；免疫学的理论工作(Gerne)
1985 年	在英国发现第一例疯牛病
1987 年	S. Tonegawa (J)发现抗体多样性产生的遗传原理
1988 年	在美国，乳链球菌肽被列为一般公认安全(GRAS)
1990 年	在美国对海鲜食品强调实施 HACCP 体系
1990 年	第一个超高压果酱食品在日本问世
1993 年	K. B. mullis (US) 发现聚合酶链反应
1995 年	第一个独立生活的流感嗜血杆菌全基因组序列测定完成
1996 年	第一个自养生活的古生菌基因组测定完成，詹姆氏甲烷球菌基因组测序工作完成，酵母基因组测序完成
1996 年	大肠杆菌 $O_{157}H_7$ 在日本流行
1996 年	P. C. Doherty (Au),R. M. Zinkernagel (Sw)T 淋巴细胞识别病毒感染细胞机理的发现
1997 年	第一个真核生物酵母菌基因组测序完成，埃希氏大肠杆菌基因组测序完成；发现纳米比亚硫珍珠状菌，这是已知的最大细菌
1999 年	美国超高压技术在肉制品加工中得到商业化应用
2000 年	发现霍乱弧菌有两个独立的染色体

表 1-2　食品立法

时　间	项　目
1890 年	美国通过了第一部关于肉品检验的国家法令,但只要求检验出口的肉制品
1906 年	美国国会通过了美国食品和药品条例
1919 年	纽约市健康委员会签署了要求对牛奶进行巴氏消毒的法令
1939 年	美国新的食品药物和化妆品条例成为法规
1957 年	美国执行强制性家禽及其制品法规
1958 年	美国通过了食品药物和化妆品有关添加剂的条例
1967 年	美国国会通过安全肉条例,并于 12 月 5 日成为法规
20 世纪 60 年代	我国制定了食品卫生微生物检验方法
20 世纪 70 年代	出版了《食品卫生检验方法－微生物学部分》
1984 年	中华人民共和国国家标准 GB4789.1－4789.28－24《食品检验方法－微生物学部分》中华人民共和国食品卫生法(试行)
1987 年	我国卫生部文件关于食品新资源卫生管理办法
1994 年	国家卫生部批准的中华人民共和国国家标准:食品企业通用卫生规范 GB14881－94。并以通用卫生规范为准则,先后制定了罐头、酒类、面粉、肉类等 15 个专业规范
1994 年	中华人民共和国国家标准 GB14880－94 食品营养强化剂使用卫生标准
1995 年	由全国人民代表大会常务委员会通过的中华人民共和国食品卫生法
1996 年	中华人民共和国国家标准 GB2760－1996 食品添加剂使用卫生标准、含标准附录 A、B、C、D,即食品用香料名单、营养强化剂新增品种、胶姆中胶基物质及其配料名单、食品工业加工助剂推荐名单
1996 年	我国卫生部颁发《保健食品管理办法》,并相应成立了全国保健食品审评委员会
1997 年	我国卫生部文件关于批准《食品添加剂使用卫生标准》(1997 年增补品种)的通知
2009 年	第十一届全国人民代表大会常务委员会第七次会议通过中华人民共和国食品安全法,2009 年 6 月 1 日开始执行。

2.4　我国微生物学的发展

我国是具有 5000 年文明史的古国,是最早的几个认识和利用微生物的国家之一。在酿造酒、酱油、醋等微生物产品以及种痘、制麦曲、进行防病治疗等方面具有卓越的贡献。但微生物作为一门科学进行研究,我国起步较晚。中国科学家开始从事微生物学研究在 20 世纪初,1910～1921 年伍连德用近代微生物学知识对鼠疫和霍乱病原进行探索和防治,在中国最早建立起卫生防疫机构,培养了第一支预防鼠疫的人才队伍,当时这项工作居于国际先进地位。20 世纪 20～30 年代,我国学者开始对医学微生物研究较多,其中汤飞凡等在医学细菌学、病毒学、免疫学等方面的某些领域做出过较高水平的成绩,如沙眼病原体的分离和确证是具有国际领先水平的研究。30 年代开始在高等学校设立酿造科目和农产品制造系,以酿造为主要课程,创建了一批与应用微生物学有关的研究机构,魏岩寿等在工业微生物方面做出了开拓性的工作。戴芳澜和俞大绂是我国的真菌学和植物病理学的奠基人;陈华癸和张宪武对根瘤菌固氮作用的研究创立了我国农业微生物学;高尚荫创建了我国病毒学和第一个微生物学专业。总的来看,新中国成立之前,我国的微生物学的研究队伍和研究水平较薄弱,没有我国自己的现代微生物工业。

新中国成立后,微生物在我国有了划时代的发展,一些重点大学开设了微生物学专业,50 年代以后,培养了一大批人才,轻工院校开设了食品专业、发酵专业,其中食品微生物学是支柱课程,80 年代后许多农业院校建立了食品系,也开设了食品专业,食品微生物学课程和研究工作愈来愈受到重视,研究的内容和水平有较大的提升。

3 21 世纪的微生物学的展望

20 世纪的微生物学走过了辉煌的历程，面对新的 21 世纪，将是一幅更加绚丽多彩的立体画卷，在这个时期可能还有人类预想不到的科学成果。

（1）微生物基因组学研究将全面展开

“全基因组学”由 1986 年 Thomas Roderick 首创，至今已经发展为一门学科领域，包括全基因组的序列分析、功能分析和比较分析，是结构、功能和进化基因组学的交织学科。21 世纪微生物基因组学将继续作为“人类基因组计划”的主要模式生物，除在后基因组研究（认识基因与基因组功能）中发挥不可取代的作用外，会进一步扩大到其他微生物，特别是与工业、农业、环境、资源以及疾病有关的重要微生物。

（2）微生物与环境、与其他生物和微生物之间的相互关系的研究更加深入

微生物与环境、与其他生物和微生物之间的相互关系的研究更加深入，将在基因组信息的基础上获得长足的发展，今天人类不能人工栽培的稀有真菌、固氮菌的固氮分子机理等研究获得突破性进展，为人类的生存和健康发挥积极的作用。

（3）微生物的生命现象的特性和共性将受到高度重视

微生物的生命现象的特性和共性有：①微生物具有其他生物不具备的生物学特性，如微生物可在极端环境中生存和繁殖，具有其他生物不具有的代谢途径和功能，例如化能营养、厌氧生活、生物固氮、肽聚糖合成和不释放氧的光合作用等，反映出微生物丰富的多样性；②微生物具有其他生物共有的基本生物学特性：生长、繁殖和代谢共用一套遗传密码等，甚至其基因组上含有与高等动物同源的基因，充分反映了生物高度的统一性；③ 微生物具有个体微小、结构简单、生长繁殖快，容易大规模培养，易变异，重复性强等优势，易于操作。这些生命现象的特性和共性，将是 21 世纪进一步解决生物学重大理论问题，如生命起源与进化，物质运动的基本规律以及新的微生物资源的开发利用、能源、粮食等最理想的材料。

（4）微生物与其他学科实现更广泛的交叉，获得新的发展

20 世纪微生物学、生物化学和遗传学的交叉形成了分子生物学；随着学科的发展，各学科之间的交叉和渗透将是必然的发展趋势。21 世纪的微生物学将进一步向海洋、大气、太空和地质渗透，使更多的边缘学科得到发展，如微生物地球化学、海洋微生物学、大气微生物学、太空（或宇宙）微生物学以及极端环境微生物学等。微生物与能源、信息、材料、计算机的结合也将开辟新的研究和应用领域。此外，微生物学的研究技术和方法也将会在吸收其他学科的技术的基础上，向自动化、定向化和定量化发展。

（5）微生物产业将呈现全新的局面

微生物从发现到现在的 300 年间，特别是 20 世纪中期以后，已经在人类的生活和生产实践中得到广泛的应用，并形成了继动植物两生物产业后的第三大产业。它是以微生物的代谢产物和菌体本身为生产对象的生物产业，所用的微生物主要是从自然界分离筛选或选育的自然菌种。21 世纪微生物产业将更广泛地利用和挖掘不同生境（包括极端环境）的自然资源微生物，基因工程菌将形成一批强大的工业生产菌，生产外源基因表达产物，特别是药物的生产将出现前所未有的新局面，结合基因组学在药物设计上的新策略将出现以核酸（DNA 或 RNA）为靶标的新药物，如反义寡核苷酸、肽核酸、DNA 疫苗等的大量生产，人类将征服癌症、艾滋病以及其他疾病。

4 食品微生物学研究的对象和任务

(1)食品微生物学研究的对象

食品微生物学研究的主要对象是细菌、酵母、霉菌、放线菌和病毒,其中以研究细菌、酵母菌和霉菌为重点,放线菌和病毒次之。

(2)食品微生物学研究的内容和任务

食品微生物学研究的主要内容:研究微生物生命活动规律,具体研究微生物的形态结构特征、营养与代谢、生理生化特性、生长繁殖规律、分类鉴定、遗传变异、微生物与其它生物之间的相互关系、微生物在食品加工的应用和有害微生物的防止,利用有益的微生物发酵生产美味芳香的食品,或生产食品添加剂,研究食品生产过程中如何控制有害的微生物,防止食品发生腐败变质,保证食品的安全性,并研究如何检测食品中微生物的方法,为判断食品的卫生质量提供科学依据。

本章复习思考题

1. 什么是微生物?
2. 简述微生物的生物学特征,并举例说明。
3. 简述微生物学发展史上每个时期的特点和代表人物的重大贡献。
4. 食品微生物研究的主要内容是什么?微生物在食品中的应用有哪些形式?
5. 认识微生物对人类的利弊。

本章主要参考文献

1. 周德庆主编. 微生物学教程. 北京:高等教育出版社,1991
2. 沈平,范秀容等主编. 微生物学. 北京:高等教育出版社,2002
3. 何国庆主编,贺稚非副主编. 食品微生物学. 北京:中国农业大学出版社,2000
4. 黄秀梨著. 微生物学. 北京:高等教育出版社,1997
5. 刘志恒编写. 现代微生物学. 北京:科学出版社,2008
6. 江汉湖主编,贺稚非副主编. 食品微生物学. 北京:中国农业出版社,2002 年 8 月
7. M. T 马迪根等主编. 微生物生物学. 北京:科学出版社,2001
8. James M. Jay. Modern Food Microbiology,Sixth Edition. An Aspen Publication,2000
9. 李平兰,贺稚非主编. 微生物学实验原理与技术 . 北京:中国农业出版社,2005
10. 郑晓冬主编. 食品微生物学. 杭州:浙江大学出版社,2001

第二章 微生物的主要类群及其形态结构

1 原核微生物与真核微生物的概念及其区别

微生物是一群繁殖快、分布广、结构简单、种类繁多的生物。具有细胞结构的微生物中，根据细胞核的构造和进化水平上的不同，可分为原核微生物和真核微生物两大类。

原核微生物是指一类不具有细胞核膜，只有核区(Nuclear region)的裸露DNA的原始单细胞生物，核区内只有一条双螺旋结构的脱氧核糖核酸构成的染色体，包括真细菌和古生菌两大类群。真细菌的细胞膜含有由酯键连接的脂类，细胞壁中含有肽聚糖(无壁的支原体除外)，DNA中一般不具有内含子，近年的研究也有例外的。蓝细菌、细菌、放线菌、支原体、立克次氏体和衣原体等都属于真细菌。真核微生物具有完整的细胞核，核有核膜、核仁，染色体由DNA和组蛋白组成，细胞内有线粒体等细胞器，这类微生物称真核微生物。原核微生物与真核微生物的主要区别见表2-1。

表2-1 原核微生物与真核微生物的主要区别

细胞结构	原核微生物	真核微生物
细胞壁	由肽聚糖、其它多糖、蛋白质和糖蛋白组成	常为多糖组成，包括纤维素
质膜	不含固醇，质膜内陷成中体	含固醇，质膜不形成中体
内膜	简单，仅存在于某些细菌中	复杂，内质网、高尔基体等有内膜
核糖体	70S	80S(线粒体和叶绿体中的核糖体为70S)
具单位膜的细胞器	无	有几种细胞器
呼吸系统	在部分质膜和内膜中	在线粒体中
光合色素	在内膜或绿色体中，无叶绿体	在叶绿体中
细胞核	拟核	完整的核
核仁	无	有几种细胞器
DNA	通常为环状大分子，也存在于质粒中	同组蛋白结合，存在于染色体中
细胞分裂	缺有丝分裂	进行有丝分裂
有性生殖	不具备	具备，进行减数分裂
鞭毛结构	鞭毛较细(中空管状结构)	鞭毛较粗
细胞大小	1～10μm	10～100μm

微生物根据不同的进化水平和性状上的明显差别可分为原核微生物、真核微生物和非细胞微生物三大类群。其中原核微生物主要有六类，即细菌、放线菌、蓝细菌、支原体、立克次氏体和衣原体。

2 细菌的形态结构

2.1 细菌细胞的形态

细菌的基本形态有三大类，即球菌、杆菌和螺旋菌。细菌的形态有其生物学特性，呈球形或卵圆形的细菌叫做球菌，圆柱形的细菌叫做杆菌，一些杆菌弯曲，通常叫做螺旋形，称螺旋菌(Spirilla)。如果螺旋菌的螺旋不足一环者称为弧菌(Vibrio)，满 2～6 环的小型、坚硬的螺旋状细菌称螺菌(Spirillum)，旋转较多、体长柔软的螺旋状细菌叫螺旋体(Spirochete)(见图 2-1)。在自然界存在的细菌中，杆菌最为常见，球菌次之，螺旋状的最少。此外，近年来还陆续发现少数其他形态的细菌，如三角形、方形和圆盘形等的细菌。许多原核微生物不仅具有其固有的形态，而且具有其一定的排列方式，这也是其生物学特性表现。

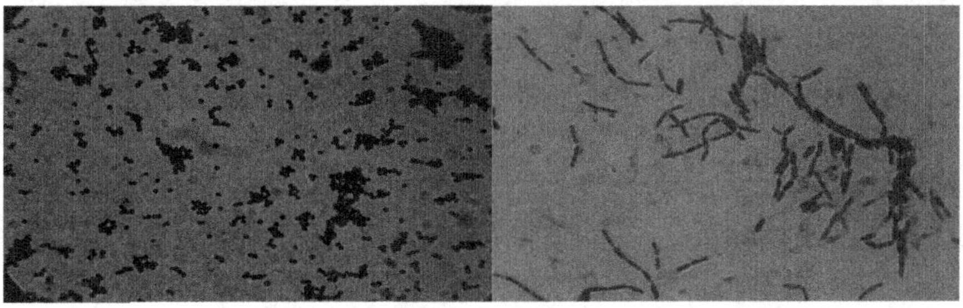

(a) 球菌　　　　(b) 杆菌

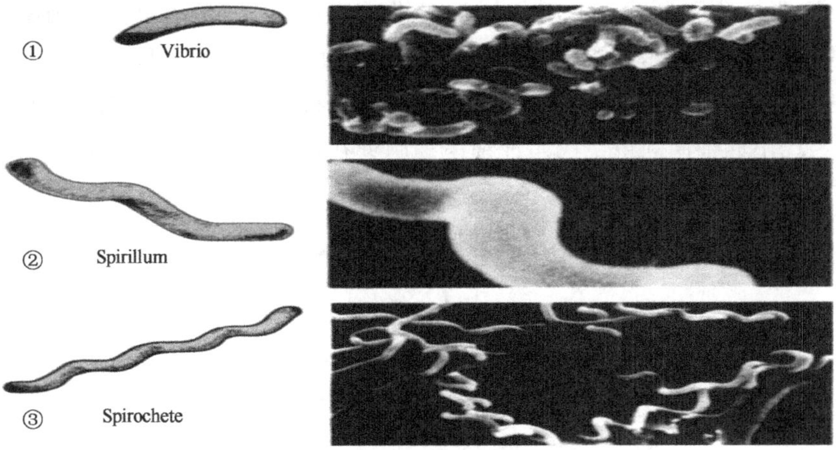

(c) 螺旋菌

图 2-1　细菌细胞的基本形态

2.2 细菌细胞的大小

原核生物细胞间的大小变化很大，量度细菌大小的单位用 μm(微米，即 10^{-6} m)，小的 0.1～0.2 μm 宽，大的直径可达 5.0 μm；杆状原核生物的平均大小大约是 1μm×3μm，如大肠杆菌。量度亚细胞构造则要用 nm(纳米，即 10^{-9} m)做单位。

2.3 细菌细胞的基本结构

细菌细胞的基本结构包括细胞壁、细胞质膜、细胞质和内含物、细胞核四部分，有的细菌有荚膜、芽孢、鞭毛和菌毛等特殊结构(见图 2-2)。

2.3.1 细菌壁

细胞壁(Cell wall)是位于细胞最外的一层厚实、坚韧的外被。通过染色、质壁分离(Plasmolysis)或制成原生质体后在光学显微镜下可证实细胞壁的存在；用电子显微镜观察细菌超薄切片等方法，可确证细胞壁的存在。

细胞壁是细菌的一般构造，但在特殊情况下也可发现有几种细胞壁缺损的或无细胞壁的细菌存在。原生质体(Protoplast)是指在人工条件下用溶菌酶除去原有细胞壁或用青霉素抑制细胞壁的合成后，仅由细胞质膜包裹着的脆弱细胞，一般由革兰氏阳性菌形成。大多数原核微生物没有细胞壁不能存活，但是少数细菌无壁也能生存，这是一群能引起某种传染性疾病的支原体，支原体实际上是自由生活的原生质体，无细胞壁也能生存，这是因为它们具有独特坚韧的膜，或是因为它们生活在具有等渗保护性的环境中，如动物体内。某些支原体的细胞膜中含有固醇，它增强了膜的刚性和韧性，热原体属是目前唯一知道的缺少细胞壁的古生菌。

细胞壁的主要功能有：(1)固定细胞外形；(2)协助鞭毛运动；(3)保护细胞免受外力的损伤(如革兰氏阳性细菌可抵抗 15～25 个大气压的渗透压，革兰氏阴性细菌为 5～10 个大气压)；(4)为正常细胞分裂所必需；(5)阻挡有害物质进入细胞(例如革兰氏阴性细菌细胞壁可阻挡分子量超过 800 的抗生素进入)；(6)与细菌的抗原性、致病性(如内毒素)和对噬菌体的敏感性密切相关。原核微生物的细胞壁除了具有以上的共性外，在革兰氏阳性菌、革兰氏阴性菌和古生菌中，还有其各自的特性，这就是细胞壁的多样性。图 2-3 是革兰氏阳性细菌和革兰氏阴性细菌细胞壁在构造和成分上的差别。

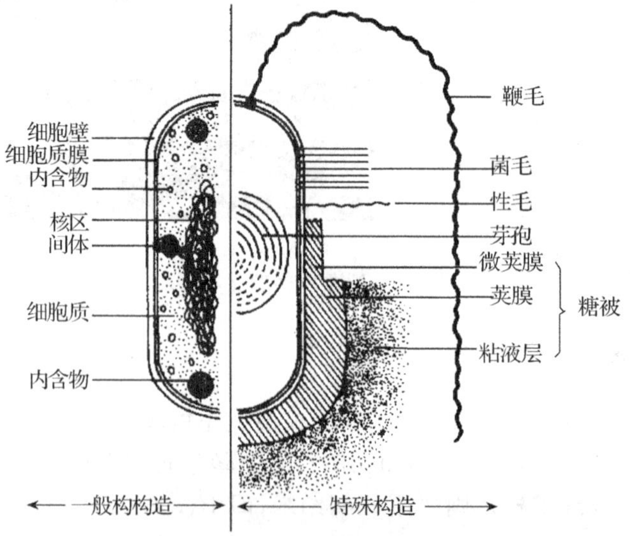

图 2-2 细菌细胞构造的模式图

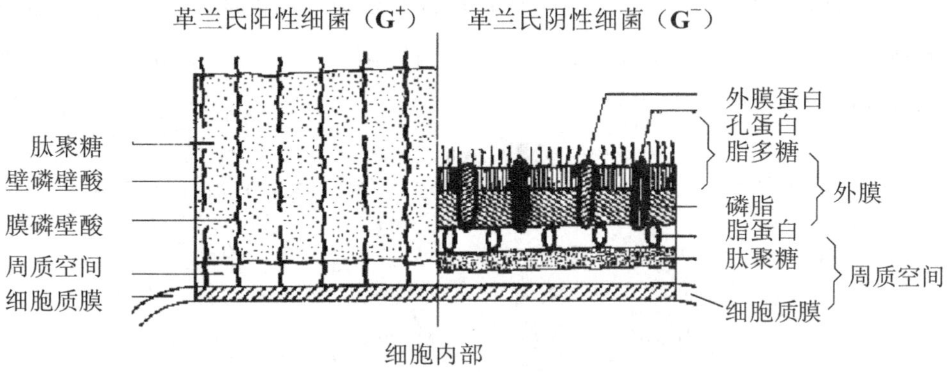

图 2-3　革兰氏阳性和阴性细菌细胞壁构造的比较

(1)革兰氏阳性菌的细胞壁

金黄色葡萄球菌为典型的革兰氏阳性细菌，革兰氏阳性菌的细胞壁的特点是厚度大(20～80 nm，由 40 层左右网状分子所组成)和化学组分简单，一般含有 90%的肽聚糖和 10%的磷壁酸。肽聚糖分子由肽与聚糖两部分组成，其中的肽有四肽尾或肽桥两种，聚糖则由 N－乙酰葡糖胺和 N－乙酰胞壁酸相互间隔连接而成，呈长链骨架状。

肽聚糖的结构可以概括成：①聚糖部分，由双糖单位构成，只有 N－乙酰葡糖胺和 N－乙酰胞壁酸这两种糖，并且这些糖总是以 β-1,4 糖苷键相连接。②四肽尾或四肽侧链：重复单位的四肽只有一个氨基酸表现出变化即赖氨酸和二氨基庚二酸交替转换。但在一些生物体中 D－谷氨酸可以在 2 位发生羟基化，在其它一些种类中还会发现 1,3 位氨基酸的替换。③肽桥或肽间桥(Peptide interbridge)：目前已知的 100 多种不同的肽聚糖类型中，它们的最大变化出现在间桥上。四肽中存在的任何一种氨基酸都可出现在间桥中，此外还有许多其他氨基酸也在间桥中出现，如甘氨酸、苏氨酸、丝氨酸和天冬氨酸，但是有一些氨基酸从未在间桥上发现，如支链氨基酸、芳香簇氨基酸、含硫氨基酸和组氨酸、精氨酸和脯氨酸(见图 2-4)。革兰氏阳性菌通常具有与细胞壁相连的酸性多糖，称磷壁酸(Teichoic acid)。磷壁酸包括所有磷酸甘油或核糖醇磷酸盐残基的壁、膜或荚膜多聚体。

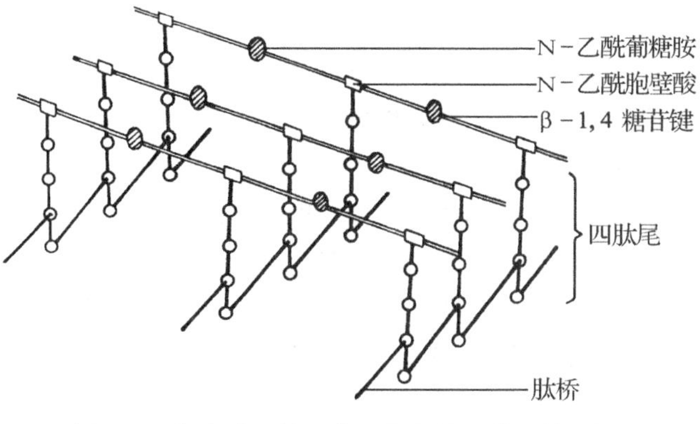

图 2-4　革兰氏阳性细菌肽聚糖的立体结构(片段)

磷壁酸的主要功能:①使细胞膜带负电荷,可与环境中的阳离子结合,提高这些离子的浓度,可保证细胞膜上一些合成酶维持高活性的需要;②保证革兰氏阳性致病菌与其宿主的粘连(主要为膜磷壁酸);③赋予革兰氏阳性菌以特异的表面抗原;④提供某些噬菌体以特异的吸附受体。

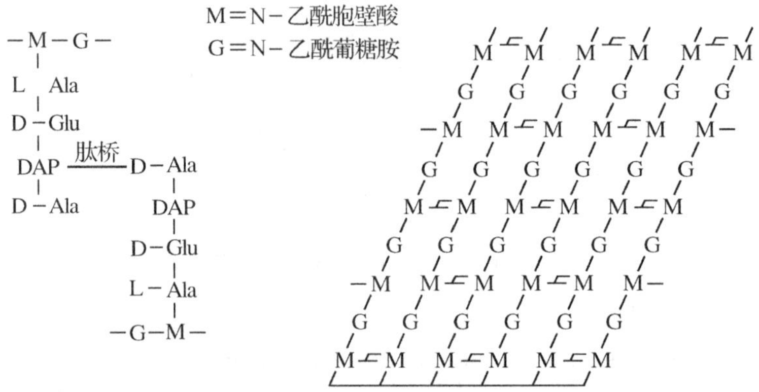

图 2-5 革兰氏阴性细菌——大肠杆菌的肽聚糖

(左:网的一部分,右:肽桥的连接方式)

(2)革兰氏阴性菌的细胞壁

除了肽聚糖,革兰氏阴性菌还有一层壁物质由脂多糖(Lipopolysaccharide)组成,这一层是脂双层结构。脂类和多糖紧密相连在外层形成特异的脂多糖结构。因为脂多糖的存在,外层通常称为脂多糖层或简称 LPS。

①肽聚糖:大肠杆菌为典型的革兰氏阴性细菌,它的肽聚糖位于细胞壁的内层,仅由1~2层肽聚糖网状分子组成的薄层(2~3 nm)构成,含量约占细胞壁总重的10%,故对机械强度的抵抗力较革兰氏阳性菌弱,其结构单体与革兰氏阳性菌基本相同,不同之处其一在于四肽尾的第三个氨基酸不是L-lys,而是被一种只有在原核微生物细胞壁上才有的内消旋二氨基庚二酸(m-DAP)所代替;其二在于没有特殊的肽桥,前后两个单体间的连接仅通过甲四肽尾的第四个氨基酸——D-Ala的羧基与乙四肽尾的第三个氨基酸——m-DAP的氨基直接相连,因而只形成较为稀疏、机械强度较差的肽聚糖网套。见图2-5。

②外膜(Outer membrane):位于革兰氏阴性细菌细胞壁外层,由脂多糖、磷脂和脂蛋白等若干种蛋白质组成的膜,有时也称为外壁。

脂多糖(Lipopolysaccharide,LPS)是位于革兰氏阴性细菌细胞壁最外层的一层较厚(8~10 nm)的类脂多糖类物质,由类脂A、核心多糖(Core polysaccharide)和O-特异侧链(O-specific side chain,或O-多糖或O-抗原)三部分组成(见图2-6)。其主要功能为:(a)其中的类脂A是革兰氏阴性细菌致病物质——内毒素的物质基础;(b)因其负电荷较强,故与磷壁酸相似,也有吸附Ca^{2+}、Mg^{2+}等阳离子以提高其在细胞表面浓度的作用;(c)由于LPS结构的多变,决定了革兰氏阴性细菌细胞表面抗原决定簇的多样性,例如根据LPS抗原性的测定,国际上已报道过的沙门氏菌属(*Salmonella*)的抗原型多达2107种(1983年);(d)是许多噬菌体在细胞表面的吸附受体;(e)具有控制某些物质进出

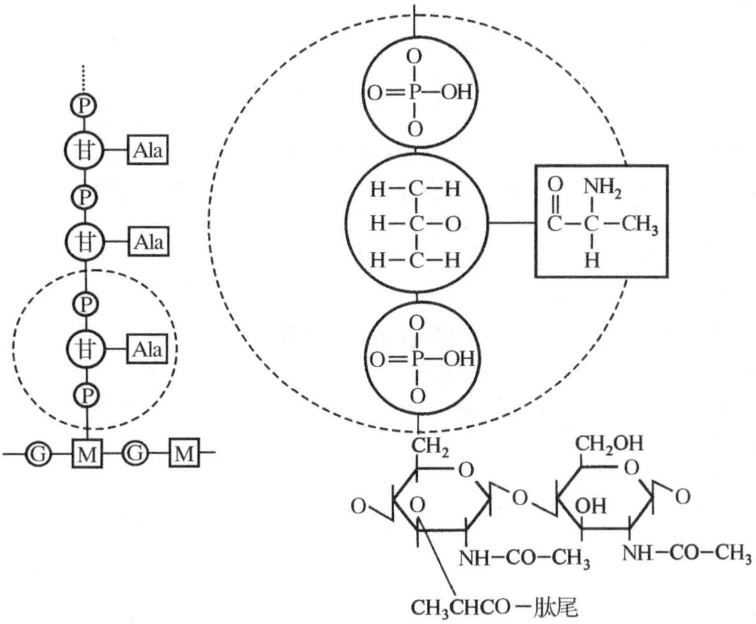

图 2-6　甘油磷壁酸的结构模式(左)及其单体(虚线范围内)的分子结构(右)

细胞的部分选择性屏障作用,例如它可透过若干种较小的分子(嘌呤、嘧啶、双糖、肽类和氨基酸等),但能阻拦溶菌酶、抗生素(青霉素等)、去污剂和某些染料等较大分子进入细胞膜。要保持 LPS 结构的稳定性,必须有足够的 Ca^{2+} 存在。如果用 EDTA 等螯合剂除去 Ca^{2+} 和降低离子键强度,就会使 LPS 解体。这时,其内壁层的肽聚糖分子就会暴露出来,因而易被溶菌酶所水解。

③外膜蛋白(Outer membrane protein):指嵌合在 LPS 和磷脂层外膜上的蛋白。有 20 余种,但大多数外膜蛋白的功能还不清楚。其中的脂蛋白(Lipoprotein)是一种通过共价键使外膜层牢固地连接在肽聚糖内壁层上的蛋白,相对分子质量约为 7200。另外有两种蛋白研究得较为清楚,称为孔蛋白(Porins)。每个孔蛋白分子是由三个相同相对分子质量(36000)蛋白亚基组成的一种三聚体跨膜蛋白,中间有 1 nm 的孔道,通过孔道的打开、关闭可阻止某些抗生素进入外膜层。已知有两种孔蛋白,其一是非特异性孔蛋白,其充水孔道可通过相对分子质量小于 800～900 的任何亲水性分子,如双糖、氨基酸、二肽和三肽;另一为特异性孔蛋白,其上存在专一性结合位点,只容许一种或少数几种相关物质通过,其中最大的孔蛋白可通过相对分子质量较大的物质,如维生素 B_{12} 和核苷酸等。除脂蛋白和孔蛋白外,还有一些外膜蛋白与噬菌体吸附或细菌素的作用有关。

④周质空间(Periplasmic space,periplasm):又称壁膜间隙,目前有争论,有的观点认为革兰氏阳性菌无周质空间,有的认为有。它是指存在于细胞壁和细胞膜之间的空隙(宽 12～15 nm),呈胶状。在周质空间中,存在着许多周质蛋白:(a)有水解酶类,例如蛋白酶、核酸酶等;(b)合成酶类,如肽聚糖合成酶;(c)结合蛋白,具有运送营养物质的作用;(d)受体蛋白,与细胞的趋化性有关。

革兰氏阳性菌和革兰氏阴性菌间由于细胞壁和其他构造的不同,就产生了一系列形态、构造、化学组分、染色反应、生理功能和致病性等的不同,这些差别对微生物学的研究和实际应用都十分重要(见表 2-2)。

表 2-2　革兰氏阳性菌与革兰氏阴性菌某些特性的比较

项目	革兰氏阳性菌	革兰氏阴性菌
革兰氏染色反应	能阻留结晶紫而染成紫色	可被脱色而复染成红色
肽聚糖层	厚，层次多	薄，一般单层
磷壁酸	多数含有	无
外膜	无	有
脂多糖(LPS)	无	有
类脂和脂蛋白含量	低(仅抗酸性细菌含类脂)	高
鞭毛结构	基体上着生两个环	基体上着生四个环
产毒素	以外毒素为主	以内毒素为主
对机械力的抗性	强	弱
细胞壁抗溶菌酶	弱	强
对青霉素和磺胺	敏感	不敏感
对链霉素、氯霉素和四环素	不敏感	敏感
碱性染料的抑菌作用	强	弱
对阴离子去污剂	敏感	不敏感
叠氮化钠	敏感	不敏感
干燥	抗性强	抗性弱
产芽孢	有的产	不产

(3)古生菌的细胞壁

①产甲烷古生菌是一种代谢过程中产生甲烷的原核微生物，它含有的细胞壁是由一种类似于肽聚糖的多糖构成的，这种物质称为假肽聚糖。假肽聚糖的骨架由 N－乙酰葡糖胺和 N－乙酰塔罗糖胺糖醛酸(N-acetyltalosaminuronic acid)交替重复组成。假肽聚糖骨架与肽聚糖的不同之处还在于以 1,3－糖苷键取代了肽聚糖的 1,4－糖苷键。见图 2-7。

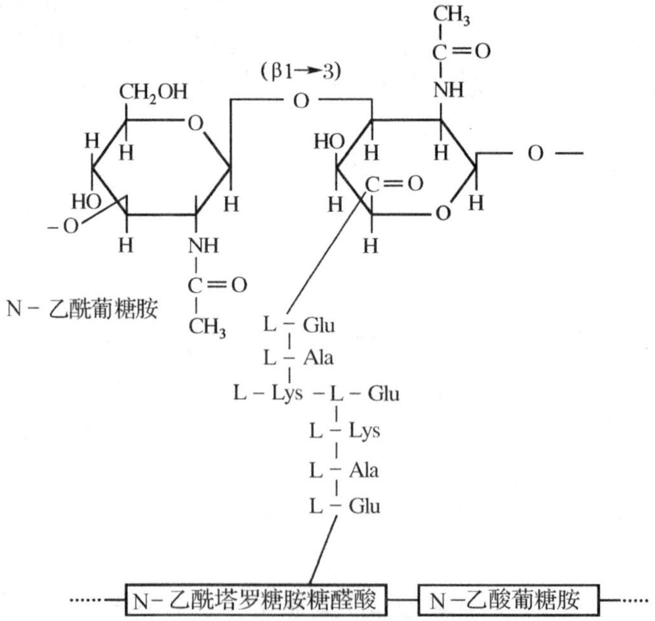

图 2-7　甲烷杆菌细胞壁中假肽聚糖的结构(单体)

②其他古生菌的细胞壁缺少肽聚糖和假肽聚糖，而由多糖、糖蛋白或蛋白质组成。

甲烷八叠球菌属(*Methanosarcina*)也是一种产甲烷古生菌,含有很厚的多糖壁,由葡萄糖、氨基酸、半乳糖胺和乙酸组成。③极端嗜盐古生菌如盐球菌(*Halococcus*)产生的壁与甲烷八叠球菌很相似,但含有大量的硫酸根(SO_4^{2-})。古生菌是种群中有大量的细胞壁类型,由不同分子组成,这些分子与肽聚糖很相似,但都缺少多糖组分。除了一个例外,如热原体属,所有古生菌含有细胞壁的种类与细菌一样,其功能可阻止渗透溶解,并维持细胞形状。此外,因为它们缺少肽聚糖,所以古生菌都可自然抵抗溶菌酶的作用,溶菌酶可破坏肽聚糖。④蛋白质细胞壁,少数产甲烷菌的细胞壁是由蛋白质组成的。但有的是由几种不同蛋白组成的,如甲烷球菌和甲烷微菌,而另一些则由同种蛋白的许多亚基组成,例如甲烷螺菌属。

(4)革兰氏染色的机理

由革兰(C. Gram)在 1884 年发明的革兰氏染色法是一种极其重要的鉴别染色法,不仅可用于鉴别真细菌,也可用于鉴别古生菌。20 世纪 60 年代,莎顿(Salton)曾提出细胞壁在革兰氏染色的关键作用。1983 年,彼弗里奇(T. Beveridge)等用铂代替革兰氏染色中媒染剂碘的作用,再用电子显微镜观察到结晶紫与铂复合物可被细胞壁阻留,这就进一步证明了革兰氏阳性和阴性菌主要由于细胞壁化学成分的差异而引起了物理特性(脱色能力)的不同导致染色结果的不同。革兰氏阳性菌由于细胞壁较厚,肽聚糖含量较高和其分子交联度较紧密,故在用乙醇洗脱时,肽聚糖网孔会因脱水而明显前收缩,再加上它基本上不含类脂,故乙醇处理不能在壁上溶出缝隙,因此,结晶紫与碘复合物被阻留在细胞壁内,使其呈现出紫色;革兰氏阴性菌因为细胞壁薄、肽聚糖含量低和交联松散,遇乙醇处理时,肽聚糖网孔不易收缩,且它的类脂含量高,所以乙醇处理时脂质溶解,在细胞壁上就会形成较大的缝隙,这样结晶紫与碘的复合物就极易被溶出细胞壁,因此,通过乙醇脱色后,细胞又呈无色,再用沙黄等红色染料进行复染,就使革兰氏阴性细菌呈现红色,而革兰氏阳性细菌仍保留为紫色。革兰氏染色方法见图 2-8。

第一步
用结晶紫染色热固
定片子 1 分钟
全部细胞染色为紫色

第二步
加入碘液 3 分钟
全部细胞仍为紫色

第三步
用乙醇脱色 20 秒钟
革兰氏阳性细菌(G^+)为紫色
革兰氏阴性细菌(G^-)为无色

第四步
用番红复染 1～2 分钟
革兰氏阳性细菌(G^+)为紫色
革兰氏阴性细菌(G^-)为红色

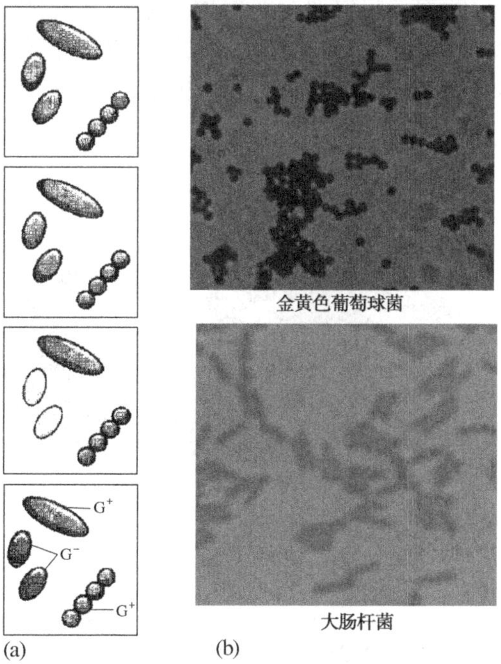

图 2-8　革兰氏染色

(a)革兰氏染色方法的步骤。(b)革兰氏阳性细菌和革兰氏阴性细菌显微照片。分别是金黄色葡萄球菌(*Staphylococcus aureus*)和大肠杆菌(*Escherichia coli*)。

2.3.2 细胞质膜(Cytoplasmic membrane)

又称质膜(Plasma membrane)、细胞膜(Cell membrane)或内膜(Inner membrane),是紧贴在细胞壁内侧的一层由磷脂(20%~30%)和蛋白质(50%~70%)组成的柔软、脆弱、富有弹性的半透性薄膜,7~8 nm 厚。

电子显微镜下观察时,细胞膜呈明显的双层结构——在上下两暗色层间夹着一浅色的中间层的双层膜结构。这是因为细胞壁的基本成分是由两层磷脂分子整齐地排列而成的。其中每一个磷脂分子由一个带正电荷且能溶于水的极性头(磷酸端)和一个不带电荷、不溶于水的非极性尾(烃端)所构成。极性头朝向内外两表面,呈亲水性,非极性端的疏水尾则埋入膜的内层,于是形成了一个磷脂双层分子层。在极性头的甘油 C3 上,不同种的微生物具有不同的 R 基,如磷脂酸、磷脂酰甘油、磷脂酰乙醇胺、磷脂酰胆碱、磷脂酰丝氨酸和磷脂酰肌醇等。在原核微生物的细胞质膜上多数含有磷脂酰甘油,此外,在革兰氏阴性细菌中,多数还含有磷脂酰乙醇胺,在分枝杆菌中则含磷脂酰肌醇等。而非极性尾则由长链脂肪酸通过酯键连接在甘油的 C1 和 C2 位上组成,其链长和饱和度因细菌种类和生长温度而异,通常生长温度要求越高的菌种,其饱和度也越高,反之则低(图 2-9)。

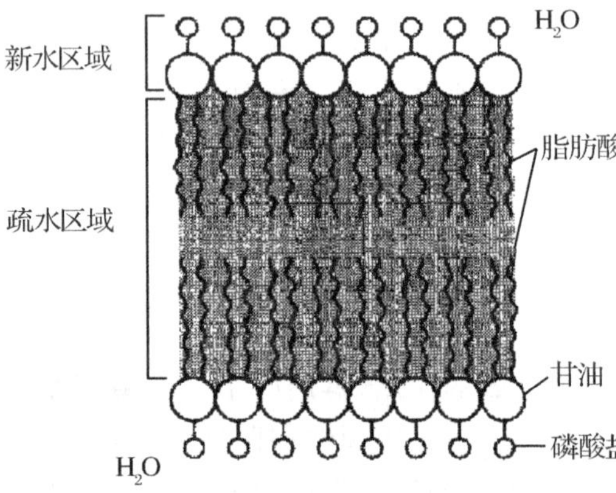

图 2-9 磷脂双分子层的基本结构

单位膜基质是由磷脂组成的,疏水基向内,亲水基向外与水相连。埋入基质的是蛋白质,横跨脂肪酸双分子层的区域具有疏水特性,亲水蛋白质和其他带电荷的物质如金属离子可附着在亲水表面,尽管在原核生物和真核生物中有一些化学组成不同,但它们的细胞质膜的结构基本是相似的。

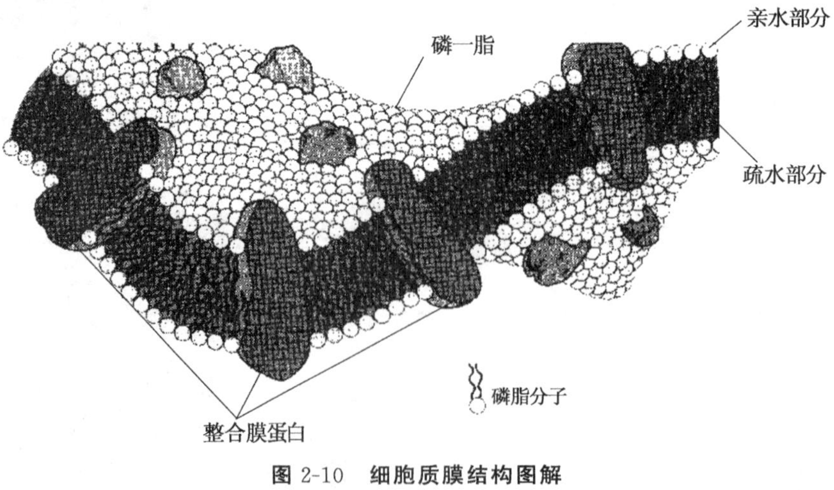

图 2-10 细胞质膜结构图解

常温下,磷脂双分子层呈液态,其中嵌埋着许多有运输功能、有分子内含有运输通道的整合蛋白(Integral protein)或内嵌蛋白(Intrinsic protein)。在磷脂双分子层的上面则“漂浮着许多”具有酶促作用的周边蛋白(Peripheral protein)或膜外蛋白(Extrinsic protein)。它们都可在磷脂表层或内层作侧向移动，完成其生理功能。关于细胞膜的结构和功能的解释较多的学者倾向于 1972 年由辛格(J. S. Singer)和尼科尔森(G. L. Nicolson)提出的液态镶嵌模型(Fluid mosaic model)。其要点为：膜的主体是脂质双分子层；脂质双分子层具有流动性；整合蛋白引起表面呈疏水性，故可溶于脂质双分子层的内层中；周变蛋白表面含有亲水基团，可通过静电引力与脂质双分子层表面的极性头相连；脂质分子间或脂质与蛋白质分子间无共价结合(见图 2-10)。

细胞膜的生理功能：①选择性地控制细胞内、外的营养物质和代谢产物的运输、交换；②维持细胞内正常渗透压的屏障；③合成细胞壁各种组分(LPS、肽聚糖、磷壁酸)和荚膜等大分子的场所；④进行氧化磷酸化或光合磷酸化的产能基地；⑤许多酶(β-半乳糖苷酶、有关细胞壁和荚膜的合成酶、ATP 酶)和电子传递链组分的所在部位；⑥是鞭毛的着生点和提供其运动所需的能量等。

跨膜运输：完整的膜不允许极性的分子自由扩散，但这些物质可以采用其他方式跨膜，通过运输蛋白的作用，使细胞膜外的极性分子运输至细胞内浓缩 1000 多倍。目前已经鉴定出三种类型的运输蛋白。单向运输蛋白是将一种物质从膜的一边运输到另一边的蛋白。另两类运输蛋白运送物质跨膜需要另一种物质的参与，叫协调运输蛋白。同向运输蛋白是携带两种物质向同一方向跨膜的膜蛋白，对向运输蛋白是以一个方向运输一种物质穿过膜，而向相反方向运输另一种物质跨过膜。

微生物对营养物质的吸收中，载体介导运输机制的必要性是显而易见的，如果只有自由扩散运输方式，那么细胞将不能吸收到适当浓度的物质。因为在自由扩散中，吸收速率和细胞内的溶质浓度两者是与细胞外浓度成正比例的。主动运输可以解决这个问题，它使细胞积累溶质是逆浓度梯度进行的。载体介导运输的一个特点是运输具有高度特异性。载体与物质结合并运输跨膜类似于一个酶促反应，载体蛋白与物质结合有其特异性，许多蛋白显示出与某一类化学分子具有亲和性，例如，一些载体能运输某些通常相关的氨基酸，而另一些可以运输相关的各种不同糖类，见图 2-11。

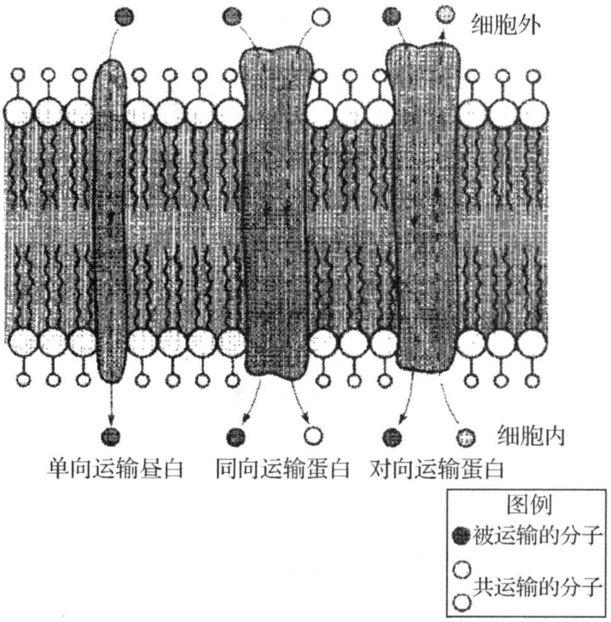

图 2-11　各种类型运输蛋白作用的示意图

间体(Mesosome)是一种由细胞质膜内褶而形成的一种囊状、片状和管状构造，一般位于细胞分裂部位或其邻近，主要的功能是促进细胞间隔的形成并与遗传物质的复制及其相互分离有关。多见于革兰氏阳性细菌。每个细胞含有一个至几个，着生部位可在表层或深层。近年来存在其它学术观点，认为间体是电镜制片时因脱水而引起的一种赘像。

2.3.3 细胞质和内含物

细胞质(Cytoplasm)是细胞质膜包围的除核外的一切半透明、胶状、颗粒状物质的总称。细胞质的主要成分为核糖体(由 50S 大亚基和 30S 小亚基组成)、贮藏物、多种酶类和中间代谢物、质粒、各种营养物和大分子的单体等，少数细菌还有类囊体、羧酶体、气泡或半孢晶体等。细胞质内形状较大的颗粒状构造称为内含物(Inclusion body)，包括贮藏物和羧酶体及气泡等。

(1) 贮藏物(Reserve materials)

是一类由不同化学成分累积而成的不溶性沉淀颗粒，主要功能是贮藏营养物质。贮藏物的种类很多，表解如下：

- 贮藏物
  - 有机物
    - 碳及能源类
      - 糖原：大肠杆菌、克雷布氏菌、芽孢杆菌和细菌等
      - 聚 β-羟丁酸(PHB)：固氮菌、产碱菌和肠杆菌等
      - 硫粒：紫硫细菌、丝硫细菌、贝氏硫杆菌等
    - 氮源类：藻青素，蓝细菌含有；藻青蛋白：蓝细菌
  - 无机物
    - 多聚磷酸类(异染类)：迂回螺菌、白喉棒杆菌和分枝杆菌含有
    - 硫粒：紫硫粒细菌、丝硫细菌、贝氏硫细菌等自养细菌含有

①聚 β-羟基丁酸(poly-β-hydroxybutyrate，PHB)存在于许多细菌细胞质内，属于碳源类贮藏物，不溶于水，具有贮藏能量、碳源和降低细胞内渗透压的作用。巨大芽孢杆菌(*Bacillus megaterium*)在含乙酸或丁酸的培养基中生长时，细胞内贮藏的 PHB 可达其干重的 60%。棕色固氮菌(*Azotobacter vinelandii*)的孢囊中也含有 PHB。PHB 的结构见图 2-12。

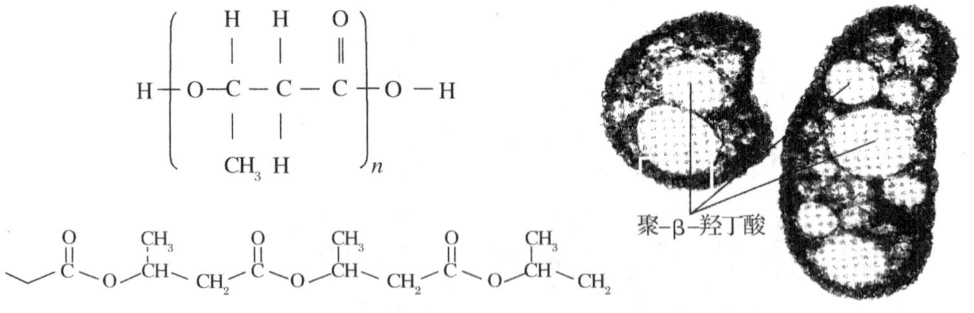

(a) (b)

图 2-12 聚 β-羟基丁酸(PHB)

(a)PHB 的化学结构，一个普通的 poly-β-hydroxyalkanoate

(b)含有 PHB 颗粒的光养细菌 *Rhodospirillum sodomense* 的电镜照片

PHB 是 1929 年发现的，至今已发现 60 属以上的细菌能合成并贮藏。它无毒、可塑、易被降解，因此是生产医用塑料、生物降解塑料的良好原料。近年来发现在许多细菌革兰氏阳性菌和阴性好氧菌、光合厌氧细菌中，都存在 PHB 类化合物，但结构稍有不同。这类化合物可共同称为聚羟链烷酸(Polyhydroxyalkanoate，PHA)。

②多糖类贮藏物包括糖原和淀粉类。在真细菌中以糖原为多。糖原可用碘液染成褐色,在光学显微镜下可见。

③异染粒(metachromatic granules)又称迂回体或捩转菌素(volutin granules),是因为它最早在迂回螺菌(*Spirillum volutans*)被发现并可用美蓝或甲苯胺蓝染成红紫色的缘故。颗粒大小为 0.5～1.0 μm,是无机偏磷酸的聚合物,分子呈线状,n 值在 $2\sim10^6$ 间。一般在含磷丰富的环境下形成。功能是贮藏磷元素和能量,并可降低细胞的渗透压。白喉棒杆菌和结核分枝杆菌中极易见到,所以可用于有关细菌的鉴定。异染颗粒的化学结构为:

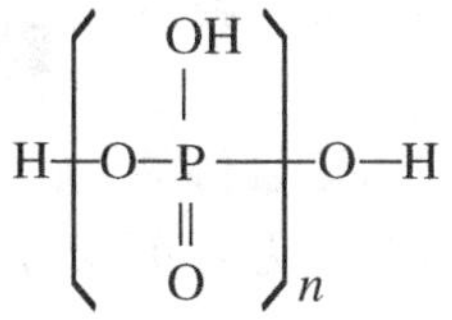

④藻青素(cyanophycin)和藻青蛋白:通常存在于蓝细菌中,是一种内源性氮源贮藏物,同时还有贮藏能源的作用。藻青素呈颗粒状,由含有精氨酸和天冬氨酸残基(1∶1)的分子多肽所构成,相对分子质量在 25000～125000 范围内。例如柱形鱼腥蓝细菌(*Anabaena cylindrical*)的藻青素结构为:

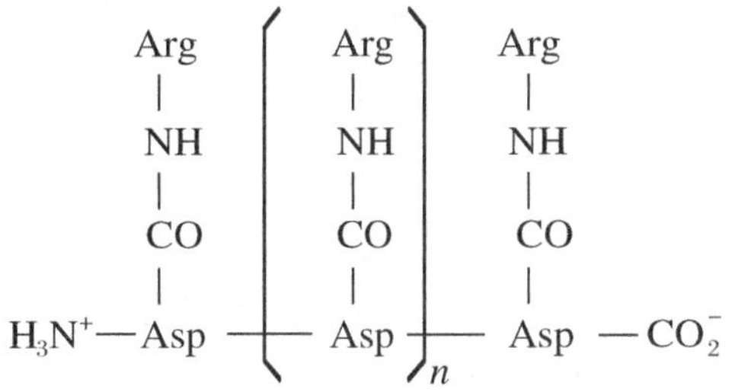

(2) 羧酶体

羧酶体(carboxysome),又称羧化体,是存在于一些化能自养细菌中含有的多角形或六角形内含物。大小与噬菌体相仿,约 10 nm,内含 1,5－二磷酸核酮糖羧化酶,在自养细菌的 CO_2 固定中起着关键作用。在排硫硫杆菌(*Thiobacillus thioparus*)、那不勒斯硫杆菌(*T. neapolitanus*)、贝日阿托氏菌属(*Beggiatoa*)以及硝化细菌和一些蓝细菌中均可找到羧酶体。

(3) 气泡

气泡(gas vocuoles)是在许多光合营养型无鞭毛运动的水生细菌的细胞内,大小为 0.2～1.0 μm×75 nm 的许多充满气泡的小泡囊。气泡外由 2 nm 厚的蛋白质膜包裹,其功能是调节细胞比重使其漂浮在合适的水层中获取光能、O_2 和营养物质。每个细胞中含有几个～数百个不等的气泡。如鱼腥蓝细菌属(*Anabaena*)、顶孢蓝细菌属(*Gloeotrichia*)、盐杆菌属(*Halobacterium*)、暗网菌属(*Pelodictyon*)。见图 2-13。

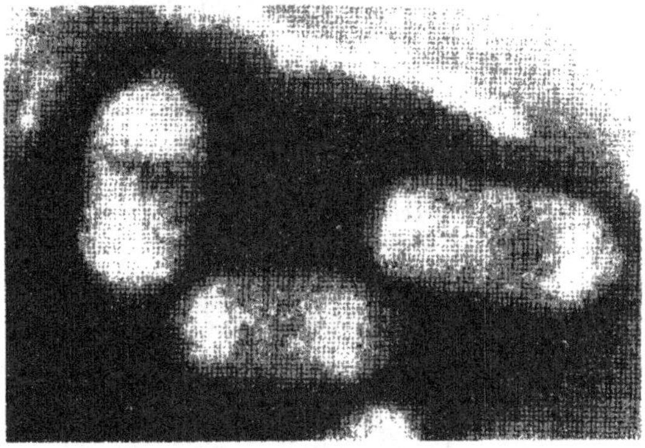

图 2-13 从水生弯杆菌(*Microcylus aquaticus*)中纯化的气泡的电镜照片,负染色法观察,单个气泡的直径约 100 nm.

(4)磁小体(magnetosome)

是细胞内磁铁矿 Fe_3O_4 的晶体颗粒。磁体赋予细胞两极永久磁性,使其对磁场有反应。含有磁体的细菌表现出趋磁性,即沿着地磁场转向和迁移的过程。虽然趋磁性这个词有"趋性"这个后缀,但还没有论据证明磁性细菌具有趋化性或趋光性那样的感觉系统。细胞内的磁体排成直线,使其具有磁性从而使细胞在环境中确定方向。

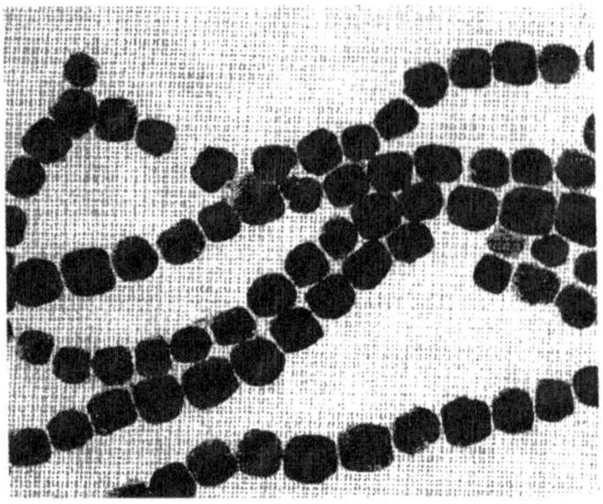

图 2-14　磁小体。从磁螺菌(*Aquaspirillum magnetotacitium*)中分离的磁体颗粒,每个颗粒约 50nm 长

磁小体由一层含有磷脂、蛋白质和糖蛋白的膜包围。磁小体膜蛋白可能在沉淀 Fe^{3+} 为磁小体中的 Fe_3O_4 中起作用(F^{3+} 经螯合剂以可溶性方式带入细菌)。磁小体的形态学有种属特征,不同种类的细菌有正方形、长方形、刺状,见图 2-14。

磁小体主要存在于各种水生细菌和一些藻类中(真核)。藻类磁小体可能与细菌中的磁小体一样使藻类细胞具有磁性,通过测量藻类细胞的磁力矩表明,这些细胞的磁力比磁性细菌要大,这与藻类细胞更大是一致的。

2.3.4　核区(nuclear region or area)

又称核质体(nuclear body),它是原核生物所特有的无核膜结构、无固定形态的原始细胞核,又称原核(prokaryon)、拟核(nucleoid)或核基因组(genome),用富尔根(Feulgen)染色法染色后,呈紫色的形态不定的核区。大多数细菌的染色体是典型的共价环状双链 DNA 分子,除了某些古生菌与少量蛋白质结合外,原核生物都是紧密裸露的 DNA 分子。但是有一些蛋白质与 DNA 结合,与其维持结构是很重要的。长度一般在 0.25～3.00 mm,例如大肠杆菌的染色体 DNA 约 4700 碱基对,核区 DNA 的长为 1.1～1.4 mm,比真核细胞的染色体小许多,枯草芽孢杆菌的大约为 1.7 mm,流感嗜血杆菌为 0.832 mm。每个细胞所含的核区数与该细菌的生长速度有关,一般为 1～4 个。在快速生长的细菌中,核区 DNA 可占细胞总体积的 20%。细菌的核区除在染色体复制的短时间内呈双倍体外,一般均为单倍体。原核细胞中还含有一个或多个环形的 DNA 分子,称为质粒(plasmid)。核区是细菌负载遗传信息的主要物质基础。细菌染色体形式见图 2-15。

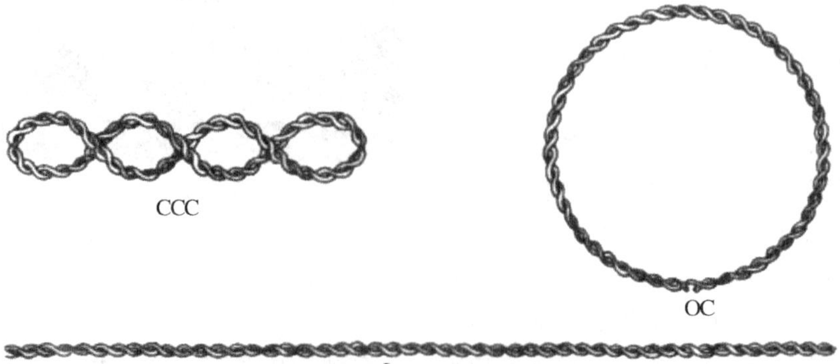

图 2-15　细菌染色体。(OC)开环形式,(CCC)超螺旋形式。(L)线状形式,大多数原核生物的 DNA 是以典型的共价闭合形式存在的。

2.4 细菌的表面结构与特殊结构

不是一切细菌都具有的细胞构造，称特殊构造，包括荚膜、鞭毛、菌毛和芽孢等。它们可以附着在细胞表面或从细胞表面突出，因此又叫细菌的表面结构。

2.4.1 荚膜和糖被

荚膜和糖被：在某些细菌细胞壁外存在着一层厚度不定的胶状物质，称为荚膜，又叫糖被。荚膜的有无和厚度与菌种的遗传性有关，还与其环境（特别是营养）条件密切相关。根据其厚度的不同，荚膜分为微荚膜（microcapsule）、荚膜（capsule）、粘液层（slime layer）和菌胶团（zoogloea）。菌胶团是指细菌群体的共同荚膜。

糖被
- 包裹在单个细胞上
  - 在壁上有固定层
    - 层次厚：（大）荚膜
    - 层次薄：微荚膜
  - 松散，未固定在壁上：粘液层
- 包裹在细胞群上：菌胶团

荚膜的含水量很高，用碳素墨水负染色（又叫背景染色）或用荚膜染色法染色后，可在光学显微镜下清楚地观察到细菌的荚膜（见图 2-16）。荚膜的主要成分是多糖、多肽或蛋白质，特别是多糖居多。少数细菌如黄色杆菌属的菌种既具有 α-聚谷氨酰胺荚膜，又有含大量多糖的粘液层。这种粘液层不能通过离心沉淀，有时甚至将培养容器倒置时，呈凝胶状的培养基仍不会流出。

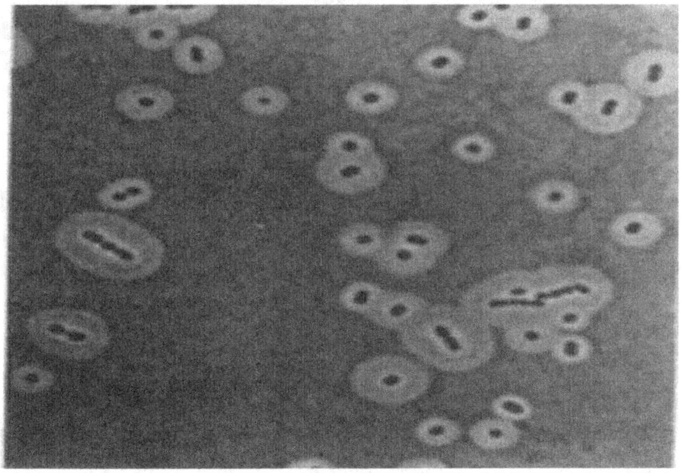

图 2-16　细菌荚膜。用印度墨汁负染后，证明不动杆菌（Acinetobacter）存在荚膜的相差照片。

荚膜在细菌中有许多功能，①起保护作用，荚膜上大量极性基团可保护菌体免受干旱损伤，可防止噬菌体的吸附和裂解，一些致病菌的荚膜还可保护它们免受宿主白细胞的吞噬作用；②贮藏养料，荚膜外部的多糖层结合有大量的水，推测荚膜在抵御干燥中发挥着重要作用；③屏障作用或离子交换系统，可保护细菌免受重金属离子的毒害；④表面附着作用，例如引起龋齿的唾液链球菌（*Streptococcus salivarius*）和变异链球菌就会分泌一种己羰基转移酶，使蔗糖转变成果聚糖，它可使细菌粘附在牙齿表面，由细菌发酵糖类产生的乳酸在局部累积，腐蚀牙表珐琅质层引起龋齿；某些水生丝状细菌的鞘衣状荚膜也有附着作用；⑤细菌间的信息识别作用，如根瘤菌属（*Rhizobium*）；⑥堆积代谢废物。

荚膜是细菌鉴定的依据之一，某些难以观察到的微荚膜的致病菌，用灵敏的血清学反应即可鉴定。乳酸菌中的肠膜状明串珠菌的糖被主要是葡聚糖，提取来制备“代血浆”或生化试剂（如 Sephadex）；利用野油菜黄单胞菌（*Xanthomonas campestris*）的粘液层可提取胞外多糖——黄原胶（xanthan 或 Xc，又叫黄杆胶），食品工业中的添加剂；产生菌胶团的细菌在污水的微生物治理过程中具有分解、吸附和沉降有害物质的作用。产荚膜的细菌也存在危害，如肠膜状明串珠菌污染制糖厂的糖汁、酒类、牛奶和面包等，就会影响生产和降低产品质量；致病菌的荚膜对疾病的防治带来难度，有的链球菌荚膜引起的龋齿疾病，危害人类的健康。

2.4.2　鞭毛（flagellum，复 flagella）

生长在某些细菌体表的长丝状、波曲的蛋白质附属物，称为鞭毛，其数目为一至数十条，是细菌的运动器官。某些细菌能沿着固体表面滑行，也有的水生微生物在水中通过一种叫气泡的充气结构来调整它们的位置，但大多数能运动的原核微生物都是借助于鞭毛运动，见图 2-17，2-18。

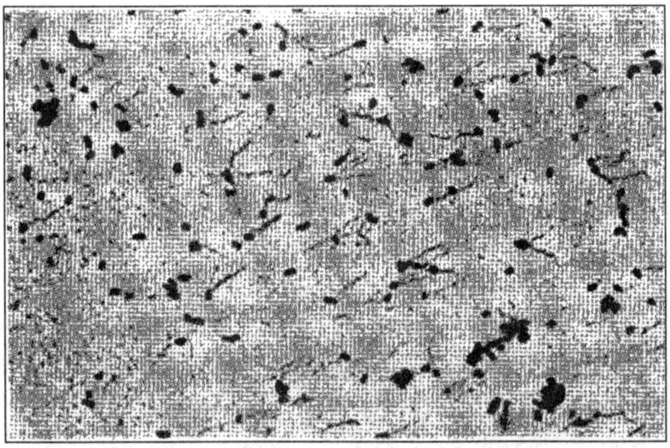

图 2-17　被染色的奇异变形杆菌（*Proteus mirabilis*）细胞鞭毛的显微照片

细菌的鞭毛是一条又细又长的菌体附器，它一端着生在细胞上，另一端是游离的。鞭毛一般长为 15～20μm，直径为 10～20 nm，以至于单根鞭毛不能直接在光学显微镜下观察，必须经过特殊的鞭毛染色增加它们的直径后才能看见，在电子显微镜下能容易地观察到鞭毛。在暗视野下，观察水浸片或悬滴标本中运动着的细菌，也可根据其运动方式判断它们是否具有鞭毛。此外半固体（0.3%～0.4%琼脂）直立柱中用穿刺法接种某一细菌，经培养后，如果在穿刺线周围有呈混浊的扩散生长，说明该菌具有运动能力，并可推测生长有鞭毛，反之则无鞭毛；还可根据某菌在平板培养基上的菌落外形推测它有无鞭毛，一般地说，如果该菌生长出的菌落形状大、薄且不规则，边缘极不圆整，说明该菌运动能力很强，反之，如果菌落外形圆整、边缘光滑、厚度较大，则说明它是无鞭毛的细菌。

原核微生物（包括古生菌）鞭毛的构造由基体、钩形鞘和鞭毛丝三部分组成。鞭毛的基部在结构上与鞭毛丝是不同的，在鞭毛基部有一较宽区域叫钩，这个钩由一单独类型的蛋白质组成，其功能是将鞭毛丝与鞭毛的运动部分连接起来，这个运动部分叫基体，固定在细胞质膜与细胞壁上。基体由一小的中心杆组成，它从一系列的环状结构中穿过。革兰氏阳性细菌和革兰氏阴性细菌在基体的构造上有一点区别。革兰氏阴性细菌的鞭毛最为典型，现以大肠杆菌的鞭毛为例，其基体（basal body）由四个盘状物即环（ring）组成，最外层的 L 环连在细胞壁最外层的外膜上，接着是连在肽聚糖内壁层的 P 环，第三个是靠近周质空间的 S 环，它与第四个环 M 环连在一起称 S—M 环或内环，共同嵌埋在细

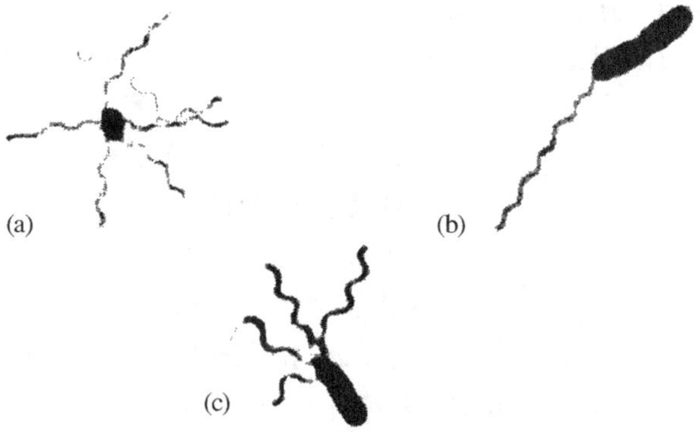

图 2-18　细菌细胞的电镜照片，显示鞭毛。细胞长约 3 μm，具有不同鞭毛排列的原核生物光学显微镜照片，细胞采用的鞭毛染色。(a)周生鞭毛；(b)极生鞭毛；(c)丛生鞭毛

胞质膜上。S—M 环被一对 Mot 蛋白包围，由它驱动 S—M 环快速旋转(见图 2-19)。在 S—M 环的基部还存在一个 Fli 蛋白，其功能是作为运动开关通过应答细胞内的信号来控制鞭毛的旋转。目前已清楚地知道，鞭毛基体是一个精致、超微型的马达，其能量来自于细胞膜上的质子动势(proton motive potential)。一些数据表明鞭毛的每一次旋转大约需要消耗 1000 个质子。把鞭毛基体和鞭毛丝(filament)连在一起的构造称钩形鞘或鞭毛钩(hook)，直径约 17 nm，其上着生一条长 15～20μm 的鞭毛丝。鞭毛丝是由许多直径为 4.5 nm 的鞭毛蛋白亚基沿着中央孔道螺旋状缠绕而成的，每周为 8～10 个亚基。鞭毛蛋白是一种呈球状或卵圆状蛋白，相对分子质量为 3 万～6 万，它在细胞质内合成，由鞭毛基部通过中央孔道输送到鞭毛游离的顶部进行自装配。因此，鞭毛的生长方式是在其顶部延伸而非基部延伸。

革兰氏阳性细菌的鞭毛较为简单，枯草芽孢杆菌鞭毛的基体仅有 S 和 M 两个环，而鞭毛丝和钩形鞘则与革兰氏阴性菌相同。

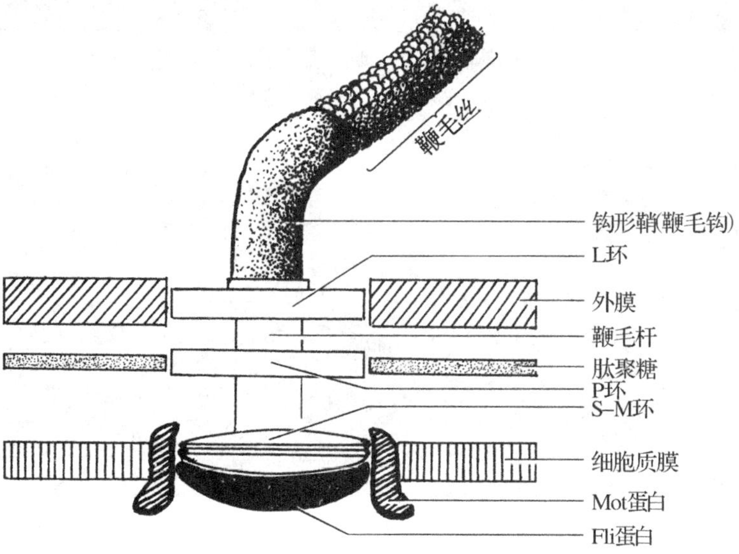

图 2-19　原核生物鞭毛的结构。L 环埋于 LPS 层，P 环埋于肽聚糖中，S—M 环埋于细胞质膜中。Mot 蛋白功能是驱动鞭毛运动，而 Fli 蛋白的功能是控制运动的开关。

在各类细菌中，弧菌、螺菌类普遍都具有鞭毛；杆菌中假单胞菌类都有极生鞭毛，其他的有的着生周生鞭毛，有的没有；球菌中，仅个别的属才着生鞭毛，例如动球菌属（*Planococcus*）。鞭毛在细菌细胞表面的着生方式多种多样，有单端鞭毛菌（monotricha）、端生丛毛菌（lophotricha）、两端鞭毛菌（amphitricha）和周毛菌（peritricha）。

- 鞭毛着生方式
  - 端生
    - 一端生
      - 一根：霍乱弧菌、蛭弧菌、缺陷假单胞菌
      - 一束：荧光假单胞菌等
    - 两端生
      - 一根：鼠咬热螺旋体等
      - 一束：红色螺菌、蔓延螺菌等
  - 周生
    - 肠杆菌科：大肠杆菌、伤寒沙门氏菌、奇异变形杆菌等
    - 芽孢杆菌科：枯草杆菌、丙酮丁醇梭菌
  - 侧生：反刍月形单胞菌

鞭毛的有无和着生方式在细菌的分类和鉴定工作中，是一项重要的形态学鉴定指标。

2.4.3　菌毛（fimbria，复 fimbriae）

菌毛（又叫纤毛、伞毛、线毛或须毛等）是一种长在细菌体表的纤细、中空、短直、数量较多的蛋白质类附属物，具有使菌体附着于物体表面的功能，研究表明，一些致病菌的菌毛能附着在动物组织细胞的表面，或在液体表面形成菌膜或浮膜。菌毛在结构上和鞭毛相似，也是由蛋白质组成，数量比鞭毛多得多，但与运动无关，产生菌毛的能力是一种遗传特性。菌毛的结构较鞭毛简单，无基体等复杂结构。它着生于细胞膜上，穿过细胞壁后伸展于体表（全身或仅两端），直径 3～10 nm，由许多菌毛蛋白亚基围绕中心作螺旋状排列，借助菌毛可把它们牢固地粘附于宿主的呼吸道、消化道、泌尿生殖道等的粘膜上，进一步定植和致病（见图 2-20）。

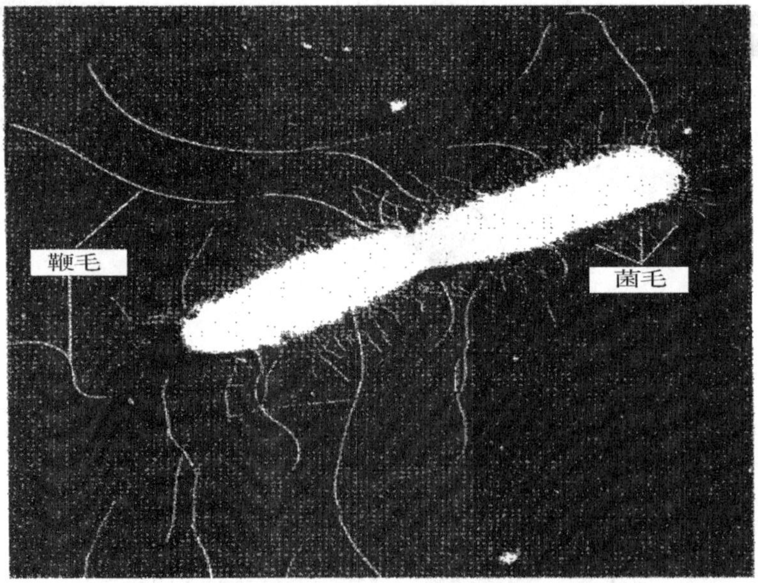

图 2-20　鼠伤寒沙门氏菌（*Salmonella typhi*）细胞分裂的电镜照片，显示鞭毛和菌毛，单细胞直径约 0.9μm

2.4.4　纤毛（pili）

纤毛（又称性菌毛、sex-pili 或 F-pili），纤毛的构造和成分与菌毛相同，但比菌毛长，数量仅一根或几根。纤毛可在电子显微镜下观察到，因为纤毛可以作为某些病毒粒子的吸

附位点，所以当与病毒结合时很容易看到。已充分证明纤毛与原核微生物的结合过程有关，纤毛的功能是在不同性别的菌株之间传递 DNA 片端，一般见于革兰氏阴性细菌的雄性菌株（供体菌）向雌性菌株（受体菌）通过性纤毛传递遗传物质，有的性纤毛还是 RNA 噬菌体的吸附受体，纤毛也与某些致病菌吸附人体组织有关。

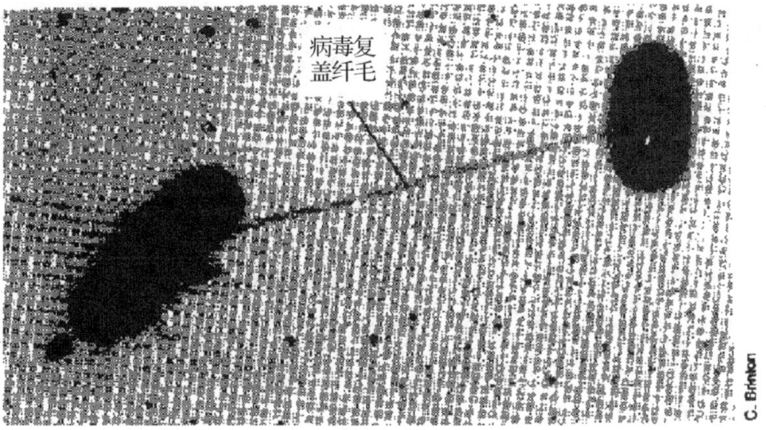

图 2-21　大肠杆菌上存在的纤毛可以应用病毒显示出来，病毒可特异性地吸附纤毛，细胞直径 0.8μm

2.4.5　*芽孢*(endospore，spore)

某些细菌在生长发育后期，可在细胞内形成一个圆形或椭圆形、壁厚、含水量极低、抗逆性强的休眠体，称为芽孢（偶译内生孢子）（见图 2-22）。由于每一细胞仅形成一个芽孢，故它无繁殖功能。芽孢是整个生物界中抗逆性最强的生物体，有极强的抗热、抗辐射、抗化学药物和抗静水压等能力，尤其是抗热性，一般细菌的营养细胞不能经受 70℃以上的高温，但是它们的芽孢却能有惊人的耐高温能力。例如，肉毒梭状芽孢杆菌（*Clostridium botulinum*）的芽孢在 100℃沸水中要经过 5.0～9.5 小时才能杀死，经 121℃处理，平均要 10 分钟才能杀死；热解糖梭菌（*C. thermosaccharolyticum*）的营养细胞在 50℃下经数分钟即可杀死，但是它的一群芽孢却须在 132℃下经 4.4 分钟才能杀死其中的 90%。芽孢的抗紫外线能力一般是其营养细胞的一倍。巨大芽孢杆菌芽孢的抗辐射能力要比大肠杆菌的营养细胞强 36 倍。芽孢的休眠能力更是突出。在其休眠期间，不能检查出代谢活力，因此称为隐生态（cryptobiosis）。一般的芽孢在普通的条件下可保持几年至几十年的生活力。德国的一个植物园的标本上曾分离到保存了 200～300 年的枯草芽孢杆菌（*Bacillus subtilis*）和地衣芽孢杆菌（*B. licheniformis*），而凝结芽孢杆菌（*B. coagulans*）和环状芽孢杆菌（*B. circulans*）的芽孢也已保存了 50～100 年之久。有些湖底沉积土中的芽孢杆菌存活的时间更长达数千年之久。

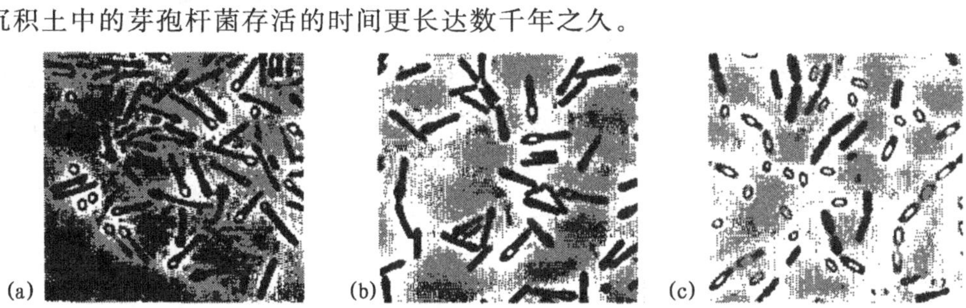

图 2-22　细菌的内生孢子。几种内生孢子类型的形态学和胞内位置的相差显微照片

(a)端生孢子；(b)近端孢子；(c)中央孢子

(1) 产生芽孢细菌的种类

能产生芽孢的细菌属不多，最主要的是属于革兰氏阳性杆菌的两个属，即好氧性的芽孢杆菌属(*Bacillus*)和厌氧性的梭菌属(*Clostridium*)，球菌中只有芽孢八叠球菌属(*Sporosarcina*)产生芽孢，螺菌中的孢螺菌属(*Sporolactobacillus*)也产芽孢。此外，还发现少数其他杆菌可产生芽孢，如芽孢乳杆菌属、脱硫肠状菌属、考克斯氏体属、鼠孢菌属和高温放线菌属等。芽孢的有无、形态、大小和着生位置是细菌分类和鉴定中的重要指标。芽孢的类型如下：

- 产芽孢的细菌
  - G^+
    - 杆菌
      - 正常型
        - 无伴孢晶体：枯草芽孢杆菌等
        - 有伴孢晶体：苏云金芽孢杆菌
      - 膨大型
        - 中间型：丙酮丁醇梭菌等
        - 末端型：破伤风梭菌等
    - 球菌：脲芽孢八叠球菌
  - G^-：脱硫肠状菌属

(2) 芽孢的构造

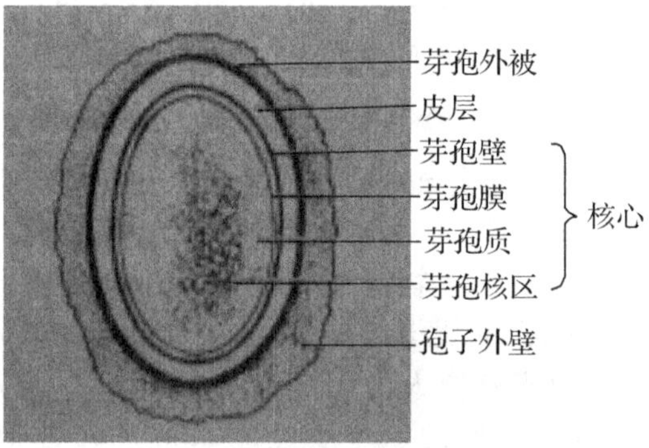

图 2-23　细菌芽孢构造的模式图

- 产芽孢的细菌
  - 芽孢囊：是产芽孢菌的营养细胞外壳
  - 芽孢
    - 芽孢外壁：主要含脂蛋白，透性差(有的芽孢无此层)
    - 芽孢衣：主要含疏水性角蛋白，抗酶解和药物，多价离子难通过
    - 皮层：主要含芽孢肽聚糖及 DPA－Ca，体积大、渗透压高
    - 核心
      - 芽孢壁：含肽聚糖，可发展成新细胞壁
      - 芽孢质膜：含磷脂、蛋白质，可发展成新细胞的膜
      - 芽孢质：含 DPA－Ca、核糖体、RNA 和酶类
      - 核区：含 DNA

芽孢在光学显微镜下容易看到，芽孢不渗透染料，所以在用碱性染料如甲基蓝染色细胞时，它们常被看作是没有染色的区域，为了特异染色芽孢，就要用特殊的芽孢染色法。在电子显微镜下看到的芽孢结构与营养细胞结构不同，它比营养细胞的结构更复杂，这是因为它有许多层。最外层称为孢子外壁(exosporium)，是一层由蛋白质组成的薄而又纤细的覆盖物。在这里面是芽孢外被(spore coat)，由多层蛋白质层组成。芽孢外被下面是皮层(cortex)，由松弛的交联肽聚糖构成。皮层内面是核或芽孢原生质体(spore protoplast)，它含有普通的细胞壁、细胞膜、细胞质和拟核等等，芽孢的核心含水量很低(10%～20%)。皮层的渗透压可高达 2.03×10^6 Pa(20 个大气压)左右。因此，芽

孢在结构上不同于营养细胞之处主要在于核壁之外的那些层次结构。芽孢还含有特殊的化学物质——吡啶二羧酸，位于芽孢的核心，芽孢富含钙离子，大多数的钙离子与吡啶二羧酸结合。核中钙－吡啶二羧酸复合物约占芽孢干重的10%。

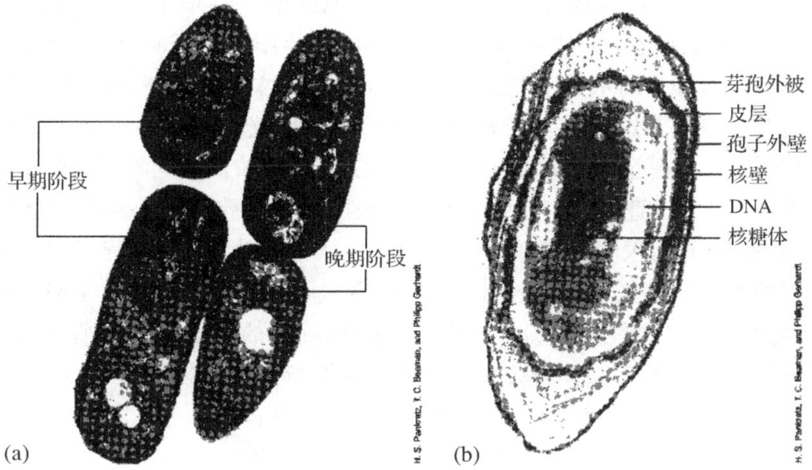

图 2-24　细菌芽孢的电镜照片

(a)巨大芽孢杆菌(*Bacillus megaterium*)细胞中芽孢的形成阶段，单细胞直径约为1.5μm；(b)成熟游离芽孢

成熟芽孢的核与形成它的营养细胞有很大不同。除了具有大量的钙－吡啶二羧酸成分外，核部分还处于脱水状态。成熟的芽孢核只含营养细胞水分的10%～30%，因此，核的细胞质呈胶态结构。核脱水大大增加了芽孢的抗热能力和抵抗化学物能力，如过氧化氢(H_2O_2)，同时引起核中的酶失活。

除了芽孢的低水分性质，核胞质的pH值也比营养细胞低大约1个单位，而且含较高量的小酸溶芽孢蛋白(SASPs)的核心特异蛋白。它们在芽孢形成的过程中产生，而且至少有两种功能。SASP与核中的DNA紧密结合，保护其免受紫外线剪接及干热的损害；此外，SASP还可作为内生孢子形成新营养细胞生长的碳源和能源，这个过程称作萌芽。

(3)芽孢形成(sporulation，sporogenesis)

产芽孢的细菌当营养物质缺乏和有害代谢产物积累过多时，细胞停止生长，就开始形成芽孢。从形态上来看，芽孢形成可分为七个阶段：①DNA浓缩，束状染色质形成；②细胞膜内陷，细胞发生不对称分裂，其中小体积部分称为前芽孢(forespore)；③前芽孢的双层隔膜形成，这时芽孢的抗辐射性提高；④在上述两层隔膜间充填芽孢肽聚糖后，合成DPA，累积钙离子，开始形成皮层，再经脱水，使折光率增高；⑤芽孢衣合成结束；⑥皮层合成完成，芽孢成熟，抗热性出现；⑦芽孢囊裂解，芽孢游离外出。在枯草芽孢杆菌中，芽孢形成过程约需8小时，其中参与的基因约有200个。在芽孢形成过程中，伴随着形态变化后的又一系列化学成分和生理功能的变化。

(4) 芽孢萌发(germination)

由休眠状态的芽孢变成营养状态细菌的过程，称为芽孢的萌发，其过程有三个阶段——活化(activation)、出芽(germination)和生长(outgrowth)。活化作用可由短期热处理或用低pH、强氧化剂的处理而引起。例如，枯草芽孢杆菌的芽孢经7天休眠后，用60℃处理5分钟即可促进发芽。当然也有要用100℃加热10分钟才能促进活化的芽孢。

由于活化作用是可逆的，故处理后必须及时将芽孢接种到合适的培养基中。有些化学物质可显著促进芽孢的萌发，称作萌发剂（germinants），如L-丙氨酸、Mn^{2+}、表面活性剂（n-十二烷胺等）和葡萄糖等。相反，D-丙氨酸和重碳酸钠等则会抑制某些细菌芽孢的发芽。芽孢的萌发速度很快，一般仅需几分钟。这时，芽孢的通透性增加，随之促进与芽孢有关的蛋白酶活动，接着，芽孢衣上的蛋白质逐步降解，外界阳离子不断进入皮层，于是皮层发生膨胀、溶解和消失，外界的水分不断进入芽孢的核心部位，使核心膨胀、各种酶类活化，并开始合成细胞壁。在发芽过程中，芽孢所具有的耐热性、光密度和折射率等特性都逐步下降，钙一吡啶二羧酸、氨基酸和多肽逐步释放，核心中含量较高的可防止DNA损伤的小酸溶性芽孢蛋白（SASPs）迅速下降，接着就开始生长阶段。芽孢的核心部分开始迅速合成新的DNA、RNA和蛋白质，很快变成新的营养细胞。当芽孢发芽时，芽管可以从极向或侧向伸出，这时，它的细胞壁还是很薄甚至不完整的，因此，出现了很强的感受态——接受外来DNA而发生遗传转化的可能性增强了。产内生孢子细菌的生活周期见图2-25。内生孢子转变为营养细胞过程见图2-26。有关芽孢和营养细胞特点的比较如表2-3：

表2-3 营养细胞和芽孢特点的比较

特点	营养细胞	芽孢
外形	一般为杆状	球状或椭圆状
外包被层次	少	多
折光率	差	强
含水量	高（80%～90%）	低（核心为10%～20%）
染色性能	良好	极差
含钙量	低	高
含DPA	无	有
含SASPs	无	有
含mRNA	高	低或无
细胞质pH	～7	5.5～6.0（核心）
酶活性	高	低
代谢活力	强	接近0
大分子合成	强	无
抗热性	弱	极强
抗辐射性	弱	强
抗酸或化学药剂	弱	强
对溶菌酶	敏感	抗性
保藏期	短	长或极长

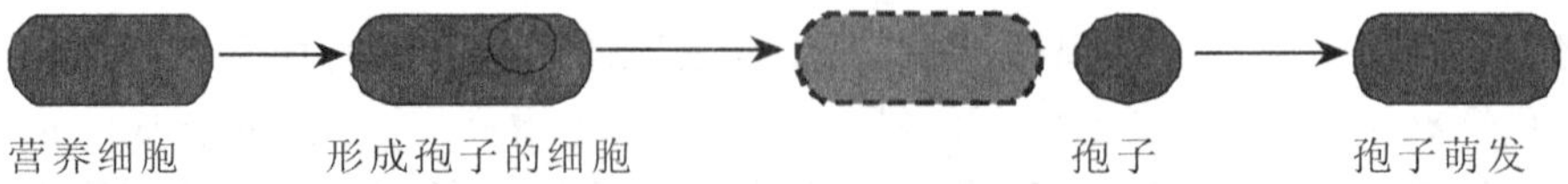

图2-25 产内生孢子细菌的生活周期

图2-26 内生孢子转变为营养细胞显微照片，按内生孢子萌发的顺序

（5）芽孢的耐热机理

芽孢的耐热机制至今尚无科学的解释。较新的是渗透调节皮层膨胀学说（osmoregulatory expanded cortex theory），由于综合了较新的研究成果，因此有一定说服力。该学说认为，芽孢的耐热性在于芽孢衣对多价阳离子和水分的透性很差和皮层的离子强度很高，从而使皮层产生极高的渗透压，夺取芽孢核心的水分，其结果造成皮层的充分膨胀，而核心部分的细胞质却变得高度失水，因此，具极强的耐热性。从皮层成分来看，它含有大量交联度低、负电荷强的芽孢肽聚糖，它与低价阳离子一起赋予皮层高渗透压特性，从而使皮层的含水量增高，随之增大体积。芽孢的含水量少，但各层次的含水量不一样，其中皮层和核心含水量的差别是极其明显的，核心部位含水量少（10%～25%）是耐热机制的关键所在。除皮层膨胀渗透调节学说外，还有别的学说来解释芽孢的高度耐热机制，如芽孢在形成过程中合成大量的营养细胞所没有的吡啶二羧酸钙，是耐热性强的物质。

（6）研究芽孢的意义

芽孢是少数几属真细菌所特有的形态构造，芽孢的有无及形态是细菌分类、鉴定的重要形态学指标。由于芽孢具有高度的耐热性，所以用高温处理含菌样品，很容易筛选分离出芽孢产生菌；由于芽孢的代谢活动基本停止，因此其休眠期很长，为芽孢产生菌的长期保藏提供了方便。食品工业中，芽孢菌是罐头工业的杀菌指标菌，尤其是低酸性的肉类、蛋类、乳类等含蛋白质丰富的食品，必须 121℃高温高压杀芽孢菌；发酵工业中对培养基的灭菌也要 121℃高温高压杀菌 15～20 分钟，才能接种发酵。

伴孢晶体（parasporal crystal）

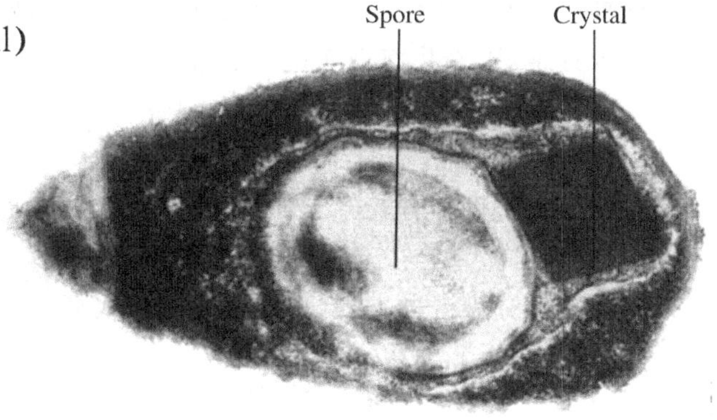

图 2-27　伴孢晶体的形态

少数芽孢杆菌，例如苏云金芽孢杆菌（*Bacillus thuringiensis*）在其形成芽孢的同时，会在芽孢旁形成一颗菱形或双锥形的碱溶性蛋白晶体——δ 内毒素，称为伴孢晶体（见图 2-27）。它的干重可达芽孢囊重的 30%左右，由 18 种氨基酸组成。由于伴孢晶体对 200 多种昆虫尤其是鳞翅目的幼虫有毒杀作用，因此可将这类产伴孢晶体的细菌制成有利于环境保护的生物农药——细菌杀虫剂。苏云金芽孢杆菌除产生上述毒素外，有的还会产生 3 种外毒素（α、β、γ）和其他杀虫毒素。

L 型细菌及其生物学特性

虽然细胞壁是原核生物的最基本构造，在自然界长期进化中和在实验室菌种的自发突变中都会产生缺细胞壁的种类，即 L 型细菌；此外，在实验室中，还可用人为的方法抑制新生细胞壁的合成或对已经产生的细胞壁进行酶解而获得缺壁细菌。以下把四类缺壁细菌归纳如下：

- 缺壁细菌
  - 实验室或宿主体内形成
    - 缺壁突变—L 型细菌
    - 人工去壁
      - 原生质体
      - 球状体
  - 在自然界长期进化中形成—支原体

(1)L 型细菌：1935 年，在英国李斯德研究所中发现一种由自发突变而形成的细胞壁缺损细菌——念珠状链杆菌(*Streptobacillus moniliformis*)，它的细胞膨大，对渗透敏感，在固体培养基上形成“油煎蛋似”的小菌落。由于李斯德研究所的首字母是“L”，故称 L 型细菌。以后发现，许多革兰氏阳性和革兰氏阴性细菌在实验室或宿主体内都可形成 L 型。目前，L 型细菌的概念有时用得较杂，甚至还把原生质体或球状体也包括在内。严格地说，L 型细菌应特指那些实验室或宿主体内通过自发突变而形成的遗传性稳定的细胞壁缺陷菌株。

(2)原生质体：原生质体(protoplast)是指在人为条件下，用溶菌酶除尽原有细胞壁或用青霉素抑制细胞壁的合成，所得到的仅有一层细胞膜包裹着的圆球状渗透敏感细胞，一般由革兰氏阳性细菌形成。

(3)支原体：支原体(Mycoplasma)是在长期进化过程中形成的、适应自然生活条件的无细胞壁的原核生物。因为它的细胞膜中含有一般原核生物所没有的甾醇，所以即使缺乏细胞壁，其细胞膜仍有较高的机械强度。

(4)球状体：又叫原生质球(sphaeroplast)，指还残存部分细胞壁的原生质体，一般由革兰氏阴性细菌所形成。

原生质体与球状体有几个共同特点，主要是无细胞壁，细胞呈球状，对渗透压十分敏感，即使长有鞭毛也不能运动，对噬菌体不敏感，细胞不能分裂等，如在形成原生质体或球状体前已有噬菌体侵入，则该噬菌体仍能正常增殖和裂解；同样，如在形成原生质体前正在形成芽孢，则该芽孢也能正常形成。

2.5 原核生物细胞的繁殖

细菌的主要繁殖方式是无性的分裂繁殖，简称为裂殖菌。一个细菌生活在合适条件下，通过连续的生物合成和平衡生长，细胞体积、重量增大，最终导致了繁殖。细菌分裂有横分裂和纵分裂两种方式，一般细菌进行横分裂。

2.6 细菌群体的培养特征

2.6.1 细菌在固体培养基上的培养特征

单个细菌细胞接种在固体培养基表面，在合适的培养条件下大量生长繁殖，形成肉眼可见的群体，我们称为菌落(colony)。菌落是一个细胞繁殖形成的，是纯种细胞群或克隆(clone)，菌落有特定的生物学性状，如有一定的形态、构造等特征(见图 2-28)。如果许多分散的纯种细胞密集地在培养基的表面生长，长出大量的菌落连成一片，这就是菌苔(bacterial lawn)。

细菌的菌落特征一般呈湿润、较光滑、较透明、较粘稠、易挑取、质地均匀以及菌落正反面或边缘与中央部位的颜色一致等。不同的细菌这些特征不同，如有的细菌菌落边缘不规则，甚至成树根状、花瓣状或波浪形等，表面有的干燥、菌落粗糙，有的湿润，有的菌落直径大有的小，厚度不同，有的菌落有色泽，而有的没有。菌落特征是菌种鉴定的依据之一。

细菌在半固体培养基中生长时，出现许多特有的培养特征，可以从半固体培养基的表面和穿刺线上细菌群体的生长状态是否有扩散现象来判断该菌有鞭毛否。

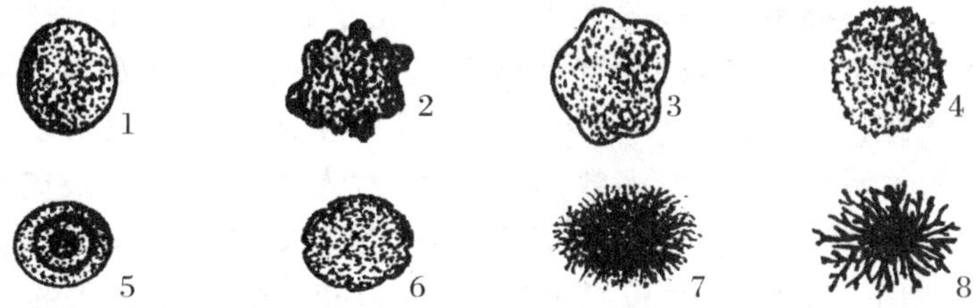

1. 圆形，边缘整齐　2. 卷发状　3. 不规则颗粒状，边缘叶状　4. 规则边缘呈扇边状
5. 规则有同心环 6. 规则放射状 7. 不规则呈丝状 8. 根状

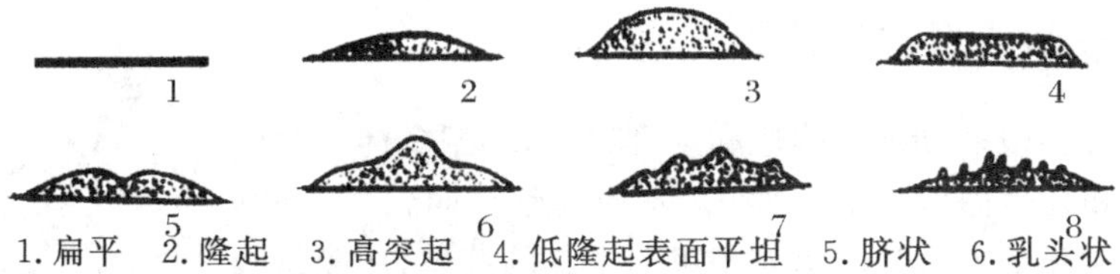

1. 扁平　2. 隆起　3. 高突起　4. 低隆起表面平坦　5. 脐状　6. 乳头状
7. 草帽状　8. 低隆起表面有棘突

图 2-28　细菌的菌落形态特征

2.6.2　细菌在液体培养基上的培养特征

细菌在液体培养基中生长的特征有四种表现：① 均匀分散在液体培养基中，出现浑浊；② 一些好氧性的细菌在液面上形成菌醭(pellicle)，有的在液体培养基中出现菌膜(scum)；③ 有的在液体培养基中底部产生沉淀；④ 有的在液体培养基中容器壁中产生环。

2.7　食品工业中常见的细菌

①革兰氏阴性无芽孢杆菌：醋酸杆菌属、假单胞菌属、产碱杆菌属、黄杆菌属、无色杆菌属等。假单胞菌属、产碱杆菌属、黄杆菌属和无色杆菌属常常是肉、蛋、乳等蛋白质食品的腐败菌，醋酸杆菌属是食醋发酵的菌种，但对酒类和饮料有害，也可引起水果和蔬菜的变酸腐烂。大肠杆菌属、沙门氏菌属、志贺氏菌属、变形杆菌属来源于粪便，是人类重要的肠道病原菌，能引起肠道传染病或食物中毒。

②革兰氏阳性无芽孢杆菌：短杆菌属、棒状杆菌属、乳酸杆菌属、双歧杆菌属和丙酸杆菌属等。这些菌种是食品工业中用于发酵酸乳、奶酪、味精和发酵蔬菜等的有益菌种。

③革兰氏阳性芽孢杆菌：枯草芽孢杆菌属、多粘芽孢杆菌属、巨大芽孢杆菌属、嗜热脂肪芽孢杆菌属、凝结芽孢杆菌属、芽孢梭菌属如丙酮丁醇芽孢梭菌(发酵糊精和淀粉，产生丙酮、正丁醇、乙醇、乙酸和 CO_2、H_2)、巴氏芽孢梭菌(能产生丁酸)，在大曲酒生产中能赋予白酒浓香型香味成分如丁酸乙酯和乙酸乙酯。蜡状芽孢杆菌属、肉毒梭状芽孢杆菌属等能引起食物中毒。嗜热脂肪芽孢杆菌属、凝结芽孢杆菌属是罐头食品的平酸败坏菌，常常引起罐头食品外观正常，内部产酸，没有胀罐现象。

④革兰氏阳性球菌：微球菌属、小球菌属、链球菌属、明串珠菌属、葡萄球菌属。微球菌属、明串珠菌属、葡萄球菌属参与肉品的发酵，明串珠菌属也参与蔬菜的发酵，金黄色葡萄球菌是食物中毒的致病菌，且能产生毒素。

3　放线菌

放线菌(actinomyces)是一类主要呈菌丝状生长和以孢子繁殖的陆生性较强的原核生物。由于它与细菌十分接近，至今发现的 80 余属放线菌几乎都是革兰氏阳性，所以，也可将放线菌定义为一类主要呈菌丝状生长和以孢子繁殖的革兰氏阳性细菌。

放线菌广泛分布于含水量较低、有机物质丰富、呈微碱性土壤中。泥土所特有的泥腥味，主要是由放线菌产生的土腥味素导致的。土壤中放线菌的孢子数可达 10^7 个。

放线菌与人的关系密切，绝大多数是有益菌，对人类健康贡献最突出。人类至今报道近万种抗生素中，大约 70% 是由放线菌产生的；近年来，人类关注放线菌产生的次级代谢产物，如酶的抑制剂、抗癌剂、免疫抑制剂、农用杀虫（杀菌）剂以及抗寄生虫剂等。放线菌还能产生许多酶和维生素，在甾体转化、石油脱蜡和污水治理中也有重要作用。少数放线菌能引起人和动物、植物致病。

3.1 放线菌的形态结构

放线菌的种类很多，形态、构造和生理、生态类型多样。菌丝分为基质菌丝和气生菌丝（见图 2-29），基质菌丝又叫营养菌丝，是紧贴在固体培养基表面并向培养基里面生长的菌丝，功能是吸收营养物质，基质菌丝有的能产生黄、橙、红、蓝、绿、灰、褐、黑等色素或不产生色素，色素为水溶性的或脂溶性的，水溶性的色素在培养过程中向培养基中扩散可使菌落周围的培养基出现颜色。气生菌丝是从培养基表面向空气中生长的菌丝，成熟后产生孢子，有波曲形、螺旋形和直线形和轮生等各种形态。如图 2-30。

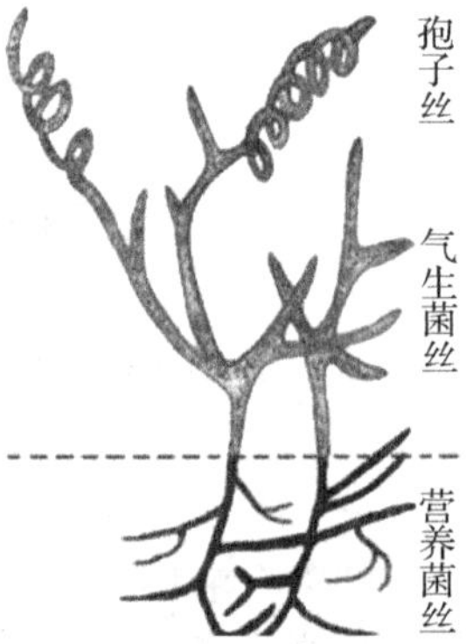

图 2-29　放线菌的形态特征

放线菌的孢子有球形、椭圆形或瓜子形等各种形态，孢子呈白、黄、绿、淡紫、粉红、蓝、褐、灰等颜色。

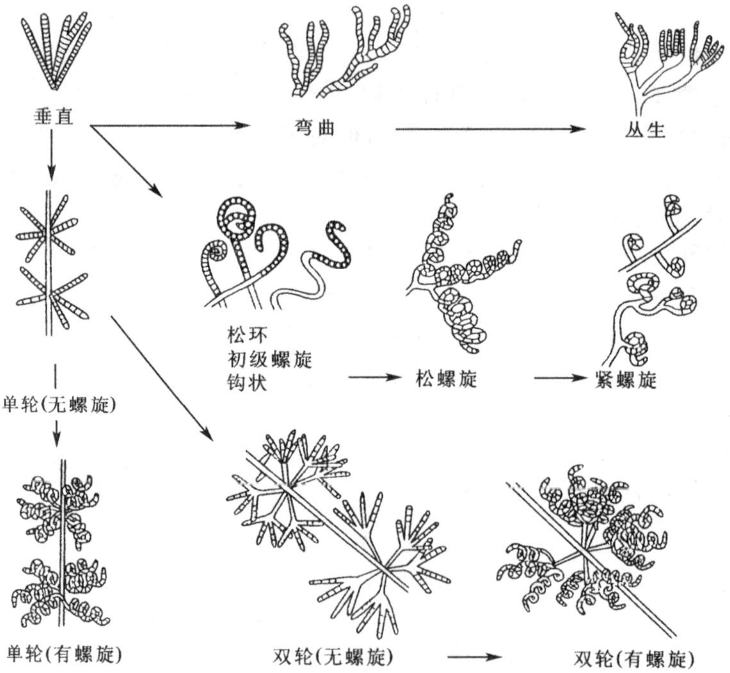

图 2-30　放线菌孢子丝的形态

3.2 放线菌的菌落特征

大多数放线菌的菌丝分化为基质菌丝和气生菌丝，气生菌丝成熟后又分化成孢子丝并产生成串的干粉尘状孢子，它们伸展在空间。菌落初期生长的菌丝呈丝绒状白色，后期产生了孢子呈粉尘状，有辐射皱折，表面干燥，不透明，菌落生长缓慢直径小，与培养基连接紧密，难以挑取；菌落的正反面颜色常常不一致，菌落边缘的琼脂平面有变形的现象。

放线菌在摇瓶培养时，常常可见到液面与瓶壁交界处粘贴着一圈菌苔，培养液不浑浊，其中悬浮着许多珠状菌丝球，一些大型的菌丝团则沉在瓶底等现象。

3.3　放线菌的繁殖方式

放线菌的繁殖主要是通过各种无性的孢子进行繁殖的，少数的是以基内菌丝分裂形成孢子状细胞进行繁殖的。放线菌在液体培养基中培养时很少形成孢子，各种菌丝片段都有繁殖功能，这一特性对于实验室进行摇瓶培养和工厂的大型发酵罐中进行液体深层搅拌培养来说，就显得十分重要。

3.4　放线菌的生活史(图 2-31)

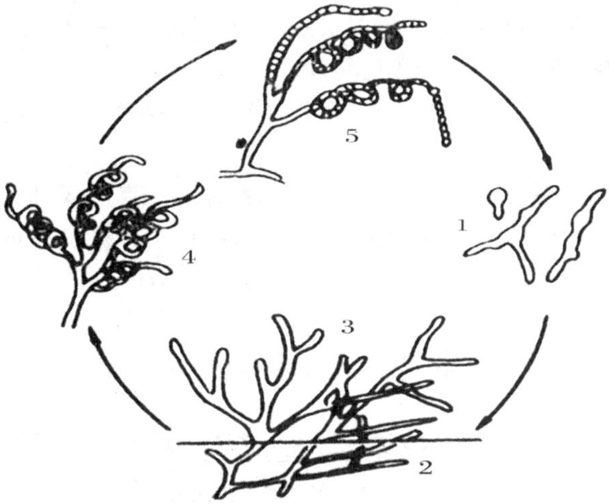

1.孢子萌发 2.基内菌丝体 3.气生菌丝体 4.孢子丝 5.孢子丝分化为孢子

图 2-31　放线菌的生活史

3.5　工业上常见放线菌的代表种

①诺卡氏菌属(*Nocardia*)　诺卡氏菌属在固体培养基上生长只有基质菌丝，没有气生菌丝或很薄一层气生菌丝，通过菌丝断裂进行繁殖。该属产生多种抗生素，对结核分支杆菌特效的利福霉素就是由该属菌产生的。

②链霉菌属(*Streptomyces*)　链霉菌属在固体培养基上生长形成发达的基质菌丝和气生菌丝，气生菌丝长到一定时期分化产生孢子丝，孢子丝有直形、波曲、螺旋形等各种形态，孢子有球形、椭圆、杆状等各种形态，有的孢子表面还有刺、疣、毛发等各种纹饰。链霉菌的气生菌丝和基质菌丝有各种不同的颜色，有的菌丝还产生可溶性色素分泌到培养基中，使培养基出现不同的颜色。链霉菌的许多种类产生对人类有益的抗生素。例如链霉素、红霉素、四环素等。

③小单胞菌属(*Micromonspora*)　菌丝体纤细，只有基质菌丝，不形成气生菌丝，在基质菌丝上长出许多小分支，顶端着生一个孢子。该属是产生抗生素如庆大霉素的菌种。

其他原核生物类群

1. 蓝细菌(*Cyanobacteria*)　蓝细菌过去一直被称为蓝藻或蓝绿藻(Cyanophyta)。自从发现这类微生物的细胞核是原核而不像其他藻类的核是真核后，已经改属于原核生物界，称为蓝细菌。其形态为球状和丝状，细胞壁外有黏质称为鞘或荚膜，无性生殖。

蓝细菌分布广，自热带到两极都有，普遍生长在淡水、海水和土壤内。它们是光合自养细菌，能耐受极端的环境条件，如高温和干燥等。蓝细菌含有光合作用的色素，包括叶绿素 a、类胡萝卜素，特别是β-胡萝卜素和两种水溶有色蛋白：一种是蓝色藻青蛋白（blue phycocyanin），另一种是红色的藻红蛋白（red phycoerythrin），以蓝色藻青蛋白居多，这类色素与叶绿素掺和一起使细胞呈蓝绿色，因此叫蓝细菌。

2. 螺旋体（*Spirillum*） 螺旋体的形态特征和运动方式与细菌不同，可归类于一个独立的类群。这类原核生物的菌体细而长，是螺旋状卷曲的单细胞，在一个螺旋体细胞中有多个螺旋，宽为 0.09～0.75μm，长为 2～500μm；革兰氏染色为阴性，无鞭毛，依靠体内轴丝运动。常常引起人和动物肠道和生殖道致病。

3. 立克次氏体（*Rickettsia*） 立克次氏体是 Ricketts 在 1909 年发现的洛矶山斑疹热病的病原菌，次年他不幸感染斑疹伤寒（typhus fever）而丧命，为了纪念他，把这类病原体命名为立克次氏体（Rickettsia）。立克次氏体比细菌小，一般为 0.3～1.0μm×0.2～0.5μm，呈球状或杆状，或丝状。常引起动物和人致病。

4. 衣原体（*Chlamydia*） 衣原体的形态、构造、大小和染色等方面与立克次氏体相似，也是病原微生物。

5. 支原体（*Mycoplasmas*） 支原体是介于细菌与立克次氏体之间的原核微生物，最早是从患胸膜肺炎的牛体中分离得到的，后来发现许多动物中都可分离，统称类胸膜肺炎微生物，现称支原体。细胞个体小，是已知可自由生活的最小生物，也是最小的原核微生物。对动物和人有致病性。

支原体、立克次氏体和衣原体三者介于细菌与病毒之间，都是病原微生物。

4 真核微生物的形态结构及其生理功能

真核微生物（Eukaryotes）是一类细胞核具有完整的核膜核仁，能进行有丝分裂，细胞质中存在线粒体或同时存在叶绿体等多种细胞器的生物。真菌、显微藻类和原生动物等是属于真核生物类的微生物，所以称真核微生物（eukaryotic micro-organisms）。真核生物已发展出许多由膜包围着的细胞器（organelles），如内质网、高尔基体、溶酶体、微体、线粒体和叶绿体等，更重要的是它们已经进化出有核膜包裹着的完整的细胞核，其中存在着构造极其精巧的染色体，它的双链 DNA 长链已与组蛋白和其他蛋白密切结合，以更完善地执行生物的遗传功能。如图 2-32。

1. 真核生物与原核生物的比较

真核生物与原核生物细胞构造和功能等方面有显著的差别，如表 2-4。

2. 真核微生物的主要类群

真核微生物主要包括菌物界（Mycetalia 或广义的 Fungi）中的真菌（Eumycota 或狭义的 Fungi）、粘菌（Myxomycota 或 Fungi-like Protozoa）、假菌（Chromista 或 Pseudofungi），植物界（Plantae）中的显微藻类（Algae）和动物界（Animalia）中的原生动物（Protozoa）。

“菌物界”是我国学者裘维蕃 1990 年提出的，并已获得学术界的一定支持，是指动物界和植物界的一大群无叶绿素、依靠细胞表面吸收有机养料、细胞壁一般含有几丁质的真核微生物，一般包括真菌、粘菌和假菌三类。

真菌最重要的是真核微生物，是本章的重点，它们的特点是：①无叶绿素，不能进行光合作用；②一般具有发达的菌丝体；③细胞壁多数含有几丁质；④ 营养方式是异养吸收型；⑤以产生大量无性和(或)有性孢子的方式进行繁殖；⑥ 陆生性较强。

3. 真核微生物的细胞构造

(1)细胞壁

真菌细胞壁的主要成分是多糖，另有少量的蛋白质和脂类。多糖构成了细胞壁中有形的微纤维和无定性基质的成分。微纤维部分可比作建筑物中的钢筋，使细胞壁保持坚韧性，它们都是单糖的 β(1→4)聚合物，而基质好比混凝土等填充物，包括甘露聚糖、β(1→3)、β(1→6)和 α(1→3)葡聚糖和少量蛋白质。低等真菌的细胞壁成分以纤维素为主，酵母菌以葡聚糖为主；高等陆生真菌则以几丁质为主。即使是同一真菌，在不同生长阶段中，细胞壁的成分中也有明显的不同。细胞壁的功能是固定细胞外形和保护细胞免受外界不良因素的损伤。

表 2-4 真核生物与原核生物的比较

比较项目		真核生物	原核生物
细胞大小		较大(通常直径 > 2μm)	较小(通常直径 < 2μm)
如有细胞壁，主要成分		纤维素、几丁质等	大多数为肽聚糖
细胞膜中甾醇		有	无(仅支原体例外)
细胞膜中呼吸或光合组分		无	有
细胞器		有	无
鞭毛结构		如有，则粗而复杂(9+2 型)	如有，则细而简单
	线粒体	有	无
	溶酶体	有	无
细胞质	叶绿体	光合自养生物中有	无
	真液泡	有些有	无
	高尔基体	有	无
	微管系统	有	无
	流动性	有	无
	核糖体	80S(指细胞质核糖体)	70S
	间体	无	部分有
	贮藏物	淀粉、糖原等	PHB 等
细胞核	核膜	有	无
	DNA 含量	低(约 5%)	高(约 10%)
	组蛋白	有	无
	核仁	有	无
	染色体数	一般大于 1	一般为 1
	有丝分裂	有	无
	减数分裂	有	无
	氧化磷酸化部位	线粒体	细胞膜
	光合作用部位	叶绿体	细胞膜
	生物固氮能力	无	有些有
	专性厌氧生活	罕见	常见
	化能合成作用	无	有些有
鞭毛运动方式		挥鞭式	旋转马达式
遗传重组方式		有性生殖、准性生殖等	转化、转导、接合等
繁殖方式		有性、无性等多种	一般为无性(二等分裂)

藻类的细胞壁厚度一般为 10～20 nm，有的仅仅为 3 nm，如蛋白核小球藻。其结构骨架多由纤维素组成，以微纤丝的方式层状排列，含量为干重的 50%～80%，其余部分为

间质多糖，主要是杂多糖，其成分随种类而异，如褐藻酸、岩藻素或琼脂等。

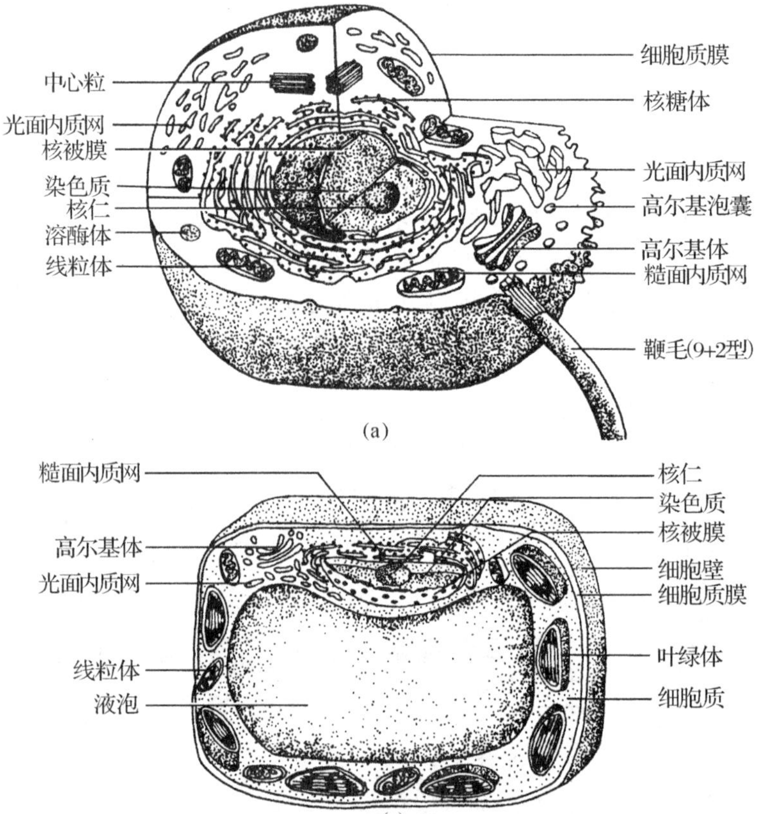

图 2-32　典型真核细胞构造的模式图

(2)鞭毛与纤毛

某些真核微生物细胞表面生长有或长或短的毛发状、具有运动功能的细胞器，形态较长(150～200 μm)称鞭毛，较短的(5～10 μm)则称纤毛(cilia，单 cilium)。真核生物与原核生物的鞭毛运动功能上虽相同，但在构造、运动机理和消耗能源形式方面都有显著的差别。

具有鞭毛的真核微生物有鞭毛纲的原生动物、藻类和低等水生真菌的游动孢子或配子等。具有纤毛的真核微生物主要是属于纤毛纲的各种原生动物，例如常见的草履虫等。

鞭毛与纤毛的构造基本相同，都由伸出细胞外的鞭杆(shaft)、嵌埋在细胞质膜上的基体(basal body)以及这两者相连的过渡区三部分组成。鞭杆的横切面呈“9＋2”型，即中心有一对包在中央鞘中的相互平行的中央微管，其外被 9 个微管二联体围绕一圈，整个微管由细胞质膜包裹。每条微管二联体由 A、B 两条中空的亚纤维组成，A 亚纤维是一完全微管，每圈由 13 个球形微管蛋白亚基环绕而成，B 亚纤维则是由 10 个亚基围成，所缺的 3 个亚基与 A 亚纤维共用。A 亚纤维上伸出内外两条动力蛋白臂，这是一种能被 Ca^{2+} 和 Mg^{2+} 激活的 ATP 酶，可水解 ATP 以释放供鞭毛运动的能量。通过动力蛋白臂与相邻的微管二联体的作用，可使鞭毛弯曲运动。在相邻的微管二联体间有微管连丝蛋白相连。此外，在每条微管二联体上还有伸向中央微管的放射辐条。基体(basal body)的结构与鞭杆(shaft)接近，直径 120～170 μm，长 200～500 μm，在显微镜下横切面却呈

“9+0”型，且外围是 9 个三联体，中央则没有微管和鞘（见图 2-33）。

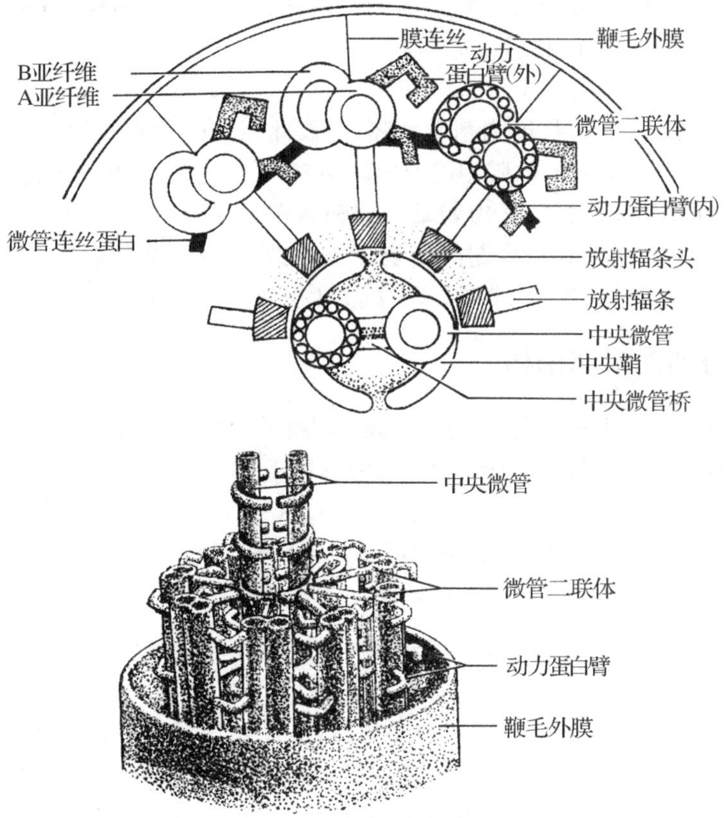

图 2-33　真核生物的“9+2”型鞭毛。上为鞭杆横切面，下为鞭杆的立体模型

(3)细胞质膜

真核细胞与原核细胞在细胞质膜的构造和功能上是十分相似的，真核细胞没有细胞壁，细胞质膜就是它的外部屏障。二者之间有小的差别。

(4)细胞核

细胞核是遗传信息 DNA 的贮存、复制和转录的主要部位。真核生物都有外形固定呈球状或椭圆体状、有核膜包裹的细胞核。每个细胞一般只含有一个细胞核，有的有两或多个，如须霉属（*Phycomyces*）和青霉属（*Penicillium*）的真菌等，在真菌的菌丝顶端细胞中，常常找不到细胞核。

真核细胞的细胞核由核被膜、染色质、核仁和核基质等构成。在真核的细胞中，染色体的形状较小。根据遗传学的研究，得知不同真菌的染色体数差别很大，如构巢曲霉（*Aspergillus nidulans*）为 8，粗糙脉胞菌（*Neurospora crassa*）又叫红色面包霉为 7，酿酒酵母（*Saccharomyces cerevisiae*）为 17，双孢蘑菇（*Agaricus bisporus*）为 13，里氏木霉（*Trichoderma reesei*）为 6 等。

(5)细胞质和细胞器

真核细胞的细胞质为透明、粘稠、不断流动并充满各种细胞器的溶胶。

①细胞基质和细胞骨架

真核细胞中，除细胞器以外的胶状溶液，称细胞基质（cytomatrix）或细胞溶胶（cytosol），内含赋予细胞以一定机械强度的细胞骨架和丰富的酶等蛋白质，各种内含物以及中间代谢产物等，是细胞代谢活动的场所。

细胞骨架(cytoskeleton)是由微管、肌动蛋白丝(微丝)和中间丝3种蛋白质纤维构成的细胞支架，具有支持、运输和运动等功能。

②内质网和核糖体

内质网是细胞质中一个与细胞基质相隔，但彼此相通的囊腔和细管系统，它由脂质双分子层围成。内侧与核被膜的外膜相通。内质网有两类，它们间相互连通。其一是在膜上附有核糖体颗粒的粗面内质网，其功能是合成和运送胞外分泌蛋白，另一是膜上不含核糖体的光面内质网，它与脂类和钙代谢等密切相关，主要存在于某些动物细胞中。此外还有核糖体、高尔基体、溶酶体、微体、线粒体，少数微生物还有叶绿体、液泡等。

4.1 酵母菌的形态结构

酵母菌(yeast)是一个通俗名称，指能发酵糖类的各种单细胞真菌。由于不同的酵母菌在进化和分类地位上的异源性，因此，很难对酵母菌下一个确切的意义，通常认为酵母菌是一群单细胞真核微生物，有5个特征：①单细胞形式存在；② 多数为出芽生殖；③ 能发酵糖类产能；④ 细胞壁常含甘露聚糖；⑤ 常生活在含糖量较高、酸度较大的水生环境中。

4.1.1 酵母菌在自然界中的分布

酵母菌在自然界中分布很广，主要分布在偏酸性环境、含糖质较高的环境中，在水果的表面分布很多，如葡萄、樱桃等，在果树的土壤中也常见，此外，在蔬菜、花蜜和植物的叶片上也较多。有的酵母菌可以利用烃类物质，所以在油田和炼油厂附近的土层中也有酵母菌，由于酵母菌细胞蛋白含量高，并含有人体必需的氨基酸，因此常常用酵母细胞做菌种，用食品加工厂的废液体做原料生产单细胞蛋白，单细胞蛋白可做动物饲料蛋白。大多数酵母菌都能发酵生产酒精；有的酵母菌可以产生维生素、有机酸；有的能发酵生产柠檬酸、反丁烯二酸、脂肪酸、甘油、甘露醇等。

酵母菌在为人类带来利益的同时，也给人类带来危害。如腐生型酵母菌能使含糖的食品类、饮料和纺织品腐败变质，少数嗜高渗透压的酵母菌如鲁氏酵母、蜂蜜酵母使蜂蜜、果酱败坏；有的发酵调味品、发酵蔬菜的腐败菌，它们引起发酵辣椒变黑或蔬菜变暗红色等，出现不良的气味；还有的酵母菌可引起人和动物致病。

4.1.2 酵母菌的形态结构

酵母菌是真核生物中最低等的生物细胞，细胞呈圆形、卵圆形、椭圆形、柱状或香肠状等多种，进行出芽生殖，当子细胞还没有脱落母细胞，又在子细胞上出芽长出子细胞，如此循环形成的细胞串状称假菌丝。

酵母菌细胞大小为(3～6) μm×(5～10) μm。典型的细胞构造如下：

①细胞壁：25 nm厚，由外向内为甘露聚糖－蛋白质－葡聚糖三层，少量的几丁质成分，以环状形式分布在芽痕周围。中间层的蛋白质包括多种酶类，如甘露聚糖酶、葡聚糖酶、蔗糖酶、碱性磷酸酶和酯酶等。

酵母菌的细胞壁用玛瑙螺(*Helix pomatia*)的胃液制得的蜗牛消化酶液水解，可形成酵母原生质体；此外，还可用于水解酵母菌的子囊壁，使子囊孢子释放出来。

②细胞膜

酵母菌的细胞膜由三层结构组成，即蛋白质(约占干重的50%)、类脂(约40%)和少量的糖类。

细胞质膜
- 蛋白质：包括酶类
- 类脂
  - 甘油酯(1、2、3)
  - 甘油磷脂
  - 甾醇：麦角甾醇、酵母甾醇
  - 甘露聚糖等
- 糖类

酵母菌的细胞膜上含有各种甾醇，其中以麦角甾醇居多。经紫外线照射后可形成维生素 D2，作为维生素 D 的来源。

③细胞核：酵母菌具有多孔核膜包裹起来的定形细胞核——真核，可用碱性品红或姬姆萨染色法对固定后的酵母菌染色，可观察到核内的染色体。酿酒酵母有 17 条染色体，1996 年公布了全基因序列，12.052Mb，共有 6500 个基因，还有质粒，是环状分子的 DNA。这是第一个测出的真核生物基因组序列。

④其它构造：酵母菌细胞中还形成液泡，有氧时形成杆状或球状的线粒体，无氧时形成无脊的、没有氧化磷酸化的线粒体。

4.1.3 酵母菌的菌落形态特征

酵母菌的菌落形态：菌落大，呈圆形，边缘整齐，表面湿润光滑，菌落丰厚，粘稠易挑起，质地均匀，正面与反面以及边缘与中心部位的颜色较一致，大多数为乳白色，少数为红色如赤酵母、克鲁维酵母产生红色素，个别为黑色。另外，凡不产假菌丝的酵母菌，其菌落更为隆起，边缘为圆形，产假菌丝的酵母则菌落扁平。酵母菌落具有悦人的酒香味。酵母菌在液体培养基中的生长特征：产膜、沉淀、均匀浑浊和起泡现象。

4.1.4 酵母菌的繁殖方式

酵母菌的繁殖方式多样，酵母菌的繁殖方式是鉴定的依据内容之一。主要的方式如下：

(1) 无性繁殖

①芽殖(budding)：是主要的繁殖方式，在良好的培养条件下，酵母菌生长迅速，这时可以看到所有细胞都生长芽体，子细胞没有与母细胞分离，又在芽体上长出小芽体形成连串的细胞团，这种藕节状的细胞串称为假菌丝(pseudohyphae)。

②裂殖：酵母菌的裂殖与细菌的裂殖相似，其过程是细胞伸长，核分裂为二的繁殖方式。进行这种繁殖方式的酵母菌较少，常见的裂殖酵母属的八孢裂殖酵母就行这种繁殖。

③孢子繁殖：无性的孢子繁殖有掷孢子和孢囊孢子，掷孢子繁殖是少数酵母菌的繁殖方式，外形呈肾形，孢子成熟后通过一种特有的喷射机制将孢子射出，因此常常在培养皿盖上见到掷孢子形成的菌落模糊景象。

此外，有的酵母菌如白假丝酵母菌还能在假菌丝的顶端产生厚垣孢子。

(2) 有性繁殖

酵母菌形成有性孢子如子囊(ascus)和子囊孢子(ascospore)繁殖。它们通过相邻的两个形态相同而性别不同的细胞各自伸出一根管状的原生质突起相互接触、局部融合形成一条通道，然后质配、核配、减数分裂，形成 4～8 个子核，每个子核与其原生质结合在一起，在其表面形成一层孢子壁，这样子囊孢子就成熟了，原有的营养细胞则成了子囊。

有性孢子繁殖：

两个相邻细胞 ⟶ 突起形成 ⟶ 细胞膜消失 ⟶ 核、质融合 ⟶ 接合子 ⟶ 2～3 次的减数分裂 ⟶ 4～8 个核 ⟶ 形成孢子 ⟶ 囊破裂 ⟶ 孢子释放出来（见图 2-34）。

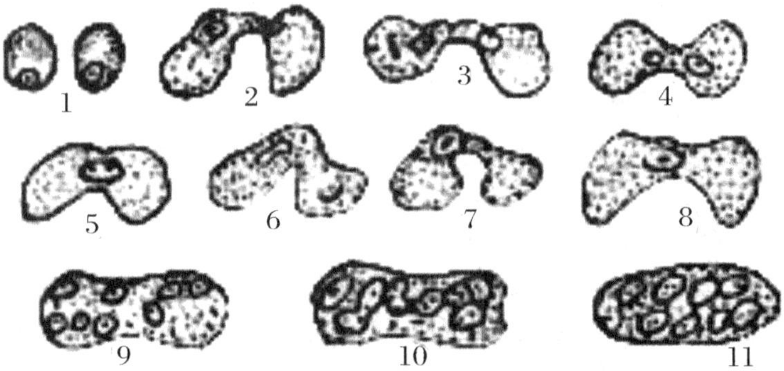

图 2-34　酵母菌子囊孢子示意图

1～4 两个细胞结合　5 结合子　6～9 核分裂　10～11 形成子囊孢子

4.1.5　酵母菌的生活史

生活史又叫生命周期（life cycle），是指上一代个体细胞经过生长发育阶段产生下一代个体的全部过程。酵母菌的生活史有 3 类生活史：(1) 营养体既能以单倍体（n）也能以二倍体（2n）形式存在，其特点是一般情况下进行出芽生殖，营养体既能单倍体形式存在，也能以二倍体形式存在，在特定的条件下进行有性繁殖，如酿酒酵母。(2) 营养体只能以单倍体（n）形式存在，如八孢裂殖酵母 (3) 营养体只能以二倍（2n）体形式存在，如路德类酵母。

(1) 营养体既能以单倍体（n）也能以二倍体（2n）形式存在

酿酒酵母属是这类生活史的代表，特点为：①一般情况下以营养体状态进行出芽生殖；②营养体既能以单倍体（n）形式存在，也能以二倍体（2n）形式存在；③在特定的条件下才进行有性繁殖（见图 2-35）。

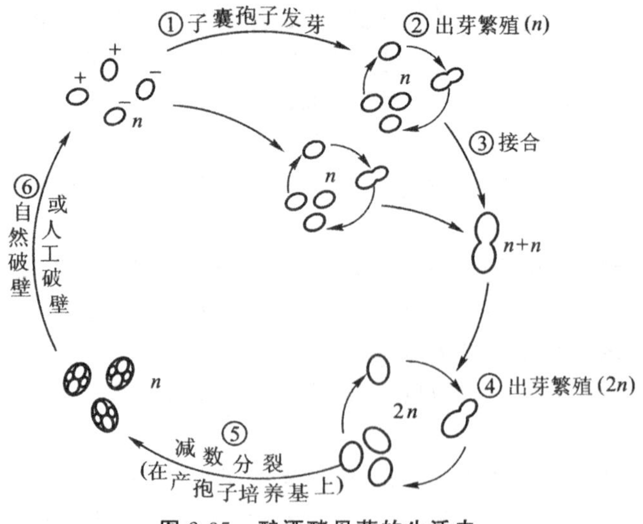

图 2-35　酿酒酵母菌的生活史

酿酒酵母的二倍体细胞因其体积大、生活力强，广泛应用于工业生产、科学研究或遗传工程实验中。

(2) 营养体只能以单倍体(n)形式存在

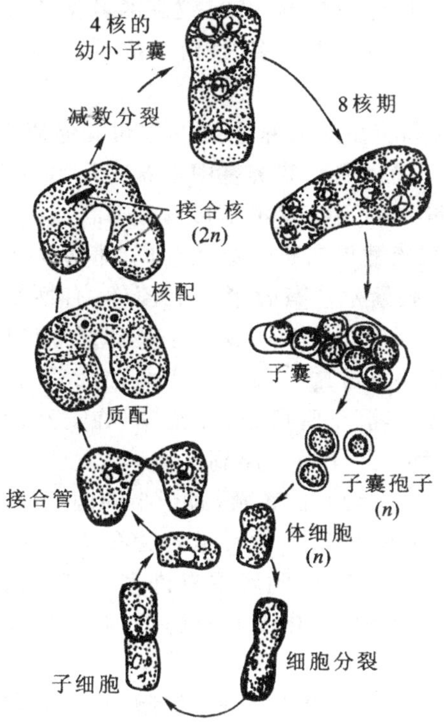

图 2-36　八孢裂殖酵母菌的生活史图

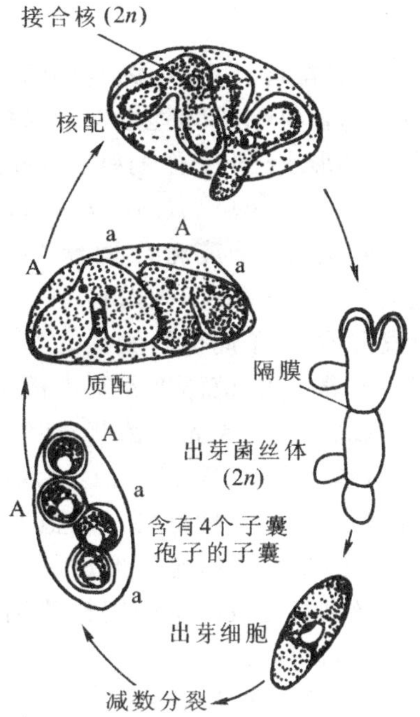

图 2-37　路德酵母菌的生活史

八孢裂殖酵母菌(*Schizosaccharomyces octosporus*)是这类型生活史的代表。特点为:①营养细胞为单倍体;②无性繁殖为裂殖;③二倍体细胞不能独立生活,所以此期很短。整个生活史可分为 5 个阶段,如图 2-36。首先是单倍体营养细胞无性分裂繁殖;两个营养细胞接触后形成结合管,发生质配、核配,两个细胞融合为一体;二倍体核分裂三次,第一次为减数分裂;形成 8 个单倍体的子囊孢子;子囊破裂,释放子囊孢子,完成 5 个阶段的全过程。

(3) 营养体只能以二倍体(2n)形式存在

路德酵母菌(*Saccharomycodes ludwigii*)是这类型生活史的代表。特点为:①营养细胞为二倍体,不断进行芽殖,此阶段较长;②单倍体的子囊孢子在子囊内发生接合;③单倍体阶段仅仅以子囊孢子的形式存在,不能进行独立生活。所以此期很短。整个生活史可分为 5 个阶段,如图 2-37。其全过程为单倍体的子囊孢子在子囊内发生接合,并发生质配、核配,接合后的二倍体发生萌发,穿破子囊壁;二倍体的营养细胞可独立生活,通过芽殖方式进行无性繁殖;在二倍体营养细胞内的核发生减数分裂,营养细胞为子囊,其中形成 4 个单倍体子囊孢子。

4.1.6　食品工业中常见的酵母菌

(1)酵母菌属(*Saccharomyces*):酵母菌属于子囊菌亚门,半子囊菌纲,内孢霉目,酵母科。这属的菌种具有典型的形态构造,细胞呈圆形、卵圆形、椭圆形、柱状或香肠状等多种,没有真菌丝,有的有假菌丝,无性繁殖为出芽生殖,有性繁殖形成子囊孢子。这属中种类较多,达几百种,主要的是啤酒酵母和葡萄汁酵母。

①啤酒酵母(*S. cerevisiae*):啤酒酵母是酵母菌属中的典型菌种,广泛用于啤酒、白

酒和果酒的发酵,也用于面包的制造。由于酵母菌含有丰富的维生素和蛋白质,因此可作为药用,也可用于饲料,还可用于生产食品的风味添加剂,具有较高的经济价值。分布也广泛,在水果的表面上多,特别是葡萄表面上酵母菌种类多,发酵的果汁、酒曲、果园土壤中都可分离到。

②葡萄汁酵母(*S. uvarum*):路德于1970年将卡尔斯伯酵母、娄哥酵母和葡萄汁酵母合并成一种,叫葡萄汁酵母,能全发酵棉籽糖。25℃在麦芽汁培养基中培养三天,细胞呈圆形、卵圆形、椭圆形或长形。作饲料酵母和药用酵母,也可用于啤酒酵母发酵啤酒。

(2)裂殖酵母属(*Schizosaccharomyces*):裂殖酵母属于子囊菌亚门、酵母科中的裂殖亚科。细胞呈圆柱形或椭圆形,无性繁殖为分裂繁殖。有时形成假菌丝,有性繁殖是营养细胞结合形成子囊,子囊内有1~4个或8个子囊孢子。子囊孢子是球形或卵圆形,具有酒精发酵能力,不同化硝酸盐。八孢裂殖酵母菌是这一属的重要菌种,25℃在麦芽汁培养基中培养三天,液体培养基表面无菌醭,菌体沉于管底,液体清凉;在麦芽汁固体培养基上形成乳白色、无光泽菌落,从蜂蜜、蔗糖和水果上可分离到。

(3)假丝酵母属(*Candida*):该属酵母菌没有发现有性繁殖,属于半知菌亚门,芽孢菌纲,隐球酵母目,隐球酵母科。细胞为圆形、卵圆形或长形,无性繁殖为多边出芽,形成假菌丝,有的菌有真菌丝,也可形成厚垣孢子,不产生色素,此属中有许多具有酒精发酵的能力。有的菌种是发酵生产饲料单细胞蛋白的菌种,如热带假丝酵母、解脂假丝酵母和产朊假丝酵母等。

(4)球拟酵母属(*Torulopsis*):属于隐球酵母目,隐球酵母科,细胞为圆形、卵圆形或略长形,无性繁殖为出芽生殖,无假菌丝,无色素,有酒精发酵能力。有些种能产生甘油等多元醇,如白色球拟酵母能发酵甘油,能耐受高浓度的糖或盐。

(5)毕赤酵母属(*Pichia*):酵母细胞为圆形、卵圆形或椭圆形,可形成假菌丝,孢子为球形或帽子形,子囊内的孢子数为1~4个。分解糖的能力弱,不产生酒精。能氧化酒精;耐受高浓度的酒精,常使酒类和酱油产生变质并形成浮膜,如粉状毕赤酵母。

(6)汉逊氏酵母属(*Hansenula*):酵母细胞为圆形、卵圆形或圆柱形,常形成假菌丝,子囊内的孢子数为1~4个,孢子为球形或帽子形。对糖有强发酵作用,主要产物不是酒精而是酯。在液体中繁殖可产生浮膜,如异常汉逊氏酵母。

(7)赤酵母属(*Rhodotorula*):酵母细胞为圆形、卵圆形、圆筒形或圆柱形,进行多端出芽生殖,菌落特别粘稠,有产生色素的能力,色素为赤色、橙色和灰黄色,如胶红酵母、粘红酵母等,在食品上生长可形成赤色斑点,在发酵的蔬菜上形成巧克力色变。

(8)丝孢酵母属(*Trichosporon*):酵母细胞呈菌丝状,能形成出芽孢子、节孢子,也能产生厚膜孢子。对糖的发酵能力弱,在液体中生长可产生浮膜,如茁芽丝孢酵母常引起酿造食品及冷藏肉品变质。

4.2 丝状真菌——霉菌的形态结构

霉菌(mould,mold)不是分类学上的名词,是丝状真菌的总称,是单细胞或多细胞丝状真菌,通常指菌丝体较发达但不产生大型肉质子实体结构的真菌,在潮湿的环境下,它们常在有机物上大量生长繁殖,引起粮食、加工食品霉变或果蔬病害。霉菌在分类上属于子囊菌纲(Ascomycetes)、藻状菌纲(Phycomycetes)和半知菌纲(Fungi imperfecti)。

4.2.1 霉菌在自然界中的分布

霉菌的分布极其广泛,种类繁多,它们在自然界中扮演着最重要的有机物分解者的角色，从而把其他生物难以分解利用的数量巨大的复杂有机物如纤维素、木质素分解，促进了生物圈的繁荣发展。

4.2..2 霉菌的形态结构

(1)个体形态：霉菌大多数都是多细胞形态的微生物，由菌丝和孢子组成。

- 菌丝体
  - 营养菌丝
    - 吸取养料：假根、吸器
    - 附着：附着胞，附着枝
    - 休眠：菌核、菌索
    - 延伸：匍匐枝
  - 气生菌丝
    - 简单
      - 无性：分生孢子头、孢子囊
      - 有性：担子
    - 复杂
      - 无性：分生孢子器、分生孢子座
      - 有性：闭囊壳、子囊壳、子囊盘

(2)菌丝和菌丝体

霉菌的菌丝分为有隔膜菌丝和无隔膜菌丝两大类，食品工业中常用的毛霉(*Mucor*)和根霉(*Rhizopus*)菌种属于无隔膜菌丝，是低等的真菌，而曲霉属(*Aspergillus*)和青霉属(*Penicillium*)等高等的真菌属于有隔膜菌丝(见图 2-38)。

霉菌菌丝细胞的构造与酵母菌类似，通过菌丝顶端细胞的不断延伸而实现生长，随着顶端不断向前伸展，细胞壁和细胞质的形态、成分都逐渐变化，加厚并趋向成熟。

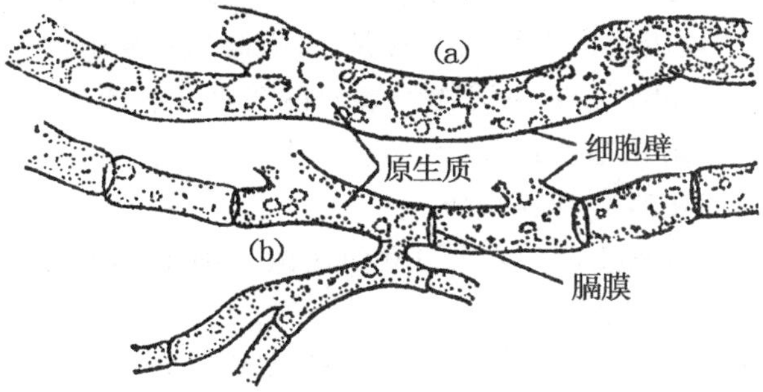

(a)无隔膜的菌丝 (b)有隔膜的菌丝

图 2-38 霉菌的菌丝

霉菌细胞壁的内层是几丁质，外层是蛋白质，在亚顶端部位即是次生壁形成区，由内至外分别为几丁质、蛋白质和葡聚糖蛋白网层，在成熟区由内至外相应地为几丁质、蛋白质层和葡聚糖蛋白网层和葡聚糖网层，最后是隔膜区，它是由菌丝内壁向内延伸而成的环片状构。在其它真菌中，有的隔膜环呈封闭状，多为低等真菌在形成繁殖器官或受伤时形成，有的呈单孔状，如子囊菌，有的呈多孔状，如白地霉等。

生长在固体培养基中的菌丝，主要吸收营养物质，叫营养菌丝体；伸展到空间的菌丝体，称气生菌丝体。气生菌丝中能产生孢子的菌丝体，称为子实体。有的霉菌的菌丝聚合成团，构成一种坚硬的休眠体，称为菌核，菌核具有较强的抵抗力，在适宜的条件下，菌核可以萌发为新的菌丝。

(3) 营养菌丝体的特化形态(图 2-39)

①假根(*rhizoid*) 是根霉属等低等真菌匍匐菌丝与固体基质接触处分化出来的根状结构，具有固着和吸收养料的功能。

②匍匐菌丝(*stolon*) 又叫匍匐枝，如毛霉目(*Mucorales*)真菌在固体培养基上常形成

与表面平行、具有延伸功能的菌丝，称为匍匐菌丝。典型的是根霉菌(*Rhizopus*)，在固体基质表面的营养菌丝分化为匍匐菌丝，在其上每隔一段距离可长出伸入基质的假根和伸向空间的孢囊梗，随着匍匐菌丝的延伸，不断形成新的假根和孢囊梗，快速地蔓延整个培养基容器中，所以不能形成形态固定、大小固定的菌落。

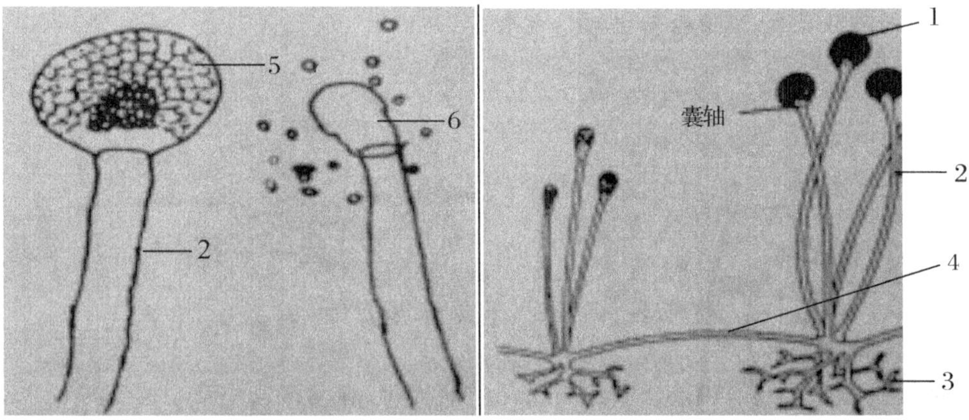

1. 孢子囊　2. 孢子囊梗　3. 假根　4. 匍匐菌丝　5. 孢子囊孢子　6. 中轴

图 2-39　根霉的形态、匍匐菌丝和毛霉的形态

③吸器(haustorium)　由几类专性寄生的真菌如锈菌目(Uredinales)、霜霉目(Peronosporales)和白粉菌目(Erysiphales)等菌种生产。其功能是在宿主细胞间隙内形成指状、球状或丝状的构造，以吸收宿主细胞内的养料，吸器是营养菌丝上分化出来的短枝。

④附着胞(adhesive cell)寄生在植物的致病菌在其芽管或老菌丝顶端发生膨大，分泌粘状物，借以牢固地粘附在宿主细胞上，称附着胞。在其上再形成纤细的针状感染菌丝，以侵入宿主的角质表皮吸收营养物质。

⑤附着枝(adhesive branch)寄生性的真菌由菌丝细胞生长出 1～2 个细胞的短枝，将菌丝附着于宿主体上，叫附着枝。

⑥菌核(sclerotium)是一种形状、大小不一的休眠菌丝组织，外界条件不良时可保存数年生命力。菌核有的大，有的小，大的如小孩头，小的如油菜菌核。

⑦菌索(rhizomorph，funiculus)　菌索一般由菌伞产生，为白色根状菌丝组织，功能是促进菌体蔓延和抵御不良环境。

⑧菌环(ring)和菌网(net)捕虫菌目(Zoopagales)和一些半知菌目的菌丝会分化成圈环或网环的特化菌丝组织，用来捕线虫或其他微小动物，再从这类环或网上生出菌丝侵入线虫体内吸收营养物质。

(4)气生菌丝体的特化形态

气生菌丝体主要特化成各种形态的子实体(fruiting body，sporocarp ，fructification)。子实体是指在其里面或上面可产生无性孢子或有性孢子，有一定形态和构造的任何菌丝体组织。

①结构简单的子实体 产生无性孢子的简单子实体有几种类型。常见的有曲霉属(*Aspergillus*)、青霉属(*Penicillium*)等的分生孢子头(或分生孢子穗，*conidial head*)和根霉(*Rhizopus*)、毛霉(*Mucor*)等的孢子囊等(见图 2-40)。产生有性孢子的简单子实体如担子菌的担子(basidium)。

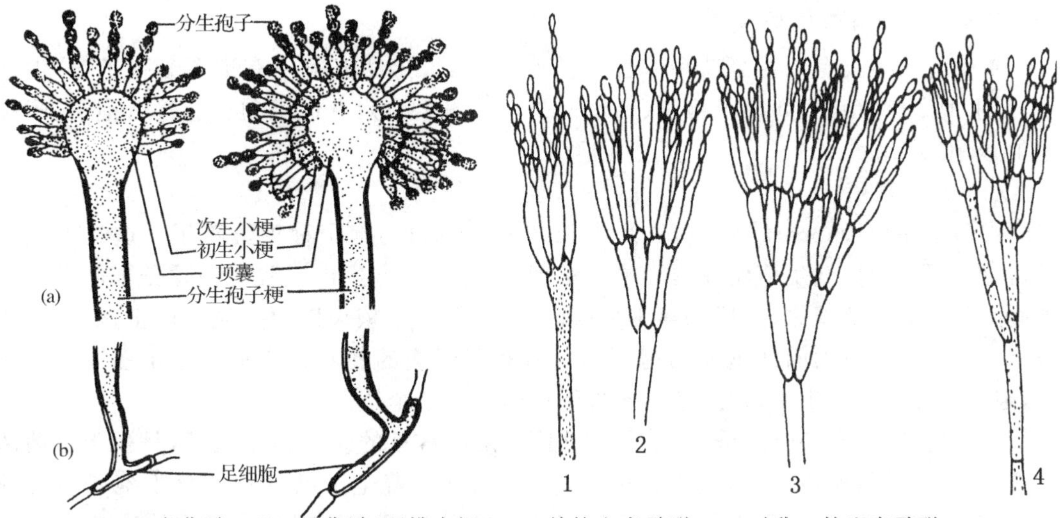

(a)米曲霉　(b)黑曲霉(两排小梗)　1. 单轮生青霉群　2. 对称二轮生青霉群
3. 多轮生青霉群　4. 不对称生青霉群

图 2-40　青霉和曲霉的分生孢子头

②结构复杂的子实体 产生无性孢子的结构复杂的子实体有分生孢子器(pycnidium)、分生孢子座(sporodochium)和分生孢子盘(acevulus)等结构。分生孢子器是产生孢子的场所,成球形或瓶形,在内壁表面或底部长有极短的分生孢子梗,梗上产生分生孢子。有的真菌分生孢子梗紧密聚集成簇,分生孢子长在分生孢子梗的顶端,形成垫状,称分生孢子座,它是瘤座孢子科真菌的共同特征。分生孢子盘则是一种在宿主的角质层下或表皮下,由分生孢子梗簇生在一起而形成的盘状结构,有时其中还夹杂着刚毛。

能产生有性孢子结构复杂的子实体,称为子囊果(ascocarp)。子囊果按外形不同分为三类,即闭囊壳、子囊壳、子囊盘。

(5)菌丝体在液体培养基中的生长特征

真菌在液体培养基中通气搅拌或振荡培养时,常产生菌丝球。菌丝体相互缠绕形成颗粒、均匀地悬浮在培养基中,有利于氧溶解以及营养物和代谢产物的输送,对菌丝的生长和代谢产物形成有利。

4.2.3　霉菌的菌落特征

霉菌的菌落有明显的特征,外观上容易辨认。菌落直径大,质地疏松,外观干燥,不透明,菌丝疏松或紧密,孢子有颜色,黑曲霉呈黑色孢子;米曲霉呈黄绿色的孢子;青霉为铜绿色孢子;木霉为绿色孢子;红曲霉为红色的孢子等。菌种不同霉菌菌落不同,菌落特征是鉴定霉菌的依据,在霉菌研究中具有重要意义。

根霉、毛霉的菌落:菌落无定型,根霉菌落呈疏松的蜘蛛网状,毛霉菌落呈绒毛状、棉花状,菌落与培养基连接紧密,不易挑起,菌落的正反面的颜色、构造及边缘与中心的颜色构造常常不一致等。根霉菌和毛霉菌是食品工业中发酵生产豆豉、豆腐乳等的菌种,前者在 18℃～20℃生长最好,后者在 30℃生长好。

曲霉的菌落特征:菌落有定型为圆形,直径在 2～3 cm,边缘整齐,菌丝比毛霉、根霉短,致密的绒毛状,菌种不同孢子的颜色也不同,也是生产糖化酶的菌种。

4.2.4 霉菌的繁殖方式

霉菌的繁殖具有无性繁殖和有性繁殖两种方式，无性繁殖中有孢子囊孢子、分生孢子、裂生孢子（节孢子）和厚膜孢子（厚垣孢子）（见图 2-41）；有性繁殖中有接合孢子、子囊孢子（卵孢子）。

（1）无性繁殖

①孢子囊孢子（sporangiospore）：生长在孢子囊内的孢子称孢囊孢子。这是内生孢子，在孢子形成时，气生菌丝或孢囊梗顶端膨大，并在下方生出横膈与菌丝分开而形成孢子囊。孢子囊逐渐长大，然后在囊中形成许多核，每一个核包以原生质并产生孢子壁，成孢囊孢子。原来膨大的细胞壁为孢囊壁。带有孢子囊的梗叫孢囊梗。孢子囊成熟后破裂，孢子囊孢子扩散出来，在适宜的条件下可萌发成新个体。

②分生孢子（conidiospora）：分生孢子是霉菌中常见的无性繁殖孢子，是生于霉菌菌丝细胞外的孢子，所以也可称为外生孢子。分生孢子着生于已分化的分生孢子梗的顶端，具有一定的形状，食品工业中常用的菌种如米曲霉、黑曲霉是这一类型的代表。

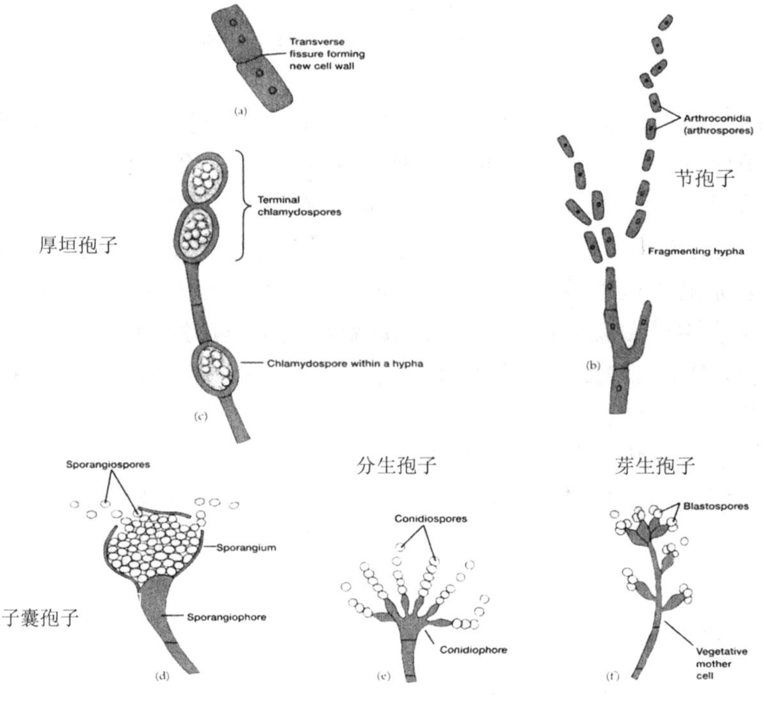

图 2-41　真菌的无性繁殖

③ 节孢子（裂生孢子，*arthrospore*）：由菌丝断裂而形成，又称粉孢子或裂孢子。菌丝生长到一定阶段，菌丝上产生横隔膜，然后从隔膜处断裂，产生许多形如短柱状、筒状或钝圆的节孢子。

④ 厚垣孢子（chlamydospore）：又叫厚壁孢子，是菌丝的中间或顶端形成一种有厚膜结构的孢子。厚垣孢子内含有丰富的营养物质，对不良环境具有很强的抵抗力的休眠孢子。在不良环境中菌丝死亡后，厚垣孢子可继续生存，当环境适宜时，它们又能萌发形成新的菌丝体。厚垣孢子形态为圆形、纺锤形和长方形。

⑤ 游动孢子（zoospore）：游动孢子产生在由菌丝膨大而成的游动孢子囊内，孢子通常为圆形、洋梨形或肾形，具有一根或两根鞭毛，能够游动。鞭毛的亚显微结构为 9+2

型。产生游动孢子的大多为水生真菌。

(2) 有性繁殖

① 接合孢子(zygospore):相邻近的两菌丝接触后,细胞壁溶解,菌丝内的核和细胞质融合而形成接合孢子。

② 子囊孢子(ascospore):霉菌的有性繁殖形成子囊孢子比无性繁殖形成孢子囊孢子更为复杂。由相邻近的两菌丝顶端突出形成两个性别不同的细胞,菌丝接触后,呈卷曲状而互相缠绕起,两个性细胞融合,即是受精作用。接着两个性细胞形成许多分支的菌丝,称造囊丝。造囊丝经过减数分裂产生子囊,每个子囊产生 2～8 个子囊孢子,在子囊和子囊孢子发育过程中,原来的雄器和藏卵器下面的细胞生出许多菌丝,它们有规律地将产囊丝包围形成了子囊果。子囊果按外形不同分为三类,一是完全封闭的圆球性叫闭囊壳;二是没有完全封闭有孔的叫子囊壳;三是呈盘状的称子囊盘(见图 2-42)。

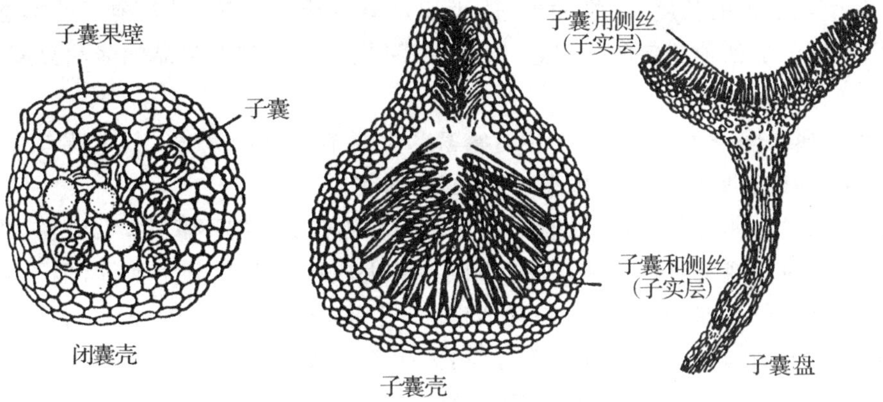

图 2-42　子囊菌的子囊

子囊孢子成熟后就被释放出来,子囊孢子的形状、大小、颜色、纹饰等差别很大,是子囊菌的分类依据之一。

③卵孢子(oospore):是由两个大小不同的配子囊结合发育而成的。小型的配子囊称为雄器,大型的配子囊称藏卵器。藏卵器中的原生质与雄器配合以前,收缩成一个或数个原生质团,称卵球。雄器与藏卵器配合时,雄器中的原生质和细胞核通过受精管进入藏卵器与卵球配合,卵球生出外壁成为卵孢子,卵孢子的数量取决于卵球的数量。

④ 担孢子(basidiospore):担孢子是担子菌产生的有性孢子。在担子菌中,两性器官多退化,以菌丝结合方式产生双核菌丝,在双核菌丝的 2 个核分裂之前可以产生钩状分支而形成锁状联合,这有利于双核并裂。双核菌丝的顶端细胞膨大为担子,担子内 2 个不同性别细胞的核配合形成 1 个二倍体的细胞核,减数分裂后形成 4 个单倍体的核,同时在担子的顶端长出 4 个小梗,小梗顶端稍膨大,最后 4 个核分别进入了小梗的膨大部位,形成 4 个外生的单倍体的担孢子,担孢子呈圆形、椭圆形、肾形和腊肠形。

4.2.5　食品工业中常见的霉菌

(1) 根霉属(*Rhizopus*):单细胞霉菌,生产糖化酶、酿酒、生产乳酸和顺丁烯二酸(富马酸)和反丁烯二酸(马来酸)、酿造豆腐乳等的菌种。根霉与毛霉同属毛霉目,很多特征相似,根霉有假根和匍匐菌丝,有性繁殖产生接合孢子,无性繁殖产生孢囊孢子,孢子为黑色或褐色。根霉的菌丝体为白色,无隔膜,单细胞,菌落无定型,呈松的蜘蛛网状,生长迅速可蔓延覆盖整个容器。

(2) 毛霉属(*Mucor*):毛霉是接合菌亚门中的重要类群,属于接合菌纲毛霉目,毛霉科,种类多,单细胞霉菌,菌丝长,初期为白色,呈棉絮状,菌丝多可分支,菌丝无隔膜,有多个细胞核,不产生假根。无性繁殖为孢子囊孢子,囊孢子为灰黑色或灰褐色;有性繁殖产生接合孢子。毛霉菌落呈绒毛状、棉花状,菌落与培养基连接紧密,不易挑起,菌落的正反面的颜色、构造及边缘与中心的颜色构造常常不一致等。

发酵生产大豆制品、蛋白酶、有机酸等。

(3) 曲霉属(*Aspergillus*):是发酵食品加工业的重要菌种。曲霉菌丝有隔膜,是多细胞霉菌,菌丝较短,气生菌丝成熟后产生分生孢子梗,分生孢子梗顶端膨大为顶囊,呈球形,顶囊的表面长满 1～2 层辐射状的小梗(初生小梗和次生小梗)。最上层小梗呈瓶状,顶端着生成串的球形分生孢子。孢子呈绿、黄、橙、褐、黑等颜色。分生孢子梗生于足细胞上,分生孢子梗的长度、顶囊的形态、小梗是单轮或是双轮,以及孢子的形态、大小、表面结构和颜色是菌种鉴定的依据之一。曲霉属是生产发酵调味品如酱油豆瓣、多种酶制剂、有机酸等的菌种。

(4)青霉属(*Penicillium*):是产生青霉素的重要菌种;种类繁多,其中黄青霉、点青霉等都能产生青霉素,此外还能产生有机酸、酶制剂等。

青霉菌菌丝与曲霉相似,但没有足细胞,分生孢子梗顶端不膨大,无顶囊,经过多次分支产生多轮对称或不对称小梗,小梗的顶端产生成串的青色分生孢子,孢子穗形态似扫帚。青霉菌属分为四种,一是一轮生青霉:分生孢子梗只有 1 轮分支;二是二轮生青霉:分生孢子梗有 2 轮分支;三是多轮青霉:分生孢子梗有 3 轮以上分支;四是不对称青霉:分生孢子梗上有不对称或多或少轮层分支。孢子穗的形态构造是分类鉴定的重要依据。

(5)镰刀霉属(*Fusarium*):从气生菌丝生长出分生孢子梗和分生孢子,或由培养基内营养菌丝直接生出粘分生孢子团,粘分生孢子团内含有大量的孢子。分生孢子有大小两种类型,大型分生孢子是镰刀形,常常有三至五个分隔,少的有六至九个分隔,孢子呈卵圆形或椭圆形,少数呈球形、柠檬形等。小型分生孢子大多数是单细胞,少数有一至三个分隔,分生孢子群集时呈黄色、粉红色或橙红色。该菌引起粮食谷物和果蔬的霉变腐烂,是有的植物的病原菌。一些镰刀霉可产生毒素引起人和动物食物中毒,如禾谷镰刀霉。

(6)芽枝霉属(*Cladosporium*):菌丝在培养基表面或内部有匍匐菌丝,菌丝有分隔,分生孢子梗从菌丝顶端生长出,直立并分枝,呈橄榄色。分生孢子从分生孢子梗的顶端芽生,形成树枝状的分生孢子短链。分生孢子也呈橄榄色,球形或卵圆形,初期为单细胞,老后常产生横隔。该属菌引起食品霉变,也可引起纺织品、皮革、纸张和橡胶等物品霉变。

(7)红曲属(*Honascus*):属于散囊菌目,红曲科。能产生红色色素,可作为食品工业中天然红色色素的来源。如紫红曲,菌丝体初期为白色,以后呈红色、红紫色,色素可分泌到培养基中去。闭囊壳为橙红色、球形,子囊球形,含 8 个子囊孢子。子囊孢子卵圆形、光滑、无色或淡红色,分生孢子着生在菌丝及其分支的顶端,单生或呈链、球形或梨形。

(8)木霉属(*Trichoderna*):菌丝生长初期为白色,有横隔,菌丝在培养基上蔓延生长形成平坦的菌落。分生孢子梗直立、分枝多,不规则分枝或轮生,分枝菌丝与孢子梗多成直角。

分枝上有侧枝分出称为小梗，小梗上长出分生孢子，孢子一般为无色或淡绿色，呈圆形、椭圆形或卵圆形，常常丛生集合在一起似花簇，如绿色木霉。这属霉菌产生纤维素酶，可用于淀粉加工、饲料的发酵和纯棉布的处理等，也引起木材、皮革和纤维素物品等霉烂。

(9)赤霉属(*Gibberella*)：属于核菌纲，球壳菌目。有性繁殖产生子囊和子囊孢子。子囊壳球形、光滑，为蓝色。子囊常为棒形，内有 8 个子囊孢子。

赤霉菌可产生赤霉素，是激素，能刺激植物生长，对蔬菜有增产的作用。此外，该菌是寄生在植物的病原菌，引起植物致病。

(10)交链孢霉属(*Alternaria*)：菌丝有横隔，匍匐生长。分生孢子梗单生或成簇，大多数不分枝，较短。分生孢子梗的顶端生出分生孢子，形态为桑葚状、椭圆形和卵圆形，大小不定，有纵横隔膜，呈砌砖状排列，顶端延长喙状。孢子褐色到暗褐色，孢子常常数个连接成链。该属菌是植物的病原菌，可引起蔬菜食品变质。

(11)地霉属(*Geotrichum*)：菌丝分隔，多细胞霉菌，菌丝断裂形成孢子，为裂生孢子，可产生各种颜色，一般为白色，细胞似酵母样的霉菌。该菌可引起果蔬的霉变，由于白地霉细胞含有丰富的营养物质，可用于生产单细胞蛋白，常常用作生产饲料蛋白的菌种。

(12)脉孢菌属(*Neurospora*)：子囊孢子表面有纵形花纹，犹如叶脉而得名，又称链孢霉。菌丝分隔、疏松网状有分支，多细胞霉菌，无性繁殖形成分生孢子，一般为卵圆形，在气生菌丝顶端形成支链，分生孢子呈橘黄色或粉红色，常常生长在面包等淀粉性食品上，故称红色面包霉。有性繁殖产生子囊和子囊孢子，属于异宗配合。脉孢菌是研究遗传学的好材料。

此外还有虫草属真菌、蘑菇属真菌、灵芝属、木耳属各种食用菌类。

5 病毒的形态结构

病毒(Virus)，很多人会想到艾滋病病毒(Human immunodeficiency virus)、乙肝病毒(Hepatitis B virus)、疯牛病病毒(朊病毒：Prion)、SARS 病毒(Severe acute respiratory syndrome)以及禽流感病毒(Avian influenza virus)等等。据统计，70%～80%的人类传染病是由病毒引起的，病毒对人类、动物和植物等生命体的生存造成了极大的威胁。

当然，病毒也有其有益的一面。比如，用病毒杀虫剂取代传统的化学杀虫剂，进行生物防治，这样就可以避免对自然环境的污染和破坏，另外还可以利用病毒进行疫菌生产和作为遗传工程中的外源基因载体。

病毒是 19 世纪末才被发现的一类微小的非细胞生物，现代病毒学把非细胞生物分为真病毒(Euvirus，简称病毒)和亚病毒(Subvirus)两大类(表 2-5)。

表 2-5　病毒的基本类型

类型		基本特性
(真)病毒		至少含有蛋白质和核酸两类组分
亚病毒	类病毒	只具有单独侵染性的 RNA 分子
	拟病毒	只含有不具单独侵染性的 RNA 分子
	朊病毒	只含蛋白质组分

5.1 病毒的形态结构及主要类群

病毒是一类由核酸和蛋白质等少数几种成分组成的超显微"非细胞生物"，其本质是一种只含DNA或RNA的遗传因子，它们能以感染态和非感染态两种状态存在。在宿主体内时呈感染态(活细胞内寄生)，依赖宿主的代谢系统获取能量、合成蛋白质和复制核酸，然后通过核酸与蛋白质的装配而实现其大量繁殖；在离体条件下，它们能以无生命的生物状态长期存在，并可保持其侵染活性。

5.1.1 病毒的基本特点

病毒的基本特点包括：①个体极其微小，一般都能通过细菌滤器，故必须在电镜下才能观察；②无细胞结构，病毒仅由核酸和蛋白质外壳组成，故又称"分子生物"；③每一种病毒只含一种核酸，即DNA或RNA；④专性活细胞寄生，病毒只携带少数几种酶，没有产能酶系，因而不能独立生活，也不能在无生命的人工培养基上生长，必须依赖于寄主细胞提供酶、营养和能量才能生活，另外病毒也无完整的蛋白质和核酸合成酶系，只能利用寄主活细胞内现成的代谢系统合成自身的核酸和蛋白质组分，再以核酸和蛋白质等"元件"的装配实现其大量繁殖，有些病毒的核酸还能整合到宿主基因组中，并诱发潜伏性感染；⑤对一般抗生素不敏感，但对干扰素敏感。

5.1.2 病毒的形状和大小

病毒形态多种多样，有杆状、球状、卵圆状、砖状、蝌蚪状、子弹状和丝状等(图2—43示)。基本形态为杆状、球状(或近似球状)和蝌蚪状。很多植物病毒呈杆状，其中不少为直杆状，如烟草花叶病毒(Tobacco mosaic virus)、苜蓿花叶病毒(Alfalfa mosaic virus)等；有的呈稍弯曲的杆状，如马铃薯X病毒(potato virus X)等，而甜菜黄化病毒(Beet yellow virus)则呈很长很长的弯曲丝状。呈球形的植物病毒也不少，如花椰菜花叶病毒(Cauliflower mosaic virus)、黄瓜花叶病毒(Cucumber mosaic virus)等。有的昆虫病毒，如家蚕核型多角体病毒(*Bombyx mori* nucleopolyhedrovirus)也呈杆状。动物病毒大多为球状，如口蹄疫病毒(Foot and mouth disease virus)、脊髓灰质炎病毒(Polio virus)和腺病毒(Adenovirus)等。有的动物病毒，如痘病毒(Smallpox)呈砖形或卵圆形。有少数动植物病毒，如水泡性口膜炎病毒、狂犬病毒及植物弹状病毒则呈子弹状。细菌病毒有的呈蝌蚪状，如T偶数噬菌体和λ噬菌体等，有的呈球状，如φX174、f2、MS2、Qβ等；有的呈丝状，如fd、f1和M13等。在变形虫中还发现一类具有独特形态——长串念珠状的病毒。

病毒形态极其微小，因此只有借助于电子显微镜才能观察到。绝大多数病毒能够通过细菌滤器。病毒大小的测量单位是纳米(nanometer，nm，10^{-9} m)。病毒大小相差悬殊，在各类病毒之间和同类病毒中都是这样。最大的病毒是痘病毒，它的体积有(300～450) nm×(170～260) nm，最小的病毒为菜豆畸矮病毒，其直径只有9～11 nm。球状动物病毒的直径多数在40～150 nm之间，不少球状植物病毒的直径为30 nm上下。大多数杆状植物病毒的长度为110～900 nm，宽10～25 nm；在细菌病毒中，蝌蚪状噬菌体的头部47～110 nm，尾部(15～170) nm×(10～25) nm，球状噬菌体的直径为24～30 nm；丝(杆)状噬菌体约为6 nm×800 nm。

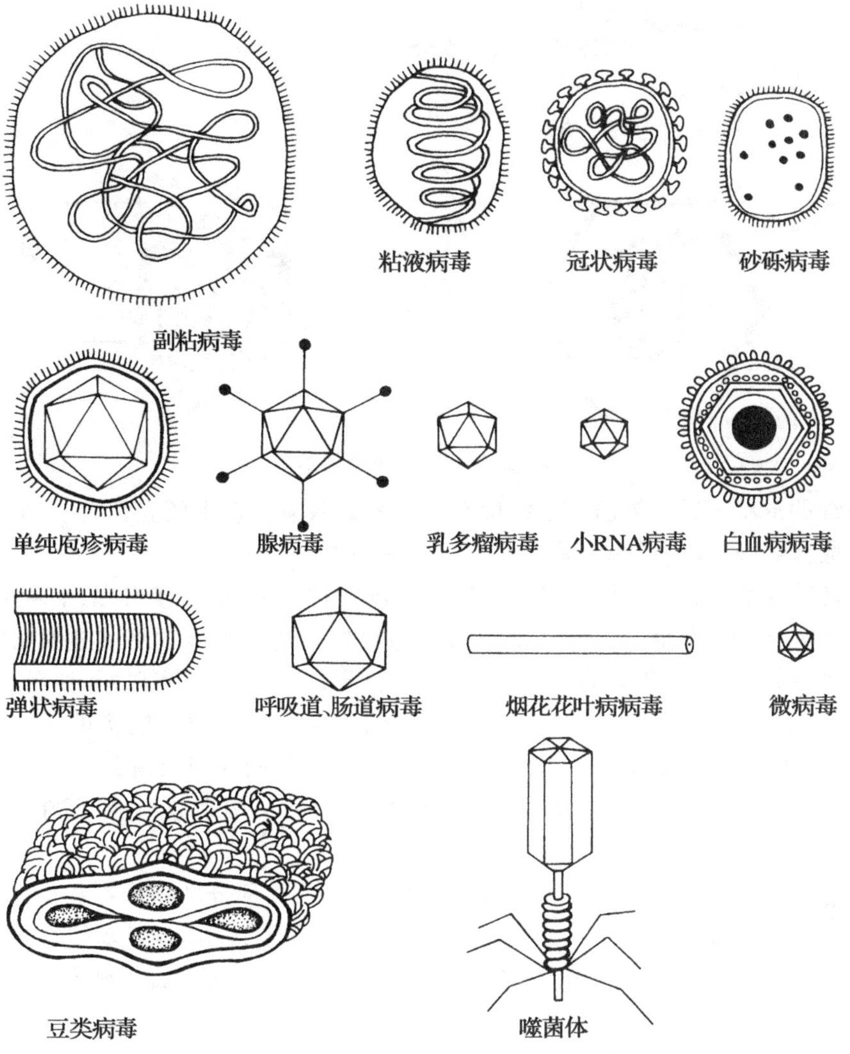

图 2-43　各种病毒颗粒的不同形态和大小比较图

5.1.3　病毒的结构与化学组成

(1) 病毒粒子的结构

病毒没有细胞结构，单个病毒个体不能称作“单细胞”，有感染性的完整单个病毒颗粒称病毒体(virion)或病毒粒子(virus particle)(图 2—44)。病毒体主要由核酸和蛋白质组成，核酸位于中心部位，称为核心(core)或基因组(genome)。核心外由蛋白质包围，形成了衣壳(capsid)。核酸与衣壳组成核衣壳(nucleo-capsid)。衣壳的功能是：保护基因组(核酸)，以免遭受存在于环境中的核酸酶或其他不利因素的破坏；决定病毒感染的特异性，并能介导病毒核酸进入寄主细胞；还具有抗原性。病毒的衣壳是由许多衣壳粒(capsomer)组成，每个衣壳粒是由一种或几种肽链折叠而成的蛋白质亚单位。各衣壳粒之间以非共价键连接，呈对称排列，围绕着核酸形成一层保护性外壳。由于核酸的形态和结构不同，多肽排列也不同，因而形成了几种对称形式，这可作为病毒分类学上的一项鉴别指标。小型病毒多数就是裸露的核衣壳。有些病毒在核壳外还有一层外套称包膜(envelope)，有的包膜上还有刺突(spike)。包膜由脂肪或蛋白组成。

病毒结构
- 基本结构（核衣壳）
  - 核心
  - 衣壳（壳粒→衣壳）
- 辅助结构——包膜

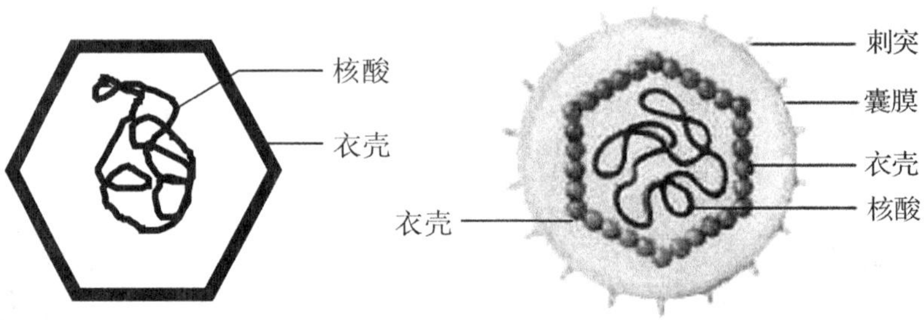

图 2-44 **病毒结构示意**

病毒的形状同其壳体的基本结构有着紧密的联系。病毒的壳体有三种结构类型，与之相对应，病毒颗粒的形状大致可分为下列三种类型：

①螺旋对称　蛋白质亚基沿中心轴呈螺旋状排列，形成高度有序、对称的稳定结构，核酸位于壳体的螺旋状结构中。具有螺旋对称结构的病毒多数是单链 RNA 病毒，其粒体形态为直杆状（烟草花叶病毒，TMV）、弯曲杆状（马铃薯 X 病毒）和线状（大肠杆菌噬菌体 f1）等杆状病毒颗粒。TMV 的杆状壳体由 2130 个壳粒螺旋状排列而成，约有 130 个螺旋，螺距为 2.35 nm，壳体全长约 300 nm。由 95％的衣壳蛋白和 5％ssRNA 组成（图 2-45）。由于核酸有合适的蛋白质外壳包裹和保护，故结构十分稳定，可在室温下放置多年而不丧失其侵染性。

②二十面体对称　病毒的壳体为二十面体对称，大部分动物病毒和少数植物病毒呈球状病毒颗粒。各种病毒的衣壳亚基数目不等，排列方式不同，亚基往往聚在一起形成 2、3、4、5 或 6 邻体，因而使电镜下的近球状病毒的外形变化多端。腺病毒的壳体是这类结构的典型代表，它于 1953 年首次从手术切除的小儿扁桃体中分离得到。由 252 个球形的壳粒排列成一个二十面的对称体（图 2-46）。蛋白质亚基围绕具立方对称的正多面体的角或边排列，进而形成一个封闭的蛋白质的鞘。因二十面体容积为最大，能包装更多的病毒核酸，所以病毒壳体多取二十面体对称结构。近年来，又发现一类新型病毒即双生病毒。它的结构特点是 2 个二十面体联在一起，每个球体由 12 个蛋白亚基构成，两两联结时粘合处失去一个亚基。

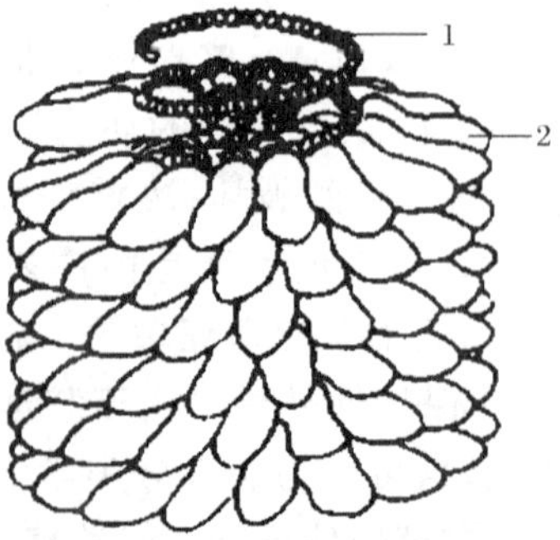

图 2-45 **烟草花叶病毒结构图**

1. RNA　2. 衣壳粒

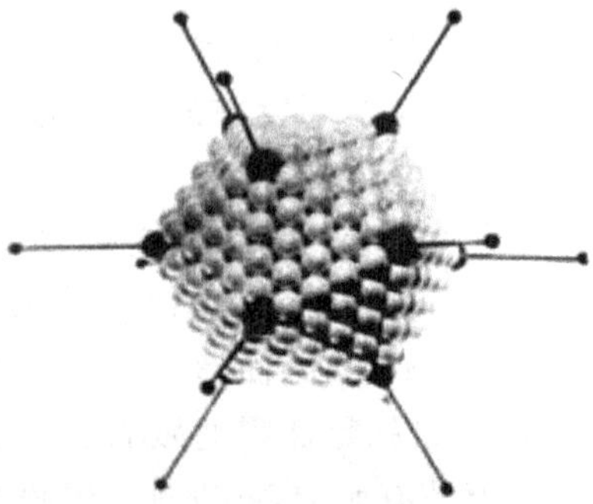

图 2-46 **腺病毒结构**

③复合对称 仅少数病毒壳体为复合对称结构。这类病毒的壳体由头部和尾部组成，包装有病毒核酸的头部通常呈二十面体对称，尾部呈螺旋对称。具有复合对称结构的典型例子是有尾噬菌体(tailed phage)如大肠杆菌 T4 噬菌体。T4 噬菌体形似蝌蚪状，由头部(head)、颈部(neck)和尾部(tail)3 部分组成，其头部外壳由 8 种蛋白质组成并呈椭圆形 20 面体，含 212 个壳粒，dsDNA 核酸位于蛋白质外壳中，长度约 50μm，为头部长度的 650 倍。T4 噬菌体的尾部为螺旋对称结构，含有两种分子量较大的蛋白质和 4 种分子量较小的蛋白质，由 144 个壳粒组成排成棒状，共分 24 个螺旋。尾部由尾鞘、尾管、基板、刺突和尾丝组成。尾鞘长 95 nm，可收缩。尾管长 95 nm，中空，是注射核酸的通道。基板和颈环一样为六角形的盘状结构，其上长有刺突和尾丝(图 2-47)

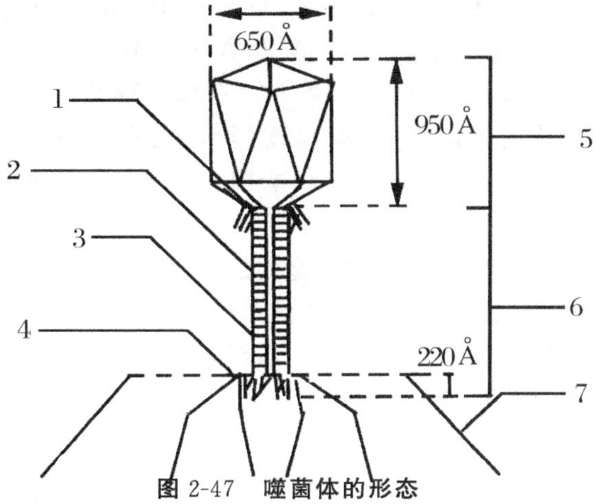

图 2-47 噬菌体的形态

1. 颈环 2. 伸展的尾鞘 3. 中空的核心 4. 刺突 5. 头部 6. 尾部 7. 尾丝

(2)病毒的化学组成

病毒的基本化学组成是核酸和蛋白质。所有成熟的病毒至少是由一种或几种蛋白质和一种核酸组成，只有少数几种例外，它们仅仅以核酸形式存在，如类病毒。有些病毒还含有一定量的脂类物质及碳水化合物等。

①病毒核酸 核酸是病毒的遗传物质，携带着病毒的全部遗传信息，是病毒遗传和感染的物质基础。一种病毒的病毒颗粒只含有一种核酸，DNA 或者 RNA，至今还没发现一种病毒同时兼有两类核酸。它们以单链、双链或环状形式组成。RNA 病毒多数是单链，极少数为双链，DNA 病毒多数为双链，少数为单链。病毒核酸还有线状和环状之分，如玉米条纹病毒(Maize streak virus)的核酸为线状单链 DNA，大丽菊花叶病毒(Dahlia mosaic virus)的核酸为闭合环状双链 DNA。但 RNA 病毒核酸都呈线状，罕见环状。

此外，病毒核酸还有正、负链的区别。凡碱基排列顺序与 mRNA 相同的单链 DNA 或 RNA，称(+)DNA 链或(+)RNA 链，凡碱基排列顺序与 mRNA 互补的单链 DNA 和 RNA，称(−)DNA 链或(−)RNA 链。提纯的正链(+)核酸具有侵染性，可直接作为 mRNA 合成蛋白质，而提纯的负链(−)没有侵染性，必须依靠病毒本身携带的转录酶转录成正链后才能作为 mRNA 合成蛋白质。

不同种类的病毒其核酸含量有较大的差别，通常在 1%～50%之间。如流感病毒的核酸不到病毒颗粒质量的 1%，大肠杆菌噬菌体 T2、T4、T6 的核酸约占病毒颗粒的一半或更多。由于核酸是病毒的遗传物质，每种病毒颗粒中的核酸含量并不一致，其结构和功能也有一定的关系。结构复杂的病毒有较多的核酸，结构简单的病毒只需较少的核酸。

②病毒蛋白　蛋白质是病毒的另一类主要成分，包括结构蛋白和非结构蛋白。蛋白质在病毒中的含量随病毒种类而异，如狂犬病毒的蛋白质含量约占整个病毒粒子的96%，而大肠杆菌 T3、T4 噬菌体则只占 40%。

非结构蛋白是指由病毒基因组编码的，在病毒复制或基因表达调控过程中具有一定功能，但不结合于病毒颗粒中的蛋白质。

结构蛋白是指构成一个形态成熟的有感染性的病毒颗粒所必需的蛋白质，包括壳体蛋白、包膜蛋白和酶等。酶根据功能大致分为两类：一类参与病毒侵入、释放等过程，如 T4 噬菌体的溶菌酶；一类参与病毒的大分子合成，如逆转录病毒的逆转录酶。

③脂类和糖类　少数有包膜的大型病毒除含有蛋白质和核酸外，还含有脂类和糖类等其他成分。如流感病毒除含 19% 脂类外，还含有 6% 的非核糖成分的糖类。病毒所含的脂类主要是一些磷脂、脂肪酸、甘油三酸酯和胆固醇等。这些脂类几乎都是由病毒粒子在细胞内成熟后释放过程中，直接从寄主细胞膜上得到的。病毒脂类的存在与病毒的吸附和侵入有关。病毒所含的糖，主要是葡萄糖、龙胆二糖、岩藻糖、半乳糖等。它们或以糖苷链直接与碱基相连，或与氨基酸残基相连，以糖蛋白的形式存在。糖蛋白位于有包膜病毒的表面，已知它与血清反应有关。

④病毒的包涵体　有些病毒在寄主细胞内还形成包涵体的结构，它们多数位于细胞质内，具嗜酸性；少数位于细胞核内，具嗜碱性；也有细胞质和细胞核内都存在的类型。包涵体是寄主细胞被病毒感染后形成的蛋白质结晶体，内含 1 个到多个病毒粒子。包涵体的个体较大，在光学显微镜下就能看到。

5.1.4　*病毒的主要类群*

自从 1892 年伊万诺夫斯基发现病毒以来，迄今已发现了 3600 多种病毒。很多病毒学家对病毒的分类作了不懈的努力，探索了很多的途径，提出了大量的方案，但目前还不成熟，还不完善。在 1995 年国际病毒委员会第六次报告中提出了一个病毒分类系统，包括一个目，71 个簇，11 个亚簇和 164 个属(超过 400 个种)，这个分类系统仍然有上百个病毒未分类，多数缺乏资料，而且有新的病毒不断出现。所以人们仍然根据病毒对宿主感染的专一性，按宿主的不同将病毒分为微生物病毒、植物病毒、脊椎动物病毒和昆虫病毒。

1)微生物病毒 侵染细菌、放线菌等原核微生物的病毒，通常称为噬菌体，微生物病毒广泛存在于自然界中，在真菌、蓝绿藻中也发现有病毒的感染。据报道，至今已作过电镜观察的噬菌体至少已有 2850 种(株)，其中 2700 种(株)是有尾的，噬菌体在病毒学中以 *E. coli* 中发现的噬菌体最多，是研究最深入的病毒。

2)植物病毒 植物病毒大部分属于 ssRNA 病毒，其基本形态有杆状、丝状和等轴对称的近球状二十面体，一般没有包膜。只有少数种类才有包膜，例如植物弹状病毒组的莴苣坏死黄化病病毒等。植物病毒虽是严格的细胞内寄生物，但是它们的专化性并不强，往往一种病毒可寄生在不同种、属甚至不同科的植物上，例如 TMV 就可以传染 10 多个科，100 多种草本和木本植物。

已知的植物病毒多达 600 多种，绝大多数为种子植物，尤其是禾本科、葫芦科、豆科、十字花科等植物都易发生病毒病。植物患病毒病后，主要出现三类症状：因叶绿体被破坏或不能合成新的叶绿素，而引起花叶、黄化或红化等症状；植株发生矮化、丛枝或畸形等；形成枯斑或坏死等症状。

3)脊椎动物病毒 在人类、哺乳动物、禽类和鱼类等各种脊椎动物中，广泛存在着相应的病毒。目前研究得较广泛和深入的还是那些与人类健康、畜牧业直接相关的脊椎动物病毒。常见的如流感病、麻疹、腮腺炎、肝炎、疱疹、流行乙型脑炎、艾滋病以及狂犬病病毒等。此外，根据统计，在人类的恶性肿瘤中，约有15%是由于病毒的感染而诱发的。家禽和其他哺乳动物中的病毒病也相当普遍，如猪瘟、牛瘟、口蹄疫等。家禽中则有鸡新城疫、鸡瘟和鸡的劳斯氏肉瘤等。

4)昆虫病毒 在病毒学领域内，昆虫病毒的研究和开发工作起步较晚，但发展较快。据记载，当前国际上已报道的昆虫病毒有1671种(1990)，我国有290多种(1990)。在昆虫病毒中，80%以上是农林业中常见的鳞翅目害虫的病原体。

大多数昆虫可在宿主细胞内形成包涵体。由于在光学显微镜下观察，昆虫病毒包涵体一般呈多角状，因此称之为多角体(polyhedron)。多角体一般是外形呈多角状的多面体，大小一般在0.5～10μm，多数约为3μm；多角体成分为碱溶性结晶蛋白，其内包裹着数目不等的病毒粒子。包涵体可在细胞核或细胞质内形成。

根据是否形成包涵体，把昆虫病毒分为包涵体病毒和非包涵体病毒。在包涵体病毒中分为核型多角体病毒(NPV)——在宿主细胞核内形成包涵体和杆状的病毒粒子；质型多角体病毒(CPV)——在宿主细胞质中形成包涵体和球状病毒粒子；以及颗粒体病毒(GV)——可在细胞核或细胞质中形成包涵体和杆状病毒粒子。

5.2 噬菌体

噬菌体(phage，bacteriophage)即原核生物的病毒，包括噬细菌体(bacteriophage)、噬放线菌体(actinophage)和噬蓝细菌体(cyanophage)等，它们广泛存在于自然界。

5.2.1 噬菌体的形态

与其他病毒一样，噬菌体都是由蛋白质和核酸组成的。核酸以单链或双链分子组成环状或线状，病毒粒子外壳有不同形状和大小。基本形态为蝌蚪形、微球形和线状3种。从结构看又可以分为6种不同的类型，现将它们概括于表2-6。

表2-6 几种噬菌体的形态及其核酸特征

类型	描述	形态	代表
1	蝌蚪形收缩性长尾噬菌体，具六角形头部及可收缩的尾部，dsDNA		T2、T4噬菌体
2	蝌蚪形非收缩性长尾噬菌体，具六角形头部，dsDNA		T1、λ温和噬菌体
3	蝌蚪形非收缩性短尾噬菌体，具六角形头部，dsDNA		T3、T7噬菌体
4	六角形大顶衣壳粒噬菌体，12个顶角各有一个较大的壳粒，无尾部，ssDNA		ΦX174、S13
5	六角形小顶衣壳粒噬菌体，球状，ssRNA		MS2、f2、QB
6	丝状噬菌体，无头部，ssDNA		Fd、M13

5.2.2 噬菌体的增殖周期

噬菌体感染细菌细胞后，在胞内增殖，凡导致寄主细胞裂解者叫烈性噬菌体(virulent phage)；而不使寄主细胞发生裂解，并与寄主细胞同步复制的噬菌体，叫温和噬菌体(temperate phage)，这种寄主细胞称为溶源菌(lysogen或lysogenic bacteria)。

(1) 烈性噬菌体的生长周期

①噬菌体生长的测定——一步生长曲线

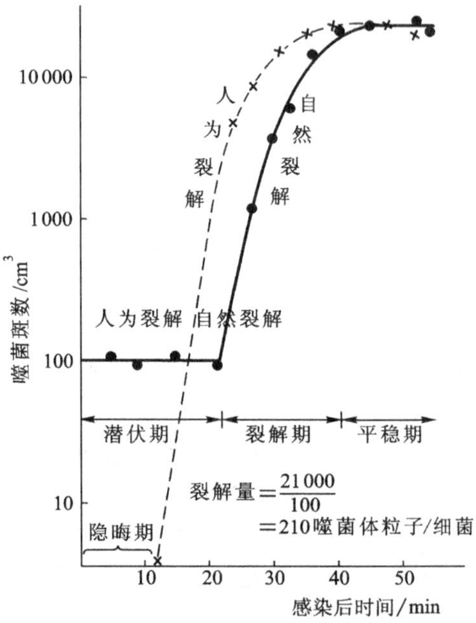

图 2-48 T_4 噬菌体的一步生长曲线图

定量描述烈性噬菌体生长规律的实验曲线称为一步生长曲线，图 2-48 所示。该曲线反映出三个重要特征参数：潜伏期、裂解期、裂解量。一步生长曲线的实验方法如下：先把在对数期生长的敏感细菌悬浮液与适量的噬菌体混合，通常噬菌体和细菌的混合比例为 10∶1，避免几个噬菌体同时侵染一个细菌细胞。数分钟吸附后，混合液中加入一定量的该噬菌体的抗血清，以中和尚未吸附的噬菌体。然后再用培养液进行高倍稀释，以免发生第二次吸附和感染。培养后定时取样，将含噬菌体的样品与敏感细菌混合，在平板上培养，计算噬菌斑数。结果可见，在吸附后的开始一段时间内（5～10 min），噬菌斑数不见增加，说明噬菌体尚未完成复制和组装，这段时间称为噬菌体的潜伏期。紧接着在潜伏期后的一段时间（感染后 20～30 min），平板中的噬菌斑数突然直线上升，表示噬菌体已从寄主细胞中裂解释放出来，这段时间称为裂解期。每个被感染的细菌释放新的噬菌体的平均数称为裂解量。当宿主全部裂解，溶液中的噬菌体的效价达到最高点时称为平稳期。

$$裂解量 = \frac{裂解期平均噬菌斑数}{潜伏期平均噬菌斑数}$$

②烈性噬菌体的增殖过程

烈性噬菌体的入侵增殖一般包括吸附、侵入、复制、装配、释放五个阶段。以大肠杆菌的 T－噬菌体（双链 DNA）为例，介绍噬菌体的复制过程（图 2-49）。

1）吸附　噬菌体侵染寄主细胞的第一步为吸附。吸附过程一方面决定于细胞表面受点的结构，另一方面也取决于噬菌体吸附器官——尾部吸附点的结构。噬菌体与敏感的寄主细胞相遇后，在寄主细胞的特异性受点（蛋白质、多糖或脂蛋白－多糖复合物）上结合，这是一种不可逆的特异性反应。T4 噬菌体是以尾丝和寄主的特异性受点吸附，随之刺突和基板固定在受点上。一种细菌可被多种噬菌体感染，不同的感染噬菌体在同一寄主细菌的不同受点上吸附。因此，大肠杆菌与 T4 饱和吸附后，并不妨碍和另一种噬菌体（例如 T6）再吸附。吸附过程也受环境因子的影响，如 pH 、温度、阳离子浓度等都会影响到吸附的速度。

2）侵入　大肠杆菌（*E. coli* ）T4 噬菌体以其尾部吸附到敏感菌表面后，将尾丝展开并固着于细胞上。尾部的酶水解细胞壁的肽聚糖，使细胞壁产生一小孔，然后尾鞘收缩，将头部的核酸通过中空的尾管压入细胞内，而蛋白质外壳则留在细胞外。大肠杆菌 T－ 系噬菌体只需几十秒钟就可以完成这个过程，但受环境条件的影响。通常一种细菌可以受到几种噬菌体的吸附，但细菌只允许一种噬菌体侵入，如有两种噬菌体吸附时，首先进入细菌细胞的噬菌体可以排斥或抑制第二者入内。即使侵入了，也不能增殖而逐渐消解。

尾鞘并非噬菌体侵入所必不可少的。有些噬菌体没有尾鞘，也不收缩，仍能将核酸注入细胞。但尾鞘的收缩可明显提高噬菌体核酸注入的速率。如 T2 噬菌体的核酸注入速率就比 M13 的快 100 倍左右。

3)增殖　包括核酸的复制和蛋白质的合成。噬菌体核酸进入寄主细胞后，将会引起一系列变化。细菌的合成作用受到影响，噬菌体逐渐控制细胞的代谢。T4 噬菌体的增殖具有时序性，是按照早期、次早期、晚期基因的顺序来进行转录、翻译和复制的。早期基因的表达以噬菌体 DNA 为模板，在寄主 RNA 聚合酶的催化下，首先产生噬菌体的早期 mRNA，再利用寄主的核糖体翻译产生早期蛋白。早期蛋白是一种更改蛋白，与寄主细胞原有 RNA 聚合酶结合后改变后者性质，使其只能转录噬菌体次早期基因。次早期基因表达后形成次早期蛋白，次早期蛋白包括一些分解宿主细胞 DNA 的 DNA 酶，复制噬菌体 DNA 的 DNA 聚合酶以及供晚期基因表达的晚期 RNA 聚合酶等。晚期基因的表达可以产生晚期蛋白，包括一大批可用于子代噬菌体装配的“部件”，如头部蛋白、尾部蛋白、各种装配蛋白、溶菌酶等。在这时期，细胞内看不到噬菌体粒子，称为潜伏期（latent period）。潜伏期是指噬菌体吸附在宿主细胞至宿主细胞裂解，释放噬菌体的最短时间。至此噬菌体的核酸复制和蛋白质合成就完成了。

4)粒子成熟(装配)　当噬菌体的核酸、蛋白质分别合成后立即装配成成熟的、有侵染力的噬菌体粒子。例如大肠杆菌 T4 噬菌体的 DNA 、头部蛋白质亚单位、尾鞘、尾管、基板、尾丝等部件合成后，D NA 收缩聚集，被头部外壳蛋白质包围，形成二十面体的噬菌体头部。尾部部件也装配起来，再与头部连接，最后装配完毕，成为新的子代噬菌体。

5)寄主细胞的裂解(释放)　成熟的噬菌体能诱导形成脂酶和溶菌酶，分别作用于细胞膜和细胞壁，使寄主细胞破裂，以释放出新的病毒粒子。

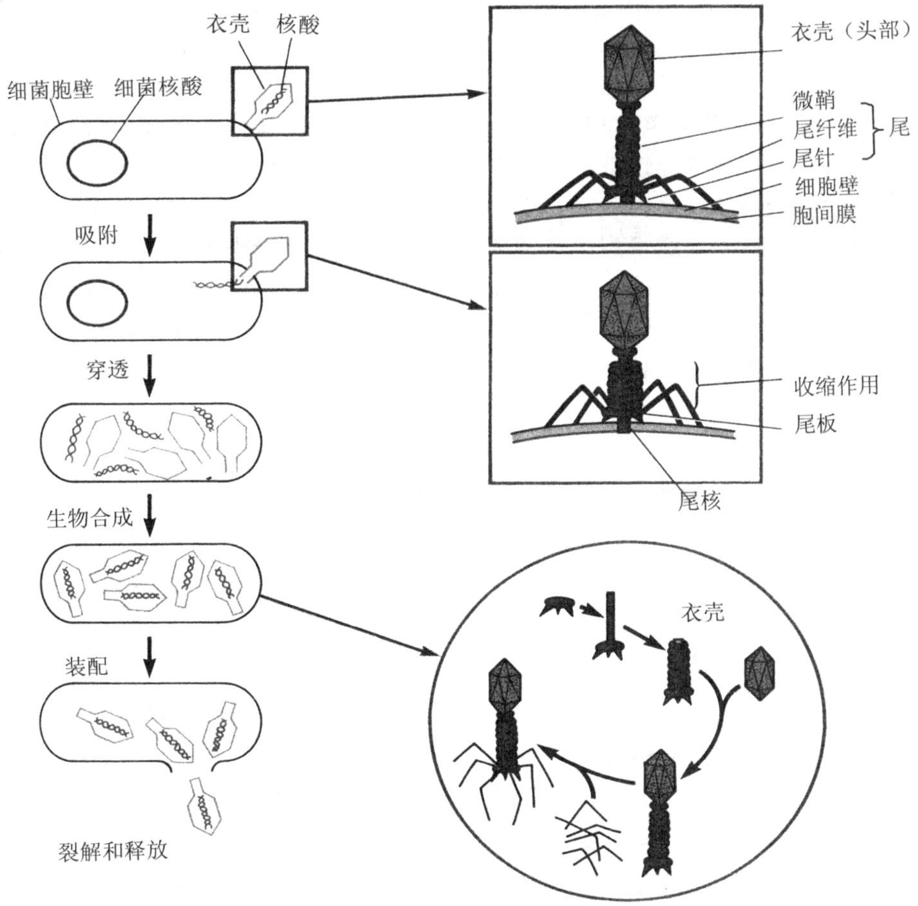

图 2-49　T 噬菌体复制周期

在细菌培养液中，细菌被噬菌体感染，细胞裂解，混浊的菌悬液变成透明的裂解溶液。如果在固定培养基长满的菌苔上使用了噬菌体后，每个噬菌体粒子由于先侵染和裂解一个细胞，然后以此为中心，再反复侵染和裂解周围大量的细胞，结果就会在菌苔上形成一个具有一定性状、大小、边缘和透明度的噬菌斑。因每种噬菌体的噬菌斑有一定的特异性，它也是噬菌体鉴定的指标(图 2-50)。

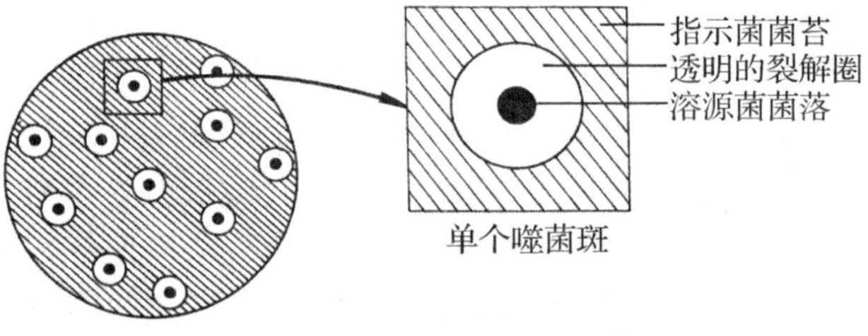

图 2-50　溶源菌及其特殊噬菌斑

(2) 温和噬菌体和溶源性

有些噬菌体侵染宿主细胞后，其 DNA 可以整合到宿主细胞的 DNA 上，并与宿主细胞染色体 DNA 同步复制，但不合成自己的蛋白质壳体，因此宿主细胞不裂解而能继续生长繁殖，这类噬菌体称为温和噬菌体。大肠杆菌 λ 噬菌体就是属于温和性噬菌体。整合在宿主细胞染色体 DNA 上的温和噬菌体的基因称为原噬菌体（prophage）。个别噬菌体如大肠杆菌噬菌体 P 1，其温和噬菌体的核酸并不整合在细菌的 DNA 上，而是在细胞质膜的某一位点上，以质粒状态存在。人们把含有原噬菌体的细菌细胞称为溶源性细胞(lysogenic cell)，并把温和噬菌体侵入宿主细胞后所产生的这些特性称为溶源性。

温和性噬菌体与烈性噬菌体在遗传上不同。温和性噬菌体的基因组能整合到细菌染色体上，有一个与细菌染色体相附着的位点，并在其某种基因产物如整合酶的作用下，两者在此位点发生一次特异性重组。在自发状态下，原噬菌体可离开染色体进入增殖周期，并引起宿主细胞裂解，这种现象称为溶源性细菌的自发裂解，也就是说，极少数溶源性细菌中的温和噬菌体变成了烈性噬菌体。这种自发裂解的频率很低，例如大肠杆菌溶源性品系的自发裂解频率为 10^{-5}～10^{-2}。用某些适量理化因子，如紫外线或各种射线，化学药物中的诱变剂、致畸剂、致癌物或抗癌物、丝裂霉素 C 等处理溶源性细菌，也能诱发溶源细胞大量裂解，释放出噬菌体的粒子。噬菌体与宿主菌细胞之间的关系如图 2-51 所示。

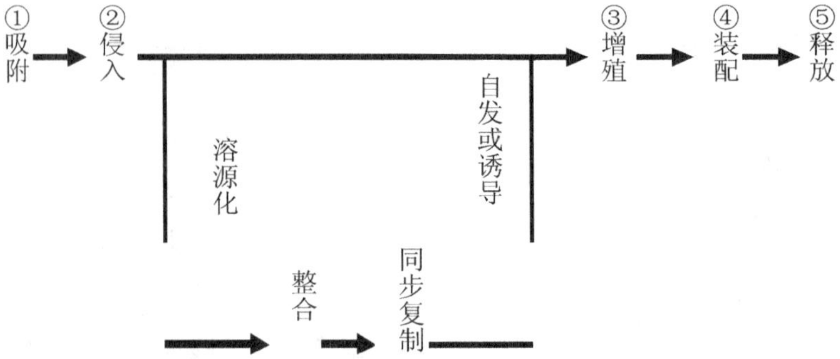

图 2-51　噬菌体感染的烈性和溶源性过程示意图

5.2.3　发酵工业中噬菌体的防治

在发酵工业和食品工业上，噬菌体给人类带来的危害是污染生产菌种，造成菌体裂解，无法累积发酵产物，发生倒罐事件，损失极其严重。噬菌体在细菌发酵工业中普遍存在，而在酵母菌如啤酒酵母、红酵母中也有类似噬菌体存在。

(1)噬菌体污染原因

利用微生物发酵常会遇到噬菌体的为害。如抗生素、味精、有机溶剂和酿酒发酵经常会遭到噬菌体的为害，噬菌体污染主要原因之一是发酵菌种本身，几乎所有的菌种 都可能是溶源性的，都有感染菌体的可能，在实践中不能忽视因菌种不纯而携带或混有噬菌体的情况。原因之二是噬菌体广泛分布于自然界，凡是有细菌的地方几乎都有噬菌体。一种菌可能被两种以上噬菌体感染，最多的可能有八种之多 。原因之三是发酵系统本身的原因，如空气过滤系统失效或发酵罐中存在大量噬菌体等，也是噬菌体污染的原因。因此，在发酵进行之前先做噬菌体检测。发酵灌内一旦发生噬菌体污染，随后会通过排气，洗灌水或偶尔的漏液等大量散布噬菌体。车间内空气流量计的出口可以将夹带在排气中的噬菌体源源不断地传播到室内空气中，从而使生产系统的各个环节受到影响。工作人员在取样检测和劳动操作中，很容易将沾在手、工作服、容器、鞋和车辆上的噬菌体传播到各处。从明沟排出的噬菌体，很容易附着于尘埃土粒上，随风飘浮传播。

(2)噬菌体污染的后果

各种发酵系统在污染噬菌体后，常出现一些明显的异常现象。如碳源和氮源的消耗减缓，发酵周期延长，pH 值异常变化，泡沫聚增，发酵液色泽和稠度改变，出现异常臭味、菌体裂解和减少。引起光密度降低、产物锐减和产品品质下降等。污染严重时，无法继续发酵，应将整个发酵液废弃。

(3)乳品工业发酵中常见的噬菌体

乳品发酵剂受噬菌体污染也是一个非常重要的问题，特别是噬温型发酵剂更易遭到噬菌体的污染，既有烈性噬菌体又有温和噬菌体。侵染 *Lactococcus lactis* subsp. *Lactis* 和 subsp. *cremoris* 的都属于 Bradley B 群。侵染 *Streptococcus thermophilus* 的也属于 Bradley B 群，侵染乳酸杆菌属和明串珠菌的属于 Bradley A 和 B 群。由于明串珠属细菌生长缓慢，并且部分菌种在生长过程中产生胞外葡聚糖，可阻碍噬菌体的吸附，因而一般不易被噬菌体侵染。

(4)噬菌体的防治措施

防治噬菌体危害，首先是提高有关人员的思想认识，建立“防重于治”的观念。预防的措施主要有：

①杜绝噬菌体的来源 决不可使用可疑菌种，认真检查摇瓶、斜面及种子罐所使用的菌种，坚持废弃任何可疑菌种；加强管道和发酵罐的检测，消除死角；对空气过滤器的净化充分注意，实行严格的定期灭菌，确保干燥；合理改建排水沟道；严格执行会客制度。

②控制活菌体的排放 决不排放或丢弃活菌液，严格消毒或灭菌后才能排放。活菌体是噬菌体生长繁殖的首要条件，控制其菌体的排放，在一定程度上能控制噬菌体的数量。

③严格保持环境卫生 发酵工厂净化环境是消灭或减少噬菌体和杂菌污染的基本措施之一。应该建立环境卫生制度，定期清扫，定期消毒，定期检查。

④不断筛选抗性菌种和经常轮换生产菌种 如果在大量发酵过程中发现有噬菌体污染，为避免更大经济损失，可以接种另一种菌，继续发酵。轮换使用不同的菌株、选育和使用抗噬菌体的生产菌株是预防噬菌体的一种经济有效手段。

⑤基因重组改造菌种 一种方法是利用质粒上的抗噬菌体基因，把质粒转化入菌株中；另一种方法是利用反义 RNA 技术，多数噬菌体都有一个 1.6kb 的 *EcoR* Ⅰ 的片段，不同噬菌体中的 *EcoR*Ⅰ片段具有 90%以上的同源性，把此片段反向插入启动子的下游，可与噬菌体的 mRNA 杂交，形成复合物，从而影响噬菌体的复制，最终起到防治噬菌体的功能。

⑥使用抗噬菌体培养基 噬菌体对乳品发酵剂的侵染依赖于培养基中的游离钙离子的存在。如果乳中缺少游离钙，则噬菌体对一些乳酸链球菌的侵染受到抑制。现在已有比较成功的抗噬菌体培养基。如 PRM(phage resistant medium)或称为 PIM(phage-inhibitory medium)。

如果预防不成，则造成污染，一旦发现噬菌体污染，要及时采取合理措施。例如：尽快提取成品；使用药物抑制，加入某些金属螯合剂(如 0.3%～0.5%的草酸盐、柠檬酸铵，可抑制噬菌体的吸附和侵入)，表面活性剂等；及时改用抗噬菌体的生产菌株。

6 微生物的分类鉴定

6.1 原核微生物的分类鉴定

现代微生物的分类学，已经从原有的按微生物的表型进行分类的经典分类方法发展到了按亲缘关系和进化规律进行分类的微生物系统学阶段。

6.1.1 原核微生物的分类单元

分类单元又称分类单位，种以上的系统分类单元可分成 7 级分类单元。

界(Kingdom) 细菌界
门(Phylum) 黄杆菌门
纲(Class) 黄杆菌纲
目(Order) 黄杆菌目
科(Family) 黄杆菌科
属(Genus) 黄杆菌属
种(Species) 黄杆菌种

微生物种：是一群表型特征高度相似，亲缘关系极其相近，与同属内的其他物种有着明显差异的一大群菌株的总称。

(1) 学名：每种微生物都有自己的专门名称，名称分两类，一是俗名，具有大众化和简明等特点，但往往含义不够确切，易于重复，尤其不利于学术交流，如结核杆菌是结核分枝杆菌(*Mycobacterium tuberculosis*)的俗称；二是学名，它是某一菌种的科学名称，是按“国际命名法规”进行命名并受国际学术界公认的通用正式命名。学名的表示方法分双名法和三名法两种。

① 双名法：由属名和种名构成。属名的首字母必须大写，种名加词的字母必须小写。例如：

学名＝属名＋种名加词＋(首次定名人＋现名定名人＋现名定名年份)

（“名＋种名”下注：斜体；“名人＋现名定名人”下注：正体，一般省略）

如：大肠埃希氏菌(大肠杆菌)

Escherichia coli (Migula) Castellani et Chalmers 1919

② 三名法：当某种微生物是一个亚种(subspecies，简称 subsp.)或变种(variety，简称 var.)时，学名就应该按三名法拼写，

学名＝属名＋种名加词 ＋ 符号 subsp. 或 var. ＋ 亚种或变种的加词

（“属名＋种名”下注：斜体；“符号 subsp. 或”下注：正体，可省略；“亚种或变种的”下注：斜体，不可省略）

(2) 有关学名的其它知识

①属名：是一个表示微生物主要特征的名词或用作名词的形容词，单数，第一个字母

应大写。其词源可来自拉丁词、希腊词或其他拉丁化的外来词，也有以组合的方式拼成的。属名在重复出现时可缩写成一个、两个或三个字母，在其后加上一个点。例如：*Bacillus* 芽孢杆菌属可缩写成“*B.*”或“*Bac.*”，*Pseudomonas* 假单胞菌属可缩写成“*P.*”，*Aspergillus* 曲霉属可缩写成“*Asp.*”或“*A.*”。

②种名加词：又称种加词，它代表一个物种的次要特征。与属名一样，种名加词也由拉丁词、希腊词或外来词组成。字首要小写。

③亚种（subspecies，subsp.，ssp.）以下的几个分类名词：

(1)亚种：是进一步细分种时所用的单元，一般指某一明显而稳定的特征外，其余鉴定特征都与模式种相同的种，命名同“三名法”。

(2)变种（variety，var.）：是亚种的同义词，故在《国际细菌命名法规》中已不主张再用这一名词。

(3) 型（form）：曾用作菌株的同义词，现已废除，仅作若干变异型的后缀，如生物变异型、形态变异型、致病变异型、噬菌变异型和血清变异型等。

(4)菌株（strain）：又称品系（在非细胞的病毒中则称毒株或株），它表示任何由一个独立分离的单细胞（或单个病毒粒）繁殖而成的纯遗传型的群体及其一切后代。因此，一种微生物的每一不同来源的纯培养物或分离物均可称为某菌种的一个菌株。

6.1.2 原核微生物的分类鉴定方法

(1) 经典的分类鉴定方法

- 形态
  - 个体：细胞形态、大小、排列、运动性、特殊构造和染色反应等
  - 群体：菌落形态、在半固体或液体培养基中的生长状态
- 生理生化反应
  - 营养要求：能源、碳源、氮源、生长因子等
  - 酶：产酶种类和反应特性等
  - 代谢产物：种类、产量、颜色和显色反应等
  - 对药物的敏感性
- 生态特性：生长温度，与氧、pH 值、渗透压的关系、与宿主的关系等，生活史、有性生殖情况
- 血清学反应
- 对噬菌体的敏感性
- 其他

(2) 现代分类鉴定方法

① 核酸分类鉴定微生物遗传型

A. DNA（G+C）mol%测定：生物的 GC 可反应物种的亲缘关系，GC 的测定分析是建立新分类单元的可靠指标。

B. 核酸分子杂交法 是比 G+C 比分析更可靠的遗传性指标。

C. rRNA 寡核苷酸编目分析。

D. 全基因组序列测定分析

② 细胞化学成分分析

A. 细胞壁的化学成分分析

B. 细胞水解液的糖型分析

C. 磷酸类脂成分分析

D. 醌类分析

E. 脂肪酸和醇类等分析

③ 数值分类法 数值分类法又称统计分类法，是依据数值分析的原理，借助现代计算机技术对拟分类的微生物按大量表型特征的相似程度进行统计、归类的方法。该方法要求用 50 个以上，甚至几百个特征进行比较，且所用特征越多，结果越准确。

原核生物的鉴定，采用实验结果查阅《伯杰氏细菌学手册》；1923 年美国的 D. Bergey 出版第一版，以后科学家不断地修订，从 1974 年第八版起，编写队伍进一步国际化和扩大化，至 1994 年已出版第九版。从 1980 年开始，该手册组织了国际上 20 余个国家的 300 多位专家，合作编写了 4 卷本的新手册，书名改成《伯杰氏系统细菌学手册》，使原核生物分类从以往以表型、实用性鉴定为主的旧体系向鉴定遗传型的系统进化分类新体系逐渐转变，此书是目前国际上权威性的实用版本，第二版从 2000 年起分成卷陆续发行。

6.2 酵母菌的分类鉴定

酵母菌的鉴定方法，采用实验结果查阅 Lodder 的分类手册；酵母菌不是分类学上的名词，它是指以芽殖为主、大多数为单细胞的一类真菌，分别属于真菌的子囊菌纲、担子菌纲、半知菌纲，1952 年罗德（Lodder）编写了分类手册，1970 年出版了第二版，将酵母菌分为 46 个属。1984 年出版了第三版，根据构造、GC 含量、DNA 的同源性等分为 66 个属。

6.3 霉菌的分类鉴定

真核生物霉菌的鉴定，我国学术界于 1990 年初提出了以“菌物”代替过去不够准确的“真菌”的建议，获得了认同。1992 年根据 A. T. Bull 等的估计，地球上有 150 万种菌物，目前已经记载的只有 7 万～9 万种，全球每年约有 1500 个新种报道。有代表性的菌物分类系统有 10 余个，如 G. W. Martin(1950 年)、R. H. Whittaker(1969 年)、G. C. Ainsworth(1966 年)、Margulis(1974 年)、Leedale(1974 年)、J. E. Smith(1975 年)和 C. J. Alexopoulos(1979 年)等，学术界广泛采用的是 Ainsworth 第七版(1983 年)的分类系统，把真菌界分成粘菌门和真菌门，后者又分成 5 个亚门。

采用实验结果查阅 Ainsworth 的菌物分类系统，1983 年出版第七版，1995 年出版第八版；把菌物列入真核生物域的 3 个界中，其余的变化也很大。

- 真核生物域
  - 原生动物界
    - 集合粘菌门
    - 网柱粘菌门
    - 粘菌门
    - 肿根菌门
    - 鞭毛菌亚门
  - 假菌界
    - 丝壶菌门
    - 网粘菌门
    - 卵菌门
  - 真菌门
    - 接合菌门：如毛霉根霉等
    - 子囊菌门：如红曲霉、等
    - 担子菌门：银耳、木耳、蘑菇等
    - 壶菌门
    - 有丝孢真菌类门

本章复习思考题

1. 名称解释：磷壁酸、肽聚糖、芽孢、鞭毛、荚膜、菌毛、PHB、LPS、藻青素、L型细菌、间体、伴胞晶体、原生质体、菌胶团、磁小体、基内菌丝、气生菌丝、羧酶体。

2. 什么是菌落？如何描述菌落的特征？

3. 细菌的基本形态有哪些？

4. 原核微生物细胞的基本结构有什么？特殊结构有什么？

5. 革兰氏阳性细菌与革兰氏阴性细菌细胞壁的结构和化学成分有什么不同？

6. 叙述革兰氏染色的方法步骤，革兰氏阳性细菌与革兰氏阴性细菌染色的结果如何？

7. 什么是菌落？什么是菌苔？

8. 芽孢有何性质？芽孢耐热的机理是什么？

9. 真核微生物细胞壁的化学组成是什么？

11. 真核微生物有哪些细胞器？这些细胞器有什么功能？

12. 什么是单细胞蛋白(SCP)？为什么酵母菌是一种优良的单细胞蛋白？

13. 什么是酵母菌的假菌丝？

14. 霉菌能形成哪些有性孢子和无性孢子？

15. 食品工业中常见的酵母菌、霉菌有哪些？

16. 比较细菌、放线菌、酵母菌和霉菌的菌落特征和液体培养基中的生长特征。

17. 细菌的主要繁殖方法是什么？酵母菌的主要繁殖方式是什么？

18. 衡量微生物细胞大小的单位是什么？一般细菌多大？酵母菌的大小？

19. 描述放线菌的细胞形态，孢子丝有几种形态？放线菌的繁殖方式是什么？

20. 什么叫酵母菌的假菌丝？

21. 什么是上面酵母？什么是下面酵母？

22. 酵母菌的主要繁殖方式是什么？

23. 原核微生物细胞与真核微生物细胞有何区别？

24. 种以上的分类单元分几级？试举例一菌种按七级单元排列一下。

25. 什么是《伯杰氏细菌学手册》？有何作用？

26. 微生物鉴定方法的经典内容研究什么？

27. 什么叫病毒、噬菌体？

28. 病毒的一般特性是什么？

29. 名词解释：病毒粒子、壳体、壳粒、核壳、包膜。

30. 病毒的成分及其结构是什么？病毒核酸有哪些类型？

31. 病毒有哪几种对称方式？

32. 病毒分成哪几大类？

33. 什么是病毒的一步生长曲线？对生产和科研有何指导意义？

34. 什么叫烈性噬菌体？简述其增殖裂解细胞的过程。

35. 什么是温和噬菌体？温和噬菌体与溶源性细胞的关系如何？

36. 在发酵工业中，为何常常遭噬菌体危害？如何防治？

本章主要参考文献

1. 周德庆主编.微生物学教程(第二版).北京:高等教育出版社,2002

2. 沈平,范秀容等主编.微生物学.北京:高等教育出版社,2002

3. 何国庆主编,贺稚非副主编.食品微生物学.北京:中国农业大学出版社,2000

4. 黄秀梨著.微生物学.北京:高等教育出版社,1997

5. 刘志恒编写.现代微生物学.北京:科学出版社,2008

6. 江汉湖主编,贺稚非副主编.食品微生物学.北京:中国农业出版社,2002 年 8 月

7. M.T 马迪根等主编.微生物生物学.北京:科学出版社,2001

8. James M. Jay. Modern Food Microbiology,Sixth Edition . An Aspen Publication,2000

9. 李平兰,贺稚非主编.微生物学实验原理与技术.北京:中国农业出版社,2005

10. 张文治.新编食品微生物学.北京:中国轻工业出版社,1995

11. J. Nicklin 等著.微生物学.北京:科学出版社,1999

12. 郑晓冬主编.食品微生物学.杭州:浙江大学出版社,2001

13. H.G. 施莱杰著.陆卫平,周德庆等译.普通微生物学.上海:复旦大学出版社,1990

第三章　微生物的营养

1　微生物的营养

微生物与其他生物一样，需要不断地从生长的外部环境中吸取所需要的各种营养物质，合成自生的细胞物质和提供机体进行各种生理活动所需要的能量，才能使机体进行正常的生长与繁殖，保证其生命的连续性，并能够进一步合成有益的各种代谢产物。

营养物（或营养素，nutrient）是指具有营养功能的物质，常常还包括光能这种非物质形式的能源在内。微生物的营养物可为它们正常生命活动提供结构物质、能量、代谢调节物质和良好的生理环境。

1.1　微生物的六大营养素

微生物的培养基种类繁多，并且新的种类是层出不穷。仅据 1930 年 M. Levine 等人在《培养基汇编》(A Compilation of Culture Media)一书中收集的资料，就已达 2500 种。迄今为止，其数目至少也有数万种。虽然其种类繁多，但在这浩如烟海的培养基配方中去寻找营养素的内在本质，就可掌握微生物的营养规律。

现在知道，不论从元素水平还是从营养要素的水平来看，微生物的营养与摄食型的动物（包括人类）和光合自养型的植物非常相似，它们之间存在着“营养上的统一性”（见表 3-1）。具体地说，微生物的营养要素有六种，即是碳源、氮源、能源、生长因子、无机盐和水。

表 3-1　微生物和动物、植物营养要素的比较

营养要素＼生物类型	动物（异养）	微生物		绿色植物（自养）
		异养	自养	
碳 源	糖类脂肪	糖、醇、有机酸等	二氧化碳、碳酸盐	二氧化碳、碳酸盐
氮 源	蛋白质或其降解物	蛋白质或其降解物、有机氮化物、无机氮化物、氮	无机氮化物、氮	无机氮化物
能 源	与碳源同	与碳源同	氧化无机物或利用日光能	利用日光能
生长因子	维生素	一部分需要维生素等生长因子	不需要	不需要
无 机 盐	无机盐	无机盐	无机盐	无机盐
水　分	水	水	水	水

1.1.1 碳源

凡能够提供微生物营养所需的碳元素(碳架)的营养源,称为碳源(carbon source)。碳源在微生物体内通过一系列复杂的化学变化合成细胞物质并为机体提供生理活动所需要的能量。细菌细胞中的碳元素占细胞重量的50%。微生物可利用的碳源范围是极其广泛的,可从表3-2中看到。

表3-2 微生物的碳源谱

类型	元素水平	化合物水平	培养基原料水平
有机碳	C·H·O·N·X	复杂蛋白质、核酸等	牛肉膏、蛋白胨、花生饼粉等
	C·H·O·N	多数氨基酸、简单蛋白质等	一般氨基酸、明胶等
	C·H·O	糖、有机酸、醇、脂类等	葡萄糖、蔗糖、各种淀粉、糖蜜等
	C·H	烃类	天然气、石油及其不同馏分、石蜡油等
无机碳	C(?)	——	——
	C·O	CO_2	CO_2
	C·H·X	$NaHCO_3$、$CaCO_3$	$NaHCO_3$、$CaCO_3$等

X指除C、H、O、N外的任何其他一种或几种元素。

从碳源谱的大类来看,分为有机碳源与无机碳源两大类,凡必须利用有机碳源的微生物,称为异养微生物,大多数微生物属这类,凡能利用无机碳源的微生物,则是自养微生物。表3-2中已把碳源在元素水平上归为七种类型,其中第五类的"C"是假设的,至少目前还未发现单纯的碳元素可作为微生物的碳源。从另外六类来看,说明微生物能利用的碳源类型大大超过了动物界或植物界所能利用的碳化合物。因而有人认为,任何高明的有机化学家,只要他将其新合成的产品投放到自然界,在那里早就有相应的能破坏、利用它的微生物在等待着了。

微生物的碳源谱虽然很广,但对异养微生物来说,最适碳源是"C·H·O"型。其中糖类是最广泛利用的碳源,其次是醇类、醛类、有机酸类和脂类等。在糖类中,单糖优与双糖和多糖,己糖优与戊糖,葡萄糖、果糖优于半乳糖、甘露糖;在多糖中,淀粉明显优于纤维素或几丁质等纯多糖,纯多糖优于琼脂等杂多糖和其他大分子多糖如木质素。

上述碳源谱是从整个微生物界的角度来讨论的。如果针对某一具体微生物来看,不同种的微生物其具体碳源利用范围差异很大。例如,据报道对洋葱假单胞菌(*Pseudomonas cepacia*)的碳源进行测定竟有90多种,而产甲烷菌的碳源则仅CO_2和少数几种1C和2C化合物,一些甲烷氧化菌则仅局限于甲烷和甲醇两种。

对异养微生物来说,它的碳源同时又充作能源,这时,可认为碳源是一种双功能的营养物。值得注意的是,异养细菌虽必须利用各种有机碳源,但不少种类尤其是生长在动物的血液、组织和肠道中的致病微生物,还需要少量二氧化碳才能正常生长,因此,在培养它们时,常要提供10% CO_2(V/V);在其他好氧微生物生长时,如果用KOH除去CO_2,也往往对其生长有所抑制。

在微生物发酵工业中,常根据不同微生物的营养需要,利用各种农副产品如玉米粉、米糠、麦麸、马铃薯、甘薯以及各种野生植物的淀粉,作为微生物生产廉价的碳源。这类碳源往往包含了几种营养要素,只是其中各要素的比例不一定适合各种微生物的要求罢了(表3-3)。

表 3-3　糖蜜的化学成分

成分	含量(%)	成分	含量(%)
水	20	灰分(10 种)	12
蔗糖	35	含氮化合物*	3.5
葡萄糖	7	不含氮酸类**	5
果糖	9	蜡质、甾醇和磷脂	0.3
其他糖类(八种)	3	色素(三种以上)	——
其他还原物质	3	维生素(八种)***	——

*　包括 23 种氨基酸(Ala,Asp,Gln,Gly,Leu,Lys,Ser,Thr,Val 等)、3 种核苷酸和少量蛋白质。

**　包括 5 种以上有机酸,如乌头酸、柠檬酸、苹果酸、甲基反丁烯二酸和琥珀酸等。

***　包括生物素(1～3)、胆碱(880)、叶酸(0.3～0.4)、烟碱酸(17～30)、泛酸(20～60)、B_1(0.6～1.0)、B_2(2～3)、B_6(1～7)(以上括号内数据的单位均为 μg/g)

1.1.2　氮源

凡能提供微生物生长繁殖所需氮元素的营养源,称为氮源(nitrogen source)。一个细菌细胞中的氮元素占细胞干重的 12%左右,是细胞的重要组成部分。与碳源相似,微生物能利用的氮源种类即氮源谱也是十分广泛的(表 3-4)。

表 3-4　微生物的氮源谱

类型	元素水平	化合物水平	培养基原料水平
有机氮	N·C·H·O·X	复杂蛋白质、核酸等	牛肉膏、酵母膏、饼粕粉、蚕蛹粉等
	N·C·H·O	尿素、一般氨基酸、简单蛋白质等	尿素、蛋白胨、明胶等
无机氮	N·H	NH_3、铵盐等	$(NH_3)_2SO_3$ 等
	N·O	硝酸盐等	KNO_3 等
	N	N_2	空气

微生物的氮源谱有许多特点。与碳源相似,微生物的氮源谱也大大广于动物或植物的。一般说来,异养微生物对氮源利用的顺序是:"N·C·H·O"或"N·C·H·O·X"类优于"N·H"类,更优于"N·O"类,而最不易被利用的则是"N"类。

从微生物所能利用的氮源种类来看,分为三个类型:(1)空气中分子态的氮,只有少数具有固氮能力的微生物(如固氮菌、根瘤菌)能利用。(2)无机氮化合物如铵态氮(NH_3^+)、硝态氮(NO_3^-)和简单的有机氮化物(如尿素),大多数微生物可以利用,它们能把非氨基酸的简单氮源(如尿素、铵盐、硝酸盐和氮气)自行合成所需要的氨基酸,可称为"氨基酸自养型微生物"。(3)有机氮化合物,大多数寄生性微生物和一部分腐生性微生物需要有机氮化合物(如蛋白质、氨基酸)为必需的氮素营养,这类微生物可称"氨基酸异养型微生物"。所有的动物和大量的异养微生物是氨基酸异养型生物,而所有的绿色植物和很多的微生物都是氨基酸自养生物。

为了充实人及动物的氨基酸营养,除了继续向绿色植物索取外,今后要更多地利用氨基酸自养型的微生物,它们将人或动物无法利用的廉价的尿素、铵盐、硝酸盐或大气中的氮转化成菌体蛋白(SCP 及食用菌等)或含氮的代谢产物(谷氨酸和其他氨基酸等),以丰富人类的食物资源。

实验室和发酵工业生产中,常以铵盐、硝酸盐、牛肉膏、蛋白胨、酵母膏、鱼粉、血粉、蚕蛹粉、豆饼粉和花生饼粉作为微生物的氮源。

1.1.3　**能源**

能源(energy source)即能为微生物的生命活动提供最初能量来源的营养物或辐射能。

异养微生物的能源就是其碳源，因此，微生物的能源就显得十分简单：

能源谱
- 化学物质
  - 有机物：化能异养微生物的能源（同碳源）
  - 无机物：化能自养微生物的能源（不同于碳源）
- 辐射能：光能自养和光能异养微生物的能源

化能自养微生物的能源物质都是一些还原态的无机物质，例如，NH_3^+、NO_2^-、S、H_2S、H_2 和 Fe_2^+ 等，能氧化利用这些物质的微生物都是细菌，如硝酸细菌、亚硝酸细菌、硫化细菌、硫细菌、氢细菌和铁细菌等。由于这类独特的化能自养营养类型在微生物中的存在，说明生物界的能源并非像过去普遍认为的只是直接或间接利用太阳能这一方式而已。

谈到能源时，可看到一种营养物通常有一种以上营养要素功能的例子，还原态无机养料常具有双功能（如 NH_3^+ 既是硝酸细菌的能源，又是其碳源）甚至还有三功能的（能源、碳源、氮源）营养物；有机物常有双功能或三功能，如“N·C·H·O”类营养物常是异养微生物的能源、碳源兼氮源。

1.1.4 生长因子

生长因子（growth factor）是一类对微生物正常代谢必不可少且不能用简单的碳源或氮源自己合成的有机物。它的需要量一般很少。广义的生长因子除了维生素外，还包括碱基、卟啉及其衍生物、甾醇、胺类、C_3-C_6 的分枝或直链脂肪酸，以及需要量较大的氨基酸；狭义的生长因子一般仅指维生素。

生长因子虽是重要的营养素，但它与碳源、氮源和能源不同，不是所有的微生物都需从外界吸收，各种微生物与生长因子的关系可分为以下几类：

（1）生长因子自养型微生物（auxoautotrophs）：多数真菌、放线菌和不少细菌，如大肠杆菌（*E. coli*）等不需要外界提供生长因子的自养型微生物。

（2）生长因子异养型微生物（auxoheterotrophs）：它们需要多种生长因子，如乳酸细菌、各种动物致病菌、原生动物和支原体等（表 3-5）。如乳酸菌生长需要多种维生素；许多微生物营养缺陷型（突变株）都需要不同的嘌呤、嘧啶碱基；流感嗜血杆菌（*Haemophilus influenzae*）需要卟啉及其衍生物作为其生长因子；支原体常需要甾醇；副溶血嗜血菌（*Haemophilus parahaemolyticus*）需要胺类；一些瘤胃微生物需要 C_3-C_6 分枝或直链脂肪酸；某些厌氧菌如产黑素拟杆菌（*Bacteroides melaninogenicus*）需要维生素和氯高铁血红素等。

表 3-5　一些细菌所需要的维生素

维生素	微生物菌种
硫胺素（B_1）	炭疽芽孢杆菌（*Bacillus anthracis*）
核黄素	破伤风梭菌（*Clostridium tetani*）
烟　酸	流产布鲁氏杆菌（*Brucella abortus*）
吡多醛（B_6）	各种乳酸杆菌（*Lactobacillus* spp.）
生物素	肠膜状明串珠菌（*Leucomostoc mesenteroides*）
泛　酸	摩氏变形杆菌（*Proteus morganii*）
叶　酸	葡萄糖明串珠菌（*Leuconostoc dextranicum*）
维生素 K	产黑素拟杆菌（*Bacteroides melaninogenicus*）
钴胺酸（B_{12}）	乳杆菌（*Lactobacillus* spp.）

(3) 生长因子过量合成的微生物 有些微生物在其代谢活动中，会合成出大量的维生素及其他生长因子，因此，它们可以作为维生素等的生产菌。最突出的是生产维生素的阿舒假囊酵母(*Eremothecium ashbya*)，其 B_2 产量可达 2.5g / L 发酵液，棉阿舒囊霉(*Ashbya gossypii*)也生产维生素 B_2，谢氏丙酸杆菌(*Propionibacterium shermanii*)生产维生素 B_{12}。

在做培养基时，可加入富含生长因子的酵母膏(yeast extract)(表 3-6)、玉米浆(corn-steep liquor)(表 3-7)、肝浸液(liver infusion)、麦芽汁(malt extract)或其他新鲜的动植物组织浸液，也可加入复合维生素溶液(表 3-8)。

表 3-6 酵母膏中的维生素和氨基酸含量

维生素		氨基酸			
种类	含量(μg/g)	种类	含量(%)	种类	含量(%)
B_1	18～30	丙氨酸	3.3	甲硫氨酸	0.7
B_2	18～150	精氨酸	2.0	苯丙氨酸	1.7
烟酸	300～1250	天冬氨酸	3.5	脯氨酸	1.7
泛酸	20～100	胱氨酸	0.35	丝氨酸	2.3
吡哆醛	25～35	谷氨酸	6.7	苏氨酸	2.3
叶酸	5～10	甘氨酸	2.3	色氨酸	0.5
肌醇	1000～1700	组氨酸	1.2	缬氨酸	2.5
胆碱	1000～2000	异亮氨酸	2.3		
生物素	0.5～1.0	酪氨酸	1.6		
对氨基苯甲酸	6	亮氨酸	3.0		
B_{12}	0.01	赖氨酸	3.5		

表 3-7 玉米浆* 的营养成分

成分	含量(%)
水	35～55
总氮	2.7～3.5
氨基氮	0.15～0.30
还原糖	0.1～11.0
乳酸	5～15
灰分	9～10
挥发酸	0.1～0.3
亚硫酸	0.009～0.015
氨基酸	含 15 种以上氨基酸**
维生素	B_2、B_6、烟碱酸、泛酸、生物素等
无机盐	Ca、Fe、Mg、P、K 等

* 玉米浆的制法：在 35℃～50℃下，用 0.1%～0.2%亚硫酸浸泡玉米 30～38 小时后，将这种含有可溶性成分的浸出液浓缩而成，其 pH 为 3.7～3.1

** 丙氨酸、精氨酸、天冬氨酸、胱氨酸、谷氨酸、组氨酸、异亮氨酸、亮氨酸、赖氨酸、甲硫氨酸、苯丙氨酸、脯氨酸、苏氨酸、酪氨酸、缬氨酸等

表 3-8 用于培养土壤和水生细菌的复合维生素

维生素种类	含量
生物素	0.2 mg
烟碱酸	2.0mg
对氨基苯甲酸	1.0 mg
泛酸	0.5 mg
B_1	1.0 mg
B_6(吡哆胺)	5.0 mg
B_{12}	2.0 mg
H_2O	100 mL

生长因子在微生物代谢中有着极其重要的作用,其中维生素的主要生理功能如表 3-9。

表 3-9 维生素的生理功能

维生素	转移的对象	代谢功能
硫胺素(B_1)	乙醛基	焦磷酸硫胺素是脱羧酶、转醛酶、转酮酶的辅基,与 α-酮酸的氧化脱羧和酮基转移有关
核黄素(B_2)	氢,电子	黄素核苷酸 FMN 和 FAD 的前体,它们构成黄素蛋白的辅基,转移氢
烟酸(B_5)	氢,电子	NAD 和 NADP 的前体,是脱氢酶的辅酶,参与递氢过程及氧化还原反应
吡哆醇(B_6)	氨基	磷酸吡哆醛是氨基酸消旋酶、转氨酶与脱羧酶的辅基,参与氨基酸的消旋、脱羧和转氨
泛酸	酰基	辅酶 A 的前体,乙酰载体的辅基,转移酰基,参与糖和脂肪酸合成
叶酸	甲基	辅酶 F(四氢叶酸),参与一碳基的转移,与合成嘌呤、嘧啶、核苷酸、丝氨酸和甲硫氨酸有关
生物素(H)	羧基	各种羧化酶的辅基,在 CO_2 固定、氨基酸和脂肪酸合成及代谢中起作用
维生素 (B_{12})	羧基,甲基	钴酰胺辅酶,参与一碳基传递,与甲硫氨酸和胸苷酸的合成和异构化有关

1.1.5 无机盐

无机盐是微生物生长必不可少的一类营养物,它们为机体提供必需的金属元素。这些金属元素在机体中的生理作用有参与酶的组成、构成酶的最大活性、维持细胞结构的稳定性、调节与维持细胞的渗透压平衡、控制细胞的氧化还原电位和作为某些微生物生长的能源物质等。一般微生物生长所需要的无机盐浓度在 10^{-4}～10^{-3}mol / L 范围内的,可称为常量元素,例如 P、S 、K 、Mg、Ca、Na 和 Fe 等;凡所需浓度在 10^{-8}～10^{-6}mol / L 范围内的,称为微量元素,如 Cu、Ze、Mn、Mo 和 Co 等。这种区分带有人为的和相对的性质,对不同的微生物来说,常会有较大的差别,例如,革兰氏阴性细菌所需的 Mg 就要比革兰氏阳性细菌高 10 倍。

无机盐的生理功能十分重要,现表解如下:

- 无机盐
  - 常量元素
    - 一般功能
      - 细胞内一般分子成分(P、S、Ca、Mg 、Fe 等)
      - 生理调节物质
        - 渗透压的维持(Na^+ 等)
        - 酶的激活剂(Mg^{2+} 等)
        - pH 的稳定
    - 特殊功能
      - 化能自养菌的能源(S、Fe^{2+}、NH_3^+、NO_2^- 等)
      - 无氧呼吸时的氢受体(NO_3^-、SO_3^{2-} 等)
  - 微量元素
    - 酶的激活剂(Cu^{2+}、Mn^{2+}、Zn^{2+} 等)
    - 特殊分子结构成分(Co、Mo 等)

在配制培养基时根据微生物的需要添加无机元素。

1.1.6 水

除了少数微生物如蓝细菌能利用水中的氢作为还原 CO_2 时的还原剂外,其他微生物都不能利用水作为营养物,但它在微生物的代谢中起着重要作用。水的生理功能有:①水是微生物细胞的重要组成成分,占活细胞总量的 90%左右;②机体内的一系列生理生化反应都离不开水;③营养物质的吸收与代谢产物的分泌都是通过水来完成的;④水的比热高,又是热的良好导体,因而能有效地吸收代谢过程中放出的热并迅速地散发出去,避免细胞内温度突然升高,故能有效地控制温度的变化。

2 微生物的营养类型

微生物营养类型的划分标准不同而结果不同,较多的是以表 3-10 中的 1 和 3 来划分,也有用 1、2 和 3 一起来划分的(见表 3-10,3-11)。

表 3-10 微生物营养类型的分类

分类标准	营养类型
1. 以能源分	光能营养型(phototroph)
	化能营养型 (chemotroph)
2. 以供氢体分	无机营养型(lithotroph)
	有机营养型(organotroph)
3. 以碳源分	自养型(autotroph)
	异养型(heterotroph)
4. 以合成氨基酸能力分	氨基酸自养型(amino acid autotroph)
	氨基酸异养型(amino acid heterotroph)
5. 以生长因子分	原养型(prototroph)(wild type)
	营养缺陷型(auxotroph)
6. 以摄食方式分	渗透营养型(osmotroph)
	吞噬营养型(phagocytosis)
7. 以摄取死或活有机物分	腐生(saprophytism)
	寄生(parasitism)

表 3-11　微生物的营养类型

营养类型	能源	氢供体	基本碳源	实例
光能无机营养型（光能自养型）	光	无机物	CO_2	蓝细菌、紫硫细菌、绿硫细菌、藻类
光能有机营养型（光能异养型）	光	有机物	CO_2 及简单有机物	红螺菌科的细菌（即紫色无硫细菌）
化能无机营养型（化能自养型）	无机物*	无机物	CO_2	硝化细菌、硫化细菌、铁细菌、氢细菌、硫黄细菌等
化能有机营养型（化能异养型）	有机物	有机物	有机物	绝大多数细菌和全部真核微生物

*：NH_3^+、NO_2^-、S、H_2S、H_2、Fe^{2+} 等

2.1　光能自养型微生物

光能作为能源，以 CO_2 或可溶性的碳酸盐（CO_3^{2-}）作为唯一的碳源或主要碳源，无机化合物（H_2O、H_2S、硫代硫酸钠等）为氢供体，还原 CO_2，生成有机物质。光能自养型微生物主要是一些蓝细菌、红硫细菌、绿硫细菌等少数微生物，它们由于含光色素，能使光能转化为化学能（ATP），供细菌直接利用。

$$蓝细菌\ CO_2+2H_2O \xrightarrow[叶绿素]{光} [CH_2O]+H_2O+O_2\uparrow$$

$$绿硫细菌\ CO_2+2H_2S \xrightarrow[菌绿素]{光} [CH_2O]+H_2O+2S$$

比较这两个反应，可写成以下通式：

$$CO_2+2H_2A \xrightarrow[光合色素]{光} [CH_2O]+H_2O+2A$$

2.2　化能自养型微生物

这类微生物的能源来自于无机物氧化所产生的化学能，利用这种能量还原 CO_2 或者可溶性碳酸盐合成有机物质。

如亚硝酸细菌、铁细菌、硫细菌、硝酸细菌、氢细菌可以分别利用氧化 NH_3、NO_2^-、Fe^{2+}、H_2S 和 H_2 产生的化学能来还原 CO_2，形成碳水化合物。

例如，亚硝酸细菌能从氧化氨为亚硝酸中获得能量，用以还原 CO_2，形成碳水化合物。

$$2NH_3+3O_2+2H_2O \xrightarrow{亚硝酸细菌} 2HNO_2+4H^++4OH^-+能量$$

$$CO_2+4H^+ \longrightarrow [CH_2O]+H_2O$$

这一类型的微生物完全可以生活在无机的环境中，分别氧化各自合适的还原态的无机物，从而获得同化 CO_2 所需的能量。

2.3 光能异养型微生物

这类型的微生物以光能为能源，利用有机物作为供氢体还原 CO_2，合成细胞的有机物质。

例如，深红螺菌(*Rhodospirillum rubrum*)利用异丙醇作为供氢体，进行光合作用并积累丙酮，这类微生物生长时大多需要外源性的生长因素。

$$2(CH_3)_2CHOH + CO_2 \xrightarrow[\text{光合色素}]{\text{光}} 2CH_3COCH_3 + [CH_2O] + H_2O$$

此菌在光和厌氧条件下进行上述反应。但在黑暗和好氧条件下又可能用有机物氧化产生的化学能推动代谢作用。

2.4 化能异养型微生物

这种类型的微生物其能源和碳源都来自于有机物，能源来自有机物的氧化分解，ATP 通过氧化磷酸化产生，碳源直接取自于有机碳化合物。它包括自然界绝大多数的细菌，全部的放线菌、真菌和原生动物。

根据生态习性微生物可分为腐生型和寄生型 2 类：①腐生型，从无生命的有机物获得营养物质。引起食品腐败变质的某些霉菌和细菌就属这一类型，如引起腐败的梭状芽孢杆菌、毛霉、根霉、曲霉等。②寄生型，必须寄生在活的有机体内，从寄主体内获得营养物质才能生活称为寄生，这类微生物叫寄生微生物。寄生又分为绝对寄生和兼性寄生，如果只能在一定活的生物体内寄生生活的叫绝对寄生，它们是引起人、动物、植物以及微生物病害的病原微生物，如病毒、噬菌体、立克次氏体。

能生活在活的生物体上，又能在死的有机残体上生长同时也可在人工培养基上生长的大多数病原微生物属于兼性寄生微生物，如人和动物肠道内普遍存在的大肠杆菌，它在人和动物肠道内是寄生，随粪便排出体外，又可在水、土壤和粪便之中腐生。

在上述营养类型的分类中，是按能源、供氢体和碳源的顺序来表达的。上述四大类微生物的划分不是绝对的，它们在不同条件下生长时，往往可以互相转变。例如紫色非硫细菌在有光和厌氧条件下生长时，可以利用光来还原 CO_2，这时它们属于光能自养型微生物，但当它们在有机物存在的条件时，又可以利用有机物与光能生长，此时它们属于光能异养型微生物。异养微生物也不是绝对不能利用 CO_2，它们当中有许多可以利用 CO_2，只是它们不能以 CO_2 作为唯一碳源或主要碳源进行生长，而是在有机物存在的条件下也可以利用 CO_2，将其还原成部分的细胞物质。自养微生物能利用 CO_2 作为唯一碳源进行生长，但不是说它们绝对不能利用有机物进行生长。

3 营养物质进入菌细胞的方式

大多数的微生物属于渗透营养型的微生物，营养物质进入微生物细胞是一个复杂的生理过程，据目前所知，细胞壁起的作用不大，仅仅是简单地排阻分子量过大(>600Da)的溶质进入，而起作用的是磷脂双分子层和嵌合蛋白分子的细胞膜(控制营养物进入和代谢产物排出的主要屏障)。一般认为，细胞膜以四种方式控制物质的运送，即单纯扩散、促进扩散、主动运送和基团移位，其中以主动运送最为重要。它们间的主要差别如下：

- 物质运送类型
  - 细胞膜上无载体蛋白：单纯扩散
  - 细胞膜上有载体蛋白
    - 不消耗能量：促进扩散
    - 耗能量
      - 运送前后溶质分子不变：主动运送
      - 运送前后溶质分子改变：基团移位

3.1 单纯扩散

单纯扩散(simple diffusion)又叫被动运送(passive transport)。细胞膜是由疏水性的磷脂双层和蛋白质组成的，并且膜上分布有含水膜孔，膜内外表面为极性表面，中间为疏水层。一般分子量小、脂溶性、极性小的营养物质容易吸收，例如氧、二氧化碳、乙醇和某些氨基酸分子，它是由高浓度的胞外环境向低浓度的胞内环境扩散，这种扩散是非特异性的，营养物质没有与膜上的载体结合。物质运送的速率随细胞内外物质浓度差的降低而减小，最后降低到零即达到动态平衡。单纯扩散不是微生物细胞吸收营养物质的主要方式，因为细胞既不能通过这种方式来选择必需的营养物质，也不能逆浓度运送营养物质。

3.2 促进扩散

促进扩散(facilitated diffusion)也是一种物质运送方式，与单纯扩散相类似的是物质在运输过程中不需要代谢能，物质本身分子结构也不会发生变化，不能进行逆浓度运送，运送的速率随着细胞内外该物质浓度差的缩小而降低，直到膜内外的浓度差消失，从而达到动态平衡。不同之处是物质在运送过程中，需要借助于膜上的一种载体蛋白参与物质的运送，并且每种载体蛋白只运送相应的物质。例如渗透酶(permease)、移位酶(translocase)或移位蛋白(translocator)等，这类载体蛋白运送营养物质的机制可能是由于其构象的改变：在膜的外侧时，它能与溶质分子结合，在膜的内侧则可释放此溶质，不需要提供能量。此类载体蛋白类似于酶的作用特性，而且必须是诱导产生的。促进扩散只对生长在高营养浓度下的微生物发挥作用。

3.3 主动运送

主动运送(active transport)是微生物吸收营养物质的主要方式。主动运送不仅需要特异性载体蛋白参与运送过程，而且需要提供能量(ATP 等)，载体蛋白与被运送物质之间亲和力大小的改变是由于载体蛋白构型变化而引起的，它不依赖于细胞膜内外被运送物质的浓度差，可以进行逆浓度梯度运送，因而可在低浓度的营养物环境中吸收营养物。这种运送方式的营养物主要有无机离子、有机离子(如氨基酸)和一些糖类(如乳糖、蜜二糖或葡萄糖)等。

3.4 基团移位

基团移位(group translocation)是另一种类型的主动运送，其特点是营养物质在运送的过程中需要载体蛋白和能量(ATP 等)，并且物质分子还发生化学结构变化，这一点不同于主动运送。基团移位主要用于运送葡萄糖、果糖、核苷酸、丁酸、甘露糖和腺嘌呤等物质，例如葡萄糖的运送，输入一个葡萄糖分子，就要消耗一个 ATP 的能量，其机理是依靠磷酸转移酶系统，即磷酸烯醇式—己糖磷酸转移酶系统。其步骤为：

(1)热稳定载体蛋白(HPr，heat-stable carrier protein)的激活：细胞内高能化合物磷酸烯醇式丙酮酸(PEP)的磷酸基团将 HPr 激活。

$$\text{PEP}+\text{HPr}\xrightleftharpoons{\text{酶 }1}\text{丙酮酸}+\text{P}-\text{HPr}$$

热稳定性蛋白是一种低分子量的可溶性蛋白质，结合在细胞膜上，具有高能磷酸载体的作用。酶 1 是一种可溶性的细胞质蛋白。

(2)糖被磷酸化后运入膜内：膜外环境中的糖先与外膜表面的酶 2 结合，再被运送到内膜表面。此时，糖被 P—HPr 上的磷酸激活，酶 2 的作用是把糖—磷酸释放到细胞内。

$$\underset{\text{(细胞外)}}{\text{P}-\text{HPr}+\text{糖}}\xrightarrow{\text{酶 }2}\underset{\text{(细胞内)}}{\text{糖}-\text{P}+\text{HPr}}$$

酶 2 是一种结合于细胞膜上的蛋白，它对底物具有特异性选择作用，因此细胞膜上可诱导产生一系列与底物分子相应的酶 2。大肠杆菌对葡萄糖和金黄色葡萄球菌对乳糖的吸收就是以基团转位方式进行的，现研究较多。有关这四种运送方式如表 3-12：

表 3-12　四种运送营养物质方式的比较

比较项目	单纯扩散	促进扩散	主动运送	基团移位
特异载体蛋白	无	有	有	有
运送速度	慢	快	快	快
溶质运送方向	由浓至稀	由浓至稀	由稀至浓	由稀至浓
平衡时内外浓度	内外相等	内外相等	内部浓度高得多	内部浓度高得多
运送分子	无特异性	特异性	特异性	特异性
能量消耗	不需要	不需要	需要	需要
运送前后溶质分子	不变	不变	不变	改变
载体饱和效应	无	有	有	有
与溶质类似物	无竞争性	有竞争性	有竞争性	有竞争性
运送抑制剂	无	有	有	有
运送对象例子	H_2O、CO_2、O_2、少数氨基酸、盐类、甘油、乙醇、代谢抑制剂	PO_3^{3-}、SO_3^{2-}；糖(真核生物)	乳糖等糖类，氨基酸，Na^+、Ca^{2+}等无机离子	葡萄糖、甘露糖、果糖、脂肪酸、嘌呤和核苷等

4　培养基

培养基(medium 和 culture medium)是人工配制的适合于不同微生物生长繁殖或积累代谢产物的混合营养物质。所以，任何培养基都应具备微生物所需要的六大营养元素，而且比例是合适的。培养基配制好后，必须立即进行灭菌，否则很快引起杂菌生长。

4.1　培养基配制的原则和方法

在微生物的教学科研和生产实践之中，培养基的制作是最基本的工作，不同的微生物需要不同的营养物质，因此，要求我们要熟悉微生物的营养理论知识，掌握制作培养基的基本原则和科学方法，才能配制出适合科研和生产需要的培养基。培养基的配制应遵循四个原则。

4.1.1　培养基配制的原则

(1)根据微生物营养需要配制培养基

不同的微生物其营养需要不同，配制培养基时，首先要明确培养对象，根据营养需要确定营养成分，对碳源和氮源的比例、pH 值、渗透压大小、生长因子需否以及灭菌方法等都要考虑到，并且还要考虑到培养的目的，配制出较好的培养基。

如果是配制发酵工业生产用的培养基，既要考虑成本，又要提供丰富的营养。生产用的培养基，注意氮源添加量一般比“种子”培养基稍低(即 C/N 比高)，若是积累发酵代谢产物的，应考虑是主流代谢产物，或是次生代谢产物。前者一般指通过主要代谢途径产生的结构较简单、产量较高、价值较低的降解产物，如生产不含氮的有机酸或醇类时，培养基中的碳源的比例应高，如生产氨基酸类含氮量高的代谢产物时，培养基中氮源的比例就应高些。后者一般是指通过复杂合成途径产生的那些结构复杂、产量低、价值高的合成产物，如抗生素、维生素或赤霉素等，还应考虑特殊元素(如维生素 B_{12} 中的 Co)或特定前体物质(如生产苄青霉素时加入苯乙酸)是否需要；如果配制“种子”培养基，一般营养成分应丰富些，尤其氮源的比例应高(即 C/N 比低)，还应考虑“种子”培养基中加入生产培养基中的某些成分。

配制的培养基一般是实验室培养用，可尽量按天然培养基的要求来配制。配制培养基作微生物的生理、代谢或遗传等研究用，应考虑配制合成培养基。

(2)营养协调

微生物往往在生长所需的营养物浓度比例合适的条件下才会良好生长，浓度大了反而抑制其生长。如糖类物质、重金属离子等在浓度大时，对微生物的生长起抑制作用，甚至产生杀菌作用。

从微生物菌体成分分析可知，微生物细胞中的不同成分或元素间有较稳定的比例(表 3-13)；另外，异养微生物中，碳源还兼作能源，而能源的需要量是很大的。这两个关键点是确定培养基中营养物的浓度和比例的重要依据。

表 3-13 微生物细胞中各种有机物和元素的含量(% 干重)

成分	细菌	酵母菌	霉菌
碳	38(36～52)	38(36～52)	38(35～55)
氮	12.5(10～13)	7.5(6～8.5)	6(3～7)
蛋白质	55(50～60)	30(35～35)	32(25～30)
糖类	9(6～15)	38(30～35)	39(30～55)
脂类	7(5～10)	8(5～10)	8(5～10)
核酸	23*(15～25)	8(5～10)	5(2～8)
灰分	6(3～10)	6(3～10)	6(3～10)
磷	1.0～2.5		
硫、镁	0.3～1.0		
钾、钙	0.1～0.5		
钠、铁	0.01～0.1		
锌、铜、锰	0.001～0.01		

*：用快速生长的细胞分析值

表 3-14 各类微生物细胞中的水分含量(%)

细 菌	75～85	芽孢	30
酵母菌	75～80	孢子	38
霉 菌	85～90		

从表 3-14 中可知：(1)水分含量最高，因为水在微生物细胞内含量高；(2)碳源的含量其

次；(3)N、P、S、K、Mg的含量又次之；(4)生长因子的量最少。在大多数化能异养菌的培养基中，各营养物质间在量上的比例大体符合以下规律：H_2O > C+能源 > N源 > P、S > K、Mg > 生长因子，并且碳源与氮源间比例即碳氮比(C/N比)，有着十分重要的意义。严格地讲，C/N比是指微生物培养基中所含的碳源中碳原子的摩尔数与氮源中氮原子的摩尔数之比，如理解为某碳源的重量与某氮源的重量之比就不妥。不同种类的碳源或氮源，其中的含碳量或含氮量差别很大，见表3-15便可知。

表3-15 常用氮源的含氮量

	氨	尿素	硝酸铵	碳酸铵	硫酸铵
含氮量(%)	82	36	35	29.2	21

一般培养基的C/N比为100/0.5～2；谷氨酸发酵培养基的C/N比为100/ 11～21，放线菌蛋白酶培养基的为100/ 10～20。

(3)最适的物理化学条件

①pH　各种微生物有它们的最适生长pH值范围。一般细菌的最适pH在7.0～ 8.0之间，酵母菌在3.8～ 6.0之间，霉菌则在5.0～ 5.8之间，放线菌在7.5～ 8.5之间。一些特殊的微生物可大大突破上述的界限。

微生物生长繁殖的过程中会产生引起培养基pH值改变的代谢产物，尤其是不少微生物有很强的产酸能力，如不适当地加以调节，就会抑制生长或发酵，甚至杀死微生物自身，因而设计培养基时，就要考虑到培养基的pH调节能力。这种通过培养基内添加成分发挥的调节作用，就叫做pH值的内在调节。常常添加的物质是K_2HPO_3、KH_2PO_3和$CaCO_3$。此外还有外源调节，按实际需要不断流加酸液或碱液到培养基中调节pH值的变化。

②渗透压　微生物在等渗的溶液中生长最好，在低渗的溶液中微生物细胞会吸水膨胀破裂，在高渗的溶液中会发生质壁分离，均不利于微生物的生长。

此外水分活度、溶液中氧化还原电位对微生物的生长都有影响。

(4)经济原则

在设计生产时，应考虑以粗代精、以简代繁、以“野”代“家”原则，以“野”代“家”即是以野生原料代替栽培植物原料，如木薯、薯芋、土茯苓、金刚刺和苦楝子等都是富含淀粉质的野生植物，可以部分取代粮食用于发酵工业中的碳源。能用工农业生产中废弃物作为微生物培养基的原料更好，如味精发酵废液、豆腐厂加工废液用于酵母菌生产单细胞蛋白，国内外已有许多成功的例子。

4.1.2　*科学方法*

根据微生物生长的生态环境，可以模拟该天然基质或直接取用该天然基质来作培养基。在制作培养基时，通过查阅资料，精心设计配方，做培养实验来确定。

4.2　培养基的种类

培养基的种类繁多，其分类的依据不同结果不同，现介绍如下：

(1)根据培养基成分来源不同分

①天然培养基(complex medium；undefined medium)指利用动、植物或微生物或其提取物制成的培养基，不明确其中的营养成分。例如培养各种细菌所用的肉汤蛋白胨培养

基，培养酵母菌的麦芽汁等。天然培养基的优点是取材方便、营养丰富、种类繁多、配制方便；缺点是确切成分不明确也不稳定，因而在做精细的科学实验时，会导致数据不稳定。因此，天然培养基只适合配制实验室的各种基本培养基及大生产中的种子培养基或发酵培养基。

②组合培养基(defined medium)又叫合成培养基(synthetic medium)，是一类用几种化学试剂配制成的、各成分的量都确切知道的培养基。例如培养细菌的葡萄糖铵盐培养基，培养放线菌的淀粉硝酸盐培养基(即高氏一号培养基)，培养真菌的蔗糖硝酸盐培养基(即察氏培养基)等。组合培养基的优点是成分精确、重复性好；缺点是价格较贵、配制较烦。因此，一般用于营养、代谢、生理、生化、遗传、育种、菌种鉴定和生物测定等定量要求较高的研究工作上。

③半组合培养基(semi-defined medium) 即一部分营养物质是天然成分，一部分是化学试剂的培养基称半组合培养基。例如，培育真菌用的马铃薯蔗糖培养基等。严格地讲，凡是含有未经特殊处理的琼脂的任何组合培养基，实质上都只能看作是一种半组合培养基。

(2)按培养基外观的物理状态分

如按培养基外观的物理状态来分，培养基可分为四类。

①固体培养基(solid medium) 外观呈固体状态的培养基，叫固体培养基。根据固体的性质又可把它分为 3 种类型：A. 凝固培养基，如果在液体培养基中加入 1.5%～2%琼脂或 5%～12%明胶(表 3-16)做凝固剂，就可以制成遇热可融化、冷却后则凝固的固体培养基，叫凝固培养基。在各种微生物学实验工作中有极其广泛的用途。B. 非可逆性凝固培养基，如由血清凝固成的固体培养基或由无机硅胶配制成的凝固后就不能再融化的固体培养基，其中的硅胶平板是用于化能自养微生物分离、纯化的固体培养基。C. 天然固体培养基，如培养各种真菌用的麸皮、米糠、木屑、纤维、稻草粉等配制成的固体培养基。D. 滤膜是一种坚韧且带有无数微孔的醋酸纤维薄膜，如果把它制成圆片状覆盖在营养琼脂或浸有培养液的纤维素衬垫上，就形成了具有固体培养基性质的培养条件。滤膜主要用于含菌量很少的水中微生物的过滤、浓缩，揭下滤膜，把它放在含适当营养液的衬垫上进行培养，待生长出菌落后，可计算出单位水样中的含菌量。

表 3-16　琼脂和明胶的特性

	化学成分	营养价值	分解性	融化温度	凝固温度	透明度	耐温	常用浓度
琼脂	聚半乳糖的硫酸酯	无	罕见	～96℃	～30℃	高	强	1.5%～2%
明胶	蛋白质	作氮源	极易	～25℃	～20℃	高	弱	5%～12%

固体培养基在科学研究和生产实践上应用很广，可用于菌种的分离、鉴定、菌落计数、杂菌检验、选种、育种、菌种保藏，以及抗生素等生物活性物质的生物测定，获取大量真菌孢子等。

②半固体培养基(semi-solid medium) 在凝固性固体培养基中，如凝固剂含量低于正常量，培养基呈现在容器倒放时不致流下，但剧烈振荡后能破散的状态，这种固体培养基即称半固体培养基，琼脂一般添加 0.5%。

半固体培养基在微生物研究工作中有许多用途，如细菌的动力观察(在半固体直立柱中央进行穿刺接种，培养后观察细菌的运动能力)，噬菌体效价测定(双层平板法)，微生物趋化性的研究，各种厌氧菌的培养以及菌种保藏等。

③液体培养基(liquid medium) 液体培养基是指培养基呈液体状态，它在微生物学实验和生产中应用极其广泛。在实验室中主要作各种生理、代谢研究和获得大量菌体用；在生产实践上，绝大多数发酵培养基都采用液体培养基。

④脱水培养基(dehydrated medium)

又叫脱水商品培养基或预制干燥培养基(pre-fabricated dried culture medium)，指含有除水以外的一切成分的商品培养基，使用时只要加入适量水分并加以灭菌即可，使用方便。

(3)按培养基的功能来分

①选择性培养基(selected medium) 选择性培养基是根据某种微生物的特殊营养要求或对某化学、物理因素的抗性而设计的培养基，其目的是使混合菌样中的劣势菌大量生长成优势菌，从而提高该菌的筛选效率。这种培养基是在 20 世纪由荷兰的 M. W. Beijerinck 和俄国的 S. N. Vinogradsky 发明的。我国劳动人民在 12 世纪(宋代)时根据红曲霉有耐酸和耐高温的特点，采用了明矾来调节酸度和用酸米来抑制杂菌的方法，培养出纯度很高的红曲，这也是一种选择性培养基。

当样品中某种微生物的数量很少时，如直接采用平板划线或稀释法进行分离，则效果不佳。这时可采用加富培养基，即是利用该分离对象对某一营养物质有“嗜好”的原理，在培养基中加入该营养物，使该微生物大大增殖成优势的微生物，以达到富集培养的目的；也可采用该分离对象对某种抑菌物质的抗性，在培养基中加入该抑菌物质，抑制其它微生物的生长，而分离对象大量生长，这样达到富集培养的目的。常用的抑制剂有染料(结晶紫等)、抗生素和脱氧胆酸钠；有利于选择培养的理化因素有温度、氧气和渗透压等。

②鉴别性培养基(differential medium) 培养基中加有能与某种菌的代谢产物发生显色反应的指示剂，通过肉眼观察出该菌菌落与外形相似的其它菌落的区别的培养基，叫鉴别性培养基。

最常见的鉴别性培养基是伊红美蓝乳糖培养基，即 EMB(Eosin Methylene Blue)培养基，在饮用水、牛乳的大肠杆菌等细菌学检验以及遗传学研究上有着重要的用途。伊红和美蓝两种苯胺染料可抑制革兰氏阳性细菌和一些难培养的革兰氏阴性细菌。在低酸度时，这两种染料结合形成沉淀，起着产酸指示剂的作用。样品中的多种肠道菌在 EMB 培养基上产生相互易区分的特征菌落，因而易于辨认。特别是大肠杆菌，分解乳糖强烈而产生大量的混合酸，菌体带 H^+，故可染上酸性染料伊红，又因伊红与美蓝结合，所以菌落被染上深紫色，从菌落表面的反射光中还可看到绿色金属闪光。

以上关于选择性培养基和鉴别性培养基的区分只是人为的、理论上的。实际应用中，这两种功能常结合在一种培养基中，例如，上述的 EMB 培养基既有鉴别不同菌落的作用，同时又有抑制革兰氏阳性细菌和选择革兰氏阴性细菌的作用。

本章复习思考题

1. 什么是营养物？营养物有哪些生理功能？
2. 什么叫碳源？请列出微生物的碳源谱。
3. 微生物在利用碳源方面有哪些特点？
4. 什么叫氮源？请列出微生物的氮源谱。
5. 微生物在利用氮源方面有哪些特点？

6. 什么叫氨基酸自养微生物？试举一些代表菌说明在实践上的重要性。

7. 什么叫能源？试以能源为主、碳源为辅对微生物的营养类型进行分类。

8. 配制微生物的培养基时，是否需要专门加入能源物质？

9. 什么是生长因子？它包括哪几大类物质？是否任何微生物都需要生长因子？如何才能满足微生物对生长因子的需要？

10. 什么叫常量元素？什么叫微量元素？举例说明它们在生理上的重要性。

11. 营养物质进入微生物细胞有几种方式？试比较四种方式的特点。

12. 什么是培养基？天然培养基、半合成培养基、合成培养基各有什么用途？

13. 什么是固体培养基？什么是半固体培养基？它们各有什么用途？

14. 什么是选择性培养基？它在微生物工作中有什么重要性？举例说明选择性的原理。

15. 什么是鉴别性培养基？它有何重要性？试以EMB(伊红美蓝乳糖琼脂培养基)为例，分析鉴别性培养基的作用原理。

16. 什么叫碳氮比？为什么植物病原菌以真菌居多？而动物病原菌则以细菌居多？

17. 在设计一种新培养基时，为什么要遵循“目的明确”的原则？你能举例来说明吗？

18. 为什么在设计大生产用的发酵培养基时，必须时刻牢记经济节约的原则？可从哪些方面考虑？

19. 简述高压蒸汽灭菌的方法步骤，灭菌锅中的空气排除度对灭菌效果有何影响？

本章主要参考文献

1. 周德庆主编. 微生物学教程. 北京：高等教育出版社，1998

2. 胡希荣主编. 食品微生物学. 北京：中国农业出版社，1993

3. 吴金鹏主编. 食品微生物学. 北京：中国农业出版社，1990

4. M. L. 菲尔斯著. 陈炳卿等译. 食品微生物学基础. 北京：人民卫生出版社，1987

5. 凌代文主编. 乳酸菌—生物学基础及应用. 北京：中国轻工业出版社，1999

6. 武汉大学、复旦大学微生物学教研室编. 微生物学. 北京：高等教育出版社，1991

7. 无锡轻工业学院、天津轻工业学院合编. 食品微生物学. 北京：中国轻工业出版社，1985

8. 郁庆福，杨均培. 卫生微生物学. 北京：人民卫生出版社，1983

9. 布林顿·麦·米勒等编. 居乃琥等译. 工业微生物学. 北京：中国轻工业出版社，1986

10. R. Y 斯塔尼尔，E. A 阿德尔伯格，J. L. 英格拉哈姆.《微生物世界》翻译组译. 微生物世界. 北京：科学出版社，1983

11. T. D. 布洛克. 四川大学、武汉大学、复旦大学等译. 微生物生物学. 北京：人民教育出版社，1980

12. H. G. 施莱杰. 陆卫平，周德庆，郭杰炎等译. 普通微生物学. 上海：复旦大学出版社，1990

第四章　微生物的代谢

微生物同其他生物一样都是具有生命的，新陈代谢作用贯穿于它们生命活动的始终。微生物代谢是指微生物细胞中各种生物化学反应的总称，是推动微生物活动的动力源。代谢分为物质代谢和能量代谢。能量代谢包括产能代谢和耗能代谢。物质代谢则包括分解代谢和合成代谢。分解代谢指复杂的有机物分子通过分解酶系的催化形成简单分子、能量(ATP)和还原力(reducing power，用[H]表示)的过程；合成代谢指简单小分子、ATP 和还原力在合成代谢酶催化下合成复杂生物大分子的过程，二者之间存在密切联系。

$$\text{复杂有机物分子} \underset{\text{合成酶系}}{\overset{\text{分解酶系}}{\rightleftharpoons}} \text{简单分子} + \text{ATP} + [\text{H}](\text{还原力})$$

1　微生物的能量代谢

微生物生命活动中需要能量，能量代谢是一切生物代谢的核心问题。研究能量代谢的根本目的，是要追踪生物体如何把外界环境中多种表达式的最初能源(primary energy sources)转换成对一切生命活动都能利用的通用能源(universal energy source)——ATP 的，这就是产能代谢。微生物能利用的能源可以是有机物、日光辐射能和还原态无机物三大类，并且最终把这三种能量均转化为 ATP。

1.1　化能异养微生物的生物氧化与产能

生物氧化就是物质在生物体内经过一系列连续的氧化还原反应，逐步分解并释放能量的过程，这是一个产能代谢过程。绝大多数微生物是化能异养型微生物，它们的能源物质是有机化合物，因此只能通过降解有机化合物而获得能量，根据氧化还原反应中电子受体的不同可分成发酵和呼吸两种类型，而呼吸又可分为有氧呼吸和无氧呼吸两种方式。

1.1.1　*发酵*

凡利用微生物生产有用的代谢产物，无论是有氧还是无氧条件，统称发酵。狭义发酵是厌氧条件下微生物细胞内发生的一种氧化还原反应。有机物氧化放出的电子直接交给基质本身未完全氧化的某种中间产物，同时放出能量和产生各种代谢产物。发酵是一种在厌氧条件下发生的、不具有以氧或无机物为电子受体的通过电子传递链传递电子的生物氧化过程。发酵过程的氧化是与有机物的还原偶联在一起的。被还原的有机物来自于初始发酵的分解代谢，即不需要外界提供电子受体。

(1)糖酵解途径(Embden-Meyerhof pathway)

又称 EMP 途径或己糖二磷酸途径，是绝大多数生物所共有的一条主流代谢途径。整个 EMP 途径大致可分为两个阶段。第一阶段是葡萄糖分子转化成 1，6-二磷酸果糖后，在醛缩酶的催化下，裂解成两个三碳化合物分子，是不涉及氧化还原反应及能量释放的准备阶段，要消耗两个分子 ATP；第二阶段是 3-磷酸-甘油醛氧化成 1,3-二磷酸一甘油酸后，经过一系列酶的作用转化成丙酮酸，同时通过底物水平磷酸化产生 4 个 ATP 以及 2 分子 NADH＋H^+，EMP 途径的反应过程经 10 步完成(图 4-1)。

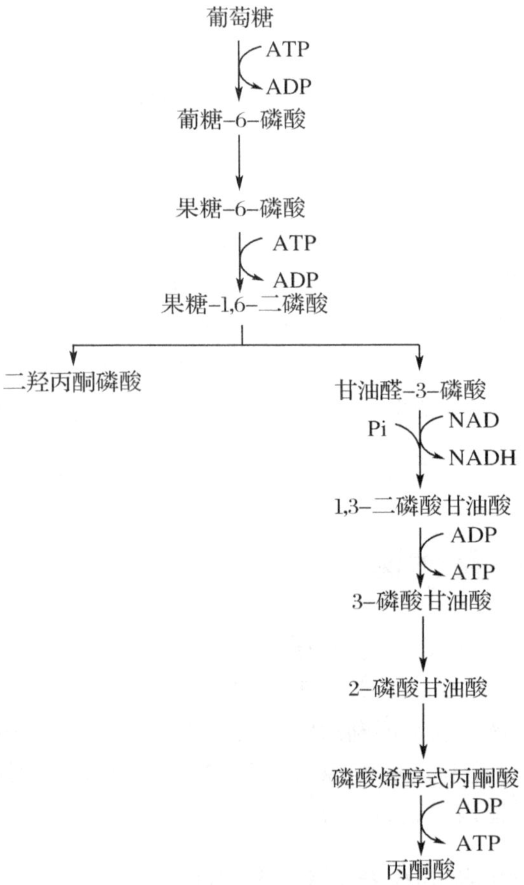

图 4-1　EMP **途径**

EMP 途径是酵母菌等真菌及大多数细菌所具有的代谢途径，具有极其重要的生理功能：①供应 ATP 形式的能量和 NADH 形式的还原力；②是连接其它几个重要代谢途径的桥梁，包括三羧酸循环(TCA)、HMP 途径和 ED 途径等；③为生物合成提供多种中间代谢物；④通过逆向反应可进行多糖合成。三羧酸循环(TCA)是大多数微生物一条重要的代谢途径。

EMP 途径与乙醇、乳酸、甘油、丙酮和丁醇的发酵生产关系密切，对人类的生产实践有重要的意义。在有氧条件下，EMP－TCA 两途径接通，并通过后者将丙酮酸彻底氧化，形成 CO_2、H_2O 及 ATP。无氧时，EMP 途径的产能效率很低，1 分子葡萄糖仅净产 2ATP。丙酮酸或丙酮酸的脱羧产物乙醛被还原，形成乳酸或乙醇等发酵产物。

(2) HMP 途径(Hexose monophosphate pathway)

又称磷酸戊糖途径或磷酸葡萄糖酸途径，是微生物细胞中存在的另一条重要的糖分解途径(图 4-2)。其特点是葡萄糖不经 EMP 和 TCA 循环而得到彻底的氧化，并能产生大量的 NADPH＋H^+ 形式的还原力以及多种中间代谢产物。

HMP 途径可概括为 3 个阶段：①葡萄糖分子通过几步氧化反应产生 5-磷酸核酮糖和 CO_2；②5-磷酸核酮糖发生结构变化形成 5-磷酸核糖和 5-磷酸木酮糖；③几种戊糖磷酸在无

氧参与的条件下发生碳架重排，产生了已糖磷酸和丙糖磷酸，后者既可通过 EMP 途径转化成丙酮酸而进入 TCA 循环进行彻底氧化，也可通过果糖二磷酸醛缩酶和二磷酸果糖的作用转化为磷酸已糖。

磷酸戊糖途径的总反应式为：

6 葡萄糖-6-磷酸 $+ 12NADP^+ + 6H_2O \longrightarrow$ 5 葡萄糖-6-磷酸 $+ 12NADPH + 12H^+ + 12CO_2 + Pi$

HMP 途径在微生物生命中的 5 个重要作用：①为核苷酸和核酸的生物合成提供磷酸戊糖；②产生大量 $NADPH+H^+$ 形式的还原力，它不仅用于合成脂肪酸、固醇等重要的细胞物质，而且可通过呼吸链产生大量能量。EMP 和 TCA 循环不具备此种功能。故凡有 HMP 途径的微生物，有氧时不依赖 TCA 循环获得产能所需 $NADH+H^+$；③反应中产生的 4-磷酸赤藓糖可用于合成芳香族氨基酸（苯丙氨基酸、酪氨酸、色氨酸和组氨酸），该途径的重要之处在于能为微生物生长提供能量和各种不同长度的碳架，用于细胞物质合成；④由于反应中存在 C3～C7 多种糖，使具有 HMP 途径的微生物的碳源范围更广，如戊糖可用作碳源；⑤通过 HMP 途径可产生的重要发酵产物很多，例如核苷酸、若干氨基酸、辅酶和乳酸等。

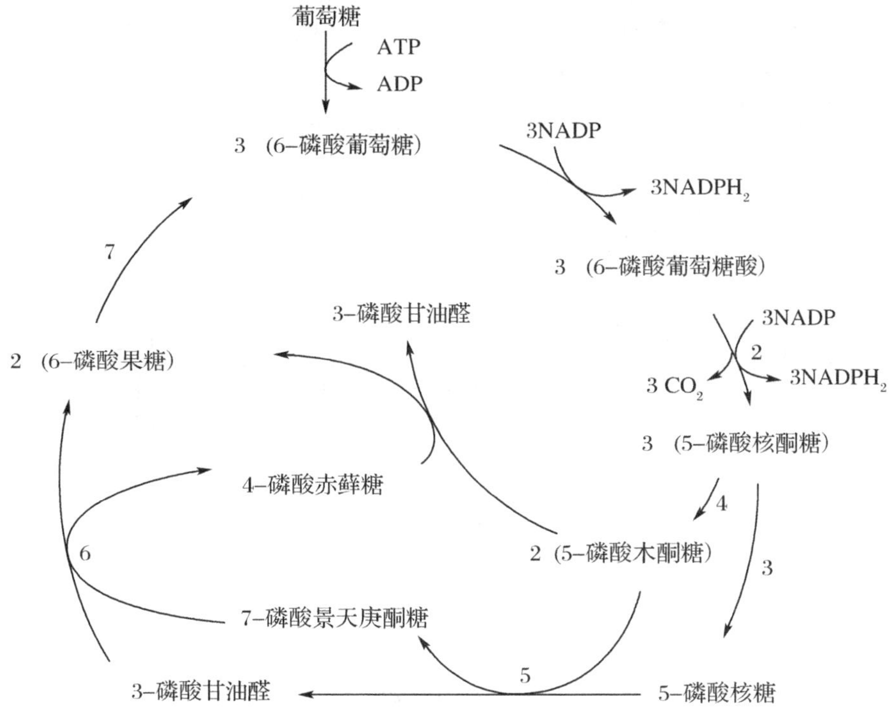

图 4-2　HMP **途径**

多数好氧菌和兼性厌氧菌中都存在 HMP 途径，而且还通常与 EMP 途径同时存在。只有 HMP 途径而无 EMP 途径的微生物很少，例如弱氧化醋酸杆菌（*Acetobacter suboxydans*）、氧化葡糖杆菌（*Gluconobacter oxydans*）和氧化醋单胞菌（*Acetomonas oxydans*）等。

（3）ED 途径（Entner-Doudoroff pathway）

即 2-酮-3-脱氧-6-磷酸葡萄糖酸（KDPG）途径。因最初由 N. Entner 和 M. doudoroff 两人（1952 年）在嗜糖假单胞菌（*Pseudomonas sacharophila*）中发现，故以此命名。

该途径是在细菌中发现的另一条分解葡萄糖形成丙酮酸和 3-磷酸甘油醛的途径。它是少数缺乏完整 EMP 途径的微生物所具有的一种替代途径，为微生物所特有。葡萄糖经转化为 2-酮-3-脱氧-6-磷酸葡萄糖酸后，经脱氧酮糖酸醛缩酶催化，裂解成丙酮酸和 3-磷酸甘油醛，3-磷酸甘油醛再经 EMP 途径转化成为丙酮酸。结果是 1 分子葡萄糖产生 2 分子丙酮酸，1 分子 ATP（图 4-3）。其特点是葡萄糖只经过 5 步反应就可获得 EMP 需 10 步反应才能得到的丙酮酸；产能效率低（1 分子葡萄糖仅形成 1ATP）；反应中有 1 个关键中间产物 KDPG。

ED 途径的总反应式为：

$C_6H_{12}O_6 + ADP + Pi + NADP^+ + NAD^+ \longrightarrow 2CH_3COCOOH + ATP + NADPH + H^+ + NADH + H^+$

ED 途径中的关键反应为 KDPG 裂解，关键酶为 KDPG 醛缩酶。ED 途径可与 EMP、HMP 和 TCA 等相连接，因此可相互协调，以满足微生物对能量、还原力和各种中间代谢产物的需求。ED 途径也能通过发酵产生乙醇，但与酵母菌通过 EMP 途径产生乙醇不同，故称之为细菌酒精发酵。

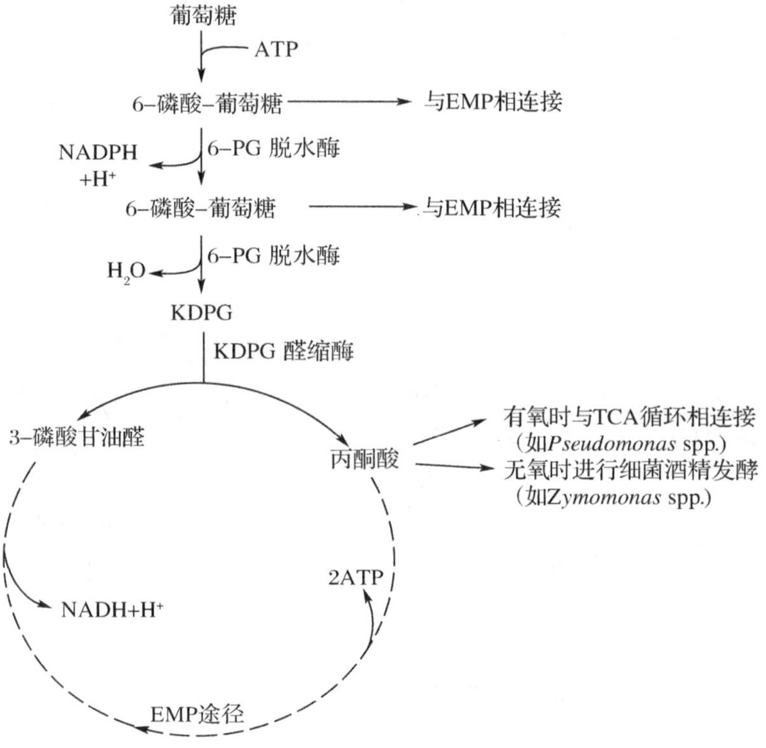

图 4-3　ED 途径

（4）磷酸解酮糖途径

磷酸解酮酶途径的特征性酶是磷酸解酮酶。根据解酮酶的不同，把具有磷酸戊糖解酮酶的称为 PK 途径，把具有磷酸己糖解酮酶的称为 HK 途径。

① PK 途径（Phospho-pentose-ketolase pathway）。这条途径是 HMP 的变异途径，从葡萄糖到 5-磷酸-木酮糖均与 HMP 相同，然后又在这条途径的关键酶——磷酸戊糖解酮酶的作用下，生产乙酰磷酸和 3-磷酸-甘油醛（图 4-4）。乙酰磷酸和 3-磷酸－甘油醛最后可转变成为乙醇或乙酸以及乳酸。

以这条途径进行糖代谢的微生物可以利用葡萄糖和戊糖作为能源，但经这条途径一分子的葡萄糖只产生一分子丙酮酸，所得 ATP 也只是 EMP 途径的一半。该葡萄糖分解途径就目前所知仅存在于肠膜明串珠菌(*Leuconostoc. Mesenteroide*)和双歧杆菌(*Bifidobacterium*)中,分解产物为乳酸、CO_2、乙醇或乙酸。这两种细菌基本不具有 EMP、HMP 和 ED 途径。

②HK 途径(Phospho-hexose-ketolase pathway)。这条途径是 EMP 途径的变异途径,从葡萄糖到 6-磷酸-果糖与 EMP 相同,然后又在这条途径的关键酶——磷酸己糖解酮酶的作用下,生成乙酰磷酸和 4-磷酸-赤藓糖(图 4-5)。

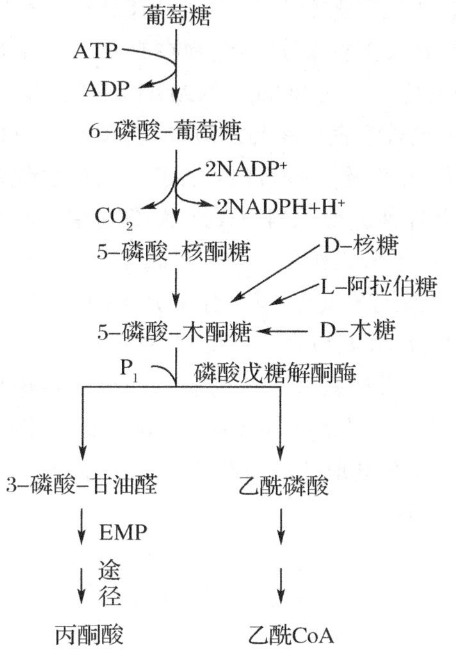

图 4-4　PK **途径**

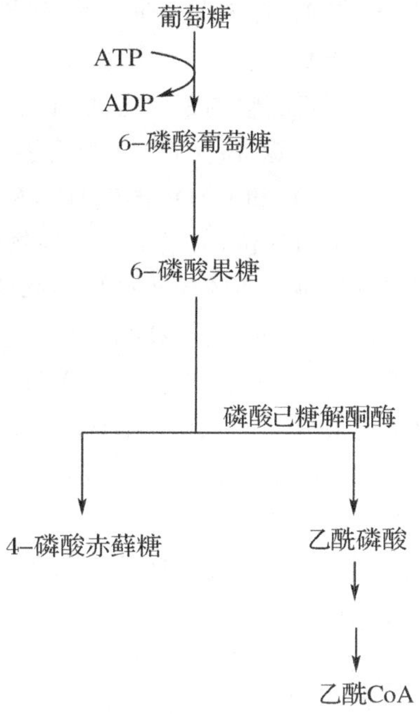

图 4-5　HK **途径**

葡萄糖在微生物细胞中进行厌氧分解时,通过 EMP、HMP、ED 及 PK 途径形成多种中间代谢物。在不同的微生物细胞中及不同的环境条件下,这些中间代谢物进一步转化,形成各种不同的发酵产物。按微生物发酵葡萄糖所获得的主要产物种类,可将发酵分为不同类型。如酵母菌的乙醇发酵与甘油发酵,细菌的乳酸发酵、丁酸发酵、丙酮—丁醇发酵、混合酸发酵及丁二醇发酵等。这些发酵机理清楚,在发酵工业上有重要价值。

1.1.2　呼吸

葡萄糖分解(生物氧化)后,如果有氧或有其他外源氢受体存在时,底物分子可被完全氧化为 CO_2,且在此过程中可合成的 ATP 的量大大多于发酵过程。如果有氧或其他外源电子受体存在时,微生物在降解底物的过程中,将释放出的电子交给 $NAD(P)^+$、FAD^+ 或 FMN 等电子载体,再经电子传递系统传给外源电子受体,从而生成水或其他还原型产物并释放出能量的过程,称为呼吸作用。外源氢受体为 O_2 时的呼吸称为有氧呼吸,外源氢受体为特定无机氧化物(NO_3^-,SO_4^{2-},HCO_3^-)的呼吸称为无氧呼吸。

呼吸作用与发酵作用的根本区别在于:电子载体不是将电子直接传递给底物降解的中间产物,而是交给电子传递系统,逐步释放出能量后再交给最终电子受体。

能通过呼吸作用分解的有机物包括某些碳氢化合物、脂肪酸和许多醇类。

(1)有氧呼吸

简称呼吸(respiration),是一种最重要最普遍的生物氧化过程。其特点是底物按常规方式(EMP,HMP 及 TCA 等)所脱之氢经完整呼吸链[RC,respiration chain,又称电子传递链(ETC,electron transport chain)]传递,最终由 O_2 接受氢形成水并形成 ATP。

该分解过程分为两个阶段,在第 1 阶段,葡萄糖由 EMP、HMP 和 ED 途径分解为 2 分子丙酮酸后,丙酮酸经三羧酸循环(tricarboxylic acid cycle,TCA)完全氧化成 CO_2 和还原力($NADH_2$ 和 $FADH_2$);第 2 阶段,还原力中的电子经电子传递链传递,最终交给分子氧。

三羧酸循环也称柠檬酸循环(citric acide cycle)、Krebs 循环。由诺贝尔奖获得者(1953年)、德国学者 H. A. Krebs 于 1937 年提出,是指由丙酮酸经过一系列循环式反应而彻底氧化、脱羧,形成 CO_2、H_2O 和 $NADH_2$ 的过程;是绝大多数异养微生物在有氧条件下彻底分解丙酮酸等有机底物的重要方式,TCA 循环的反应产物为 $3CO_2$、$4NADH_2$、$FADH_2$ 和 GTP(相当于 ATP 的能量)。TCA 循环的特点有:①氧虽不直接参与反应,但必须在有氧的条件下运转(因 NAD^+ 和 FAD^+ 再生时需氧);②产能效率极高;③TCA 位于一切分解代谢和合成代谢中的枢纽地位,为微生物的生物合成提供各种碳架原料。④为人类利用生物发酵生产所需产品提供主要的代谢途径。如柠檬酸发酵、Glu 发酵等。

产生的 $NADH_2$ 和 $FADH_2$ 通过电子传递链系统被氧化,每氧化 1 分子的 $NADH_2$ 可生成 3 分子 ATP,每氧化 1 分子 $FADH_2$ 可生成 2 分子的 ATP。因此,丙酮酸经 TCA 循环彻底氧化后可形成 15 分子的 ATP,为微生物的生命活动提供大量的能量。电子传递系统是由位于原核生物细胞膜上或真核生物线粒体膜上的一系列氧化还原势呈梯度差,链状排列的氢和电子传递体组成的。$NADH_2$ 和 $FADH_2$ 以及其他还原型载体上的氢原子,以质子和电子的形式在其上进行定向传递(详见本章第三节)。

(2)无氧呼吸

也称厌氧呼吸,指化合物氧化脱下的氢和电子经呼吸链传递,最终交给无机氧化物 NO_3^-,SO_4^{2-},HCO_3^- 等或延胡索酸(fumarate)等有机物的过程。

进行厌氧呼吸的微生物主要是厌氧和兼性厌氧菌,无氧呼吸也需要细胞色素等电子传递体,并在能量分级释放过程中伴随有磷酸化作用,也能产生较多的能量用于生命活动。但由于部分能量随电子转移传给最终电子受体,所以生成的能量不如有氧呼吸产生的多。它们的活动造成反硝化作用、脱硫作用和甲烷发酵等。

产甲烷细菌被称为古细菌(archaebacteria),在自然界分布广泛。如自然界含有有机物的厌气环境(沼泽地、湖底、海底淤泥及粪池中)及反刍动物瘤胃等处均有分布。能在氢、乙酸和甲醇等物质的氧化过程中,以二氧化碳作为最终的电子受体,通过厌氧呼吸最终使二氧化碳还原成甲烷的过程,这就是通常所说的甲烷发酵:

$$4H_2 + CO_2 \longrightarrow CH_4 + H_2O$$

1.2 自养微生物的产 ATP 和产还原力

自养微生物按其最初能源的不同,可分为两大类:一类是能对无机物进行氧化而获得能量的微生物,称作化能自养型微生物;另一类是能利用日光辐射能的微生物,称作光能自养型微生物。

1.2.1 化能自养微生物

化能自养菌是一类从无机物的氧化中得到能量(ATP)和还原力($NADH_2$ 或 $NADPH_2$),再通过卡尔文循环同化 CO_2 的微生物。专性化能自养菌不吸收利用有机物,故不能像异养细菌通过糖酵解和 TCA 产能。研究证明,某些专性自养菌缺乏一些关键酶,它们的

EMP、ED不完全，TCA也存在缺陷：缺乏由TCA中间产物C6或C5产生C4化合物的机制。专性化能自养菌氧化无机物时，将产生的电子通过电子传递链传给氧，其产能过程需要氧，故所有专性化能自养菌都是好氧的。

(1)氨的氧化

硝化细菌是一些专性好氧的革兰氏阳性菌，大多数是专性无机营养型。铵盐(NH_4^+)和亚硝酸(NO_2^-)等无机氮化物可以作为硝化细菌的能源。它可分为两个亚群：亚硝化细菌(将氨氧化为亚硝酸并获得能量)和硝化细菌(将亚硝酸氧化为硝酸并获得能量)，这两类细菌往往伴生在一起，在它们的共同作用下将铵盐氧化成硝酸盐，避免亚硝酸积累所产生的毒害作用。这类细菌在自然界的氮素循环中也起着重要的作用，在自然界中分布非常广泛。另外，因为NH_4^+、NO_2^-的氧化还原电势均比较高，以氧为电子受体进行氧化时产生的能量较少，而且进行合成代谢所需要的还原力需消耗ATP进行电子的逆呼吸链传递来产生，因此这类细菌生长缓慢，平均代时在10 h以上。

(2)硫的氧化

硫细菌(sulfur bacteria)能够利用一种或多种还原态或部分还原态的硫化合物(包括硫化物、元素硫、硫代硫酸盐、多硫酸盐和亚硫酸盐)作能源。

硫细菌在进行还原态硫物质的氧化时会产酸(主要是硫酸)，因此它们的生长会显著地导致环境的pH下降，有些硫细菌可以在很酸的环境，例如在pH低于1的环境中生长。和硝化细菌一样，硫细菌也通过电子的逆呼吸链传递来生成还原力。并通过氧化磷酸化途径产生ATP(主要途径)和底物水平磷酸化途径产生ATP(非主要途径)。

(3)铁的氧化

能将Fe^{2+}氧化为Fe^{3+}，并利用氧化过程产生的ATP和还原力同化CO_2进行自养生长的细菌称为铁细菌。硫杆菌属中的氧化亚铁硫杆菌不仅能氧化元素硫和还原性硫化物，还具有铁细菌的生理功能。亚铁杆菌(*Ferrobacillus*)等属中有许多菌属于铁细菌。铁细菌细胞中进行的产能氧化反应为

$$Fe^{2+} + H^+ + 1/4O_2 \longrightarrow Fe^{3+} + 1/2H_2O + 167kJ$$

(4)氢的氧化

氢细菌指从氧化H_2中获得能量并能同化CO_2的细菌。过去曾将氢细菌全部归入氢单胞菌属(*Hydrogennomonas*)。深入研究发现，氢细菌种类很多，是一些兼性化能自养菌。异养微生物中的一些细菌，也具有氧化氢的能力。可见，氧化氢仅是细菌的一种生理特性，不能作为分类依据。现已按形态与生理特征将氢细菌分别归入假单胞菌属(*Pseudomonas*)、副球菌属(*Paracoccus*)及诺卡氏菌(*Nocardia*)等属中。大多数氢细菌为革兰氏阳性菌、好氧，少数厌氧或兼性厌氧。在化能自养菌中，氢细菌生长速度最快，细胞得率高。

1.2.2 光能自养微生物

许多真核和原核微生物能以光为能源，利用光合作用产生ATP。光能转换是光合生物获得能量的主要方式。行光合作用的微生物包括藻类、蓝细菌和光合细菌(包括紫色细菌、绿色细菌、嗜盐菌等)。它们利用光能维持生命，同时也为其他生物(如动物和异养微生物)提供了赖以生存的有机物。光合色素是光合生物所特有的色素，是将光能转化为化学能的关键物质。共分三类：叶绿素(chl)或细菌叶绿素(Bchl)，类胡萝卜素和藻胆素。光能自养菌利用这些光合色素吸收光能，通过光合磷酸化作用，生成生物可利用的能量。光合磷酸化是指光能转变为化学能的过程。当一个叶绿素分子吸收光量子时，叶绿素性质上即被激

活，导致叶绿素（或细菌叶绿素）释放一个电子而被氧化，释放出的电子在电子传递系统中的传递过程中逐步释放能量，这就是光合磷酸化的基本动力。

(1)环式光合磷酸化

这类细菌主要包括紫色硫细菌、绿色硫细菌、紫色非硫细菌和绿色非硫细菌。在光合细菌中，吸收光量子而被激活的细菌叶绿素释放出高能电子，于是这个细菌叶绿素分子即带有正电荷。所释放出来的高能电子顺序通过铁氧还蛋白、辅酶 Q、细胞色素 b 和 c，再返回到带正电荷的细菌叶绿素分子。在辅酶 Q 将电子传递给细胞色素 c 的过程中，造成了质子的跨膜移动，为 ATP 的合成提供了能量。在这个电子循环传递过程中，光能转变为化学能，故称环式光合磷酸化。环式光合磷酸化可在厌氧条件下进行，产物只有 ATP，无 NADP(H)，也不产生分子氧（图 4-6）。

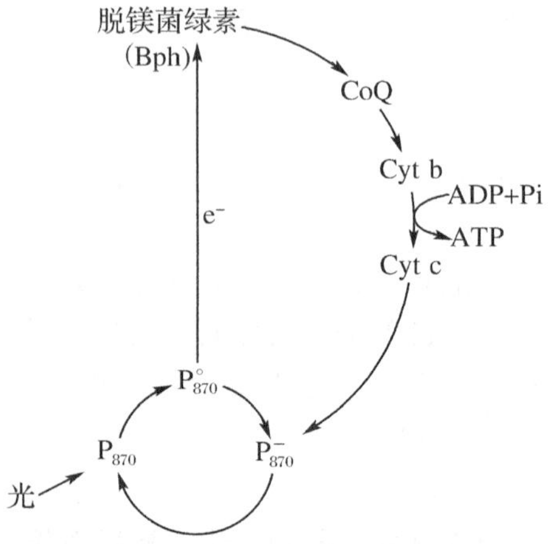

图 4-6　**紫色细菌的循环式光合磷酸化反应**

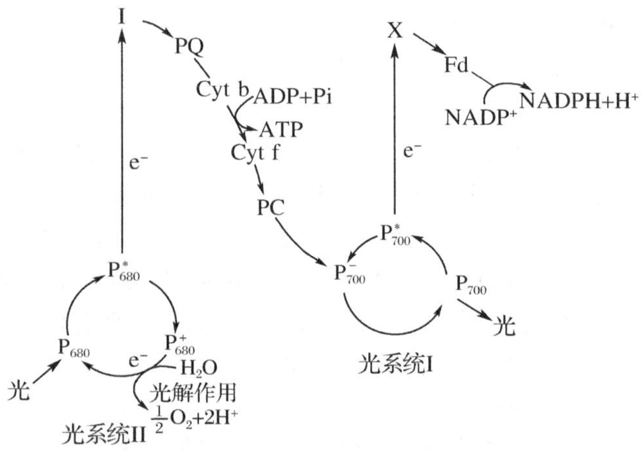

图 4-7　**蓝细菌的非循环式光合磷酸化反应**

(2)非环式光合磷酸化

这是绿色植物、藻类和蓝细菌共有的利用光能产生 ATP 的磷酸化反应。非循环式光合磷酸化的特点是：①有光合系统 I（产生 NADPH2）和光合系统 II（水光解）两个光合系统。②反应可同时产生 ATP、还原力和氧气。③以水为供氢体。

非环式光合磷酸化反应体系由光合系统Ⅰ、Ⅱ偶联而成（图 4-7）。光合系统Ⅰ、Ⅱ均由光同化色素、天线色素、初级电子受体及电子供体 4 部分组成。光反应中心光合系统 II 受光激发而被逐出的电子，经过由质体醌(PQ)、Cyt b、Cyt f 和质体蓝素(PC)组成的电子传递链也不返回 P680，而传递给光合系统 I 的 P700，$P680^+$ 接受 H_2O 光解产生的电子而恢复成 P680。电子由 PQ 经 Cyt b 传给 Cyt f 时产生 ATP。

光合系统 I 吸收光后释放的电子，经黄素蛋白和铁氧还蛋白（Fd）传给 $NADP^+$ 生成 $NADPH+H^+$，而不返回 P700 。这种电子的非循环传递与 ADP 磷酸化的偶联称为非循环光合磷酸化，在此过程有 ATP 产生、还原力（$NADPH+H^+$）的形成和氧气的释放。

2　微生物的分解代谢

微生物的分解代谢是指它们对各种大分子物质（多糖、类脂、蛋白质、核酸等）及其单体和其他有机物的分解并产生能量的过程。由于分解代谢能释放出能量供细胞生命活动用，因此微生物体内只有进行旺盛的分解代谢，才能更多地合成微生物的细胞物质，并使其迅速地生长繁殖。

2.1 微生物糖代谢的途径

自然界广泛存在的糖类物质主要是多糖，包括淀粉、纤维素、半纤维素和果胶等。地球上最丰富的有机物是纤维素、半纤维素和淀粉等糖类物质，糖类是微生物赖以生存的主要碳源与能源物质的。人们培养微生物，进行食品加工和工业发酵等也是以糖类物质为主要的碳源和能源物质的。因此，微生物的糖代谢是微生物代谢的一个重要方面，掌握这方面的知识，对于认识自然界不同的微生物类群，以及搞好微生物的培养利用都具有十分重要的意义。微生物糖代谢的主要途径有：EMP 途径，HMP 途径，ED 途径，PK 途径 4 种（详见第一节）。多糖分解的种类很多，如淀粉、纤维素、果胶质的分解。

2.1.1 淀粉

淀粉在植物种子中含量很高，分为直链淀粉与支链淀粉两种。直链淀粉是由 250～300 个葡萄糖分子通过 α-1,4 糖苷键连接而成的线性大分子聚合物，通常卷曲为螺旋形。支链淀粉是由 1300 个以上的葡糖通过 α-1,4 和 α-1,6 糖苷键连接而成的大分子聚合物，分子量大于 20 万。许多微生物在生长过程中能合成分解淀粉的酶，称为淀粉酶。淀粉酶包括 α-淀粉酶、β-淀粉酶、糖化酶与异淀粉酶 4 种类型。

①α-淀粉酶 在适宜条件下，该酶能从淀粉分子内部不规则切断 α-1,4 糖苷键，但不能切断 α-1,6 及邻近 α-1,6 糖苷键的 α-1,4 糖苷键，难于切断淀粉分子两端的 α-1,4 糖苷键。因此其水解直链淀粉的产物为寡糖与麦芽糖的混合物，催化支链淀粉分解的产物为带有 α-1,6 糖苷键的糊精、麦芽糖和葡萄糖。该酶作用时淀粉溶液的粘度下降迅速，故又称该酶为液化型淀粉酶。许多细菌、放线菌和霉菌能产生液化淀粉酶。工业上常利用曲霉或细菌（枯草杆菌）发酵生产淀粉酶。

②β-淀粉酶 从淀粉分子非还原性末端开始，作用于淀粉的 α-1,4 糖苷键，以麦芽糖为单位切断 α-1,4 糖苷键，不能切断 α-1,6 糖苷键，也不能越过 α-1,6 糖苷键去切断分子中间的 α-1,4 糖苷键，故该酶作用于淀粉的产物为麦芽糖，带分支侧链的寡糖及界限糊精。β-淀粉酶广泛存在于植物与霉菌中，细菌中少见。

③糖化酶与异淀粉酶 糖化酶从淀粉分子的非还原性末端以葡萄糖为单位水解 α-1,4 糖苷键，产物为葡萄糖；不能水解 α-1,6 糖苷键。根霉和曲霉能合成和分泌糖化酶。异淀粉酶专门水解 α-1,6 糖苷键。微生物产生的淀粉酶中，细菌产生的主要是 α-淀粉酶，霉菌产生的主要为异淀粉酶。

2.1.2 纤维素

纤维素是植物细胞壁的重要成分，在植物体内含量达 15%～50%。纤维素由葡萄糖通过 β-1,4 糖苷键聚合而成，分子量多在 100 万以上，天然纤维分子不溶于水。纤维素在纤维素酶作用下水解为葡萄糖。分解纤维素的微生物很多，但分解能力较强的微生物主要是真菌。如木霉（*Trichoderma*）、根霉（*Rhizopus*）、黑曲霉（*Aspergillus niger*）及青霉（*Penicillium*）等。细菌与放线菌中有些菌种也有较强的分解纤维素能力。纤维素酶是由许多密切相关的酶组成的酶系。根据其作用方式主要分为 3 种：

①C_1 酶主要作用于天然纤维素，使之转变成水合非结晶纤维素。

②C_X 酶主要作用于水合非结晶纤维素。C_X 酶又分为两种类型：C_{X1} 酶是一种内切纤维素酶，能从水合非结晶纤维素分子内部作用于 β-1,4 糖苷键，生成纤维糊精、纤维二糖和葡萄糖；C_{X2} 酶则是一种外切纤维素酶，从水合非结晶纤维素分子的非还原性末端作用于 β-1,

4 糖苷键，最后生成葡萄糖。

③β-葡萄糖苷酶 可水解纤维二糖、纤维三糖及低分子的纤维寡糖成为葡萄糖。葡萄糖在需氧性纤维素微生物作用下，可彻底氧化成二氧化碳与水；在厌氧性纤维素微生物作用下则进行丁酸发酵，产生丁酸、丁醇、乙酸、乙醇、二氧化碳和氢等产物。

2.1.3 半纤维素

半纤维素也是植物细胞壁的重要组成成分，在植物体内的含量仅次于纤维素。如在玉米根、茎中的含量可达 30%左右。半纤维素由戊糖（主要为木糖和阿拉伯糖）和己糖（半乳糖与甘露糖）缩合而成。半纤维素较纤维素容易分解。能分解半纤维素的微生物种类更多。真菌中的曲霉、青霉及木霉等均能分解半纤维素，分解产物为相应单糖。半纤维素酶通常和纤维素酶、果胶酶混合使用，用以改善植物性食物的质量，提高淀粉质发酵原料的利用率、果汁饮料的澄清度与加酶洗涤的使用效果等。

2.1.4 果胶质

果胶质是构成植物细胞间质的组分。含量虽然不多，但也是植物的重要组成成分。果胶质由 D-半乳糖醛酸单体聚合而成。聚合态半乳糖醛酸称为果胶酸，果胶酸羧基甲基化的产物称果胶，果胶又分为可溶性果胶与不溶性果胶（又称原果胶）。果胶质即原果胶，能被多种细菌和真菌分解。果胶酶广泛存在于植物、霉菌、细菌和酵母中。其中以霉菌中的果胶酶产量最高，工业上常用的菌种几乎都是霉菌，例如，文氏曲霉、黑曲霉等。细菌中的厌气性蚀果胶梭菌（*Clostridium pectinovorum*）和费新尼亚梭菌（*Clostridium felsineum*），如好气性浸麻芽孢杆菌（*Bacillus macerans*）等均能分解果胶质。

2.2 蛋白质的分解

2.2.1 蛋白质的分解

蛋白质是由许多氨基酸通过肽键连接起来的大分子的含氮化合物，是构成生物细胞的主要成分，其分解产物为多肽和氨基酸。不同的蛋白质需要不同的蛋白酶催化才能降解。如明胶、酪蛋白、胶原蛋白和角蛋白分别由明胶蛋白酶、酪蛋白酶、胶原蛋白酶及角蛋白酶水解。许多微生物在生长过程中，可以合成并分泌蛋白酶到胞外环境中，因而它们也就具有分解蛋白质的能力。但是，微生物利用蛋白质的能力因菌种差异很大。一般是真菌分解蛋白质的能力强，并能分解天然的蛋白质，而大多数细菌分解能力较弱。

微生物分解蛋白质的能力是微生物分类依据之一。例如某些梭状芽孢杆菌属（*Clostridium*）、芽孢杆菌属（*Bacillus*）、变形杆菌属（*Proteus*）、假单胞菌属（*Pseudomonas*）、小球藻属（*Chlorella*）、许多放线菌、曲霉属（*Aspergillus*）、毛霉属（*Mucor*）等分解蛋白质的能力强，而大肠杆菌（*E. coli*）只能分解蛋白质的降解产物，不能分解蛋白质；在细菌中，一般是革兰氏阳性细菌比革兰氏阴性菌分解蛋白质的能力强。

蛋白质分解为多肽后，进一步受肽酶作用水解成氨基酸。肽酶的作用是从多肽的氨基端或羧基一端开始，每次水解一个氨基酸。根据作用部位不同分为氨肽酶和羧肽酶。肽酶在细胞内外均有分布。

食品工业中，传统的酱制品，如酱油、豆腐乳等的制作都利用了微生物对蛋白质的分解作用。目前已能利用枯草杆菌（*Bacillus subtilis*）、栖土曲霉（*Aspergillus terricola*）、放线菌等生产蛋白酶，用它来进行皮革脱毛、蚕丝脱胶、蛋白胨生产，还可用作抗血栓药物等。

2.2.2 氨基酸的分解

氨基酸通常被微生物直接利用来作为合成新的细胞质的原料，但在厌氧与缺乏碳源的条件下，也能被某些细菌用作能源和碳源物质，维持机体的生长。微生物分解氨基酸的方式很多，但主要是通过脱羧与脱氨两种作用。

(1)脱氨作用

脱氨方式随微生物种类、氨基酸种类以及环境条件的不同而不同。主要有以下几种：

①氧化脱氨。氨基酸在有氧条件下脱氨生成 α-酮酸和氨。因而是好氧性微生物进行的脱氨的方式。反应式如下：

$$2R-CHNH_2-COOH + O_2 \longrightarrow 2R-CO-COOH + 2NH_3$$

② 还原脱氨。还原脱氨在无氧条件下进行，生成饱和脂肪酸。能进行还原脱氨的微生物是专性厌氧菌和兼性厌氧菌。腐败的蛋白质中常分离到饱和脂肪酸便是由相应的氨基酸生成的。如大肠杆菌可使甘氨酸还原脱氨成乙酸，反应式如下：

$$HOOC-CHNH_2-COOH \xrightarrow{NADH_2 \searrow\nearrow NAD^+} CH_3COOH + NH_3 + CO_2$$

③水解脱氨。不同氨基酸经水解脱氨生成不同的产物。同种氨基酸水解之后也可形成不同的产物，反应通式如下：

$$R-CHNH_2-COOH + H_2O \xrightarrow{\text{水解酶}} R-CHOH-COOH + NH_3$$

④分解脱氨。氨基酸直接脱去氨基，生成不饱和酸与氨，即为分解脱氨。例如天门冬氨酸分解脱氨生成延胡索酸，反应式如下：

$$HOOCCH_2-CHNH_2-COOH \xrightarrow{\text{天门冬氨酸裂解酶}} HOOC-CH=CH-COOH + NH_3$$

⑤ 氧化—还原偶联脱氨(Stickland 反应)。Stickland 发现在某些梭菌中存在由两种氨基酸参与的脱氨基反应，一种氨基酸被氧化，在脱氨的同时脱下氢和电子，同时另一种氨基酸被还原，得到氢和电子的同时脱下氨基。丙氨酸和甘氨酸的偶联反应如下：

$$CH_3CHNH_2COOH + CH_2NH_2COOH + H_2O \longrightarrow CH_3COCOOH + CH_3COOH + 2NH_3$$

(2) 脱羧作用

氨基酸脱羧作用常见于许多腐败细菌和真菌中。不同的氨基酸由相应的氨基酸脱羧酶催化脱羧，生成减少一个碳原子的胺和二氧化碳，通式如下：

$$R-CHNH_2-COOH \xrightarrow{\text{氨基酸脱羧酶}} R-CH_2-NH_2 + CO_2$$

脱羧酶具有高度专一性，需要磷酸吡哆醛为辅酶，大多数是诱导酶。一元氨基酸脱羧后变成一元胺；二元氨基酸脱羧后变成二元胺。这类物质统称为尸碱，有毒性。肉类蛋白质腐败后常生成二元胺，故不能食用。

2.3 脂肪和脂肪酸的分解

脂肪是自然界广泛存在的重要的脂类物质，由甘油和脂肪酸形成。当环境中有其他容易利用的碳源与能源物质时，脂肪类物质一般不被微生物利用。但当环境中存在除脂肪类物质以外的其他能源与碳源物质时，许多微生物能分解与利用脂肪进行生长。

分解脂肪的微生物都具有脂肪酶。脂酶是胞外酶或胞内酶，所以细胞内外的脂肪均能被微生物分解和利用。在脂肪酶作用下，脂肪水解为甘油和脂肪酸。甘油是己糖分解的中间产物之一，按己糖分解途径进一步分解。脂肪酸分解缓慢，通过β-氧化途径生成乙酰 CoA 和少两个碳的酯酰 CoA。乙酰 CoA 进入 TCA 循环或其它途径完全分解，形成 CO_2、H_2O 和 ATP；每次减少两个碳原子的酯酰 CoA 继续通过β-氧化被逐步降解掉。

许多微生物能以脂肪或脂肪酸作为碳源和能源，但分解缓慢。细菌中的荧光假单胞菌（*Pseudomonas fluorescens*）、粘质沙雷氏菌（*Serratia marcescens*），真菌中的白地霉（*Geotrichum candidum*）、青霉及曲霉均能分解利用脂肪。

2.4 微生物发酵的代谢途径

工业上所说的发酵是指微生物在有氧或无氧条件下通过分解与合成代谢将某些原料物质转化为特定微生物产品的过程。如酵母菌、苏云金杆菌（*Bacillus thuringiensis*）菌体生产，抗生素发酵、乙醇发酵及柠檬酸发酵等。微生物种类繁多，能在不同条件下对不同物质或对相同的底物进行不同的发酵，而不同微生物对不同物质发酵能获得不同的产物。食品工业中常见的微生物及发酵途径主要有以下几种：

2.4.1 醋酸发酵

醋酸细菌是参与醋酸发酵的微生物（主要为细菌）的统称。醋酸细菌是两端钝圆的杆状菌，单个或呈链状排列，有鞭毛，无芽孢，属革兰氏阴性菌。包括好氧性和厌氧性细菌。纹膜醋酸杆菌（*Acetobacter aceti*）、氧化醋酸杆菌（*Acetobacter oxydans*）、巴氏醋酸杆菌（*Acetobacer pasteurianus*）、氧化醋酸单胞菌（*Acetomonas oxydans*）等是好氧性细菌；热醋酸梭菌（*Clostriolium themoacidophilus*）、胶醋酸杆菌（*Acetobacter xylinum*）等则为厌氧性细菌。

好氧性的醋酸细菌在有氧条件下，能将乙醇直接氧化为醋酸，是醋酸细菌的好氧性呼吸，其氧化过程是一个脱氢加水的过程：

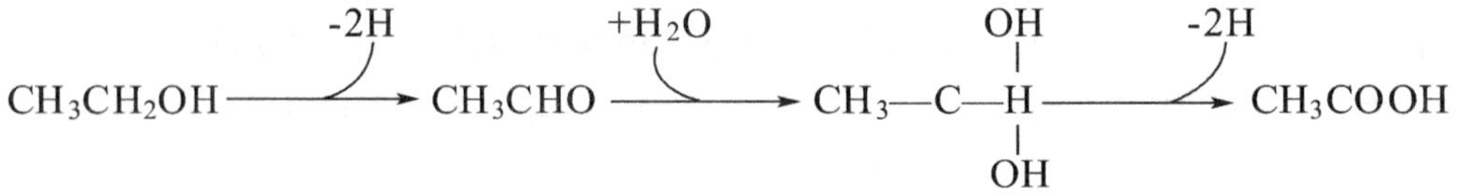

脱下的氢最后经呼吸链和氧结合形成水，并放出能量：

总反应式为：$CH_3CH_2OH + O_2 \longrightarrow CH_3COOH + H_2O + 117kcal$

厌氧性细菌热醋酸梭菌能通过 EMP 途径发酵葡萄糖，产生醋酸。研究证明该菌只有丙酮酸脱羧酶和辅酶 M(C_OM)，能以 CO_2 作为受氢体生成乙酸，反应过程如下：

EMP

$$C_6H_{12}O_6 + 2ADP + 2Pi \longrightarrow 2CH_3COCOOH + 4[H](\text{还原力}) + 2ATP$$

$$2CH_3COCOOH + 2H_2O + 2ADP + 2Pi \xrightarrow[\text{乙酸激酶}]{\text{丙酮酸脱羧酶}} 2CH_3COOH + 2CO_2 + 4[H] + 2ATP$$

$$2CO_2 + 8H^+ \xrightarrow{C_OM} CH_3COOH + 2H_2O$$

总反应式：$C_6H_{12}O_6 + 4(ADP + Pi) \longrightarrow 3CH_3COOH + 4ATP$

好氧性的醋酸发酵是制醋工业的基础。制醋原料或酒精接种醋酸细菌后，即可发酵生成醋酸发酵液供食用，醋酸发酵液还可以经提纯制成一种重要的化工原料——冰醋酸。厌氧性的醋酸发酵是我国用于酿造糖醋的主要途径。

2.4.2　柠檬酸发酵

柠檬酸是发酵法生产的最重要的有机酸，它广泛应用于饮料、食品及医药化工等工业部门。柠檬酸是TCA循环中的1个中间体，是葡萄糖经TCA循环形成的最有代表性的发酵产物，利用葡萄糖通过黑曲霉的工业发酵可合成柠檬酸。在TCA正常运转的情况下，细胞内不积累柠檬酸；当TCA在柠檬酸合成的下一步反应处受阻时，柠檬酸才在微生物细胞内大量累积，并分泌至细胞外的发酵液中。目前认为柠檬酸的合成不是主要以TCA循环，而是采用图4-8的方式。按理论计算，1分子葡萄糖只能产生2/3分子柠檬酸，相当于100g葡萄糖产生71.1g柠檬酸，而生产上却可得到75～87g柠檬酸。同位素^{14}C研究证明，柠檬酸合成中伴随大量CO_2固定，这就是柠檬酸超量合成的原因。

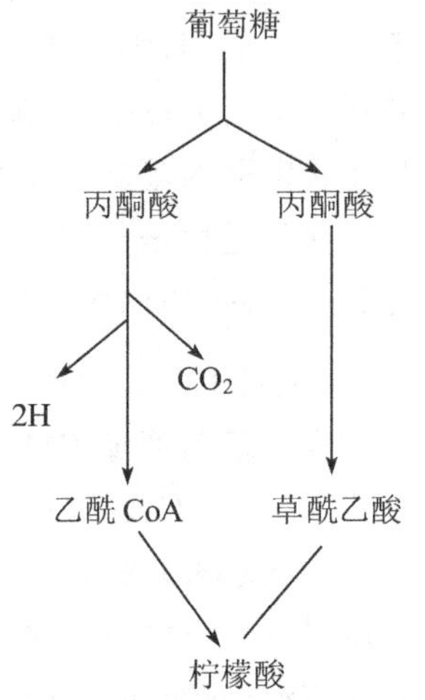

图4-8　柠檬酸的合成途径

能够累积柠檬酸的霉菌以曲霉属、青霉属和桔霉属(*Citromyces*)为主。其中以黑曲霉、米曲霉(*Asp. oryzae*)、灰绿青霉(*Pen. glaucum*)、淡黄青霉(*Pen. luteum*)、光桔霉(*Citromyces glaber*)等产酸量最高。

2.4.3　乙醇发酵

乙醇发酵是指丙酮酸在无氧条件下生成酒精的过程。酒精发酵是酿酒工业的基础，它与酿造白酒、果酒、啤酒以及酒精的生产等有密切关系。典型的乙醇发酵是指酵母菌发酵生成乙醇的过程，其产物较纯，只有乙醇和CO_2。生成途径是葡萄糖经EMP途径降解为2分子丙酮酸，然后在丙酮酸脱羧酶的作用下生成乙醛和CO_2，乙醛接受糖酵解中产生的$NADH+H^+$，在乙醇脱氢酶的作用下还原成乙醇：

$$CH_3COCOOH \xrightarrow{\text{丙酮酸脱羧酶}} CH_3CHO + CO_2$$

$$CH_3CHO + NADH + H^+ \xrightarrow{\text{乙醇脱氢酶}} CH_3CH_2OH + NAD^+$$

这样在厌氧条件下，每分子葡萄糖经酵母菌乙醇发酵后产生2分子乙醇、2分子CO_2和2分子ATP：

$$C_6H_{12}O_6 + 2ADP + 2Pi \longrightarrow 2CH_3CH_2OH + 2CO_2 + 2ATP$$

某些细菌也能进行酒精发酵，其产物与酵母菌发酵类似也是酒精和CO_2，但是这种酒精生成途径不同于酵母菌，是通过ED途径形成的。细菌的酒精发酵与酵母菌的酒精发酵底物相同但是途径完全不同，所以产能水平也完全不同：

$$C_6H_{12}O_6 + ADP + Pi \longrightarrow 2CH_3CH_2OH + 2CO_2 + ATP$$

这些途径目前在某些G^-细菌中发现，如假单胞菌属(*Pseudomonas*)、根瘤菌属(*Rhizobium*)、土壤杆菌属(*Agrobacterium*)和发酵单胞菌属(*Zymomonas*)。

2.4.4　乳酸发酵

很多细菌能利用葡萄糖发酵产生乳酸，能产生乳酸的这类细菌通常称为乳酸细菌。乳酸发酵分为同型乳酸发酵和异型乳酸发酵。前者是指发酵产物只单纯为乳酸，异型乳酸发酵是指经葡萄糖发酵后除主要产生乳酸外，还产生乙醇、乙酸和CO_2等多种发酵产物。它们在菌种、发酵产物、发酵途径以及产能水平上均不相同。

(1) 同型乳酸发酵

乳杆菌属(*Lactobacillus*)、链球菌属(*Streptococcus*)的多数细菌通过同型乳酸发酵途径产生乳酸，其中工业发酵中最常用的菌种是乳酸杆菌属中的一些种类，如德氏乳酸杆菌(*L. delhruckii*)、保加利亚乳酸杆菌(*L. bulgaricus*)、干酪乳酸杆菌(*L. casei*)等。同型乳酸发酵的基质主要是己糖，同型乳酸发酵菌发酵己糖是通过 EMP 途径产生乳酸的。其发酵过程是葡萄糖经 EMP 途径降解为丙酮酸后，不经脱羧，而是在乳酸脱氢酶的作用下，直接被还原为乳酸：

$$CH_3COCOOH + NADH + H^+ \xrightarrow{\text{乳酸脱氢酶}} CH_3CHOHCOOH + NAD^+$$

一分子葡萄糖经 EMP 途径共产生 2 分子乳酸和 2 分子 ATP。总反应式为：

$$C_6H_{12}O_6 + 2ADP + 2Pi \longrightarrow 2CH_3CHOHCOOH + 2ATP$$

(2) 异型乳酸发酵

异型乳酸发酵基本都是通过磷酸解酮酶途径(即 PK 途径)进行的。其中肠膜明串球菌(*Leuconostos mesentewides*)、葡萄糖明串球菌(*Leuconostoc dextranicum*)，短乳杆菌(*Lactabacillus brevis*)、番茄乳酸杆菌(*Lactobacillus lycopersici*)等通过戊糖解酮酶途径将 1 分子葡萄糖发酵产生 1 分子乳酸，1 分子乙醇和 1 分子 CO_2，并且只产生 1 分子 ATP。总反应式如下：

$$C_6H_{12}O_6 + ADP + Pi \longrightarrow CH_3CHOHCOOH + CH_3CH_2OH + CO_2 + ATP$$

双叉乳酸杆菌(*Lactobacillus bifidus*)，两歧双歧乳酸菌(*Bifidobacterium bifidus*)等则通过己糖磷酸解酮酶途径将 2 分子葡萄糖发酵为 2 分子乳酸和 3 分子乙酸，并产生 5 分子 ATP，总反应式为：

$$2C_6H_{12}O_6 + 5ADP + 5Pi \longrightarrow 2CH_3CHOHCOOH + 3CH_3COOH + 5ATP$$

乳酸发酵被广泛地应用于泡菜、酸菜、酸牛奶、乳酪以及青贮饲料中，由于乳酸细菌活动的结果，积累了乳酸，抑制其他微生物的发展，使蔬菜，牛奶及饲料得以保存。近代发酵工业多采用淀粉为原料，先经糖化，再接种乳酸细菌进行乳酸发酵生产纯乳酸。

3 能量转换

在产能代谢过程中，微生物通过底物水平磷酸化和氧化磷酸化将某种物质氧化而释放的能量储存于 ATP 等高能分子中，对光合微生物而言，则可通过光合磷酸化将光能转变为化学能储存于 ATP 中。

3.1 底物水平的磷酸化(Substrate level phosphorylation)

物质在生物氧化过程中，常生成一些含有高能键的化合物，而这些化合物可直接偶联 ATP 或 GTP 的合成，这种产生 ATP 等高能分子的方式称为底物水平磷酸化。底物水平磷酸化既存在于发酵过程中，也存在于呼吸作用过程中。例如，在 EMP 途径中，1,3—二磷酸甘油酸转变为 3—磷酸甘油酸以及磷酸烯醇式丙酮酸转变为丙酮酸的过程中都分别偶联着一分子 ATP 的形成；在三羧酸循环过程中，琥珀酰辅酶 A 转变为琥珀酸时偶联着一分子 GTP 的形成。如下述反应：

磷酸烯醇丙酮酸＋ADP ⟶ 丙酮酸＋ATP

底物水平磷酸化的特点：底物在生物氧化中脱下的电子或氢不经过电子传递链传递，而是通过酶促反应直接交给底物自身的氧化产物，同时将释放出的能量(一般通过高能磷酸键)交给 ADP，形成 ATP。底物水平磷酸化是微生物在发酵中产生 ATP 的唯一方式，在呼吸过程虽也存在，但处于次要地位。

3.2 氧化磷酸化(Oxidative phosphorylation)

底物在生物氧化过程中放出的电子通过电子传递链传到氧或其他氧化物(如 NO_3^-)，同时形成 ATP 的过程称为电子传递磷酸化或氧化磷酸化。电子传递磷酸化的核心“元件”为电子传递链(ETC，electron transport chain)，或称为呼吸链(RC，respiratory chain)。ETC 由若干个氢和电子传递体按氧化还原电位高低顺序排列而成，相当于一段由有机物分子连接而成的“生物导线”，电子在该导线上流动时作功，形成 ATP。组成 ETC 的成员主要有醌及醌衍生物、细胞色素、铁硫蛋白及黄素蛋白 4 类化合物。在电子传递磷酸化中，通过呼吸链传递电子，将氧化过程中释放的能量和 ATP 的磷酸化偶联起来，形成 ATP。1 个 NADH 分子，通过呼吸链进行氧化，可以产生 3 个 ATP 分子。它分别在 3 个位置，各产生 1 个 ATP(图 4-9)。

电子传递链具有两种基本功能：一是从电子供体接受电子，并将电子传递给电子受体；二是通过合成 ATP 把在电子传递过程中释放的一部分能量保存起来。

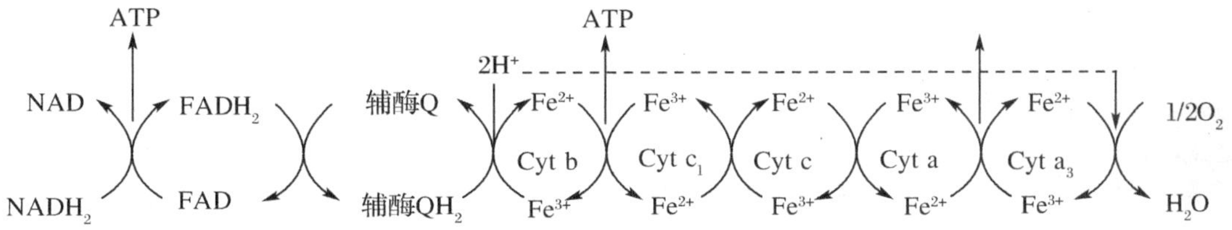

图 4-9 电子传递链

4 微生物独特的合成代谢

合成代谢是指微生物利用能量代谢所产生的能量将无机或有机的小分子前体物质合成复杂的高分子或细胞结构物质。因此微生物合成代谢时，必须具备 3 个条件，那就是能量、小分子前体物质和还原力。只有具备了这 3 个基本条件，合成代谢才能进行。自养型微生物的合成代谢能力很强，它们利用无机物能够合成完全的自身物质。化能异养型微生物所需要的代谢能量、小分子前体物质和还原力都是从复杂的有机物中获得的，获得它们的过程是微生物对吸收的营养物质的降解过程。所以，分解代谢和合成代谢是不能分开的，两者在生物体内是有条不紊的平衡过程。由于微生物糖类、蛋白质和核酸等的合成基本同于一般的生物化学过程，限于篇幅，本节主要介绍微生物特有的、重要的和有代表性的合成代谢途径，包括自养微生物的 CO_2 固定、生物固氮以及肽聚糖的生物合成等。

4.1 自养微生物 CO_2 的固定

各种自养微生物在其生物氧化包括氧化磷酸化、发酵和光合磷酸化中获取的能量主

要用于 CO_2 的固定。将空气中的 CO_2 同化成细胞物质的过程，称为二氧化碳的固定作用。微生物同化 CO_2 的方式主要有：

4.1.1　卡尔文循环(Calvin cycle)

又称 Calvin－Benson 循环、Calvin－Bassham 循环、核酮糖二磷酸途径或还原性戊糖磷酸循环。这一循环是光能自养微生物和化能自养微生物固定 CO_2 的主要途径(图 4-10)。在光能自养生物中，此反应不需要光，可在黑暗条件下进行，故称暗反应。核酮糖二磷酸羧化酶(Ribulose biphosphate carboslase，简称 RuBisCO)和磷酸核酮糖激酶(Phosphoribulokinase)是本途径的两种特有的酶。

本循环分为 3 个阶段：

①CO_2 的固定　　3×1,5-二磷酸核酮糖＋$3CO_2$ ⟶6×3-磷酸甘油酸

②CO_2 的还原　　3-磷酸甘油酸⟶3-磷酸甘油醛

③CO_2 受体的再生　　5×3-磷酸甘油醛⟶3×1,5-二磷酸核酮糖

每循环一次需要 3 分子 1,5-二磷酸核酮糖、3 分子 CO_2、9 分子 ATP 和 6 分子 NAD(P)H＋H^+，合成一个己糖分子需要循环两次。总反应式为：

$$6CO_2 + 18ATP + 12NAD(P)H + H^+ \longrightarrow C_6H_{12}O_6 + 18ADP + 12NAD(P)^+ + 18Pi$$

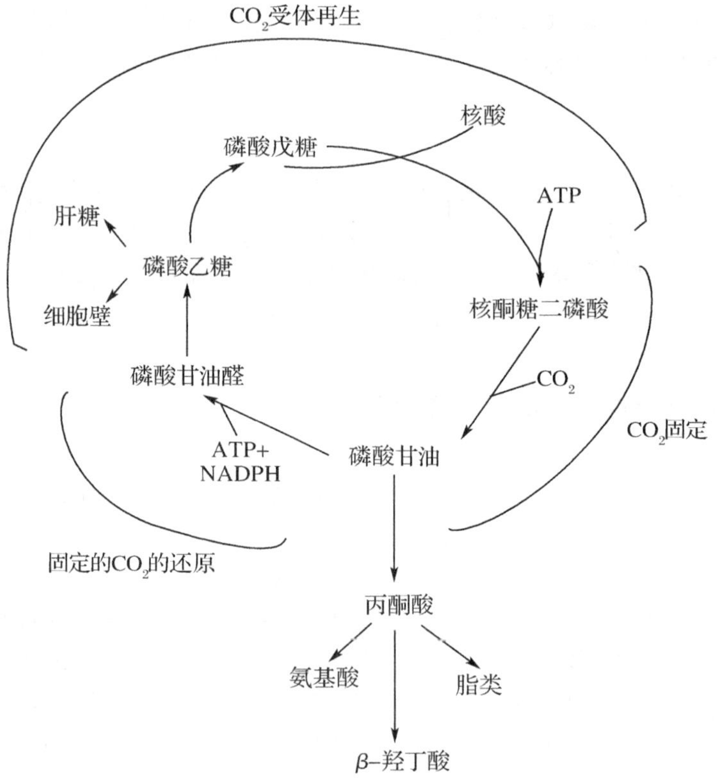

图 4-10　CO_2 固定的卡尔文途径

4.1.2　厌氧乙酰－CoA 途径(anaerobic acytyl-CoA pathway)

又称活性乙酸途径(activated acetic acid pathway)。主要存在于一些产乙酸菌、硫酸盐还原菌和产甲烷菌等化能自养微生物中(图 4-11)。总反应式为：

$$4H_2 + 2CO_2 \longrightarrow CH_3COOH + 2H_2O$$

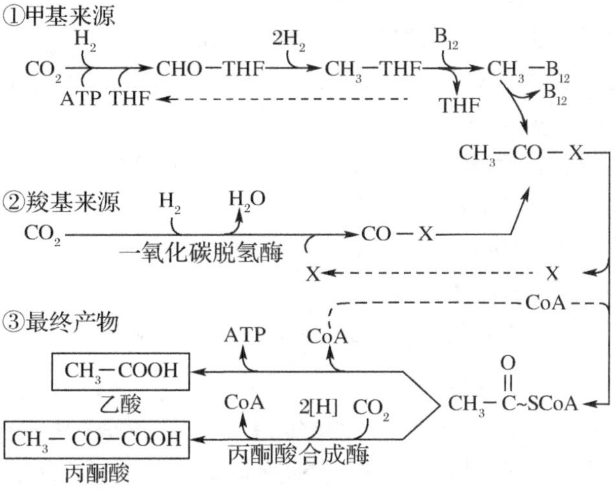

图 4-11 CO_2 固定的厌氧乙酸—COA 途径

4.2 生物固氮

所有微生物都需要氮，氮的最初始来源是无机氮。虽然大气中约有 79%是氮，但大多数微生物都不能利用它。凡能使氮还原成氨，氨进而合成细胞内有机氮化物的微生物，称为固氮微生物。

固氮微生物利用固氮酶的催化作用将分子态氮转化为氨的过程称为生物固氮。生物固氮是地球上仅次于光合作用的第二大生物化学反应。生物每年在温和条件下的固氮量约为高温高压(300℃×300 个大气压)条件下工业固氮量的 2 倍多，约为 1 亿吨，故生物固氮对地球生态系统中的氮素循环和生物的生息繁衍具有十分重要的作用。

4.2.1 固氮微生物的种类

自 1886 年 M. W. Beijerinck 分离到能共生固氮的根瘤菌后，人们共发现了 50 多属 100 多种生物有固氮能力，这些生物均为原核生物。按其固氮方式可分为 3 种类型：能独立固氮的微生物称为自生固氮菌；必须与其他生物共生才能固氮的微生物称为共生固氮菌；必须生活在植物根际、叶面或肠道等处才能固氮的微生物称为联合固氮菌。

- 自生固氮菌
  - 好氧
    - 化能异养：固氮菌属(*Azotobacter*)、拜叶林克氏菌属(*Beijerinckia*)、固氮单胞菌属(*Azomonas*)、固氮球菌属(*Azococcus*)、德克斯氏菌(*Derxia*)等
    - 化能自养：氧化亚铁硫杆菌(*Thiobacillus ferroxidans*)等
    - 光能自养：念珠蓝菌属(*Nostoc*)、鱼腥蓝菌属(*Anabaena*)等
  - 兼性厌氧
    - 化能异养：克雷伯氏菌属(*Klebsiella*)、无色杆菌属(*Achromobacter*)、多粘芽孢杆菌(*Bacillus polymyxa*)、柠檬酸杆菌属(*Citrobacter*)等
    - 光能异养：红螺菌属(*Rhodospirillum*)、红假单胞菌属(*Rhodopseudomonas*)
  - 厌氧
    - 化能异养：巴氏梭菌(*Clostridium pasteurianum*)、脱硫弧菌属(*Desulforibrio*)、脱硫肠状菌属(*Desulfotomaculum*)等
    - 光能自养：着色菌属(*Chromatium*)、绿假单胞菌属(*Chloro pseudomonas*)

- 共生固氮菌
  - 根瘤
    - 豆科植物：根瘤菌属（*Rhizobium*）
    - 非豆科植物：弗兰克氏菌属放线菌（*Frankia*）
  - 植物
    - 地衣：念珠蓝菌属（*Nostoc*）、鱼腥蓝菌属（*Anabaena*）、单歧蓝菌属（*Tolypothrix*）等
    - 满江红：满江红鱼腥蓝菌（*Anabaena azollae*）等
- 共生固氮菌
  - 根际
    - 温带：*Bacillus*，*Klebsiella* 等
    - 热带：*Azospirillum lipoferum*，*Beijerinckia* 等
  - 叶面：*Beijerinckia*，*Azotobacter* 等
  - 白蚁等动物肠道：肠杆菌属（*Enterobacter*）

4.2.2 生物固氮的生化机制

固氮酶是生物固氮反应的核心。1960 年，J. E. Carnahan 从巴氏梭菌（*Clostridium pasteurianum*）中获得了具有固氮活性的无细胞抽提液，实现了分子氮还原为 NH_3 的实验。1966 年，L. Mortenson 从巴氏梭菌（*C. Pasteurianum*）和维涅兰德固氮菌（*Azotobacter vinelandii*）的无细胞抽提液中，分离出两种固氮蛋白——钼铁蛋白和铁蛋白，使固氮研究进入分子水平。

固氮反应需要大量 ATP、还原力 NAD(P)H_2、固氮酶、N_2、Mg^{2+} 及严格的厌氧微环境。据测定，固定 1mol N_2 需要消耗 10～15 molATP。这些 ATP 由呼吸、发酵或光合磷酸化过程提供。从不同生理类型的固氮微生物细胞中抽提到的固氮酶具有相同结构，它们均含Ⅰ、Ⅱ两种组分（表 4-1）。组分Ⅰ为钼铁蛋白（MF）或钼铁氧还蛋白（MoFd），是真正的“固氮酶”；组分Ⅱ为铁蛋白（F），是固氮酶还原酶。

表 4-1 固氮酶两个组分的比较

项目	组分Ⅰ	组分Ⅱ
蛋白质亚基数	4(2 大 2 小)	2(相同)
分子量	22 万左右	6 万左右
Fe 原子数	30(24～32)	4
不稳态 S 原子数	28(20～32)	4
Mo 原子数	2	0
Cys 的 SH 基数	32～34	12
活性中心	铁钼辅因子(FeMoCo)	电子活化中心(Fe_4S_4)
功能	络合、活化和还原 N_2	传递电子到组分Ⅰ上
对 O_2 敏感性	较敏感	极敏感

4.3 肽聚糖的生物合成

肽聚糖是绝大多数原核生物细胞壁的独特组分。它对维持细菌细胞结构和正常生命活动起着重要作用。许多抗生素如青霉素、头孢霉素的抗菌作用就是通过阻止肽聚糖合成实现的。细胞壁肽聚糖的合成过程是一个极其复杂的过程，根据反应进行的部位不同，整个合成过程可分为在细胞质中、在细胞膜上和在细胞膜外三个阶段。

(1)在细胞质中合成

①由葡萄糖合成 N-乙酰葡萄糖胺和 N-乙酰胞壁酸。

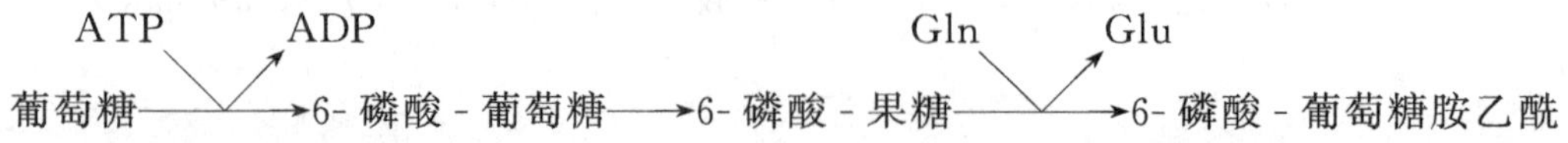

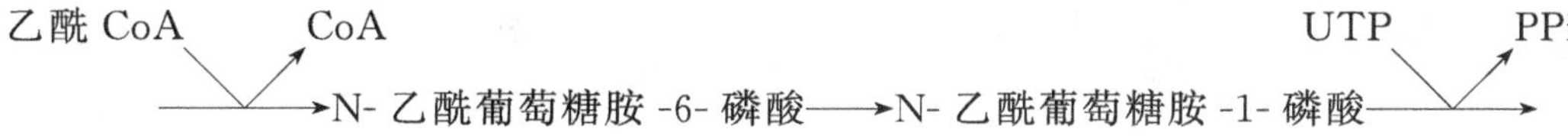

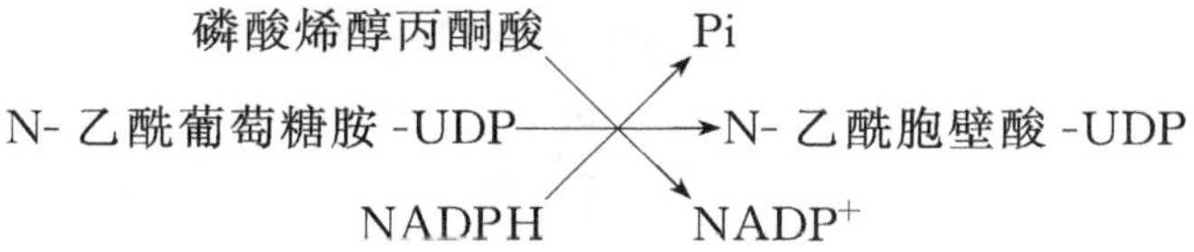

②由 N-乙酰胞壁酸合成“Park”核苷酸

这一过程需要 4 步反应，它们都需要尿嘧啶二磷酸（UDP）作为糖的载体，另外还有合成 D—丙氨酰胺—D—丙氨酸的两步反应，这些反应都可被环丝氨酸所抑制（如图 4-12）。

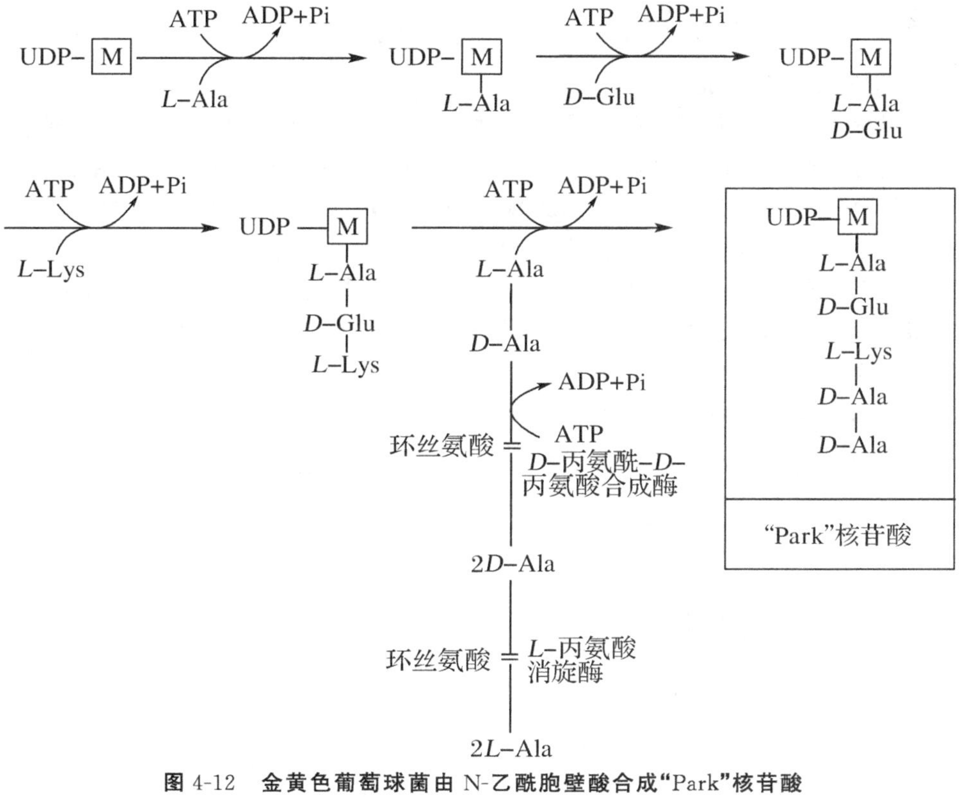

图 4-12　金黄色葡萄球菌由 N-乙酰胞壁酸合成“Park”核苷酸

（2）在细胞膜中合成

由“Park”核苷酸合成肽聚糖亚单位的过程是在细胞膜上完成的。细胞膜是疏水性的，细胞质中合成的单糖五肽是亲水性的。要使单糖五肽进入质膜，并在质膜上完成“双糖五肽”合成及与甘氨酸“五肽桥”连接，最后将肽聚糖单体（双糖五肽—甘氨酸五肽桥复合体）插入到细胞膜外的细胞壁生长点处，必须通过一种称为细菌萜醇（bactoprenol）的类脂作载体才能完成。

由“Park”核苷酸合成肽聚糖单体的过程总计有五步反应，其反应如图 4-13

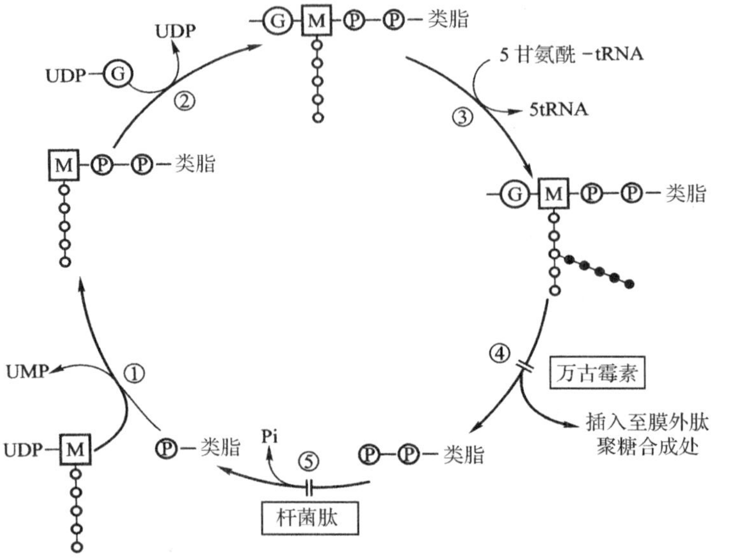

图 4-13　肽聚糖单体形成过程

(3)在细胞膜外的合成

从焦磷酸类脂载体上卸下的肽聚糖单体，被运送到细胞膜外正在合成肽聚糖的部位。细胞因分裂产生的自溶素酶(autolysin)解开细胞壁上的肽聚糖网套，原有的肽聚糖分子成为新合成分子的引物(>6 个肽聚糖的小胞壁片)，肽聚糖单体与引物分子间先发生转糖基作用(transglycosylation)，即肽聚糖单体的 N-乙酰葡萄糖胺与胞壁引物上的 N-乙酰胞壁酸之间通过 β-1,4 糖苷键连接，使多糖链在横向上延伸一个双糖单位，然后通过转肽酶(transpeptidase)的转肽作用，最终使前后 2 条多糖链之间形成甘氨酸五肽"桥"而发生纵向交联(图 4-14)。

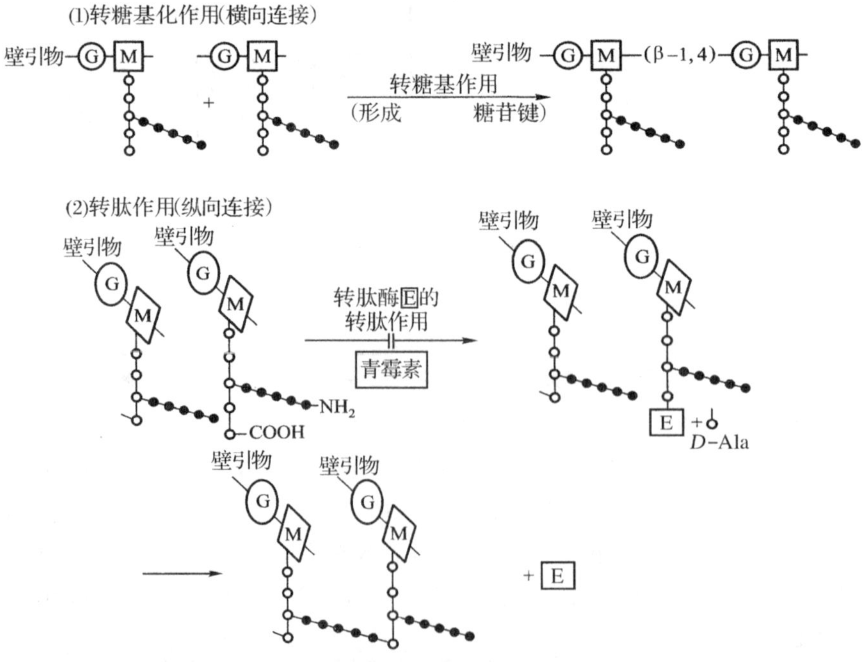

图 4-14　肽聚糖合成时转糖基化作用和转肽作用

转肽作用可被青霉素所抑制。其作用机制是：青霉素是肽聚糖单体五肽尾末端的 D

一丙氨酰一D一丙氨酸的结构类似物，即两者可相互竞争转肽酶的活力中心。转肽酶与青霉素结合后，使前后2个肽聚糖单体间不能形成肽桥，因此合成的肽聚糖缺乏机械强度，形成原生质体或球状体之类的缺壁细菌，极易裂解。青霉素的作用机制是抑制肽聚糖分子中肽桥的合成，因此对于处于生长旺盛阶段的细菌具有明显的抑制作用，而对于生长停滞状态的休止细胞(rest cell)却无抑制作用。

本章复习思考题

1. 何谓新陈代谢？试用图示说明合成代谢与分解代谢的相互关系。

2. 什么是生物氧化？生物氧化与非生物氧化(燃烧)有何不同？

3. 微生物利用葡萄糖进行分解代谢的途径主要有哪些？每一种代谢途径的特点如何？

4. 试述EMP途径在微生物生命活动中的重要性。

5. 试述HMP途径在微生物生命活动中的重要性。

6. 试述TCA循环在微生物代谢和发酵生成中的重要性。

7. 什么叫发酵、有氧呼吸和无氧呼吸？试比较三者的异同之处。

8. 在化能自养细菌中，亚硝化细菌和硝化细菌是如何获得其生命活动所需的能量和还原力的？

9. 什么叫光合磷酸化？哪些微生物能利用光合磷酸化方式产能？

11. 试比较光能型微生物和化能型微生物能量代谢的不同特点。

12. 简述微生物对淀粉、纤维素、果胶质的分解过程，需有哪些酶的参与？产酶微生物的种类如何？

13. 能够产生蛋白酶而分解蛋白质生成多肽和氨基酸的微生物种类有哪些？

14. 微生物分解氨基酸的脱氨方式有几种？

15. 好氧性醋酸发酵和厌氧性醋酸发酵有什么不同？

16. 试用图示说明柠檬酸发酵途径。

17. 试述酵母菌酒精发酵和细菌酒精发酵的异同点。

18. 试列表比较同型乳酸发酵和异型乳酸发酵的异同。

19. 什么是呼吸链(电子传递链或生物氧化链)？它在生命活动中有何重要意义？

20. 什么叫底物水平磷酸化、氧化磷酸化？

21. 试简单说明自养微生物固定CO_2的卡尔文循环。

22. 什么是CO_2固定的厌氧乙酰-CoA途径？

23. 什么是CO_2固定的逆向TCA循环？

24. 什么是生物固氮？能固氮的微生物有哪些种类？

25. 固氮酶有哪两种化学组分？试列表加以比较。

26. 肽聚糖的生物合成分为哪几个阶段？试用简图表示每一阶段肽聚糖生物合成的途径。

27. 哪些化学因子可抑制肽聚糖的合成？其抑制机制是什么？

本章主要参考文献

1. 周德庆. 微生物学教程(第二版). 北京：高等教育出版社，2002

2. 黄秀梨主编. 微生物学. 北京:高等教育出版社,1998
3. 沈萍主编. 微生物学. 北京:高等教育出版社,2000
4. 张文治. 新编食品微生物学. 北京:中国轻工业出版社,1995
5. 吴文礼. 食品微生物学进展. 北京:中国农业科学技术出版社,2002
6. 何国庆,贾英民. 食品微生物学. 北京:中国农业大学出版社,2002
7. 江汉湖主编. 食品微生物学. 北京:中国农业出版社,2002
8. 郑晓冬主编. 食品微生物学. 杭州:浙江大学出版社,2001
9. H. G. 施莱杰著. 陆卫平,周德庆等译. 普通微生物学. 上海:复旦大学出版社,1990

第五章　微生物的生长

1　微生物生长的概念

微生物在适宜的外界环境条件下，不断地吸收营养物质，并按自身的代谢方式进行新陈代谢，如同化作用大于异化作用，其结果是原生质的总量(包括重量、体积、大小)不断地增加，称为微生物的生长现象。

单细胞微生物如细菌的生长，往往伴随着细胞数目的增加。当细胞增长到一定程度时，就以二分裂方式，形成两个相似的子细胞，子细胞又重复上述过程，使细胞数目增加，称为繁殖。在多细胞微生物中，例如某些霉菌，细胞数目的增加如不伴随着个体数目的增加，只能叫生长，不能叫繁殖。例如菌丝细胞的不断延长或分裂产生同类细胞均属生长，只有通过形成无性孢子或有性孢子使得个体数目增加的过程才叫做繁殖。

在一般情况下，当环境条件适合，生长与繁殖始终是交替进行的。从生长到繁殖是一个由量变到质变的过程，这个过程就是发育。

个体生长——→个体繁殖——→群体生长

群体生长＝个体生长＋个体繁殖

不同的微生物细胞生长周期所需要的时间是高度不同的，它取决于很多因素，如遗传特性和营养条件。在良好的营养、培养条件下，*E. coli* 完成一个繁殖周期仅需要 20 分钟；有几种细菌生长繁殖比 *E. coli* 快，但大多数细菌比 *E. coli* 慢。控制细胞分裂是一个复杂过程，这一过程与染色体复制紧密相关。

微生物的生长繁殖是在内外各种环境因素相互作用下的综合反映，当微生物处于一定的物理、化学条件下，生长、发育正常，繁殖速率也高；如果某一或某些环境条件发生改变，就会杀灭或抑制微生物的生长繁殖。在发酵工业中要提供最适的条件，以利于微生物的生长、繁殖和发酵；但在食品加工中，要研究最佳的灭菌方法和抑制微生物在食品中生长和繁殖的条件，保证食品的卫生、安全，延长食品的货架期。

2　微生物生长量的测定

微生物特别是单细胞微生物，体积很小，个体生长变化不大很难测定，意义也不大。通常测定微生物的生长是测群体的生长，实际上是个体生长和个体繁殖的总称。而测定繁殖则都要建立在计数这一基础上。

2.1　测生长量

测定生长量的方法有许多种，适用于一切微生物。这些方法适用于不同的研究目的中，可根据研究的目的和条件选择性使用。

2.1.1 直接法

2.1.1.1 测体积

它是一种较为粗放的方法，通常用于简单比较。例如将待测微生物培养液放在刻度离心管中进行一定时间的离心或自然沉降，然后观察微生物细胞沉降物的体积。该方法简单适用，结果观察直观。

2.1.1.2 称干重

采用离心法或过滤法测定，一般微生物细胞的干重为湿重的10%～20%。如用离心法，将待测培养液离心，再用清水洗涤离心1～5次后干燥，可用105℃、100℃或红外线烘干，也可在较低的温度(80℃或40℃)下进行真空干燥，然后称干重。如细菌一个细胞一般重10^{-13}～10^{-12}g。如为丝状真菌可用滤纸过滤，细菌可用醋酸纤维膜等滤膜进行过滤。过滤后，细胞可用少量水洗涤，再真空干燥(40℃以下)，称干重。以乳酸菌为例，在液体培养基中，细胞的浓度大约为2×10^{8}个/ mL。100 mL培养物可得10～70mg干重的细胞。

2.1.2 间接法

2.1.2.1 生理指标法

与微生物生长量相平行的生理指标很多，它们均可用作生长测定的相对值。

(1) 测定细胞总含氮量来确定细菌浓度 大多数细菌的含氮量为干重的12.5%，酵母菌为7.5%，霉菌为6.5%，含氮量乘6.25即为粗蛋白的含量。总氮量与细胞粗蛋白的含量(因其中包括了杂环氮和氧化型氮)的关系可用下式计算：

粗蛋白总量=含氮量%×6.25

含氮量的测定方法有很多，常用凯氏定氮法。此法适用于细胞浓度较高的样品，同时操作过程也较麻烦，主要用于科学研究中。

(2)含碳量的测定 微生物新陈代谢的结果，必然要消耗或产生一定量的物质，以表示微生物的生长量。一般生长旺盛时消耗的物质就多，或者积累的某种代谢产物也多。将少量生物材料混入1 mL水或无机缓冲液中，用2 mL 2%重铬酸钾溶液在100℃下加热30分钟，冷却后，加水稀释至5mL，在580 nm波长下测定光密度值(用试剂作空白对照，并用标准样品作标准曲线)，即可推算出生长量。

(3)其它磷、DNA、RNA、ATP和N-乙酰胞壁酸等的含量，以及产酸、产气、产CO_2(用标记葡萄糖作基质)、耗氧、粘度和产热等指标，均可用于生长量的测定。

三磷酸腺苷(ATP)生物发光法目前广泛地用于食品加工条件快速的评价和食品中微生物的快速的检测，同时在HACCP管理中也被广泛用于关键控制点检测，与传统检测方法不同之处在于几分钟内可获得结果，而且荧光光度计是便携式的，使用方便，适合现场检测，不仅可以检测微小的污染物水平，还能检测食品加工设备及其表面的清洁程度。

2.1.2.2 比浊法

微生物在液体培养基中生长，由于原生质含量的增加，引起培养物混浊度的增高。最古老的比浊法是采用McFarland比浊管，用不同浓度的$BaCl_2$与稀H_2SO_4配制成的10支试管，其中形成的$BaSO_4$有10个梯度，表示10个相对的细菌浓度(预先用相应的细菌测定)。某一未知浓度的菌液在透射光下用肉眼与某一比浊管进行比较，如果两者的浊度相当，即可目测出该菌液的大致浓度。

精确的测定：要用分光光度计进行微生物培养液浊度变化的测定，在可见光 450～650 nm 波长范围内均可测定。如果要连续测定某一微生物培养物生长动态，可用有侧臂的三角烧瓶做原位测定。

2.2 计数法

计数法即计算微生物繁殖出的个体数目，此法适宜于计算单细胞状态的微生物或丝状微生物所产生的孢子数。如计数单细胞状态的细菌和酵母菌，而放线菌和霉菌丝状微生物只能计数它们的孢子。

2.2.1 直接法

直接法即是在显微镜下直接观察细胞并进行计数的方法，其计数结果是包括死细胞在内的总菌数。该方法常用，为了区别死活细胞，可采用特殊染色方法染活菌后再在光学显微镜下观察计数，例如美蓝染色法对酵母菌染色后，光学显微镜下观察活菌为无色，死菌为蓝色；细菌经吖啶染色后，在紫外光显微镜下可观察到活细胞发出橙色荧光，死细胞发出绿色荧光，因此可分别做活菌和总菌的计数。

2.2.1.1 比例计数法

是一种粗放的计数方法。将已知颗粒（例如霉菌的孢子或红细胞等）浓度的液体与待测细胞浓度的菌液按一定比例均匀混合，然后镜检各自的数目，求出未知菌液中的细胞浓度。

2.2.1.2 血球计数板法

计数一定容积中细胞总数的常用方法，对细胞较大的酵母菌较为适用。详细方法见实验指导书。

2.2.2 间接法

是一种活菌计数法，其原理是活菌在液体培养基中生长繁殖使液体混浊，在固体培养基表面形成菌落，然后计数活菌的方法。

2.2.2.1 平板菌落计数法

是一种常用的食品中细菌总数的计数法，有标准方法将待测样品稀释，然后取适宜的稀释度样品与固体培养基混匀，凝固后培养，每一个活细胞就形成一个单菌落，即是“菌落形成单位”(colony forming unit ,cfu)。然后计数平板上出现的菌落数乘以样品的稀释度，即可计算出样品的含菌数。此法常用于食品中细菌总数的检测，也可用涂布法将稀释样品接种在凝固的平板培养基上，后续方法同前。此法的优点是检测的结果较为精确，缺点是方法烦琐，获得检测结果的时间长。目前国内外已经出现多种微型、快速、商品化的菌落计数的纸片或密封琼脂板，其原理是加在培养基中的指示剂 TTC(2,3,5－氯化三苯基四氮唑)，它可使菌落在很微小时就染色成玫瑰红色；法国生物－梅里埃集团公司还开发了细菌总数快速测定仪，但设备成本高。

2.2.2.2 液体稀释法

对未知样品作 10 倍系列稀释。选适宜的 3 个连续的稀释液各取 3 mL，接种到 3 组共 9 支液体培养基试管中，每管接入 1 mL，培养一定的时间后，记录每个稀释度出现生长的试管数，然后查 MPN(most probable number ，最近似数）表，根据样品的稀释倍数可计算出其中的活菌含量。

随着科学技术的发展，出现了一些快速测定的方法，其形式有小型纸片($1\sim10cm^2$)，圆形或长方形等。原理是在滤纸上有适宜的培养基和活菌指示剂——2,3,5－氯化三苯基四氮唑(triphenyl tetrazolium chloride,TTC,无色)。用刻度吸管取一定的样品液于滤纸上或浸取样品液,置于密封包装袋中,经短期培养,在滤纸上就会出现一定密度的玫瑰红色微小菌落。计数小红点可计算出样品的含菌量。此外还有 DNA 指纹技术和 PCR 扩增等快速测定方法。

3 微生物的群体生长规律

单细胞的微生物,如细菌、酵母菌在液体培养基中,可以均匀地分布,每个细胞接触的环境条件相同,都有充分的营养物质,故每个细胞都迅速地生长繁殖。霉菌多数是多细胞微生物,菌体呈丝状,在液体培养基中生长繁殖的情况与单细胞微生物不一样,如果采取摇床培养,则霉菌在液体培养中的生长繁殖情况,近似于单细胞微生物。因液体被搅动,菌丝处于分布比较均匀的状态,而且菌丝在生长繁殖过程中不会像在固体培养基上那样有分化现象,孢子产生也较少。

3.1 单细胞微生物的典型生长曲线

定量描述液体培养基中微生物群体生长规律的实验曲线,称为生长曲线(growth curve)。微生物生长繁殖的速度非常快,一般细菌在适宜的条件下,20～30 分钟就可以分裂一次,如果不断迅速地分裂,短时间内可达惊人的数目,但实际上是不可能的。当把少量的菌种接种到新鲜培养基中时,在培养条件保持稳定的状况下,该细胞群体发生有规律的生长。定时取样测定培养液中微生物的菌体数目,发现在培养的开始阶段,菌体数目并不增加,一定时间后,菌体数目就增长很快,继而菌体数目增长速度保持稳定,最后增长速度逐渐下降以致等于零。如果以培养时间为横坐标,以单细胞增长数目的对数值作纵坐标,就可作出一条生长曲线。这个生长曲线(growth curve)代表单细胞微生物从生长开始到衰老死亡的一般规律。

根据微生物的生长速率常数(growth rate constant),即每小时的分裂代数的不同,一般把典型的生长曲线粗分为延滞期、对数期、稳定期和衰亡期四个时期。见图 5-1:

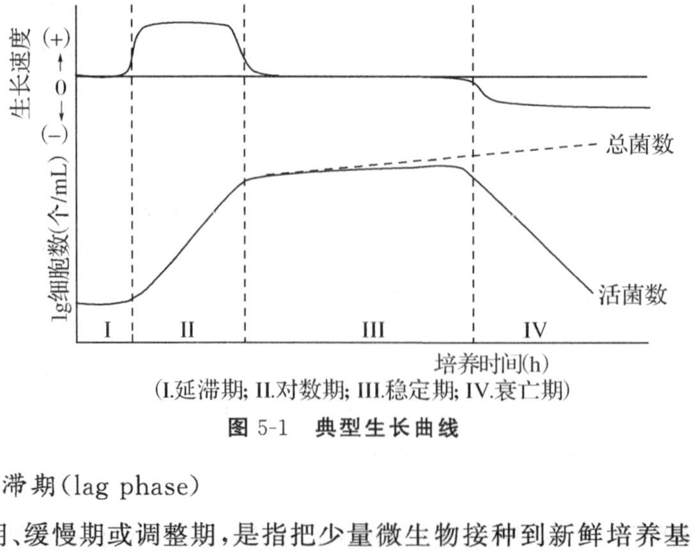

(I.延滞期; II.对数期; III.稳定期; IV.衰亡期)

图 5-1 典型生长曲线

3.1.1 延滞期(lag phase)

又叫适应期、缓慢期或调整期,是指把少量微生物接种到新鲜培养基时,通常不会出现立即生长,经历一个短的时期才生长,叫延滞期。刚开始的一段时间细胞数目不增加,甚至细胞数目还可能减少。延滞期有如下特点：(1)生长的速率常数为零。(2)细胞的体积增大，DNA 含量增多，为分裂作准备。(3)细胞内的 RNA 含量增加，特别是 rRNA 含量高；合成代谢旺盛，核糖体、酶类等的合成加快，易产生诱导酶。(4)对不良环境敏感，例如 pH、NaCl 溶液浓度、温度和抗生素等化学物质。

延滞期出现的原因，可能是为了重新调整代谢。当细胞接种到新的环境(如从固体培养基接种到液体培养基)后，需要重新合成必需的酶类、辅酶或某些中间代谢产物，以适应新的环境而出现生长的延滞期。

为了提高生产效率，发酵工业中常常要采取措施缩短延滞期，这具有十分重要的意义，其方法主要有：(1)以对数期的菌体作种子菌，因对数期的菌体生长代谢旺盛，繁殖力强，抗不良环境和噬菌体的能力强，采用对数期的菌体作种子，延滞期就短。(2)适当增大接种量，生产上接种量的多少是影响延滞期的一个重要因素，接种量大，延滞期短，接种量小，则延滞期长。一般采用 3%～8%的接种量，根据生产上的具体情况而定，最高不超过 1/10。(3)培养基的成分。为了缩短培养基的营养成分差异，常常在种子培养基中加入生产培养基的某些营养成分，即是种子培养基尽量接近发酵培养基，通常微生物生长在营养丰富的天然培养基中比在营养单调的组合培养基中快。

3.1.2 对数期(logarithmic phase)

对数期又叫指数期(exponential phase)(图 5-2)，指在生长曲线中，紧接着延滞期后的一段时期。此时菌体细胞生长的速率常数 R 最大，分裂快，细胞每分裂繁殖一次的增代时间短，细胞进行平衡生长，菌体内酶系活跃，代谢旺盛，菌体数目以几何级数增加，群体的形态与生理特征最一致，抗不良环境的能力强。该时期的特点是：①生长速率常数 R 最大，细胞每分裂一次所需的时间——代时(generation time，G，又称增代时间)最短；②细胞进行平衡生长(balanced growth)，菌体各部分的成分均匀；③酶系活跃，代谢旺盛；④细胞群体的形态与生理特征最一致；⑤微生物细胞抗不良环境的能力最强。

指数期的微生物是用作代谢、生理研究的良好材料，也是作菌种的最佳材料。微生物指数生长的速度受营养、环境条件和自身遗传特性的影响，一般原核微生物比真核微生物生长快，小的真核微生物比大的真核微生物生长快。

在对数期中，以下三个参数尤为重要。

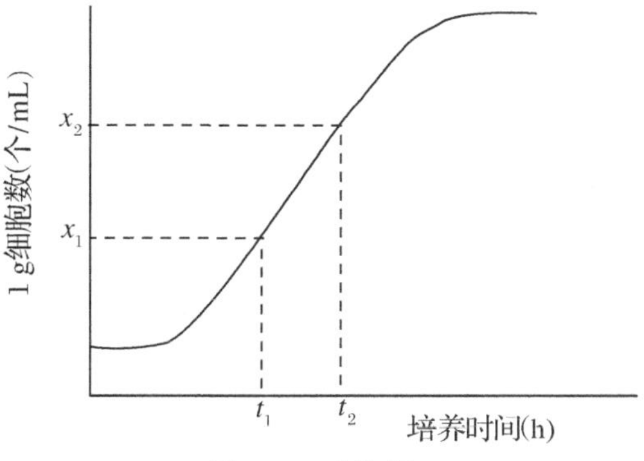

图 5-2　对数期

(1) 繁殖代数(n)由图 5-2 可以得出：

$$x_2 = x_1 2^n$$

以对数表示：$\lg x_2 = \lg x_1 + n\lg 2$

$$\therefore n=\frac{\lg x_2=\lg x_1}{\lg 2}=3.322(\lg x_2-\lg x_1)$$

(2) 生长速率常数(R)　如前所述生长速率常数的定义的可知 ：

$$R=\frac{n}{t_2-t_1}=\frac{3.322(\lg x_2-\lg x_1)}{t_2-t_1}$$

(3) 代时(G)　如前所述平均代时的定义可知：

$$G=\frac{1}{R}=\frac{t_2-t_1}{3.322(\lg x_2-\lg x_1)}$$

影响微生物对数期增代时间长短的因素较多,主要有:

(1)菌种:不同微生物代时差别大,即使是同一菌种,由于培养基成分和物理条件(如培养温度、培养基的 pH 和营养物质的性质)的不同,其对数期的代时也不同。但是,在一定条件下,各种菌的代时是相对稳定的,多数为 20～30 分钟,有的长达 33 小时,快的只有 9.8 分钟左右。如表 5-1。

表 5-1　不同细菌的代时

细　菌	培养基	温度(℃)	代时(分)
漂浮假单胞菌(*Pseudomonas natriegenes*)	肉汤	27～37	9.8
大肠杆菌(*Escherichia coli*)	肉汤	37	17
蜡状芽孢杆菌(*Bacillus cereus*)	肉汤	30	18
嗜热芽孢杆菌(*Bacillus thermophilus*)	肉汤	55	18.3
枯草芽孢杆菌(*Bacillus subtilis*)	肉汤	25	26 ～32
巨大芽孢杆菌(*Bacillus megaterium*)	肉汤	30	31
乳酸链球菌(*Streptococcus lactis*)	牛乳	37	26
嗜酸乳杆菌(*Lactobacillus acidophilus*)	牛乳	37	66 ～87
伤寒沙门氏菌(*Salmonella typhi*)	肉汤	37	23 .5
金黄色葡萄球菌(*Staphylococcus aureus*)	肉汤	37	27 ～30
霍乱弧菌(*Vibrio cholerae*)	肉汤	37	21 ～38
丁酸梭菌(*Clostridium butyricum*)	玉米醪	30	51
大豆根瘤菌(*Rhizobium japonicum*)	葡萄糖	25	344 ～ 461
结核分枝杆菌(*Mycobacterium tuberculosis*)	合成	37	792 ～932
活跃硝化杆菌(*Nitrobacter agilis*)	合成	27	1200
梅毒密螺旋体(*Treponema pallidum*)	家兔	37	1980
褐球固氮菌(*Azotobacter chroococcum*)	葡萄糖	25	240

(2)营养成分:同种微生物,在营养丰富的培养基中生长,其代时就短,反之则长。如同在 37℃培养,*E. coli* 在牛奶中代时为 12.5 min,而在肉汤培养基中为 17.0 min。

(3)培养温度 :温度是影响微生物生长速率的重要物理因素。

在微生物的最适生长温度范围时,代时就短。如表 5-2

表 5-2　大肠杆菌在不同温度下的代时

温度(℃)	代时(分)	温度(℃)	代时(分)
10	860	35	22
15	120	40	17.5
20	90	45	20
25	40	47.5	77
30	29		

3.1.3 稳定期(stationary phase)

又叫最高生长期或恒定期。处于稳定期的微生物其特点是新繁殖的细胞数与衰亡细胞数几乎相等,即正生长与负生长达动态平衡,此时生长速度逐渐趋近于零。

稳定期的细胞数目没有净增加或净减少,但是许多细胞功能包括能量代谢和某些生化合成过程都仍然在继续,某些微生物在稳定期细胞仍然会出现缓慢生长;某些微生物在稳定期群体细胞一些生长繁殖,一些则死亡,使细胞数目不会出现净增加或净减少。

出现稳定期的原因主要有:(1)营养物质特别是生长限制因子的耗尽,营养物质的比例失调,例如C/N比值不合适等;(2)酸、醇、毒素或过氧化氢等有害代谢产物的累积;(3)pH、氧化还原势等环境条件越来越不适宜等。

进入稳定期,细胞内开始积累糖原、异染颗粒和脂肪等内含物;芽孢杆菌一般在这时开始形成芽孢;有些微生物开始以初级代谢产物(primary metabolites)作前体,通过复杂的次生代谢途径合成抗生素等对人类有用的各种次生代谢产物(secondary metabolites)。别外,可把生长期分成以指数期为主的菌体生长期(trophophase)和以稳定期为主的代谢产物合成期(idiophase)。

稳定期是以生产菌体或与菌体生长相平行的代谢产物,例如单细胞蛋白、乳酸等为目的的一些发酵生产的最佳收获期,也是对某些生长因子例如维生素和氨基酸等进行生物测定的必要前提。稳定期的微生物,在数量上达到了最高水平,产物的积累也达到了高峰,这时,菌体的总产量与所消耗的营养物质之间存在着一定关系。此外,由于对稳定期到来的原因进行研究,促进了连续培养技术的产生和研究。生产上常常通过补料、调节温度和pH等措施,延长稳定期,以积累更多的代谢产物。

3.1.4 衰亡期(decline phase 或 death phase)

稳定期后,微生物死亡率逐渐增加,以致死亡数大大超过新生数,群体中活菌数目急剧下降,出现了“负生长”(R为负值),此阶段叫衰亡期。这时,细胞形态多样,例如产生很多膨大、不规则的退化形态;有的细胞内多液泡,革兰氏染色反应为阳性的变成阴性;有的微生物因蛋白水解酶活力的增强发生自溶(autolysis);有的微生物在这时产生抗生素等次生代谢产物;对于芽孢杆菌,芽孢释放往往也发生在这一时期。

产生衰亡期的原因主要是外界环境对继续生长的微生物越来越不利,从而引起微生物细胞内的分解代谢大大超过合成代谢,导致菌体死亡。

3.2 微生物的连续培养

连续培养(continuous culture)又叫开放培养(open culture),是相对分批培养(batch culture)或密闭培养(closed culture)而言的。

微生物置于一定容积的培养基中,培养一段时间后,最后一次性地收获,称分批培养。在分批培养中,培养基是一次性加入的,不再补充,随着微生物的生长繁殖活跃,营养物质逐渐消耗,有害代谢产物不断积累,细菌的对数生长期不可能长时间维持。连续培养是在研究典型生长曲线的基础上,认识到了稳定期到来的原因,采取在培养器中不断补充新鲜营养物质,并搅拌均匀;另一方面,及时不断地以同样速度排出培养物(包括菌体和代谢产物)。这样,培养物就达动态平衡,其中的微生物可长期保持在对数期的平衡生长状态和稳定的生长速率上。连续培养不仅可随时为微生物的研究工作提供一定生理状态的实验材料,而且可提高发酵工业的生产效益和自动化水平,此法已成为目前发酵工业的发展方向。

连续培养的方法主要有两类：

(1)恒浊法　其原理是根据培养器内微生物的生长密度，用光电控制系统(浊度计)来检测培养液的浊度(即菌液浓度)，并控制培养液的流速，从而获得菌体密度高、生长速度恒定的微生物细胞的连续培养液。当培养器中浊度增高时，通过光电控制系统的调节，可促使培养液流速加快，反之则慢，以此来达到恒密度的目的。

在恒浊器中的微生物，始终能以最高生长速率进行生长，并可在允许范围内控制不同的菌体密度。在生产实践上，为了获得大量菌体或与菌体生长相平行的某些代谢产物如乳酸、乙醇时，可以采用恒浊法。

(2)恒化法　与恒浊法不同的是，恒化法是使培养液流速保持不变，即控制在恒定的流速，使微生物始终在低于最高生长速率条件下进行生长繁殖的一种连续培养方法。常常通过控制某一种营养物的浓度，使其成为限制性的因子，而其他营养物均为过量，这样，细菌的生长速率将取决于限制性因子的浓度。随着细菌的生长，菌体的密度会随时间的增长而增高，而限制性生长因子的浓度又会随时间的增长而降低，两者互相作用的结果，使微生物的生长速率正好与恒速加入的新鲜培养基流速相平衡。这样，既可获得一定生长速率的均一菌体，又可获得虽低于最高菌体产量，但能保持稳定菌体密度的菌体。

恒化法连续培养主要用于实验室的科学研究中，特别是用于与生长速率相关的各种理论研究中。

连续培养如用于发酵工业中，就称为连续发酵(continuous fermentation)。连续发酵与分批发酵相比有许多优点：(1)自控性，便于利用各种仪表进行自动控制；(2)高效，它使装料、灭菌、出料、清洗发酵罐等工艺简化了，缩短了生产时间和提高了设备的利用效率；(3)产品质量较稳定；(4)节约了大量动力、人力、水和蒸汽，使水、汽、电的负荷减少。但也存在不足之处：(1)主要是菌种易于退化，使微生物长期处于高速繁殖的条件下，即使是自发突变率很低，也难以避免变异的发生。(2)容易污染，在连续发酵中，要保持各种设备无渗漏，通气系统不出任何故障，是极其困难的。因此，“连续”是有时间限制的，一般可达数月至一年、两年。(3)连续培养中，营养物的利用率低于分批培养。

在发酵工业中，连续培养技术已广泛用于酵母单细胞蛋白的生产，乙醇、乳酸、丙酮和丁醇等发酵，以及用假丝酵母(*Candida* spp.)进行石油脱蜡或是污水处理。

3.3　同步生长

如上所述，在分批培养中，细菌群体以一定速率生长，但所有细胞并非同时进行分裂，即培养中的细胞不处于同一生长阶段，它们的生理状态和代谢活动也不完全一样。要研究每个细胞所发生的变化是很困难的。为了解决这一问题，就必须设法使微生物群体处于同一发育阶段，使群体和个体行为变得一致，所有的细胞都能同时分裂，因而发展了单细胞的同步培养(synchronous culture)技术。

获得细菌同步生长的方法主要有两类，其一是调整生理条件诱导同步性，主要是通过控制环境条件如温度、光线和处于稳定期的培养物添加新鲜培养基等来诱导同步；其二是机械法(又称选择法)，它是利用物理方法从不同步的细菌群体中选择出同步的群体，一般可用过滤分离法或梯度离心法来达到。在这两种方法中，由于诱导法可能导致与正常细胞循环周期不同的周期变化，所以不及选择法好，这在生理学研究中尤其明显。

在选择法中，有代表性的是硝酸纤维素薄膜法（Helmstetter-Cummings）。根据某些细菌会粘附在硝酸纤维微孔滤膜上的原理，设计了一个具体的选择方法：将非同步的细菌液体培养物通过微孔滤膜，让细胞吸附于其上；然后将滤膜反置，再以新鲜培养液滤过。这时，一些没有粘牢固的细胞先被冲洗掉，接着脱落的是那些新分裂形成的细胞，于是就获得了同步生长。见图 5-3：

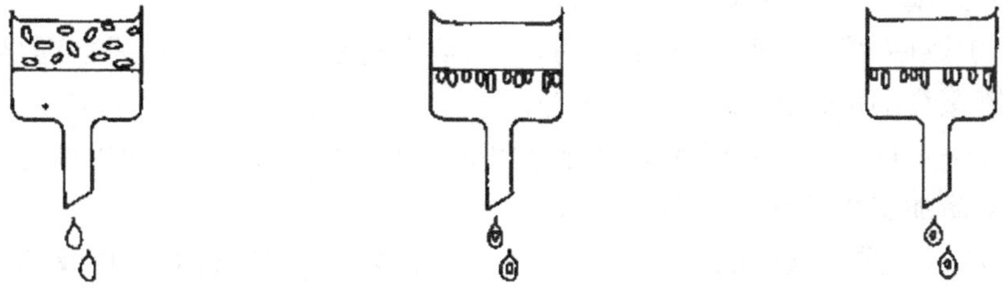

图 5-3　**用** Helmstetter-Cummings **法获得同步生长的细菌**

值得注意的是，同步生长的细菌，在培养的过程中会很快丧失其同步性。例如，在第一个细胞分裂周期中，开始细胞数一直不增加，到后来，数目突然增加一倍。在第二个分裂周期时，情况就没有那么明显了，到第三个周期时，几乎完全丧失同步性。其原因是不同个体间，细胞分裂周期一般都有较大的差别。

4　环境因素对微生物生长的影响

前面我们讨论的微生物生长都是在理想的实验条件下的生长。影响微生物生长的外界因素很多，其一是前面讨论过的营养物质，其二是许多物理、化学因素。当环境条件改变时，在一定限度内，可引起微生物形态、生理、生长、繁殖等特征的改变；当环境条件的变化超过一定极限时，则导致微生物的死亡。一种环境条件或许对这种微生物是有害的，而对另一种微生物却是有利的。研究环境条件与微生物之间的相互关系，有助于了解微生物在自然界的分布与作用，也可指导人们在食品加工中有效地控制微生物的生命活动，保证食品的安全性，延长食品的货架期。

无论是在自然界中，微生物与其它生物之间的相互作用，还是在实验室中纯培养微生物之间的相互作用，环境因素都能在很大程度上影响它们的生长和代谢反应。在这些因素中，有四种因素对控制微生物生长起着主要作用，这四种重要的因素是温度、pH、氧和水的有效利用率。

本节将涉及各种物理、化学因素对微生物生长的抑制和致死的影响，以及在食品工业中的应用。下面将介绍几个有关的术语。

防腐（Antisepsis）　是一种抑菌措施。利用一些理化因素使物体内外的微生物暂时处于不生长繁殖但又未死亡的状态。食品工业中常利用防腐剂防止食品腐败变质，如面包、蛋糕和月饼的防霉剂，酸性食品用苯甲酸钠、山梨酸钾、山梨酸钠防腐，或利用低温、干燥、盐腌和糖渍、高酸度等。

消毒（Disinfection）　是指杀死所有病原微生物的措施，可达到防止传染病的目的。例如将物体在 100℃煮沸 10 分钟或 60℃～70℃加热 30 分钟，就可杀死病原菌的营养体，但芽孢杀不死。食品加工厂的厂房和加工工具都要进行定期的消毒，操作人员的手也要进行消毒。具有消毒作用的物质称为消毒剂。

灭菌(Sterilization)　是指用物理或化学因子,使存在于物体中所有的微生物,永久性地丧失其生活力,包括耐热的细菌芽孢。这是一种彻底的杀菌方法。

商业灭菌(Commercial sterilization)　这是从商品角度对某些食品进行的灭菌方法,是指食品经过杀菌处理后,按照所规定的微生物检验方法,在所检食品中无活的微生物检出,或者仅能检出极少数的非病原微生物,并且它们在食品保藏过程中,不能进行生长繁殖,这种灭菌方法,就叫做商业灭菌。

在食品工业中,常用"杀菌"这个名词,它包括上述所称的灭菌和消毒,如牛奶的杀菌是指消毒;罐藏食品的杀菌,是指商业灭菌。

无菌(Asepsis)　即没有活的微生物存在的意思。例如,发酵工业中菌种制备的无菌操作技术、食品加工中的无菌罐装技术等。

死亡(dead)　是指微生物不可逆地丧失了生长繁殖的能力,即使再放到合适的环境中也不再繁殖。

由于不同微生物的生物学特性不同,因此,对各种理化因子的敏感性不同;同一因素不同剂量对微生物的效应也不同,或者起灭菌作用,或者起防腐作用。在了解和应用任何一种理化因素对微生物的抑制或致死作用时,还应考虑多种因素的综合效应。

4.1　温度

温度是影响微生物生长繁殖和生存最重要的因素之一。温度以两种相反的方式影响微生物细胞。在一定温度范围内,机体的代谢活动与生长繁殖随着温度的上升而增加,当温度上升到一定程度,开始对机体产生不利的影响,微生物细胞内的蛋白质、核酸和细胞组分会受到不可逆转的损害,再继续升高,则细胞功能急剧下降以至死亡。

与其他生物一样,任何微生物的生长温度尽管有高有低,但总有最低生长温度、最适生长温度和最高生长温度这三个重要指标,这就是生长温度的三个基本点。它反映了每一类微生物的特征,但不完全固定,因为它们可能被其他的环境因素特别是生长所用的培养基组成轻微地改变。一般最适生长温度更接近于最高生长温度而不是最低生长温度。如果将微生物作为一个整体来看,它的温度三基点是极其宽的,由以下可看出:

生长温度三基点
- 最低生长温度(一般为－10℃ ～－5℃,极端为－30℃)
- 最适生长温度
  - 嗜冷菌
  - 中温菌
  - 嗜热菌
- 最高生长温度(一般为 80℃～95℃,极端为 105℃～300℃)

就总体而言,微生物生长的温度范围较广,已知的微生物在零下 12℃～100℃均可生长。而每一种微生物只能在一定的温度范围内生长。

最低生长温度 是指微生物能进行繁殖的最低温度界限。处于这种温度条件下的微生物生长速率很低,如果低于此温度则生长完全停止。不同微生物的最低生长温度不一样,这与它们的原生质物理状态和化学组成有关系,也可随环境条件而变化。

最适生长温度 是指某菌分裂代时最短或生长速率最高时的培养温度。但是,同一微生物,不同的生理生化过程有着不同的最适温度,也就是说,最适生长温度并不等于生长量最高时的培养温度,也不等于发酵速度最高时的培养温度或累积代谢产物量最高时的培养温度，更不等于累积某一代谢产物量最高时的培养温度。因此，生产上要根据微生物不同生理代谢过程温度的特点，采用分段式变温培养或发酵。例如，嗜热链球菌的最适生长温度为37℃，最适发酵温度为47℃，累积产物的最适温度为37℃。

最高生长温度 是指微生物生长繁殖的最高温度界限。超过此温度，微生物细胞易于衰老和死亡。微生物所能适应的最高生长温度与其细胞内酶的性质有关。例如细胞色素氧化酶以及各种脱氢酶的最低破坏温度常与该菌的最高生长温度有关。见表5-3。

表5-3 细胞色素氧化酶以及各种脱氢酶的最低破坏温度与该菌最高生长温度的关系

细菌	最高生长温度(℃)	最低破坏温度(℃)		
		细胞色素氧化酶	过氧化氢酶	琥珀酸脱氢酶
蕈状芽孢杆菌	40	41	41	40
单纯芽孢杆菌	43	55	52	40
蜡状芽孢杆菌	45	48	46	50
巨大芽孢杆菌	46	48	50	47
枯草芽孢杆菌	54	60	56	51
嗜热芽孢杆菌	67	65	67	59

致死温度 最高生长温度如进一步升高，便可杀死微生物。这种致死微生物的最低温度界限即为致死温度。致死温度与处理时间有关。在一定的温度下处理时间越长，死亡率越高。严格地说，一般应以10分钟为标准时间。细菌在10分钟被完全杀死的最低温度称为致死温度。测定微生物的致死温度一般在生理盐水中进行，以减少有机物质的干扰。

微生物按其生长温度范围可分为低温微生物、中温微生物和高温微生物三类(表5-4)。

表5-4 不同温型微生物的生长温度范围

微生物类型		生长温度范围(℃)			分布的主要处所
		最低	最适	最高	
低温型	专性嗜冷	−12	5～15	15～20	两极地区
	兼性嗜冷	−5～0	10～20	25～30	海水及冷藏食品上
中温型	室温	10～20	20～35	40～45	腐生菌
	体温		35～40		寄生菌
高温型		25～45	50～60	70～95	温泉、堆肥、土壤表层等

虽然适合在极低温度下生长的微生物到适合在高温下生长的微生物会呈现一个连续的微生物群体，但从广义上看根据它们的最适生长温度可区分为四大类：嗜冷微生物，具有较低的最适生长温度；嗜温微生物，最适生长温度处于温度范围的中间；嗜热微生物，具有较高的最适生长温度；嗜高温微生物，具有极高的最适生长温度。嗜温微生物可以在温血动物体中生长，也可以在温和环境和热带地区的陆地及水环境中存在。嗜冷和嗜热微生物通常在寒冷和酷热的环境中存在。嗜高温微生物一般在极端热的环境中如热泉、热喷泉、深海热液火山口处发现。

E. coli 是典型的嗜温微生物，详细研究了温度对它的生长影响之后，已经明确了它的基本生长温度。在营养丰富的培养基中，*E. coli* 最适生长温度为39 ℃，最高生长温度

为 48 ℃，最低生长温度为 8 ℃。这些数值在培养的培养基变化后，可以有微小的变化。

4.1.1 低温型的微生物

最适生长温度较低的微生物叫嗜冷微生物。嗜冷微生物的最适生长温度可以定为15℃或更低，最高生长温度为 20℃以下，最低生长温度为 0℃或更低。把能在 0℃生长但最适生长温度为 20℃～40℃的微生物叫耐冷微生物。嗜冷微生物可在较低的温度下生长。它们常分布在地球两极地区的水域和土壤中，即使在其微小的液态水间歇中也有微生物的存在。常见的产碱杆菌属、假单胞菌属、黄杆菌属、微球菌属等常使冷藏食品腐败变质。有些肉类上的霉菌在零下 10℃仍能生长，如芽枝霉；荧光极毛菌可在零下 4℃生长，并造成冷冻食品变质腐败。

耐冷微生物比嗜冷微生物的分布广泛得多，可从温带环境的土壤、水、肉、奶及奶制品和储存在冰箱中的苹果汁、蔬菜及水果中分离到。耐冷微生物在 20℃～40℃之间能很好地生长，夏天，温带环境变暖，变暖后的环境不利于热敏感嗜冷微生物的生存，环境变暖实际上起着一种选择的作用，它有利于耐冷微生物种属的生存，却把嗜冷微生物淘汰掉。虽然耐冷微生物能在 0℃生长，但它们并不能很快很好地生长，在培养基中常常要几个星期才能用肉眼观察到。细菌、真菌、藻类及原核微生物的许多种属中都存在耐冷微生物。

低温也能抑制微生物的生长。在 0℃以下，菌体内的水分冻结，生化反应无法进行而停止生长。有些微生物在冰点下就会死亡，主要原因是细胞内水分变成了冰晶，造成细胞脱水或细胞膜的物理损伤。在细胞悬浮液中加入大约 10%的甘油或二甲基亚砜(DMSO)，这些物质渗透进入细胞，可减缓强烈的脱水作用，抑制冰晶生成，从而保护细胞，我们称这些物质叫细胞保护剂。生产上常用低温保藏食品，各种食品的保藏温度不同，分为寒冷温度、冷藏温度和冻藏温度。

4.1.2 中温型的微生物

绝大多数微生物属于这一类。最适生长温度在 20℃～40℃之间，最低生长温度10℃～20℃，最高生长温度 40℃～45℃。它们又可分为嗜室温和嗜体温性微生物。嗜体温性微生物多为人及温血动物的病原菌，它们生长的极限温度范围在 10℃～45℃，最适生长温度与其宿主体温相近，在 35℃～40℃之间，人体寄生菌为 37℃左右。引起人和动物疾病的病原微生物、发酵工业应用的微生物菌种以及导致食品原料和成品腐败变质的微生物，都属于这一类群的微生物。因此，它与食品工业的关系密切。

4.1.3 高温型微生物

微生物的最适生长温度在 45℃以上的叫嗜热微生物，在 80℃以上的叫嗜高温微生物。嗜热微生物它们适于在 45℃～50℃以上的温度中生长，在自然界中的分布仅局限于某些地区，如温泉、日照充足的土壤表层、堆肥、发酵饲料等腐烂有机物中，如堆肥中温度可达 60℃～70℃。能在 55℃～70℃中生长的微生物有芽孢杆菌属(*Bacillus*)、梭状芽孢杆菌(*Clostridium*)、嗜热脂肪芽孢杆菌(*Bac. stearothermophilus*)、高温放线菌属(*Thermoactinomyces*)、甲烷杆菌属(*Methanobacterium*)等；温泉中的细菌；其次是链球菌属和乳杆菌属。有的可在近于 100℃的高温中生长。这类高温型的微生物，给罐头工业、发酵工业等带来了一定难度。

4.1.4 热对微生物的致死作用

如果超过了最高生长温度将导致微生物死亡。高温致死的机理是微生物蛋白质和核酸不可逆的变性，或者破坏了细胞的其他成分，如细胞膜被热溶解形成了极小的孔，使细胞内含物泄漏引起死亡。高温致死微生物的作用，广泛用于医药卫生、食品工业及日常生活中。在食品工业中微生物耐热性常用以下几个数值表示：

(1) 热(力致)死时间(Thermal Death Time，TDT)　是指在特定的条件和特定的温度下，杀死一定数量微生物所需要的时间，称热力致死时间。

(2)D值(Decimal reduction time)　在一定温度下加热，活菌数减少一个对数周期(即90%的活菌被杀死)时，所需要的时间(分)，即为D值。测定D值时的加热温度在D的右下角表明。例如：含菌数为10^5/mL的菌悬液，在100℃的水浴温度中，活菌数降低至10^4/mL时，所需时间为10分，该菌的D值即为10分，即D_{100}＝10分。如果加热的温度为121.1℃(250 ℉)，其D常用Dr表示。见图5-4。

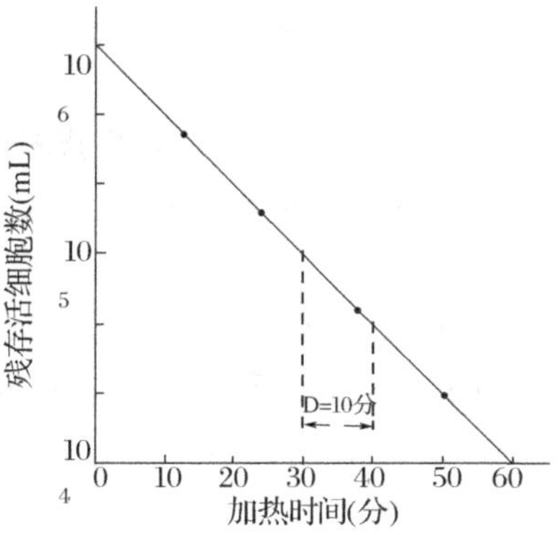

图5-4　残存活细胞曲线

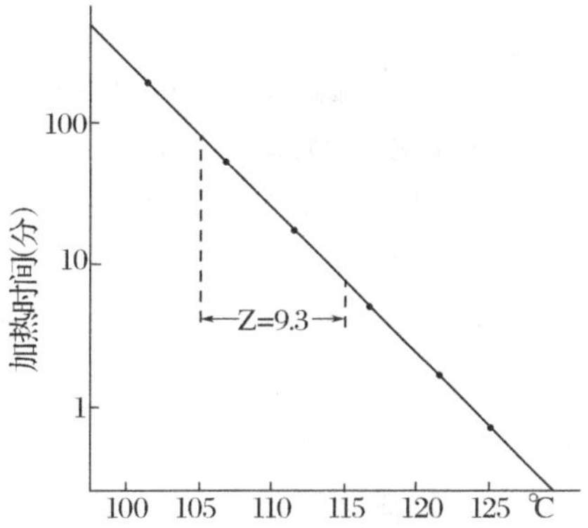

图5-5　加热致死时间曲线

(3)Z值　在加热致死曲线中，时间降低一个对数周期(即缩短90%的加热时间)，所需要升高的温度数，即为Z值。见图5-5。

(4)F值　在一定的基质中，其温度为121.1℃，加热杀死一定数量微生物所需要的时间(分)，即为F值。

4.1.5　影响微生物对热抵抗力的因素

(1)菌种　不同微生物由于细胞结构和生物学特性不同，对热的抵抗力也不同。一般的规律是嗜热菌的抗热力大于嗜温菌和嗜冷菌，芽孢大于非芽孢菌，球菌大于非芽孢杆菌，革兰氏阳性菌大于革兰氏阴性菌，霉菌大于酵母菌，霉菌和酵母的孢子大于其菌丝体。细菌的芽孢和霉菌的菌核抗热力特别大。

(2)菌龄 同样的条件下，对数生长期的菌体抗热力较差，而稳定期的老龄细胞较大，老龄的细菌芽孢较幼龄的细菌芽孢抗热力强。

(3)菌体数量 菌数愈多，抗热力愈强，加热杀死最后一个微生物所需的时间也长；另外，微生物群集在一起时，受热致死不是同时而是有先有后。此外菌体能分泌一些有保护作用的蛋白质物质，菌多分泌的保护物质也多，抗热性也就强。

(4)基质的因素 微生物的抗热力随含水量减少而增大，同一种微生物在干热环境中比在湿热环境中抗热力大；基质中的脂肪、糖、蛋白质等物质对微生物有保护作用，微生物的抗热力随这类物质的增多而增大；微生物在pH值范围7左右，抗热力最强，pH值升高或下降都可以减少微生物的抗热力。特别是酸性环境微生物的抗热力减弱更明显。

(5)加热的温度和时间 加热的温度越高，微生物的抗热力越弱，越容易死亡，加热的时间越长，热致死作用越大。一定高温范围内，温度越高杀死所需时间越短。另外，其他因素如盐类等，在基质中有降低水分活性作用，从而增强抗热力；而另一类盐类如钙盐、镁盐可减弱微生物对热的抵抗力。

食品工业中常用的灭菌方法较多，大的分类为干热灭菌法和湿热灭菌法，湿热灭菌法主要是通过热蒸汽杀死微生物，由于热蒸汽的穿透力较热空气强，故无论是对芽孢杆菌或无芽孢杆菌在同一温度下效果都比干热法好。

4.1.4.1 干热灭菌法

(1)火焰灭菌法 其特点是灭菌快速、彻底。常用于接种工具和污染物品，如微生物接种时使用的接种环，就是用火焰灭菌法。使用范围受限。

(2)干热灭菌法(dry heat sterilization) 主要在干燥箱中利用热空气进行灭菌。通常160℃～170℃处理1～2小时可达到灭菌的目的。适用于玻璃器皿、金属用具等耐热物品的灭菌。

4.1.4.2 湿热灭菌(moist heat sterilization)

(1)煮沸消毒法 物品在水中100℃煮沸15分钟以上，可杀死细菌的营养细胞和部分芽孢，如在水中加入1%碳酸钠或2%～5%石碳酸，则效果更好。这种方法适用于注射器、解剖用具等的消毒。

(2)巴氏灭菌(pasteurization) 灭菌的温度一般在60℃～85℃，处理15～30分钟，可以杀死微生物的营养细胞，但不能达到完全灭菌的目的，用于不适于高温灭菌的食品，如牛乳、酱腌菜类、果汁、啤酒、果酒和蜂蜜等，其主要目的是杀死其中无芽孢的病原菌(如牛奶中的结核杆菌或沙门氏杆菌)，而又不影响它们的风味。

(3)超高温瞬时灭菌法(Ultra high temperature short time, UHT) 灭菌的温度在135℃～137℃，3～5秒，可杀死微生物的营养细胞和耐热性强的芽孢细菌，但污染严重的鲜乳在142℃以上杀菌效果才好。超高温瞬时灭菌法现广泛用于各种果汁、牛乳、花生乳、酱油等液态食品的杀菌。

(4)高压蒸汽灭菌法(normal autoclaving) 高压蒸汽灭菌法是实验室和罐头工业中常用的灭菌方法。高压蒸汽灭菌是在高压蒸汽锅内进行的，锅有立式和卧式两种，原理相同，锅内蒸汽压力升高时，温度升高。一般采用9.8×10^4 Pa的压力，121.1℃处理15～30分钟，也有采用较低温度(115℃)下维持30分钟左右，可达杀菌目的。罐头工业中要根据食品的种类和杀菌的对象、罐装量的多少等决定杀菌式。实验室常用于培养基、各种缓冲液、玻璃器皿及工作服等灭菌。

(5)间歇灭菌法(fractional sterilization 或 tyndallization) 是用流通蒸汽反复灭菌的方法，常常温度不超过100℃，每日一次，加热时间为30分钟，连续三次灭菌，杀死微生物的营养细胞。每次灭菌后，将灭菌的物品在28℃～37℃培养，促使芽孢发育成为繁殖体，以便在连续灭菌中将其杀死。

4.2 干燥

水分对维持微生物的正常生命活动是必不可少的。干燥会造成微生物失水代谢停止以致死亡。不同的微生物对干燥的抵抗力是不一样的，以细菌的芽孢抵抗力最强，霉菌和酵母菌的孢子也具较强的抵抗力，依次为革兰氏阳性球菌、酵母的营养细胞、霉菌的菌丝。影响微生物对干燥抵抗力的因素较多，干燥时温度升高，微生物容易死亡，微生物在低温下干燥时，抵抗力强，所以，干燥后存活的微生物若处于低温下，可用于保藏菌种；

干燥的速度快，微生物抵抗力强，缓慢干燥时，微生物死亡多；微生物在真空干燥时，加保护剂（血清、血浆、肉汤、蛋白胨、脱脂牛乳）于菌悬液中，分装在安瓿内，低温下可保持长达数年甚至10年的生命力。食品工业中常用干燥方法保藏食品。

4.3 渗透压

大多数微生物适于在等渗的环境生长，若置于高渗溶液（如20%NaCl）中，水将通过细胞膜进入细胞周围的溶液中，造成细胞脱水而引起质壁分离，使细胞不能生长甚至死亡。因此，当把细胞置于水活度低的环境中，如盐或糖的溶液中时，水就失去，实际上可把盐或糖的溶液看作类似于干环境。

若将微生物置于低渗溶液（如0.01%NaCl）或水中，外环境中的水从溶液进入细胞内引起细胞膨胀，甚至破裂致死。

在海水中发现的微生物，一般能在海水的水活度下最适生长以外，对氯化钠有特殊要求，这些微生物叫嗜盐菌。根据微生物对盐量的要求不同，分为轻度嗜盐菌和中度嗜盐菌，前者一般需要1%～6%氯化钠，后者需要6%～15%的氯化钠。能在极高盐环境中生长的微生物叫极端嗜盐微生物，极端嗜盐微生物能在10%～30%的氯化钠溶液中生长。能在高糖环境中生长的微生物叫嗜高渗微生物，能够在极干燥环境中生长的微生物叫嗜干性微生物。

一般微生物不能耐受高渗透压，因此，食品工业中利用高浓度的盐或糖保存食品，如腌渍蔬菜、肉类及果脯蜜饯等，糖的浓度通常在50%～70%，盐的浓度为5%～15%，由于盐的分子量小，并能电离，在二者百分浓度相等的情况下，盐的保存效果优于糖。

食品工业中有些微生物耐高渗透压的能力较强，如发酵工业中鲁氏酵母，另外嗜盐微生物（如生活在含盐量高的海水、死海中）可在10%～30%的盐溶液中生长。

4.4 辐射

电磁辐射包括可见光、红外线、紫外线、X射线和γ射线等，均具有杀菌作用。在辐射能中无线电波最长，对生物效应最弱；红外辐射波长在800～1000 nm，可被光合细菌作为能源；可见光部分的波长为380～760 nm，是蓝细菌等藻类进行光合作用的主要能源；紫外辐射的波长为136～400 nm，有杀菌作用。可见光、红外辐射和紫外辐射的最强来源是太阳，由于大气层的吸收，紫外辐射与红外辐射不能全部达到地面；而波长更短的X射线、γ射线、β射线和α射线（由放射性物质产生），往往引起水与其他物质的电离，对微生物起有害作用，故被作为一种灭菌措施。

紫外线波长以265～266 nm的杀菌力最强，其杀菌机理是复杂的，细胞原生质中的核酸及其碱基对紫外线吸收能力强，吸收峰为260 nm，而蛋白质的吸收峰为280 nm，当这些辐射能作用于核酸时，便能引起核酸的变化，破坏分子结构，主要是对DNA的作用，最明显的是形成胸腺嘧啶二聚体，妨碍蛋白质和酶的合成，引起细胞死亡。

紫外线的杀菌效果因菌种及生理状态而异，照射时间、距离和剂量的大小也有影响。由于紫外线的穿透能力差，不易透过不透明的物质，即使一薄层玻璃也会被滤掉大部分，在食品工业中适于厂房内空气及物体表面消毒，也有用于饮用水消毒的。

适量的紫外线照射，可引起微生物的核酸物质DNA结构发生变化，培育新性状的菌种。因此，紫外线常常作为诱变剂用于育种工作中。

4.5 pH

微生物生长的 pH 值范围极广，一般在 pH2～8 之间，有少数种类还可超出这一范围，只有少数几个种属微生物能在 pH 值低于 2 或大于 10 的环境中生长。能够在低 pH 值环境中生长的生物体叫嗜酸微生物。真菌属比细菌属更倾向于耐酸。许多真菌的最适生长 pH 值为 5 或更低一些，只有少数几种能在 2 的环境中很好地生长。有几种细菌是嗜酸菌，这些细菌中某些是专性嗜酸的，不能在中性 pH 值条件下生长。专性嗜酸细菌包括：硫杆菌属(*Thiobacillus*)和古细菌中几个属：包括硫化叶菌属(*Sulfolobus*)和热原体属(*Thermoplasma*)。还有几种微生物的最适生长 pH 值较高，有时达 11～12，这些微生物被认为是嗜碱菌。通常可以在高度嗜碱性栖息地如纯碱湖和高碳土壤中发现嗜碱微生物。研究的许多嗜碱性原核生物是好氧的非海洋细菌，且许多是芽孢细菌属(*Bacillus*)。大多极端嗜碱细菌也是嗜盐细菌，并且很多也是古生菌。某些嗜碱菌已经用于工业中，它们能产生蛋白水解酶，这些蛋白酶在碱性条件下功能发挥得最好，用于日化工业中。事实上，绝大多数种类都生长在 pH5 ～9 之间。

不同的微生物都有其最适生长 pH 值和一定的 pH 范围，即最高、最适与最低三个数值，在最适 pH 范围内微生物生长繁殖速度快，在最低或最高 pH 值的环境中，微生物虽然能生存和生长，但生长非常缓慢而且容易死亡。一般霉菌能适应 pH 值范围最大，酵母菌适应的范围较小，细菌最小。霉菌和酵母菌生长最适 pH 值都在 5～6，而细菌的生长最适 pH 值在 7 左右。一些最适生长 pH 值偏于碱性范围内微生物，有的是嗜碱性，称嗜碱性微生物(basophile)，如硝化菌、尿素分解菌、根瘤菌和放线菌等；有的不一定要在碱性条件下生活，但能耐较碱的条件，称耐碱微生物(basotolerant microorganism)，如若干链霉菌等。生长 pH 值偏于酸性范围内的微生物也有两类，一类是嗜酸微生物(acidophile)，如硫杆菌属等，另一类是耐酸微生物(acidotolerant microorganism)，如乳酸杆菌、醋酸杆菌、许多肠杆菌和假单胞菌等。见表 5-5：

表 5-5　不同微生物生长的 pH 范围

微生物	pH		
	最低	最适	最高
乳杆菌	4.8	6.2	7.0
嗜酸乳杆菌	4.0～4.6	5.8～6.6	6.8
金黄色葡萄球菌	4.2	7.0～7.5	9.3
大肠杆菌	4.3	6.0～8.0	9.5
伤寒沙门氏菌	4.0	6.8～7.2	9.6
放线菌	5.0	7.0～8.0	1.0
一般酵母菌	3.0	5.0～6.0	8.0
黑曲霉	1.5	5.0～6.0	9.0
大豆根瘤菌	4.2	6.8～7.0	11.0

不同的微生物有其最适的生长 pH 值范围，同一微生物在其不同的生长阶段和不同的生理、生化过程中，也要求不同的最适 pH 值，这对发酵工业中 pH 值的控制、积累代谢产物特别重要。例如，黑曲霉最适生长 pH 值为 5.0～6.0，在 pH2.0 ～2.5 范围有利于产柠檬酸，在 pH7.0 左右时，则以合成草酸为主。又如丙酮丁醇梭菌的最适生长繁殖的

pH 值为 5.5～7.0 范围内，在 pH 值 4.3～5.3 范围内发酵生产丙酮丁醇，抗生素生产菌也是最适生长的 pH 值与最适发酵 pH 值不一致。

有关 pH 值和微生物生长需要强调的是，尽管特定的微生物生长需要一定的 pH 值，最适生长所用的 pH 值只代表了外环境的 pH，而内环境 pH 必须接近中性，以防止酸碱对细胞内大分子的破坏。极端的嗜酸菌和嗜碱菌，它们内部的 pH 值可以从中性改变 1～1.5，大多数微生物生长的最适 pH 在 6～8 之间，其细胞质膜保持中性或极接近中性。微生物在其代谢过程中，细胞内的 pH 值相当稳定，一般都接近中性，保护了核酸不被破坏和酶的活性；但微生物会改变环境的酸碱度，即使培养基的原始 pH 值变化，发生的原因：(1)糖类和脂肪代谢产酸；(2)蛋白质代谢产碱，以及其他物质代谢产生酸碱。一般随着培养时间的延长，培养基会变得较酸，碳氮比例高的培养基，如培养真菌的培养基，经培养后其 pH 值常会明显下降，而碳氮比例低的培养基，如培养一般细菌的培养基，经培养后，其 pH 值常会明显上升。

在发酵工业中，及时地调整发酵液的 pH 值，有利于积累代谢产物，是生产中一项重要措施，方法如下：

- pH 调节措施
  - “治本”
    - 过酸时
      - 加适当氮源：如尿素、硝酸钠、NH_4OH 或蛋白质
      - 提高通气
    - 过碱时
      - 加适当碳源：糖、乳酸、油脂等
      - 降低通气量
  - “治标”
    - 过酸时：加氢氧化钠、碳酸钠等碱中和
    - 过碱时：加硫酸、盐酸等酸中和

强酸强碱都具有杀菌力。(1)强酸如硫酸、盐酸杀菌力强，但腐蚀性大，因此，生产上不宜作消毒剂。食品中应用的酸类防腐剂常常是有机酸或有机酸盐类，要求对人体无毒，并且不影响食品应有的风味，加入的量应严格按国标执行。(2)强碱浓度越高杀菌力越强，食品工业中常用石灰水、氢氧化钠、碳酸钠等进行环境、加工设备、冷藏库以及包装材料如啤酒玻瓶等的灭菌。

食品工业中常用的酸类防腐剂有苯甲酸或苯甲酸钠、山梨酸或山梨酸钾盐(山梨酸钠盐)、丙酸及其钙盐或钠盐、脱氢醋酸及其钠盐和乳酸等。

4.6 氧气

氧气对微生物的生命活动有着重要影响。按照微生物与氧气的关系，可把它们分成好氧菌(aerobe)和厌氧菌(anaerobe)两大类。好氧菌中又分为专性好氧、兼性厌氧和微好氧菌；厌氧菌分为专性厌氧菌、耐氧菌(图 5-6)。

4.6.1 专性好氧菌(strict aerobe)

要求必须在有分子氧的条件下才能生长，有完整的呼吸链，以分子氧作为最终氢受体，细胞有超氧化物歧化酶(SOD，superoxide dismutase)和过氧化氢酶，绝大多数真菌和许多细菌都是专性好氧菌，如米曲霉、醋酸杆菌、荧光假单胞菌、枯草芽孢杆菌和蕈状芽孢杆菌等。

4.6.2 兼性厌氧菌(facultative aerobe)

在有氧或无氧条件下都能生长，但有氧的情况下生长得更好；有氧时进行呼吸产能，无氧时进行发酵或无氧呼吸产能；细胞含 SOD 和过氧化氢酶。许多酵母菌和许多细菌

都是兼性厌氧菌。例如酿酒酵母、大肠杆菌和普通变形杆菌等。

4.6.3 微好氧菌(microaerophilic bacteria)

只能在较低的氧分压(0.01～0.03 Pa,正常大气压为0.2 Pa)下才能正常生长的微生物。也通过呼吸链以氧为最终氢受体而产能。例如霍乱弧菌、一些氢单胞菌、拟杆菌属和发酵单胞菌属。

4.6.4 耐氧菌(aerotolerant anaerobe)

一类可在分子氧存在时进行厌氧呼吸的厌氧菌,即它们的生长不需要氧,但分子氧存在对它也无毒害。它们不具有呼吸链,仅依靠专性发酵获得能量。细胞内存在SOD和过氧化物酶,但没有过氧化氢酶。一般乳酸菌多数是耐氧菌,如乳链球菌、乳酸乳杆菌、肠膜明串珠菌和粪链球菌等,乳酸菌以外的耐氧菌如雷氏丁酸杆菌。

4.6.5 厌氧菌(anaerobe)

厌氧菌的特征是:分子氧存在对它们有毒,即使是短期接触空气,也会抑制其生长甚至死亡;在空气或含10%CO_2的空气中,它们在固体或半固体培养基的表面上不能生长,只能在深层无氧或低氧化还原势的环境下才能生长;其生命活动所需能量是通过发酵、无氧呼吸、循环光合磷酸化或甲烷发酵等提供的;细胞内缺乏SOD和细胞色素氧化酶,大多数还缺乏过氧化氢酶。常见的厌氧菌有罐头工业的腐败菌如肉毒梭状芽孢杆菌、嗜热梭状芽孢杆菌、拟杆菌属、双歧杆菌属以及各种光合细菌和产甲烷菌等。

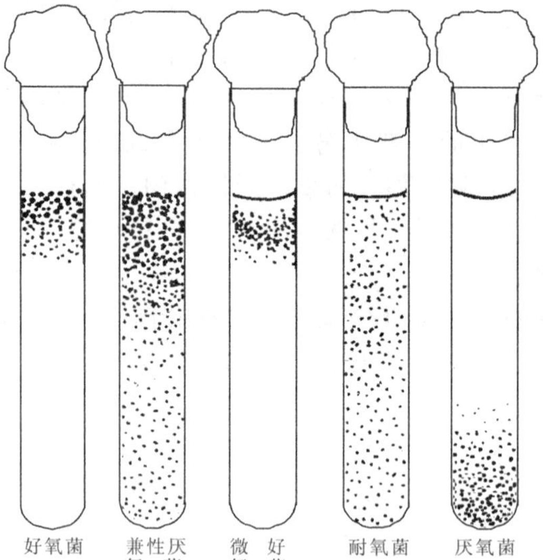

图 5-6 不同微生物在半固体琼脂柱中的生长状态

一般绝大多数微生物都是好氧菌或兼性厌氧菌。厌氧菌的种类相对较少,但近年来已发现越来越多的厌氧菌。

关于厌氧菌的氧毒害机理曾有学者提出过,直到1971年在提出SOD的学说后,有了进一步的认识。他们认为,厌氧菌缺乏SOD,因此易被生物体内产生的超氧物阴离子自由基毒害致死。除分子氧、单体氧对厌氧菌有毒外,其他强毒性氧包括超氧负离子(O_2^-)、过氧化氢(H_2O_2)和羟基自由基(OH·),这些都是呼吸过程中O_2还原成水时偶然产生的副产品。核黄素蛋白、醌、硫醇类及其铁一硫蛋白也能把O_2还原成O_2^-。细胞内超氧化物都是强反应性的,能把任何一种有机化合物氧化,包括细胞内生物大分子和细胞组分。其中羟基自由基是所有毒性氧形式中最大氧化性的，能氧化细胞内任何一种有机物质。

4.7 超声波

超声波（频率在20000 Hz以上）具有强烈的生物学作用。超声波使微生物致死的机理是引起微生物细胞破裂，内含物溢出而死。超声波作用的效果与频率、处理时间、微生物种类、细胞大小、形状及数量等有关系，一般频率高比频率低杀菌效果好，病毒和细菌芽孢具有较强的抗性，特别是芽孢。

4.8 氧化剂

氧化剂杀菌的效果与作用的时间和浓度成正比关系，杀菌的机理是氧化剂放出游离氧作用于微生物蛋白质的活性基团（氨基、羟基和其它化学基团），造成代谢障碍而死亡。

4.8.1 臭氧（O_3）

三氧灭菌技术近年在纯净水生产中应用较广，灭菌的效果与浓度有一定的关系，但浓度大了使水产生异味。

4.8.2 氯

氯具有较强的杀菌作用，其机理是使蛋白质变性。氯在水中能产生新生态的氧，如下式：

$$Cl_2 + H_2O \longrightarrow HCl + HOCl \longrightarrow 2HCl + [O]$$

氯气常常用于城市生活用水的消毒，饮料工业用于水处理工艺中杀菌。

4.8.3 漂白粉

漂白粉中有效氯为28%～35%。当浓度为0.5%～1%时，5分钟可杀死大多数细菌，5%的浓度时在1小时可杀死细菌芽孢。漂白粉常用于饮水消毒，也可用于蔬菜和水果的消毒。

4.8.4 过氧乙酸（CH_3COOOH）

过氧乙酸是一种高效广谱杀菌剂，它能快速地杀死细菌、酵母、霉菌和病毒。据报道，0.001%的过氧乙酸水溶液能在10分钟内杀死大肠杆菌，0.005%的过氧乙酸水溶液只需5分钟，如杀金黄色葡萄球菌需要60分钟，但提高浓度为0.01%只需2分钟，0.5%浓度的过氧乙酸可在1分钟内杀死枯草杆菌，0.04%浓度的过氧乙酸水溶液，在1分钟内杀死99.99%的蜡状芽孢杆菌。能够杀死细菌繁殖体的过氧乙酸的浓度，足以杀死霉菌和酵母菌；过氧乙酸对病毒效果也好，是高效、广谱和速效的杀菌剂，并且几乎无毒，使用后即使不去除，也无残余毒，其分解产物是醋酸、过氧化氢、水和氧。适用于一些食品包装材料（如超高温灭菌乳、饮料的利乐包等）的灭菌；也适于食品表面的消毒（如水果、蔬菜和鸡蛋）；食品加工厂工人的手、地面和墙壁的消毒以及各种塑料、玻璃制品和棉布的消毒。用于手消毒时，只能用低浓度0.5%以下的溶液，才不会使皮肤有刺激性和腐蚀性。

4.9 重金属盐类

重金属盐类对微生物都有毒害作用，其机理是金属离子容易和微生物的蛋白质结合而发生变性或沉淀。汞、银、砷离子对微生物的亲和力较大，能与微生物酶蛋白的—SH基结合，影响其正常代谢。汞化合物是常用的杀菌剂，杀菌效果好，用于医药业中。重金属盐类虽然杀菌效果好，但对人有毒害作用，所以严禁用于食品工业中防腐或消毒。

4.10 有机化合物

对微生物有杀菌作用的有机化合物种类很多，其中酚、醇、醛等能使蛋白质变性，是常用的杀菌剂。

4.10.1 酚及其衍生物

酚又称石碳酸，杀菌作用是使微生物蛋白质变性，并具有表面活性剂作用，破坏细胞膜的通透性，使细胞内含物外溢致死。酚浓度低时有抑菌作用，浓度高时有杀菌作用，2%～5%酚溶液能在短时间内杀死细菌的繁殖体，杀死芽孢则需要数小时或更长的时间。许多病毒和真菌孢子对酚有抵抗力。适用于医院的环境消毒，不适于食品加工用具以及食品生产场所的消毒。

4.10.2 醇类

是脱水剂、蛋白质变性剂，也是脂溶剂，可使蛋白质脱水、变性，损害细胞膜而具杀菌能力。70%的乙醇杀菌效果最好，超过70%浓度的乙醇杀菌效果较差，其原因是高浓度的乙醇与菌体接触后迅速脱水，表面蛋白质凝固，形成了保护膜，阻止了乙醇分子进一步渗入。

乙醇常常用于皮肤表面消毒，实验室用于玻棒、玻片等用具的消毒。

醇类物质的杀菌力随着分子量的增大而增强，但分子量大的醇类水溶性比乙醇差，因此，醇类中常常用乙醇作消毒剂。

4.10.3 甲醛

甲醛是一种常用的杀细菌与杀真菌剂，杀菌机理为与蛋白质的氨基结合而使蛋白质变性致死。市售的福尔马林溶液就是37%～40%的甲醛水溶液。0.1%～0.2%的甲醛溶液可杀死细菌的繁殖体，5%的浓度可杀死细菌的芽孢。甲醛溶液可作为熏蒸消毒剂，对空气和物体表面有消毒效果，但不适宜于食品生产场所的消毒。

思考题

1. 生长和繁殖的概念，二者的关系是什么？
2. 常用测定微生物生长量的方法有几种？试比较其优缺点。
3. 表示微生物生长量的生理指标有哪些？
4. 单细胞微生物的典型生长曲线可分几期？其划分的依据是什么？
5. 延滞期的特点是什么？如何缩短延滞期？
6. 对数生长期的特点有那些？处于此期的微生物有何实际应用？
7. 稳定期有何特点？为什么细胞会进入稳定期？
8. 什么叫同步生长？如何使微生物达到同步生长？
9. 什么叫连续培养？什么叫连续发酵？
10. 比较恒浊器和恒化器的特点。
11. 什么是微生物的最适生长温度？温度对同一微生物的生长速度、生长量、代谢速度、代谢产物累积量的影响是否相同？研究它有何实践意义？

12. 从对分子氧的要求来分，微生物可分为哪几种类型？它们各有何特点？

13. 微生物在生长的过程中，引起 pH 值改变的原因有哪些？举例说明微生物最适生长 pH 值与最适发酵 pH 值是否一致。

14. 试比较杀菌（灭菌）、商业灭菌、消毒、防腐的异同点。

15. 酸性防腐剂在食品工业中应用的条件是什么？氢氧化钠在食品工业中应用的适应范围如何？

16. 在实验室和发酵工业中，如何保证好氧微生物对氧的需要？

17. 简述高压蒸汽灭菌的方法步骤，灭菌锅中的空气排除度对灭菌效果有何影响？

18. 氧化剂杀菌的机理是什么？在食品工业中应用如何？

19. 嗜高温微生物和嗜冷微生物的区别是什么？

20. 什么地方可以找到嗜冷微生物？

21. 什么地方可以找到嗜高温微生物？

22. 嗜酸微生物和嗜碱微生物的细胞内部是酸性或碱性的吗？

本章主要参考文献

1. 周德庆主编. 微生物学教程（第二版）. 北京：高等教育出版社，2002

2. 沈平，范秀容等主编. 微生物学. 北京：高等教育出版社，2002

3. 何国庆主编，贺稚非副主编. 食品微生物学. 北京：中国农业大学出版社，2000

4. M. T 马迪根等主编. 微生物生物学. 北京：科学出版社，2001

5. James M. Jay. Modern Food Microbiology. Sixth Edition An Aspen Publication，2000

6. 江汉湖，贺稚非. 食品微生物学. 北京：中国农业出版社，2002 年 8 月

7. 刘志恒编写. 现代微生物学. 北京：科学出版社，2008

8. 黄秀梨著. 微生物学. 北京：高等教育出版社，1997

9. M. L. 菲尔斯著. 陈炳卿等译. 食品微生物学基础. 北京：人民卫生出版社，1987

10. 张文治. 新编食品微生物学. 北京：中国轻工业出版社，1995

11. J. Nicklin 等著. 微生物学. 北京：科学出版社，1999

12. 郑晓冬主编. 食品微生物学. 杭州：浙江大学出版社，2001

13. H. G. 施莱杰著. 陆卫平，周德庆等译. 普通微生物学. 上海：复旦大学出版社，1990

第六章　微生物遗传变异与育种

遗传与变异，是生物界不断普遍发生的现象，也是生物物种形成和生物进化的基础。人类很早就已观察到生物物种具有遗传性和变异性。

遗传性(heredity)指亲代生物传递给子代一套实现与其相同性状的遗传信息，使其形状在子代得到表现的行为和功能。遗传性使得生物物种的性状保持相对稳定，且代代相传，使其种属得以保存。遗传型又称为基因型，是生物体一切遗传物质(基因)的总和。生物的遗传型是决定生物性状的本质性物质，但特定的遗传型个体需要在合适的外界环境条件下通过代谢和生长发育才能表现出具体的性状。与遗传型概念相对应，生物个体所具有的一切外表特征和内在特性的总和称之为表型(phenotype)，又称为表现型。表型是遗传型在合适条件下的具体表现。

遗传和变异是对立的统一体，遗传使物种得以延续，变异则使物种不断进化。尽管遗传性使子代生物个体的性状与亲代的性状保持一致，但是生物体的变异性往往使生物亲子代个体间及子代个体间表现出不同程度的差异。人们把在一定条件下，子代和亲代之间以及子代和子代之间的差异称为变异(variation)。变异可能是遗传物质改变所引起的遗传性变异也可能是环境因素导致的非遗传性变异。前者基因结构发生了改变，如基因突变或重组，不可逆，可遗传给后代，而后者基因结构未发生变异，可逆，不可遗传。这种由于非遗传因素引起生物体的表型改变称之为饰变(modification)，它发生在转录、转译水平，特点是几乎整个群体中的每一个个体都发生同样的变化，性状变化的幅度小，不遗传，引起饰变的因素消失后，表型即可恢复。

和其他生物一样，微生物具有遗传性和变异性。微生物的形态、结构、新陈代谢、抗原性、毒力以及对药物的敏感性等是由微生物的遗传物质所决定的。在一定的培养条件下这些性状在亲代与子代间表现为相同，为遗传性。遗传使微生物保持种属的相对稳定性。由于微生物表面积和体积之比较大，且世代时间较短，易受外界环境因素的影响，所以微生物菌种较易发生变异。基因型变异使微生物产生变种与新种，有利于微生物的生存及进化。

在微生物的生长繁殖过程中可以观察到为数众多的变异现象。最容易观察到的变异现象是形态变异，如菌落形态、孢子颜色、噬菌斑大小等的改变。有的细菌菌落从光滑型(S 型)变为粗糙型，菌落由光滑、湿润，边缘整齐，变异为表面粗糙、干皱，边缘不整齐。S 型到 R 型变异多见于肠道杆菌，其变异的物质基础为革兰氏阴性菌细胞壁外膜的脂多糖蛋白质复合物中，失去了末端的特异寡糖，从而暴露了非特异的核心多糖。有的微生物菌体的结构发生变异，如有时细菌可失去荚膜、芽孢或鞭毛；有的细菌变异为细胞壁缺陷的 L 型细菌。微生物形态变异中鞭毛和荚膜等结构的改变甚至丧失，不仅可以改变微生物的形态、大小，也随之改变微生物的抗原性或毒力。如肠道杆菌中沙门氏菌属、志贺氏菌属中常发生鞭毛抗原以及菌体抗原的变异，变异后的细菌抗原性消失或发生改变，从而不能被特异的抗体所凝集。微生物的毒力变异可表现为毒力增强或减弱。如用于人工接种以预防结核病的卡介苗便是卡介二氏(Calmette-Guerin)将有毒力的结核杆菌在含有胆汁的甘油马铃薯培养基上经13年230代连续传代培养获得的减毒但保持疫原性的毒力变异菌株。有的微生物对药物的敏感性改变，即发生了耐药性变异。有些微生物发生生化变异表现为酶活性的改变，导致出现异常的生化反应，例如大肠杆菌原可以发酵乳糖，但发生酶变异后可失去发酵糖的能力，从而与一些不发酵的肠道致病菌难以区别。微生物个体变异中也有可能为饰变，即因为微生物所处外界环境条件的作用，引起微生物的基因表达调控变化而出现的差异。这种变异因为并未发生微生物基因型的改变，不能遗传，随培养环境条件改变后也会发生改变；与基因型变异不易随环境变化而变化的特点相区别。

1　微生物遗传变异的物质基础

20世纪50年代以前，人类对于遗传变异的物质基础还不清楚。当时许多学者认为蛋白质对于遗传变异起着决定性的作用。而通过对高等动物和植物染色体的化学分析，人们发现染色体由核酸且主要是脱氧核糖核酸（DNA）和蛋白质组成。因此究竟是蛋白质还是核酸对于遗传变异起着决定性的作用？下面三个经典的研究实验结果充分证明了遗传变异的物质基础是核酸，而不是蛋白质等其它物质。

1.1　核酸是生物遗传变异的物质基础——三个经典实验

1928年，英国医生 Griffith（1877～1941）首次发现肺炎双球菌的转化现象。1944年美国微生物学家 O. T. Avery 在离体条件下重复了这一实验，并对转化现象的本质进行了一系列深入研究，证明了引起肺炎双球菌转化现象的转化因子是 DNA，而不是蛋白质（见图6-1）。

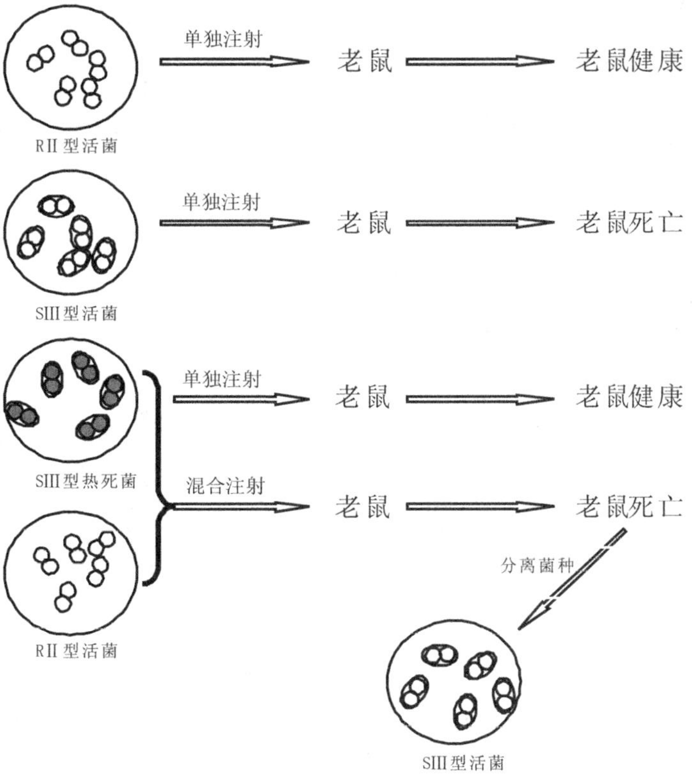

图6-1　肺炎双球菌转化实验示意图

肺炎双球菌(*Diplococcus pneumonia*)是一种病原菌,存在着光滑型(Smooth 简称 S 型)和粗糙型(Rough 简称 R 型) 两种不同类型。其中光滑型的菌株产生荚膜,有毒,在人体内它导致肺炎,在小鼠体中它导致败血症,并使小鼠患病死亡,其菌落是光滑的;粗糙型的菌株不产生荚膜,无毒,在人或动物体内不会致病,其菌落是粗糙的。在肺炎双球菌的转化实验中,由于加热灭活 S 型细菌的温度有限,结果使蛋白质变性,而 DNA 由于具有相对热稳定性而得以留下各个 DNA 片段,其中包括控制荚膜形成的基因,这些片段从 S 型细菌细胞中释放出来,并且在后继的培养中被一些 R 型细菌细胞所吸收摄取,进入后以同源重组的置换方式,整合进入 R 型细菌的基因组中,使 R 型细菌转化成 S 型细菌。

1952 年美国科学家 A. D. Hershey 和他的学生 M. Chase 采用放射性同位素标记噬菌体并追踪放射源的方式也成功证明 DNA 是遗传物质。实验中他们分别使用(^{35}S,^{32}P)标记 T2 噬菌体,因为 DNA 分子中只含磷不含硫,而蛋白质分子中只含硫不含磷,故将一部分 T2 噬菌体的头部 DNA 标记上^{32}P,另一部分 T2 噬菌体的蛋白质衣壳标记上^{35}S。分别用标记上^{32}P 和^{35}S 的 T2 噬菌体感染大肠杆菌,经短时间保温后,待 T2 噬菌体完成了吸附和侵入的过程后,将被感染的大肠杆菌洗净放入组织捣碎器内强烈搅拌,然后离心沉淀。分别测定沉淀物和上清液中的同位素量,结果大部分^{35}S 和噬菌体在上清液中,大部分^{32}P 和细菌聚集在沉淀物中。研究表明在感染过程中 T2 噬菌体只将其 DNA 注入大肠杆菌细胞内,而它的蛋白质外壳留在了菌体外。T2 噬菌体通过注入的核酸利用大肠杆菌细胞内的酶、核糖体等合成体系最终复制释放出一群具有完整蛋白外壳的完整子代噬菌体(见图 6-2)。

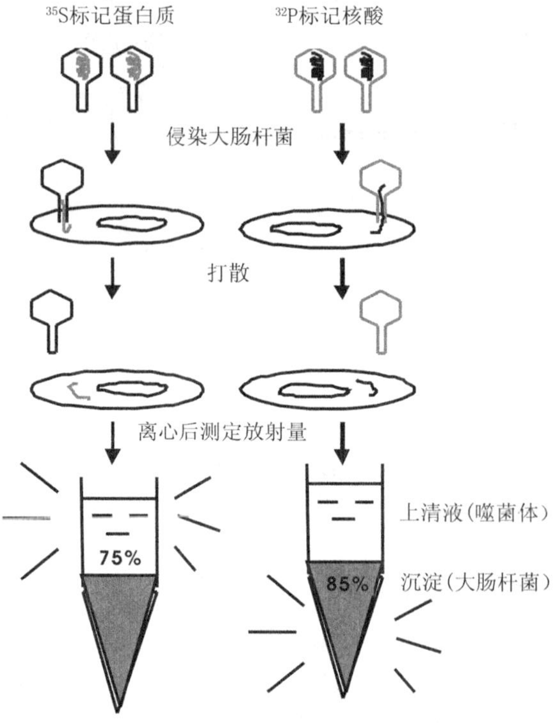

图 6-2 放射性同位素标记实验示意图

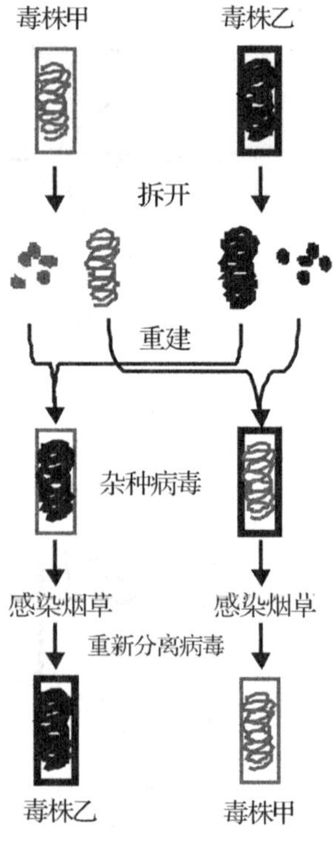

图 6-3 烟草花叶病毒的重建实验示意图

烟草花叶病毒(TMV)由蛋白质外壳和核糖核酸(RNA)核心所构成。从 TMV 病毒分别抽提得到它的蛋白质部分和 RNA 部分,把这两个部分重新放在一起,可以再次得到具有感染能力的烟草花叶病毒颗粒。1956 年 Fraenkel-Conrat 等人将甲、乙两种变种的烟草花叶病毒拆开，在体外分别将甲病毒的蛋白质和乙病毒的 RNA 结合，将甲病毒的 RNA 和乙病毒的蛋白质结合进行重建，并用这些经过重建的杂种病毒分别感染烟草，结果从寄主分离所得的病毒蛋白质均取决于相应病毒的 RNA（图 6-3 ）。这一实验结果说明病毒蛋白质的特性由它的核酸（RNA）所决定，核酸是遗传物质。

1.2　遗传物质在微生物细胞内存在的部位和方式

1.2.1　从细胞水平来看

原核细胞的遗传物质主要存在于位于细胞中央部位的拟核或原核，拟核无核膜、无核仁，结构简单。此外在很多细菌细胞和一些酵母细胞的细胞质中存在质粒，为核染色体外的遗传物质。质粒为小的闭合环状的双链 DNA，控制细菌细胞非生活所必需的某些生物性状，具有自我复制能力。

真核细胞的遗传物质主要存在于细胞核中，细胞核有核膜与细胞质隔离开来，在一些细胞器中存在部分遗传物质，如线粒体、叶绿体、中心体等，这些遗传物质需要与核遗传物质共同控制相应细胞器的复制和功能的表达。

原核细胞
- 细胞质　　质粒
- 拟核　　核染色体

真核细胞
- 细胞质
  - 细胞器：线粒体、叶绿体、中心体、毛基体
  - 共生生物：草履虫的卡巴颗粒
- 细胞核　　核染色体

图 6-4　原核细胞与真核细胞遗传物质存在部位比较

1.2.2　从细胞核水平上来看

遗传物质在细胞核或拟核中以核染色体的方式存在。但细菌染色体和真核生物染色体的结构存在区别。

1.2.3　从染色体水平上来看

细菌染色体是环状双螺旋 DNA，不含组蛋白。如大肠杆菌染色体为双链环状 DNA 缠绕折叠成不规则的小体。

真核细胞染色体是较为复杂的结构，是在由 DNA 缠绕组蛋白（8 分子 H2 为轴和 1 分子 H1 起加固作用）形成核小体（见图 6-5）的基础之上螺旋化再螺旋化形成的。

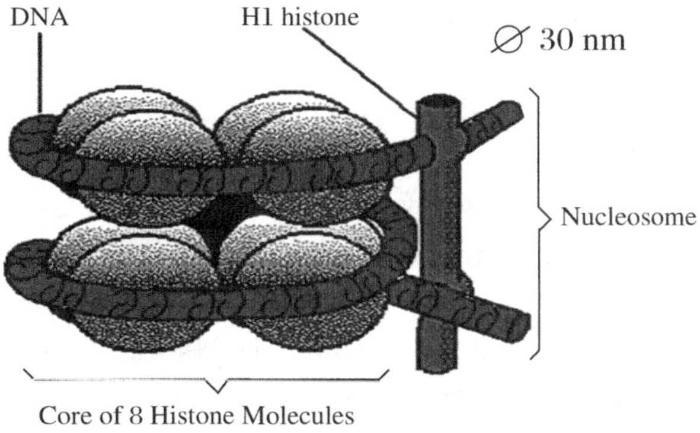

图 6-5　核小体的结构示意图

1.2.4 从核酸水平上来看

1953年美国分子生物学家沃森(J. D. Watson)和英国分子生物学家克里克(F. H. C. Crick),根据X射线衍射分析,提出了著名的DNA双螺旋结构模型(图6-6)。

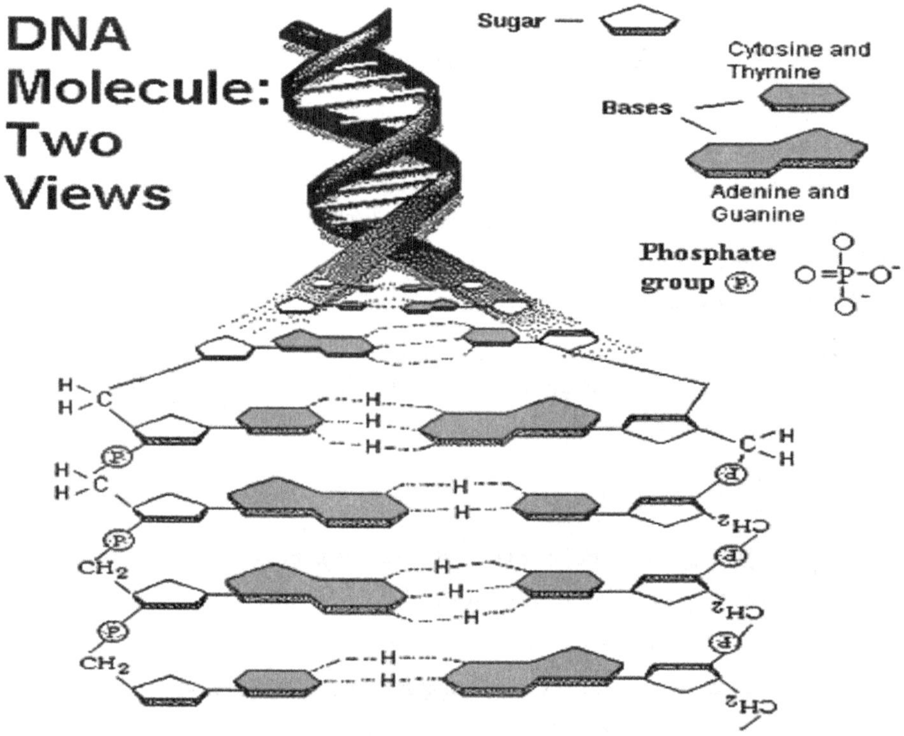

图 6-6 DNA 结构示意图

Watson & Crick DNA双螺旋结构模型:(1)DNA分子是由两条反向平行的脱氧核苷酸长链围绕同一中心轴盘旋而成的右手螺旋结构;多核苷酸的方向由核苷酸间的磷酸二酯键的走向决定,一条从5′到3′,另一条从3′到5′。每条多核苷酸链上均有四种碱基:A(腺嘌呤 adenine)、T(胸腺嘧啶 thymine)、C(胞嘧啶 cytosine)、G(鸟嘌呤 guanine),它们有序地排列。(2)DNA分子中的脱氧核糖和磷酸基通过磷酸二酯键相连接而构成DNA分子的骨架,排列在外侧;(3)碱基排列在内侧,两条链上的碱基通过氢键连接起来,形成碱基对,其中A与T之间以双键相连,C与G之间以三键相连。这种由氢键连接的碱基组合,称碱基配对。一个DNA分子可含几十万或几百万碱基对,相邻碱基对平面之间的距离为0.34 nm,即顺中心轴方向,每隔0.34 nm有一个核苷酸,以3.4 nm为一个结构重复周期,包括10对碱基。

DNA双螺旋结构特点表现为:稳定性(从两个角度看它的相对稳定性:①DNA分子长链由磷酸连接着脱氧核糖;②碱基互补配对);多样性(DNA分子的多样性由DNA上的碱基对的排列顺序及DNA本身的空间结构所决定);特异性(对所有的DNA分子来说表现为多样性,但对每一种DNA分子来说,有其特定的脱氧核苷酸排列顺序,从而显示出单个的独特性)。

DNA双螺旋结构模型是对相对湿度为92%时所得到的DNA钠盐纤维的描述,这种DNA称为B型DNA(B-DNA)。水溶液及细胞中的天然状态DNA大多为B-DNA,但若湿度改变或由DNA钠盐变为钾盐、铯盐等则会引起构象的变化,形成A-DNA、C-DNA

等构象。B-DNA 是活性最高的 DNA 构象。1979 年由 Rich 提出的左手螺旋 Z-DNA 只是右手螺旋结构模型的一个补充和发展。

DNA 除了具有右旋、左旋的双股螺旋结构外，还有三股螺旋结构的存在，已被国际公认。

在 DNA 双螺旋结构的基础上 DNA 独特的半保留式的自我复制方式，确保了 DNA 复制的精确性，并保证了一切生物遗传性的相对稳定。DNA 的自我复制过程大致如下：首先 DNA 分子中的两条多核苷酸链之间的氢键断裂，双螺旋解旋和分开，形成复制叉，每条链分别作为模板合成新链，产生互补的两条链。这样新形成的两个 DNA 分子与原来 DNA 分子的碱基排列顺序完全一样。在此过程中，每个子代分子的一条多核苷酸链来自亲代 DNA，另一条链则是新合成的，又以氢键连接成新的双螺旋结构（图 6-7）。无论是真核生物还是原核生物，它们的 DNA 复制都是半保留、半不连续复制，复制过程都存在引发、延长和终止 3 个阶段，都必须有相应功能的蛋白质（如 SSB）和酶（如 DNA 聚合酶）参与。真核生物每条染色体上可以有多处复制起始点，而原核生物只有一个起始点；真核生物的染色体在全部完成复制之前，各个起始点上的 DNA 的复制不能再开始，而在快速生长的原核生物中，复制起始点上可以连续开始新的 DNA 的复制，表现为虽只有一个复制单元，但可有多个复制叉。

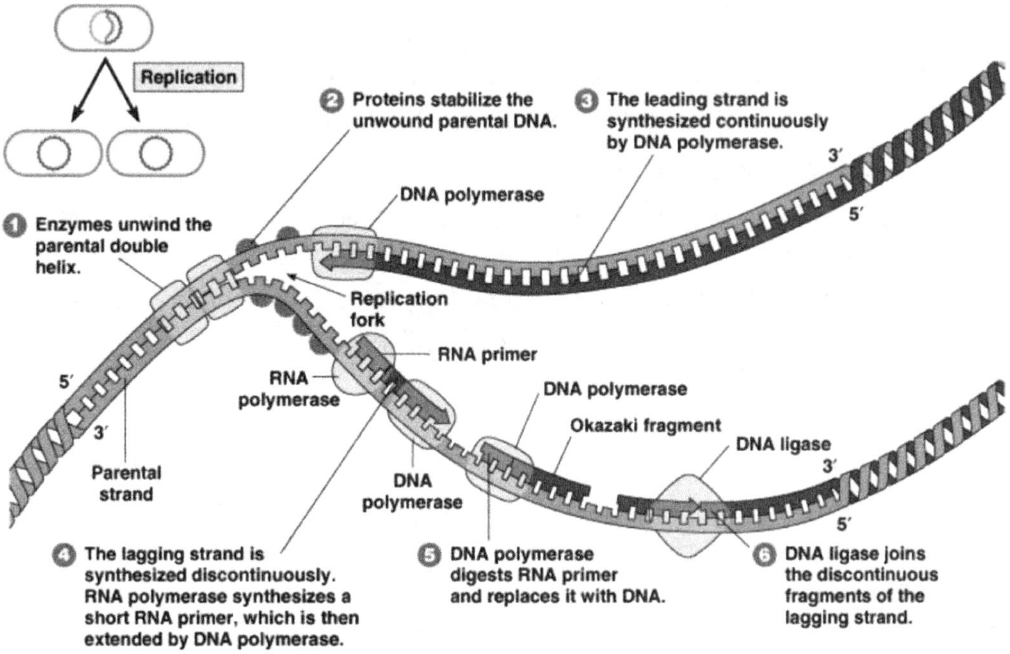

图 6-7　DNA 的复制方式

RNA（ribonucleic acid）又称核糖核酸，有四种类型：tRNA、rRNA、mRNA 和反义 RNA。它们均由 DNA 转录而成，和 DNA 很相似，不同的是以核糖代替了脱氧核糖，以尿嘧啶（Uralic，简称 U）代替了胸腺嘧啶（T）。因此，RNA 链中的碱基配对为：A—U、U—A、G—C、C—G 四种。在 RNA 病毒结构中 RNA 作为遗传物质。

tRNA 称为转移 RNA，其上有和 mRNA 互补的反密码子，能识别氨基酸及识别 mRNA 上的密码子，在 tRNA—氨基酸合成酶的作用下具有转运氨基酸的作用。

rRNA 即核糖体 RNA ，它和蛋白质结合成的核糖体为合成蛋白质的场所（图 6-8）。rRNA 含量大，是构成核糖体的骨架。

mRNA 也称为信使 RNA，是 DNA 转录产生的互补的结构，其上承载着遗传信息。mRNA 上每三个核苷酸翻译成蛋白质多肽链上的一个氨基酸。

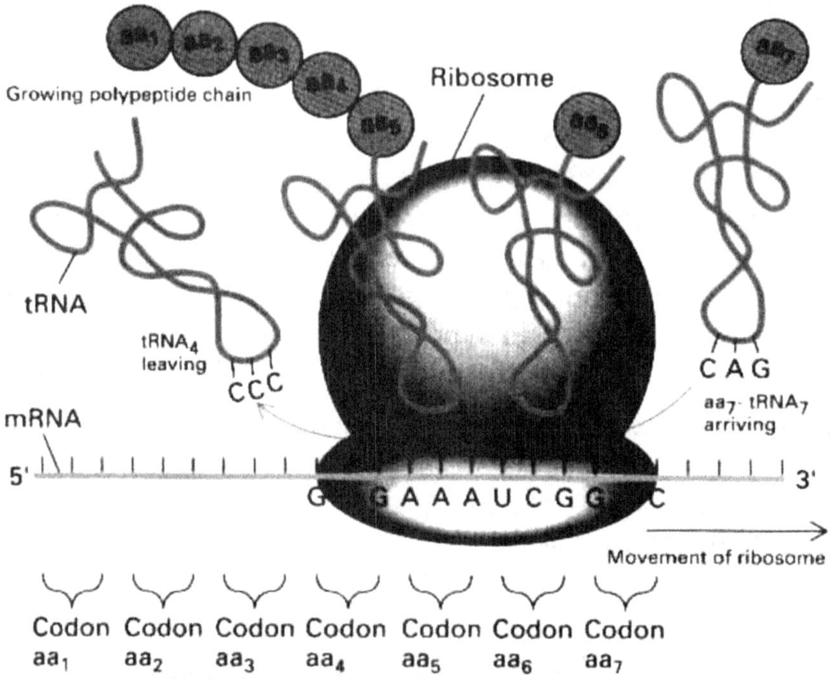

图 6-8 蛋白质合成过程示意图(显示三种 RNA 的不同功能)

1.2.5 从基因水平上来看

基因是 DNA 分子中含有特定遗传信息的一段核苷酸序列，是遗传物质的最小功能单位。

1941 年比德尔(G. W. Beadle 1903～)和塔特姆(E. L. Tatum 1909～1975)提出一个基因一个酶学说，证明基因通过它所控制的酶决定着代谢中生化反应步骤，进而决定生物性状。

1.2.6 从密码子水平上来看

密码子是信使 RNA (mRNA)上决定一个氨基酸的三个相邻核苷酸(或碱基)的排列顺序，反密码子指转运 RNA 上的一端的三个核苷酸(或碱基)排列顺序。DNA(基因)的遗传信息通过转录传递到 mRNA 上，mRNA 指导合成蛋白质，实现生物性状的表达。

密码子具有以下特点：

①密码子具有通用性：不同的生物密码子基本相同，即共用一套密码子。

②密码子不重叠：两个密码子间没有标点符号，读码必须按照一定的读码框架，从正确的起点开始，一个不漏地一直读到终止信号。

③密码子具有简并性：大多数的氨基酸都可以具有几组不同的密码子。

④密码子具有一定的方向性。

1.2.7 从核苷酸水平上来看

构成 DNA 的脱氧核糖核苷酸种类依据碱基的不同有四种：腺嘌呤脱氧核糖核苷酸、胸腺嘧啶脱氧核糖核苷酸、鸟嘌呤脱氧核糖核苷酸、胞嘧啶脱氧核糖核苷酸。分别以其英文的第一个字母 A、T、G、C 来表示。脱氧核糖核苷酸是由一分子磷酸、一分子脱氧核糖、一分子含氮碱基组成。其组成元素为：C、H、O、N、P。

构成 RNA 核糖核苷酸种类亦有四种：与 DNA 不同的是以核糖代替脱氧核糖，以尿嘧啶（Uralic，简称 U）代替胸腺嘧啶（T）。

1.3 微生物遗传物质存在形式的多样性

在真核细胞生物尤其是高等动植物体中，遗传物质主要以双链 DNA 结合组蛋白螺旋化再超螺旋化。

表 6-1 病毒核酸的结构和特点

核酸		类型	结构	代表
DNA	双链	线状双链		大部分噬菌体、动物病毒
		线状双链单链断裂		T5
		闭合双链		痘苗病毒
		闭合环状双链		花椰菜化叶病毒
	单链	线状		植物双生病毒
		环状		φX174
DNA	双链	双链分段		RNA 噬菌体
	单链	线状分段侵染性单链		一些植物病毒
		线状非侵染性单链		弹状病毒、副粘液病毒
		线状分段非侵染性单链		正粘液病毒
		二部单链		肿瘤病毒

即以染色质或染色体的形式存在，线状，多条。但在低等生物如原核生物和非细胞结构生物——病毒等微生物体中，遗传物质的存在形式更加多样化。在原核细胞生物中遗传物质为一条缠绕折叠的闭合环状的双链 DNA。非细胞结构生物病毒体中的遗传物质既可能是 DNA 也可能是 RNA，核酸的结构可能是单链亦可能是双链，且单链还分为正链和负链，其结构与细胞型生物完全不同（见表 6-1）。

除此之外，1982 年美国动物病毒学家 Prusiner 在研究羊的瘙痒病原时发现一种对人有侵染性的蛋白质颗粒，称为“Prion”（protein infection 的缩写），译为“朊病毒”，它除了引起羊瘙痒病外，还导致牛的“疯牛病”和人的苦鲁病。

由上可见，世界从无生命进化到有生命，从低等生物进化到高等生物，形式多样，其间有不少中间类型或过渡类型。深入研究各种生命体的特征和本质，会使我们更加理解世界的多样性，科学地利用有益方面服务人类，防范有害方面对人类的危害。

2 微生物的基因突变

广义的基因突变概念即突变（mutation）是指生物体遗传物质的改变。突变可以传递给子细胞，甚至延续给后代，从而导致产生了突变细胞或个体。突变可以发生在染色体水平或者基因水平。狭义的基因突变(gene mutation)指构成基因的碱基对的组成和排列顺序发生了改变。仅涉及DNA分子中一个基因中的一对或少数几对碱基的改变,称点突变(point mutation)。

染色体结构和数目的改变称为染色体畸变(chromosomal aberration),也称为染色体突变(chromosome mutation)。染色体畸变涉及多个基因的改变。

常用突变率(mutation rate)来衡量细胞突变的几率。突变率指一个细胞每一世代某一性状产生突变的几率。或细胞群体每分裂一次产生突变的个数。不同微生物或同种微生物,在不同情况下突变率不同。

2.1 微生物的基因突变类型与机制

2.1.1 微生物基因突变类型

基因突变的分类方式较多。

2.1.1.1 根据基因突变发生的原因分类

(1)自然突变(Spontaneous mutation):在自然条件下发生的突变;

(2)诱发突变(Induced mutation):由人工利用物理因素或化学药剂等因素诱发的突变。

2.1.1.2 根据基因突变的方向

(1)正向突变(forward mutation):野生型突变成突变型。在突变体发生变异前的原始菌株称为野生型菌株或原养型菌株。

(2)回复突变(reverse mutation):突变型突变回复到野生型。

2.1.1.3 根据基因结构改变的方式不同可将基因突变分为三种类型

(1)碱基置换突变:指在基因中一个碱基对被另一个碱基对所取代。

(2)移码突变(Frameshift mutation):由于基因中某位点上增加或减少1个或几个碱基对(改变的碱基数不是3或3的倍数。若碱基对数以3的倍数增添或减少,则合成的蛋白质上氨基酸种类排列顺序变化较小),导致碱基对的排列顺序发生改变引起突变。

(3)重组突变:位于不同DNA分子上的基因间发生交换重组,产生不同于原来的DNA分子序列,从而可以导致各种各样的突变体。

2.1.1.4 根据基因突变的表现型效应分类:

(1)形态突变型(morphological mutant)指细胞或菌落形态发生改变的那些突变型。如细菌鞭毛、芽孢或荚膜的有无,菌落的大小,外形的光滑(S型)、粗糙(R型)和颜色等的变异;放线菌或真菌产孢子的多少、外形或颜色的变异等。

(2)生化突变型(biochemical mutant)指一类发生代谢途径变异但没有明显的形态变化的突变。

①营养缺陷型(auxotroph)是一类重要的生化突变型。由基因突变而引起代谢过程中某种酶的合成能力丧失,而必须在原有培养基中添加相应的营养成分才能正常生长的突变型。营养缺陷型在科研和生产实践中有着重要的应用。营养缺陷型的表示方法是:用所需生长因素的英文名词的前三个字母并在右上角加上负号表示。如色氨酸营养缺陷型可用 Trp^- 来表示。

②抗性突变型(resistant mutant)是一类能抵抗有害理化因素的突变型。根据其抵抗的对象可分抗药性、抗紫外线或抗噬菌体等突变类型。它们十分常见且极易分离,一般只需在含抑制生长浓度的某药物、相应的物理因素或在相应噬菌体平板上涂上大量敏

感细胞群体，经一定时间培养后即可获得。表示抗性突变体的方法是在所抗的药物英文名词的前三个字母的右上角加上一个 r 字。r 来自英文名词 resistance（抵抗）。如抗链霉素的抗性突变体可用 Str^{r} 表示。

③抗原突变型 指细胞成分尤其是细胞表面成分（细胞壁、荚膜、鞭毛）的细微变异而引起抗原性变化的突变型。

④毒力突变型等其它生化突变类型。

(3)致死突变型(lethal mutant) 指导致个体死亡的基因突变类型。

(4)条件致死突变型(conditional lethal mutant) 指在某一条件（称限制条件）下呈现致死效应，而在另一种条件（即允许条件）下却不表现致死效应的突变类型。

2.1.2 微生物基因突变机制

2.1.2.1 基因突变诱发因素

(1)细胞外诱发因素

自然环境或人工条件下的物理和化学因素是细胞突变的重要诱发因素。

凡能提高突变率的任何因素都可称为诱变剂(mutagen)。诱发突变简称诱变，是指通过人为的方法，利用物理、化学或生物因素显著提高基因自发突变频率的手段。

物理诱变剂包括非电离辐射的紫外线、激光和离子束，还有能引起电离辐射的 x 射线、γ 射线、快中子、α 射线、β 射线和超声波等物理辐射以及热处理等（见表 6-2）。

非电离辐射（只使物质分子或原子中的电子级能提高）的紫外线是最常用的物理诱变剂。

紫外线诱变机制：DNA 和 RNA 的嘌呤和嘧啶有很强的紫外光吸收能力，最大的吸收峰在 260 nm，因此波长 260 nm 的紫外辐射是最有效的诱变剂。

紫外线对 DNA 的损伤作用主要体现如下：

①形成嘧啶二聚体 二聚体出现会减弱双键间氢键的作用，并引起双链结构扭曲变形，阻碍碱基间的正常配对，从而有可能引起突变或死亡。另外二聚体的形成，会妨碍双链的解开，因而影响 DNA 的复制和转录。

②嘧啶间的水合作用；

③DNA 与蛋白质交联，DNA 分子间交联；

④DNA 链断裂。

电离辐射与紫外线相比较，具有较强的穿透力。

表 6-2 各种物理辐射性能比较

射线种类	放射源	性质	能量范围	危险性	透过组织深度
χ 射线	χ 光机	电离辐射	50～300kv	危险，有穿透力	几 mm～几 cm
γ 射线	放射性同位素及核反应	同上	达几百万 ev	同上	>1cm
中子	核反应堆或加速器	不带电子的粒子	1ev～几百万 cv	危险性高，穿透力强	>1cm
β 粒子	放射性同位素或加速器	电子	几百万 ev	有时有危险	<1cm
α 粒子	放射性同位素	氦核	$2\times10^{6}\sim9\times10^{6}$ev	内照射，很危险	<1cm

化学诱变剂（表 6-3）可包括：

①碱基类似物(base analog)是与 DNA 正常碱基结构类似的化合物，能在 DNA 复制时取代正常碱基掺入并与互补碱基配对。如 5－溴尿嘧啶(BU)和 2－氨基嘌呤(AP)，

都能引起 AT 碱基对转换为 GC 碱基对。

5-溴尿嘧啶(BU)、5-溴去氧尿核苷(BUdR)为胸腺嘧啶(T)的类似物;2-氨基嘌呤(AP)为腺嘌呤(A)的类似物;马来酰肼(MH)为尿嘧啶(U)的异构体。

②嵌入染料如吖啶类染料(在分子形态上类似于碱基对的具有 3 个苯环结构的扁平染料分子)、溴化乙啶(EB)等;

③亚硝基化合物:亚硝酸、亚硝基胍(NTG)等能使嘌呤或嘧啶脱氨。HNO_2 还能造成 DNA 双链间的交联而引起遗传效应。

④叠氮化钠(NaN_3)是一种呼吸抑制剂,能引起基因突变,可获得较高的突变频率,而且无残毒。

⑤烷化剂:通过与核苷酸中的磷酸、嘌呤和嘧啶碱基等分子直接反应来诱发突变。烷化剂通常带有 1 个或多个活性烷基,使碱基多个位置被烷基化,从而在多方面改变氢键的能力,导致 DNA 断裂、缺失或修补。

烷化剂分为以下几类:

烷基磺酸盐和烷基硫酸盐:甲基磺酸乙酯(EMS)、硫酸二乙酯(DES)

亚硝基烷基化合物:亚硝基乙基脲(NEH)、N-亚硝基-N-乙基脲烷(NEU)

次乙胺和环氧乙烷类:乙烯亚胺(EI)

芥子气类:氮芥类、硫芥类。

⑥抗生素如平阳霉素(PYM),能直接作用于 DNA,高浓度时可使 DNA 链断开,低浓度时能抑制连接酶,阻止胸腺嘧啶核苷酸聚合入 DNA,故抑制 DNA 的修复合成,PYM 在许多实验中均被证明具有安全、高效、诱变频率高、范围大等特点。

还有一些来自于其他微生物的 DNA 片段、转座子等生物因子等都可诱发突变。

诱发突变可引起基因突变和染色体畸变。

表 6-3　若干诱变剂的作用机制及诱变功能

诱变因素	在 DNA 上的初级效应	遗传效应
碱基类似物	掺入作用	AT GC 转换
羟胺	与胞嘧啶起反应	GC AT 转换
亚硝酸	A、G、C 氧化脱氨作用 交联	AT GC 转换 缺失
烷化剂	烷化碱基(主要是 G) 烷化磷酸基团 丧失烷化的嘌呤 糖一磷酸骨架的断裂	AT GC 转换 AT TA 颠换 GC CG 颠换 巨大损伤(缺失、重复、倒位、易位)
吖啶类	碱基之间的相互作用(双链变形)	码组移动(+或一)
紫外线	形成嘧啶的水合物 形成嘧啶二聚体 交联	GC AT 转换 码组移动(+或一)
电离辐射	碱基的羟基化和降解 DNA 降解 糖一磷酸骨架的断裂 丧失嘌呤	AT GC 转换 码组移动(+或一) 巨大损伤(缺失、重复、倒位、易位)
加热	C 脱氨基	CG TA 转换
Mu 噬菌体	结合到一个基因中间	码组移动(+或一)

(2)细胞内的诱发因素

生物体细胞的代谢活动会产生一些诱变物质,如过氧化氢、咖啡碱和重氮丝氨酸等,它们是引起自发突变的内源诱变剂。

(3)DNA 分子内部因素

DNA 分子中的碱基存在着互变异构效应，即碱基在细胞中可以不同形式的互变异构体存在。碱基 T 和 G 能够以酮式或烯醇式两种互变异构的状态出现；而碱基 C 和 A 能够以氨基式或亚氨基式两种互变状态出现。在一般生理条件下，碱基以酮式或氨基式形式存在，故 A 和 T、G 和 C 配对。当它们各自以其稀有的烯醇式形式或亚氨基态出现时，在新合成链中将出现配对错误，A 将和 C 配对，T 将与 G 配对。下轮 DNA 复制之前，如果 配对错误未能修复，则经过复制后，A－T 对变成了 G－C 对，G－C 对变成了 A－T 对。

2.1.2.2　基因突变特点

(1)不对应性：即突变性状与引起突变的原因间无直接对应关系。例如，细菌在有青霉素的环境下，出现了抗青霉素的突变体；在紫外线的作用下，出现了抗紫外线的突变体；在较高的培养温度下，出现了耐高温的突变体等。表面上看来，会认为正是由于青霉素、紫外线或高温的“诱变”，才产生了相对应的突变性状。事实恰恰相反，这类性状都可通过自发的或其任何诱变因子诱发而行。这里的青霉素、紫外线仅是起着淘汰原有非突变型(敏感型)个体的作用。

(2)自发性：各种性状的突变，可以在没有人为诱变因素下自发发生。

(3)稀有性：自发突变的频率是较低和稳定的，一般在 10^{-9}～10^{-6}间。

(4)独立性：突变的发生对于微生物细胞和基因而言都是随机的。某一基因的突变既不提高也不降低其他基因的突变率。两个基因发生突变是各不相关的两个事件。

(5)诱变性：通过诱变剂的作用，可提高自发突变的频率，一般可提高 10～10^5倍。

(6)稳定性：由于突变的根源是遗传物质结构上发生了稳定的变化，所产生的新性状也是稳定的、可遗传的。

(7)可逆性：任何性状既可正向突变，也可发生回复突变。回复突变率同样是很低的。

2.1.2.3　基因突变机制

无论是自发突变还是诱发突变，基因突变本质是 DNA 分子结构发生了改变。这种改变有下面几种形式：

(1)碱基置换（ substitution ）

碱基置换包括转换和颠换。转换指 DNA 链中的一个嘌呤被另一个嘌呤或是一个嘧啶被另一个嘧啶所置换；颠换为一个嘌呤被另一个嘧啶或一个嘧啶被另一个嘌呤所置换。碱基的置换的结果只影响到一个基因的变异甚至不变，对于 DNA 来说属于一种微小损伤，为点突变。

对某一具体诱变剂来说，既可同时引起转换与颠换，也可只具有其中的一种功能。

例如亚硝酸、羟胺和各种烷化剂等，它们可与一个或几个碱基发生生化反应，引起 DNA 复制时发生转换。能引起颠换的诱变剂很少。

(2)移码突变（ frame－shift mutation 或 phase－shift mutation ）指诱变剂使 DNA 分子中的一个或少数几个核苷酸发生增添(插入)或缺失，从而使该部位后面的全部遗传密码发生转录和转译错误的一类突变。

与染色体畸变相比，移码突变也只是 DNA 分子的微小损伤，亦属点突变。

能引起移码突变的因素是一些吖啶类染料，包括原黄素、吖啶黄、吖啶橙和 α－氨基吖啶等，以及一系列“ICR”类化合物。

(3)染色体畸变(chromosomal aberration)是染色体大的损伤,如染色体数量的变化和染色体结构上的缺失(deletion)、重复(duplication)、插入(insertion)、易位(translocation)、倒位(inversion)等改变。

染色体畸变可发生在染色体内或染色体间。

①缺失:指染色体部分片段丢失。

②重复:在一对同源染色体的不同部位上各有一个断裂点,一条染色体的片断接到另一条染色体的相应部位,结果使后者发生重复。

③易位:若易位发生在同一条染色体上,指断裂下来的一小段染色体再顺向或逆向地插入到同一染色体的其他部位上。若易位发生在染色体间则指两条非同源染色体同时发生断裂,断片相互交换位置后重接,形成易位。

④倒位:是指断裂下来的一段染色体旋转 180 °后,重新插入到原来染色体的位置上,从而使其基因顺序与原基因顺序方向相反。

许多理化诱变剂的诱变作用都不是单一功能的,能同时诱发 DNA 多种损伤。例如,亚硝酸既能引起碱基的转换作用,又能诱发染色体畸变。

2.1.3 微生物 DNA 损伤的修复

针对 DNA 可能由于各种原因而受到损伤,微生物细胞内存在一系列的修复系统,对这些 DNA 损伤加以修复。根据修复过程是否需要可见光的作用将 DNA 修复方式分为光复活修复和暗复活修复(或暗修复)。暗修复有切除修复、重组修复和 SOS 修复等不同方式。

2.1.3.1 光复活修复(Photoreactivation Repair)

把经 UV 照射后的微生物立即暴露于可见光下时,就可出现其死亡率明显降低的现象,此即光复活修复作用。它是一种高度专一的 DNA 直接修复过程。只作用于紫外线引起的 DNA 嘧啶二聚体的修复。最早在灰色链霉菌(A. Kelner ,1949 年)中发现,后在许多微生物中都陆续得到了证实。

光复活修复的机制是:微生物菌体里存在的光复合酶(photoreactivating enzyme)可被可见光(有效波长为 400 nm 左右)的光子激活,结合在嘧啶二聚体上,分解因紫外线照射而形成的二聚体部分(图 6-9)。

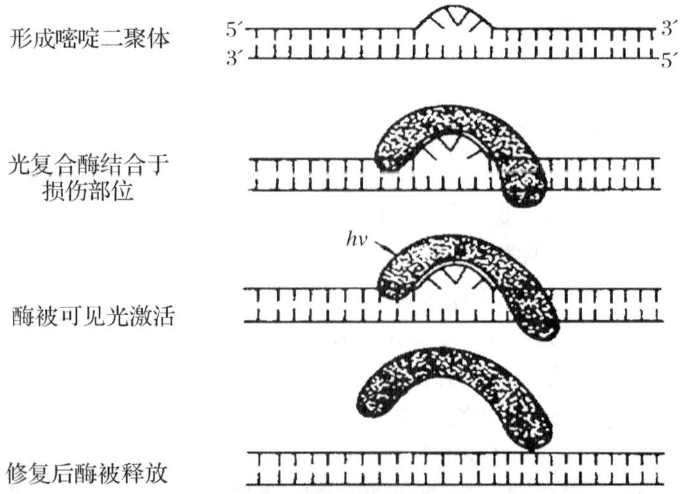

图 6-9 光复活修复过程示意图

2.1.3.2 切除修复（Excision Repair）

是活细胞内对被UV等诱变剂损伤后DNA的修复方式之一。切除修复是通过核酸酶的酶切作用在DNA受损部位产生缺口，随后以完整互补的DNA链为模板，重新合成缺失的DNA链并切除损伤部位而达到修复目的一种核酸修复方式(图6-10)。

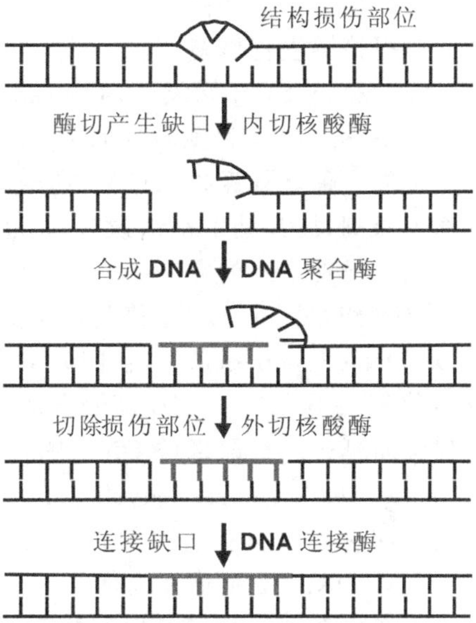

图6-10 切除修复过程示意图

切除修复的主要步骤如下：

(1)内切核酸酶在DNA损伤处5′端作一单链缺口；

(2)DNA聚合酶以损伤DNA的另一条互补链为模板，从原有链上暴露的3′端起逐个延长，重新合成一段缺失的DNA片段；

(3)外切核酸酶从5′至3′端方向切除损伤部分；

(4)在DNA连接酶的作用下，新合成的DNA片段与原链相连接，从而完成修复作用。

切除修复有两种情况，一是先补后切，一是先切后补。一般认为先补后切比较合理。切除修复不仅能除去嘧啶二聚体，而且还可以去除DNA上其它的损害。

2.1.3.3 重组修复（Recombination Repair）

重组修复是在不切除损伤部位(如胸腺嘧啶二聚体)的情况下，以受损单链为模板继续合成互补单链，互补单链合成延长过程中在对应每一个损伤部位处留下一个空缺，通过与同源染色体交换重组，空缺部位被转移面对着正常的单链而不再面对着损伤部位，随后在DNA多聚酶和连接酶的作用下空缺部分得以修复的一种DNA修复方式。因为修复过程必须在DNA进行复制的情况下进行，故又称为复制后修复(图6-11)。

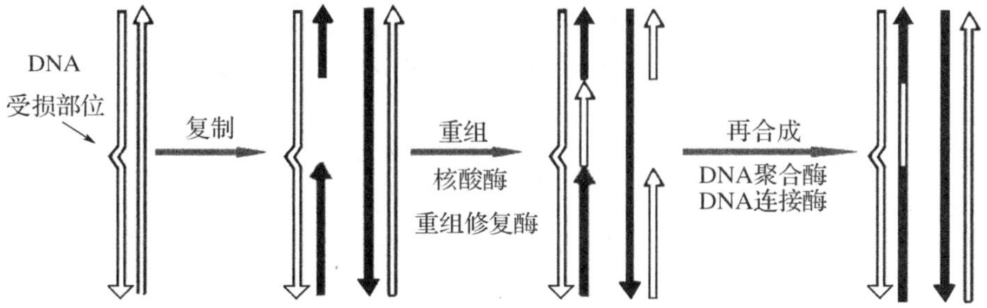

图6-11 重组修复过程示意图

同源DNA分子可来自于复制的子代DNA、拷贝后的染色体、二倍体等。

主要步骤包括：

(1)复制：含有损伤的DNA单链仍然正常进行复制，遇到损伤部位留下缺口；

(2)重组：完整的母链与有缺口的子链发生重组，子链缺口被弥补，缺口被转移面对另外正常的互补链；

(3)再合成：缺口处DNA合成新片段后，连接酶将新片段与旧链连接，完成修复。

当某些损伤不能用模板作为信息来源，如复制叉后面的损伤，互补链双方的碱基都已损伤，或者是被一个像丝裂霉素C那样的致癌化学剂交叉连接着，或互补双方的DNA

片断都丢失了，更无可能互相参照修复时，重组修复是一种有效的核酸修复方式。

重组修复的关键酶为重组修复酶（Recombinational repair enzyme），在大肠杆菌中为 RecA 蛋白。此酶能使 DNA 上损伤两侧的序列与携带有丢失信息的相应片段退火，从而对损伤链进行修复。

2.1.3.4 SOS 修复（SOS repair）

SOS 修复是一种急救性修复，是细胞在 DNA 受到重大损伤，细胞处于危机状态下诱导产生的一种修复保护 DNA 的应急方式。修复以维持基因组的完整性，提高细胞的生存率为原则，故其结果是错误较多，也称为差错倾向修复(Error prone repair)。SOS 修复使细胞出现较高的突变率。

SOS 组基因是 DNA 修复最重要最广泛的基因集团，通常称为 DNA 紧急修复基因(SOS DNA repair gene)，它们为 DNA 损伤诱导而产生的一整套特殊 DNA 聚合酶——SOS 修复酶类，催化 DNA 新链合成中空缺部位 DNA 的合成，使新生 DNA 链能越过损伤部位而延长。空缺部位 DNA 的合成较随机，保真度较低，错误潜伏。这些修复基因包括 recA、lexA、uvrA、uvrB、uvrC 等。在 DNA 未受重大损伤时 LexA 基因产生的阻遏蛋白抑制其余修复基因的转录表达，只合成少量 Uvr 修复酶用于 DNA 零星损伤修复。一旦 DNA 受到重大损伤，LexA 阻遏蛋白被激活的 RecA 蛋白降解，修复基因得以表达而产生系列修复酶对损伤的 DNA 部分进行修复。

2.2 微生物基因突变与育种

育种的手段很多，从微生物育种发展的历史看，有定向培育、诱变育种、杂交育种、原生质体融合和基因工程等育种技术。其中利用微生物基因可发生自发突变和诱发突变进行育种的方式为最为传统而实用的方式。

2.2.1 利用自发突变育种

2.2.1.1 从生产中选育

由于微生物在自然生长繁殖的过程中也会以一定频率发生自发突变，虽然频率不高，但是富于实际经验和善于细致观察的人们仍然可以及时抓住这类良机来选育优良生产菌种。例如，从污染噬菌体的发酵液中可能分离到抗噬菌体的新菌株。

2.2.1.2 定向培养优良菌种

定向培育是指用某一特定因素长期处理某一微生物培养物，同时不断对它们进行传代，以达到累积并选择相应的自发突变体的一种古老的育种方法。由于定向培育的自发突变频率较低，变异程度较轻微，所以培育新种的过程十分缓慢。与诱变育种、杂交育种和基因工程技术相比，定向培育法带有“守株待兔”的性质，除某些抗性突变外，一般要相当长的时间。

2.2.2 诱变育种

诱变育种是人为地有目的地利用物理和化学诱变因素处理均匀分散的微生物细胞、孢子或芽孢群，大幅度提高突变频率，然后采用简便、快速和高效的筛选方法，从中挑选少数符合育种目的的突变株，以供生产实践或科学研究用。诱变育种除能提高产量外，还可达到改进产品质量、扩大品种和简化生产工艺等目的。

2.2.2.1 诱变育种方法

目前，人们用于诱变育种的诱变方法有物理诱变、化学诱变、复合诱变和空间技术诱变四种方法。

较为简单的处理方式是采用单一的物理因素或化学因素诱变处理材料。但是实践经验发现复合诱变具有协同效应，其诱变效果更好。

复合诱变处理指采用同一种诱变剂多次重复处理材料或采用两种或多种诱变剂同时或先后诱变处理材料的诱变处理方式。

空间诱变育种或称航天诱变育种，是将供试诱变材料（微生物材料、农作物种子等）搭乘返回式卫星或宇宙飞船，送到距地球 200～400 km 的太空，利用空间宇宙射线的强辐射，在高真空、微重力和交变磁场等特殊环境中进行诱变处理，返回地面后继续采用常规育种技术，从中选育出新品种的方式。因此，航天诱变育种技术是将航天技术、生物技术和育种技术相结合，使供试材料产生有利变异，发展起来的一项崭新的育种技术。

1987 年以来，中国科学院微生物研究所等单位，先后利用卫星搭载了真菌、酵母、放线菌、细菌等 30 多种微生物菌种，经培养繁殖后观察发现，处理后菌种的性状均产生了一些变异，从中选择培养出了一些能提高抗生素和酶产量的新菌种，现已投产应用。

空间环境导致作物遗传变异的原因尚不完全清楚，现有微重力假说、空间辐射假说和转座子假说等理论来解释说明。

微重力假说：在卫星近地面空间条件下，环境重力明显不同于地面，不及地面重力十分之一的微重力可能干扰 DNA 损伤修复系统的正常运行，即阻碍或抑制 DNA 断链的修复。

空间辐射假说：卫星飞行空间存在着各种质子、电子、离子、粒子、高能重粒子（HZE）、X-射线、γ-射线及其他宇宙射线。这些射线和粒子能穿透宇宙飞行器外壁，作用于飞行器内的生物，产生很高的生物效应和有效的诱变作用。

转座子假说：太空环境将潜伏的转座子激活，活化的转座子通过移位、插入和丢失，导致基因变异和染色体畸变。

2.2.2.2 诱变育种路线

诱变育种具有方法简单、快速和收效显著等特点，是目前广泛使用的育种手段之一。以高产为目标的诱导育种大致路线如下图 6-12：

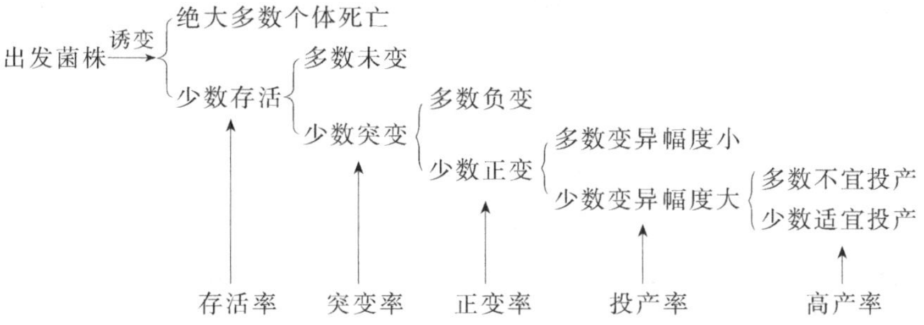

图 6-12 诱变育种路线图

2.2.2.3 诱变育种基本步骤

(1)出发菌株的选择：

①选择纯种。

②自然选育的具有一定生产能力的或至少能少量产生目的产物的野生菌株。

③选择已发生其它变异的菌株。

④具有优良生长和培养特性的菌株，如生长速度快、营养要求低以及产孢子早而多的菌株。

⑤对诱变剂敏感的菌种，如采用“增变菌株”（对诱变剂的敏感性比原始菌株大为提高的变异菌株）。

⑥使用多个出发菌株。

(2)单细胞、单孢子悬液的制备

①采用对数期细胞或成熟而新鲜的孢子:用发芽孢子(芽长为孢子的0.5～1倍)或直接用斜面孢子。

②不产生孢子的真菌采用年幼的菌丝体。

(3)诱变剂的选择和诱变处理

①诱变剂种类的选择

选择简便有效的诱变剂。可选择物理诱变剂、化学诱变剂或同时选择物理诱变剂和化学诱变剂。

紫外线仍是十分有效的物理诱变剂。紫外线最有效的波长是2537Å。常采用15w紫外线灯管,30cm距离照射一定时间。电离辐射是造成染色体巨大损伤的最好诱变剂,它能造成不可回复的缺失突变。但它可能影响邻近基因的性能。使用电离辐射进行诱变,设备费用大,且存在安全性问题。

化学诱变剂在大多数情况下,就突变数量而言,要比电离辐射更有效。使用化学诱变剂较经济,因为使用量小,不需要特殊的设备。但大部分诱变剂是致癌剂,所以在使用中必须非常谨慎,要避免化学诱变剂与皮肤接触,且切勿吸入其蒸气。化学诱变剂中亚硝酸和烷化剂应用的范围较广,造成的遗传损伤较多。其中亚硝基胍和甲基磺酸乙酯常被称为"超诱变剂",甲基磺酸乙酯是毒性最小的诱变剂之一。

②诱变剂量的选择

如采用大剂量诱变剂处理材料,则杀菌率高(90%～99%),但在单位存活细胞中负变菌株多,正变菌株少。

如使用小剂量进行诱变处理,使杀菌率为50%～80%,则在单位存活细胞中正变株多,然而大幅度提高产量的菌株可能较少。

使用化学诱变剂主要是调节浓度、处理时间、处理条件(温度、pH值等)。

而物理诱变剂主要是控制照射距离、时间和照射过程中的条件(O_2、水等)。

③诱变剂处理方式的选择

可采用单因子处理一次或连续重复使用。亦可采用复合因子处理,方式可以是两个以上因子同时处理或不同诱变剂交替处理。

(4)中间培养

表型迟延(Phenotypic lag)指细胞遗传型虽已突变,但表型却需要在DNA复制、分离和细胞分裂后,才表现出来。表型迟延的结果是造成不纯的菌落。

表型迟延有两种原因:分离性迟延和生理性迟延。

分离性迟延是突变产生的杂合体(双链DNA分子的一条链上的某一基因发生突变,而另一条链正常),只有通过DNA复制、分离和细胞繁殖分裂后形成纯合的突变体,突变性状才表现出来。

生理性迟延是突变体中突变前的基因产物——酶继续发生作用的结果。

生理性迟延指细胞突变基因虽已由杂合状态变为纯合状态,但细胞内原有酶的存在使得突变细胞还不一定出现突变表型,一般需繁殖三代以上才能将突变性状表现出来。

由于发生突变表现有一个延迟过程,所以中间培养过程对筛选获得稳定菌株极重要。

中间培养的方法是让变异处理后细胞在液体培养基中培养几小时,以让细胞的遗传物质复制,让细胞繁殖几代,以得到纯的变异细胞。

(5)突变株的分离与筛选

尽可能利用和创造形态、生理和产量之间的相关指标，设计高效的筛选方法。筛选一般分初筛和复筛。初筛以量为主。复筛则是精选，以质为主。

采用平板菌落筛选法、浓度梯度法、琼脂块法及影印培养法等经典高效的筛选方法可快速检出优良的突变菌株。

一个菌株的高产性能是经过多代微小突变累积的，所以一次诱变往往还不能达到理想的标准，需经过长期多代诱变才可达到高产的目的。一代诱变后的菌落形态与直接亲本之间形态变化一般不明显，但经长期多代诱变后，高产菌株与其最原始的亲代在形态特征上还是有明显差异。

(6)产物活性鉴定

(7)变异菌株适宜培养基的选择

2.2.2.4　营养缺陷型的分离筛选步骤

(1)淘汰野生型(浓缩缺陷型)：出发菌株细胞经诱变剂处理后，大部分是未发生突变的野生型。为了浓缩缺陷型可以采用以下淘汰野生型的处理方法：

①抗生素法：细菌可采用青霉素浓缩法，原理是青霉素能抑制细菌细胞壁肽聚糖的交联从而能杀死正在生长繁殖着的细菌而不能杀死休止状态的细菌。如果将诱变剂处理后的细菌培养在含有青霉素的基本培养基中，就可以淘汰大部分生长繁殖活跃的野生型细胞而达到“浓缩”缺陷型的目的。真菌采用制霉素(作用于细胞膜上的甾醇，引起细胞膜损伤)处理可达到相同的目的。

②菌丝过滤法：是让未发生突变的菌体在基础培养基中生长繁殖一定时间形成菌丝(MM 振荡培养约 10 小时)，用灭菌的脱脂棉或滤纸等除去菌丝。继续培养，每隔 3～4 小时过滤一次，重复 3～4 次。

③高温杀菌法：对于产芽孢的细菌可以在基础培养基培养一定时间后采用高温(80℃)处理的方法淘汰不耐高温的细菌营养体。

(2)检出缺陷型：可采用如下方法：

①点种法或点植对照法(图 6-13)：把浓缩的菌液(细胞或孢子)在完全培养基上进行分离培养，然后将平板上出现的菌落逐个地点种到基本培养基和完全培养基上，经过一定时间培养后，凡是在基本培养基上不能生长，而在完全培养基上能生长的菌落，便是营养缺陷型。

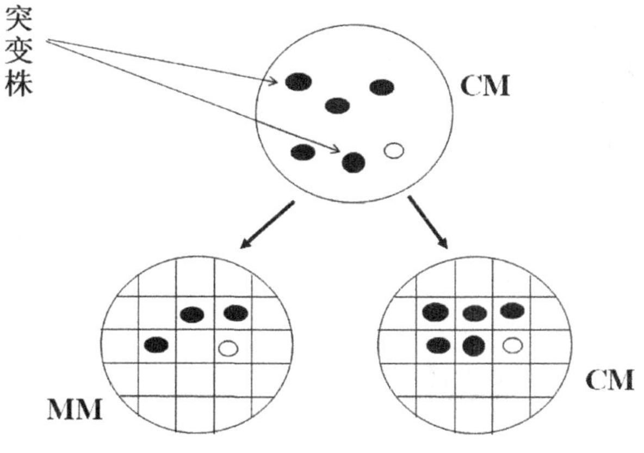

图 6-13　点植对照法示意图

②影印法(图 6-14)

将诱变处理后的细胞或孢子液接种于完全培养基上,适温培养长出菌落后,用影印接种方式将菌落转接到基础培养基上,培养,挑取那些在完全培养基上生长而在基础培养基上不生长的菌落即为突变细胞形成的菌落。

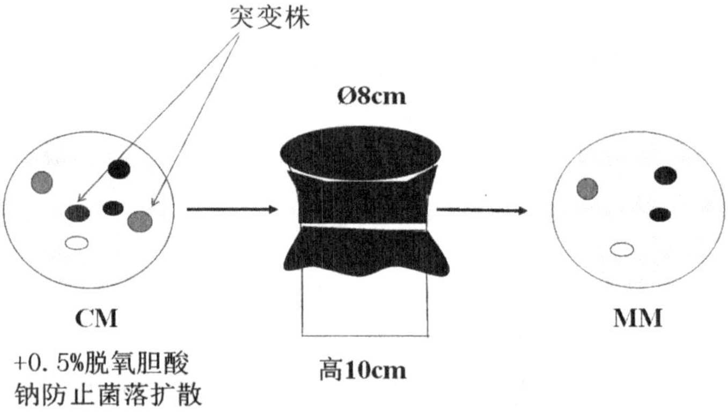

图 6-14　影印培养法示意图

③夹层法(图 6-15)

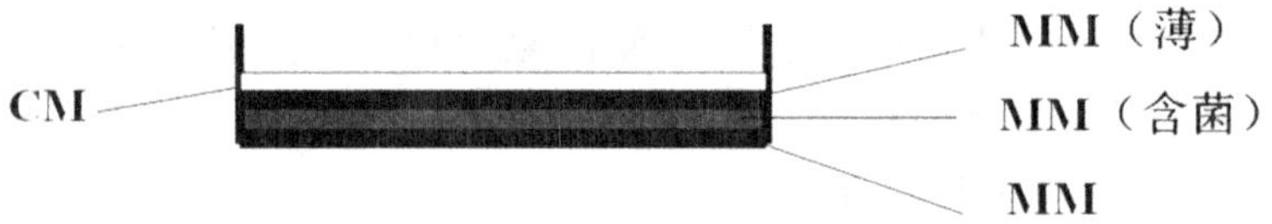

图 6-15　夹层培养法示意图

在平皿最底层注入一层基本培养基(MM)后,将诱变处理培养几小时后的菌液和基本培养基(MM)混合后倾注倒混菌平板,待其凝固后在其上倒一层薄薄的基础培养基(MM),倾注后培养 24 小时,非营养缺陷型菌株生长成菌落,再倾注最后一层完全培养基(CM),在 MM 上不长,后在 CM 上长出的小的菌落为营养缺陷型菌落。

④限量补充法

限量某种营养物质(如 0.01%蛋白胨),野生型长出大菌落,缺陷型长出小菌落。

(3)鉴定缺陷型

一般先测定判断缺陷型菌株所需生长因子的类别(如氨基酸类、维生素类、核苷酸类),再测定缺陷型所需的具体生长因子,如某种氨基酸或某种维生素。

常用生长谱法:将待检测的营养缺陷型制成菌悬液涂布于基本培养基固体平板上,采用小的已灭菌的滤纸片放置在培养基上,分别于每个滤纸片上滴加一种所需检验的生长因子,或直接将平板划分成多个区域,在每个区域分别加上一种所需测验的生长因子,培养观察有无生长圈出现。

菌株较多时采用组合补充培养基法。将某种已知的生长因子加入到基本培养基中制成平板,将待测菌株分别点种在含不同生长因子的平板上,培养观察有无菌落生长,从而判定营养缺陷型所需生长因子,即菌株为何种营养缺陷型。

3　微生物的基因重组

基因重组(gene recombination) 指将两个具有不同性状的生物细胞中的遗传基因转

移到一起，并经过遗传物质的重新组合，形成新的遗传型个体的方式。

3.1 自然存在于微生物的基因重组方式

3.1.1 原核微生物中基因重组方式

3.1.1.1 转化

转化(transformation)指受体细胞直接吸收了来自供体细胞的 DNA 片段，并把它整合到自己的基因组中，从而获得了供体细胞部分遗传性状的现象，称为转化。转化一般只发生在同一物种或近缘物种之间。目前只在肺炎双球菌、大肠杆菌、芽孢杆菌属、嗜血菌属 、假单胞杆菌属等属的某些菌种和少数真菌中发现。

转化因子指在转化过程中被转化的 DNA 片段，分子量小于 10^7，最多不超过 10～20 个基因，转化后的受体菌叫转化子。通常呈质粒状态的转化因子转化频率最高。

受体菌只有处于感受态时，才能摄取转化因子。感受态是指受体细胞最容易接受外源 DNA 片段并实现转化的一种生理状态。通常只在生活史中的一个固定时期出现，如指数期后期。凡是能吸收外来的 DNA 片段，并把它整合到自己的染色体组上以实现转化的受体细胞，称为感受态细胞。

细菌转化过程如图 6-16 示。

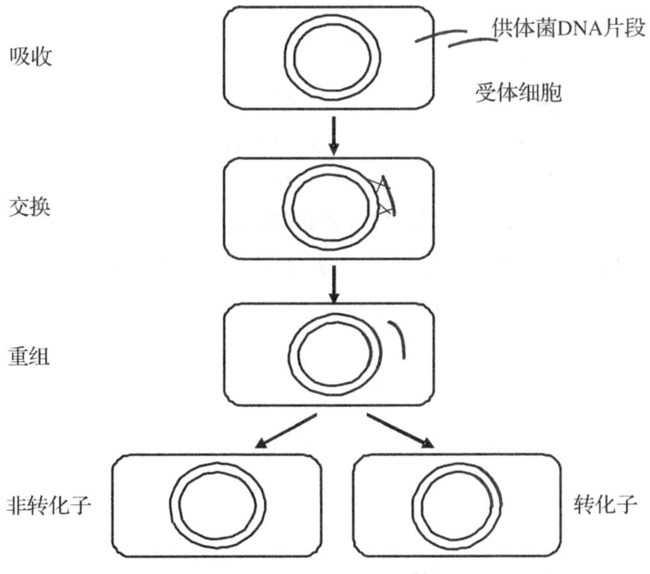

图 6-16 **转化过程示意图**

3.1.1.2 转导

转导(transduction)是以转导噬菌体为媒介将一个细胞的基因转移给另一细胞的过程。它是细菌之间传递遗传物质的方式之一。现已发展成为基因定位和精细结构分析的常用方法。转导现象在很多细菌中被发现。

转导噬菌体(transducing phage)为缺陷型噬菌体，包括完全缺陷型噬菌体和部分缺陷型噬菌体。

完全缺陷型噬菌体为温和型噬菌体侵染宿主细胞裂解释放时错误包装了一段与噬菌体 DNA 大小相当的宿主细胞的 DNA 片段而形成。其结构为噬菌体的蛋白质外壳包裹着宿主细胞的 DNA 片段。

部分缺陷型噬菌体的产生是溶源性细菌中温和型噬菌体从溶源性状态(原噬菌体)裂解释放时偏离原整合位点脱离成游离状态时产生的。

因为在溶源化过程中噬菌体是整合在宿主细胞(供体细胞)染色体的特定位置上的。当溶源性细菌受紫外线等因素诱导后噬菌体被诱发释放,原噬菌体便脱离细菌染色体而进行复制,大部分原噬菌体从原整合位置正常脱离,而一部分原噬菌体偏离原来的整合位点切割脱离,将整合位点附近的宿主细胞的少数染色体基因结合到噬菌体 DNA 上形成杂合 DNA,而同时将少数噬菌体 DNA 片段留在了宿主细胞 DNA 上。这些携带了少数宿主细胞染色体基因的噬菌体便是部分缺陷型噬菌体。

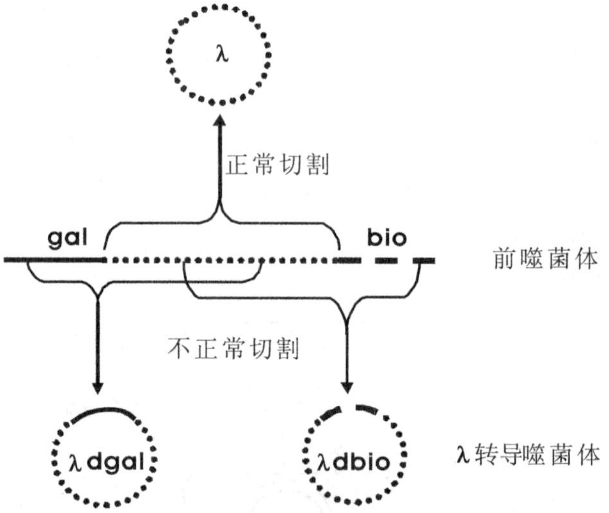

图 6-17　部分缺陷型噬菌体的产生过程

部分缺陷型噬菌体的产生过程如图 6-17 所示。λ 噬菌体能整合在大肠杆菌(K12)染色体 DNA 上的半乳糖基因(gal)和生物素基因(bio)之间,当溶源性大肠杆菌受紫外线照射后,λ 噬菌体被诱导释放,不正常切割时形成带有半乳糖基因和生物素基因的转导噬菌体λ λdgal 和 λdbio。当这两种转导噬菌体分别与不能利用半乳糖(gal^-)或生物素(bio^-)的受体菌大肠杆菌(突变株)混合接触时,λdgal 和 λdbio 能以一定频率整合到受体菌 DNA 上,从而使不能利用半乳糖或生物素的受体菌转变成能利用半乳糖或生物素的细菌。

根据噬菌体转导供体菌基因的差异,转导可分为普遍性转导和局限性转导。

普遍性转导(generalized transduction)通过完全缺陷型噬菌体可将供体宿主细菌的任何基因传递到受体宿主细胞中,这种转导称为普遍性转导。根据噬菌体转导的供体细胞 DNA 片段(称为转导 DNA)是否整合到受体细胞染色体上,又可将普遍性转导分为完全转导和流产转导。

完全缺陷型噬菌体将转导 DNA 转入到受体菌细胞内后,如果转导 DNA 与受体菌 DNA 进行重组并复制,称为完全转导(图 6-18)。

如果转导 DNA 不能与受体菌 DNA 进行重组并复制,其上的基因仅经过转录而得到了表达,则称为流产转导(图 6-19)。在细胞分裂时转导 DNA 只能分配给一个子细胞,进行单线传递。而另一个细胞仅获得转导 DNA 基因的少量产物——酶,随分裂次数增加

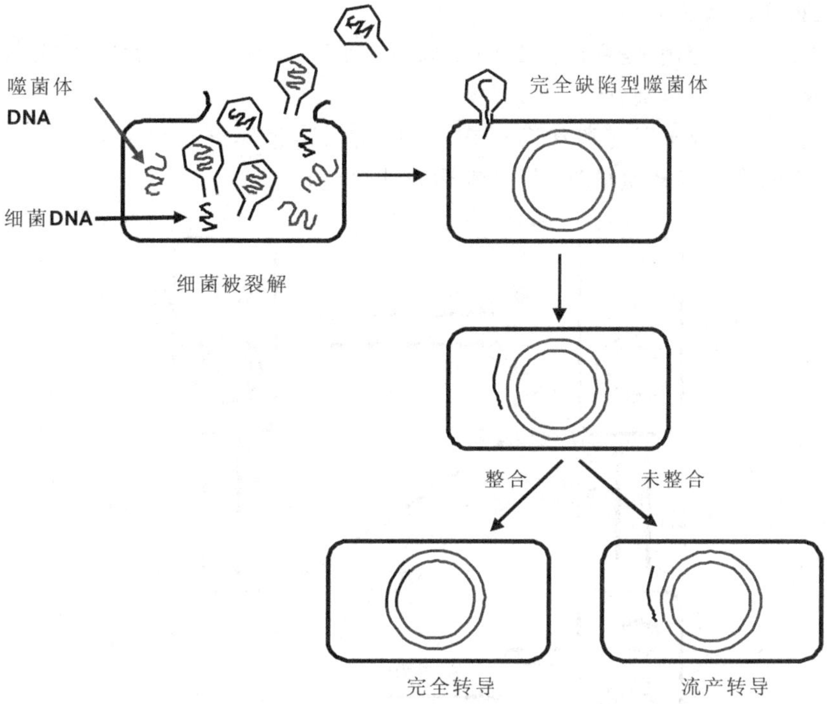

图 6-18　完全缺陷型噬菌体的产生和完全转导过程图

而被稀释，表型上仅呈轻微的供体菌基因特征。流产转导的关键特征即是在选择培养基平皿上形成由许多缺陷型细胞及一个带有不复制转导 DNA 的细胞所组成的微小菌落。

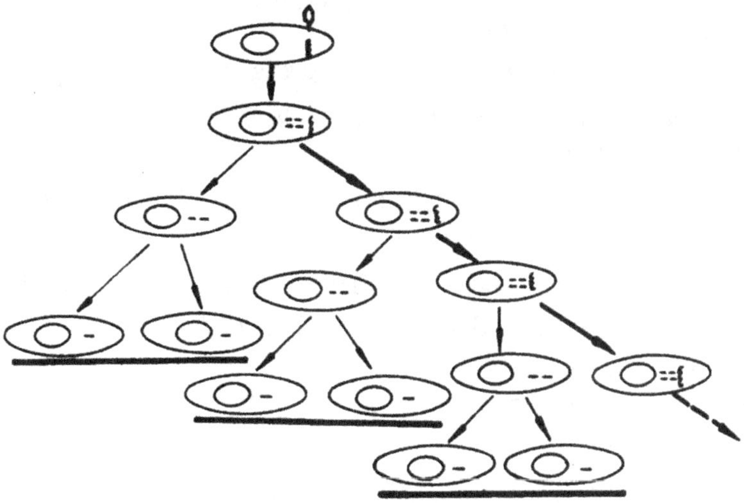

图 6-19　流产转导示意图

局限性转导(restricted transduction)指部分缺陷型噬菌体只能传递供体菌染色体上原噬菌体整合位置附近的基因的转导。

3.1.1.3　接合(conjugation)

接合是指供体菌和受体菌完整细胞间直接接触而实现大片段 DNA 传递的现象。

大肠杆菌的接合现象是研究得最清楚的。大肠杆菌中存在一种决定性别的质粒，称为 F 因子，又称为致育因子，这是一种存在于细菌染色体外的小型的独立的环状 DNA 分子，它具有控制自我复制和转移到其它细胞中去的功能。

(1)大肠杆菌菌株类型：

根据 *E. coli* 细胞中是否存在 F 因子以及 F 因子在细胞中的存在方式不同，可把大肠杆菌分成以下四种类型(图 6-20)：

① F^+ 菌株：F 因子以游离状态存在，可独立于染色体进行自主复制。一般有 1～4 个，且细胞表面有相当数量的性菌毛(或称为性伞毛)。

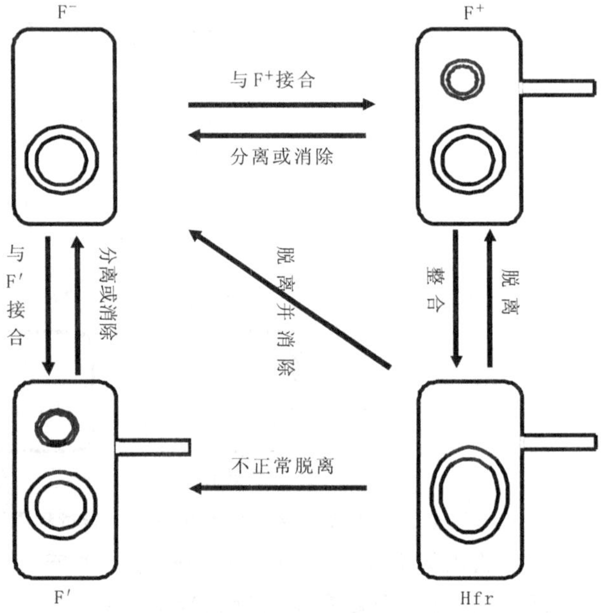

图 6-20 大肠杆菌菌株类型

② F^- 菌株：不含 F 因子，无性菌毛。

③ Hfr 菌株(高频重组菌株)：Hfr 与 F^- 菌株发生重组的频率要比 F^+ 菌与 F^- 菌重组的频率高得多，故有此命名。Hfr 菌株细胞中 F 因子整合在大肠杆菌染色体的一定部位，并与大肠杆菌染色体同步复制。

④ F'菌株：因为 F 因子整合到染色体上是一种可逆过程，当 F 因子从染色体上脱落时，会出现一定概率的错误，与部分缺陷型噬菌体的产生机制类似，F 因子偏离原整合位点在其附近脱离，将自身的部分基因留在大肠杆菌的染色体 DNA 上，而使 F 因子上带有部分大肠杆菌染色体的遗传因子，这时的 F 因子称为 F'因子。

(2)各菌株接合现象

大肠杆菌的各类菌株之间可以发生接合(图 6-21)。分别表现出不同的接合结果。

①$F^+ \times F^-$ 接合

F^+ 菌株细胞通过性菌毛与 F^- 菌株细胞连接(图 6-22)，在细胞间形成胞质桥(或称接管)，F 因子复制后通过胞质桥进入到 F^- 菌株细胞，F^- 菌株细胞获得 F 因子后转变成了 F^+ 菌株细胞并生长出性菌毛。F 因子的复制为滚环复制方式。即 F 因子的一条 DNA 单链断裂(在特定位点上)、解链，并单向转移进入受体细胞，后以此单链做模板合成互补链形成新的 F 因子。

②$Hfr \times F^-$ 接合(图 6-23)

当 Hfr 与 F^- 菌株发生接合时，Hfr 的染色体双链中的一条单链在 F 因子处发生断裂，由环状变为线状，F 因子则位于线状单链 DNA 之末端。整段线状染色体也以 5′—末端引导，等速转移至 F^- 细胞。在没有外界因素干扰的情况下，这一转移过程的全部完成

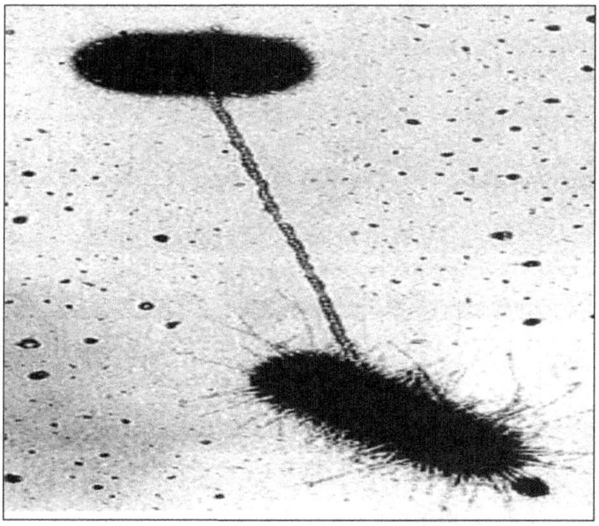

图 6-21　大肠杆菌的接合电镜图示

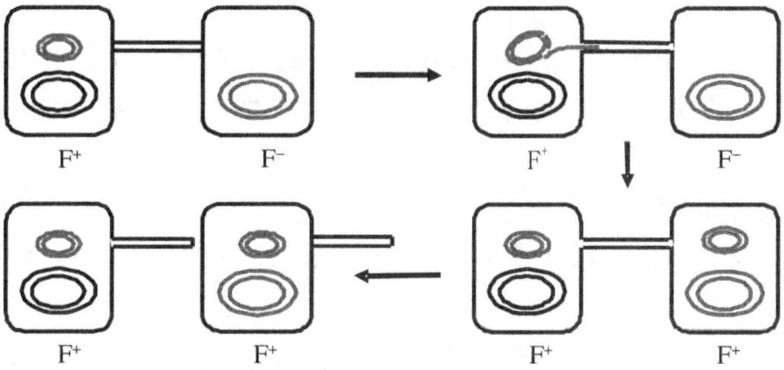

图 6-22　$F^+ \times F^-$ 接合示意图

约需 100 分钟。实际上转移过程常常被中断，所以越是处在前端的染色体基因，进入 F^- 的几率就越高。由于 F 因子位于线状 DNA 的末端，进入 F^- 细胞的机会最少，故引起 F^- 变成 F^+ 的可能性也最小。因此 Hfr 与 F^- 接合的结果是其重组频率最高，但转性频率却最低。

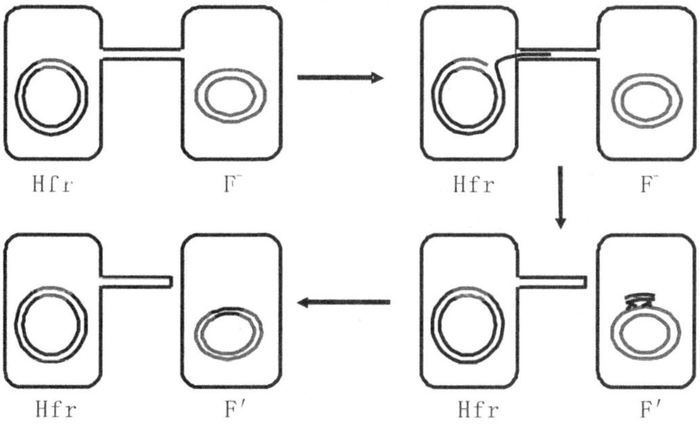

图 6-23　Hfr×F^- 接合示意图

③F′与 F^- 接合(图 6-24)

F′与 F⁻的接合就可以使后者变成 F′。

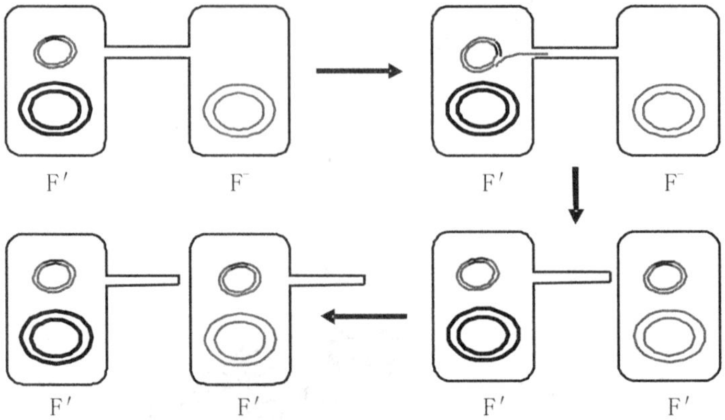

图 6-24　F′与 F⁻接合示意图

3.1.2　真核微生物的基因重组

在真核微生物中，自然存在的基因重组方式主要有有性杂交、准性生殖等形式。

3.1.2.1　有性杂交

杂交是在细胞水平上发生的一种遗传重组方式。有性杂交指性细胞间接合并发生染色体重组，产生新的遗传型后代的过程。如产生有性孢子的酵母菌或霉菌可以发生有性杂交。

有性杂交的过程包括如下几个重要的阶段：

细胞接合——细胞质融合（质配）——细胞核融合（核配）——减数分裂

3.1.2.2　准性生殖（parasexual reproduction）

准性生殖是一种类似有性生殖但较原始的生殖方式。主要存在于产生或不产生有性孢子的真核微生物——半知菌中。是一种不经过减数分裂就能导致基因重组的生殖过程。1953 年 Pontecorvo 等在研究构巢曲霉时首先发现了准性生殖现象。

准性生殖与有性生殖的最大区别是不经过减数分裂、不产生有性孢子。其过程包括异核体的形成，二倍体的形成以及体细胞的交换和单元化三个阶段。

（1）异核体形成

首先形态上没有区别，但在遗传性状上可能有区别的两个亲本体细胞的菌丝联结，细胞质融合，但细胞核不融合。这种在同一条菌丝或一个细胞内同时具有两种或两种以上基因型的细胞核称为异核体。这种现象称为异核现象。其频率很低。

（2）核融合（nuclear fusion）和杂合二倍体的形成

异核体能够独立生活但其分生孢子发生分离，都表现亲体的类型，但异核体可以极低的频率（10^{-7}～10^{-5}）发生核融合，形成杂合二倍体。核融合是指异核体内 2 个不同基因型的单倍体细胞核在繁殖过程中融合成 1 个二倍体细胞核的过程。概率较低。杂合二倍体是指细胞核中含有 2 个不同来源染色体组的菌体细胞。

（3）体细胞交换（somatic crossing-over）与单倍体化

杂合二倍体极不稳定，在进行有丝分裂过程中，有极少数细胞会发生染色体交换，即同源染色体的两条染色单体之间发生互换（体细胞交换），导致某些基因的重组。通过多次减数分裂染色体单倍体化而形成具有新性状的单倍体杂合子。所谓单倍体化是指在一系列有丝分裂过程中一再发生的个别染色体减半，直至最后形成单倍体的过程。其单倍体化不是一次有丝分裂的结果，而是经过若干次有丝分裂过程，每次分裂都有可能从二倍体核中失去部分染色体，最后才回复成单倍体核。分裂次数取决于染色体数目，数目越多则其单倍体化所需要的分裂次数也越多。准性生殖过程中染色体的交换和减少是不规则的，而且是不协调的。

由于准性生殖中可发生体细胞交换而导致基因重组，因此，对于无有性生殖方式或有性生殖方式不常见的真菌，可通过准性生殖进行育种和有丝分裂定位，为遗传分析提供了一种手段。

3.1.2.3　准性生殖与有性生殖的比较(表 6-4)

表 6-4　准性生殖与有性生殖的比较

项目	准性生殖	有性生殖
参与接合的亲本细胞	形态相同的体细胞	形态或生理上有分化的性细胞
独立生活的异核体阶段	有	无
接合后双倍体的细胞形态	与单倍体基本相同	与单倍体明显不同
双倍体变为单倍体的途径	通过有丝分裂	通过减数分裂
接合发生的概率	偶然发生，概率低	正常出现，概率高

3.2　人为的遗传物质重组方式

3.2.1　原生质体融合(protoplast fusion)

原生质体融合指通过人为的方法，使遗传性状不同的两细胞的原生质体发生融合，并进而发生遗传物质重组以产生同时带有双亲性状的、遗传性稳定的融合子(fusant)的过程。

原生质体：脱去细胞壁的原生质球。多采用溶菌酶或纤维素酶或复合酶(蜗牛酶)处理细胞脱细胞壁。

3.2.1.1　原生质体融合的优越性：

(1)可以克服微生物的种属界限，实现远缘菌株的基因重组。1981 年 Yamada 用 PEG 诱导酵母原生质体与细菌细胞融合获得成功，并使其固氮作用或光合作用实现了不稳定的表达。

(2)原生质融合可使遗传物质传递更为完整，获得更多基因重组体的机会，有利于提高育种速度。

(3)可实现将两个个体的优良性状组合集中在同一菌种中表达。

此外原生质体融合技术还可用于研究细胞质遗传、核质关系等问题，因此原生质体融合技术在生产实践及理论研究上均具有重要意义。

3.2.1.2　原生质体融合技术及育种步骤

(1)亲本的选择：选择两个具有育种价值的带有选择性遗传标记的菌株做亲本。

(2)原生质体的制备

在放线菌和细菌中，制备原生质体主要采用溶菌酶；酵母和霉菌一般可用蜗牛酶或纤维素酶等。需置高渗溶液中维持其稳定性。

(3)原生质体再生

是指去壁后的原生质体能重建细胞壁，恢复细胞完整形态，并能生长、分裂的过程。这是原生质体融合育种的必要条件。通常在原生质体融合前要测定原生质体的再生率。

(4)原生质体融合

原生质体融合方法主要有生物助融(通过病毒聚合剂如仙台病毒等病毒和某些生物提取物等使原生质体融合)、物理助融(离心沉淀、电脉冲等)、化学助融(通过化学助融剂如采用聚乙二醇 PEG 在 Ca^{2+} 、Mg^{2+} 存在下进行融合。

(5)融合子的检出与鉴定

利用选择培养基迅速准确地检出各种类型的融合子,并通过鉴定、筛选等步骤,及时选出稳定高产的融合子。

①融合子的检出

方法有直接检出法(将融合液涂布于无双亲株生长所必要的营养物或存在抑制双亲生长的抑制物的再生平皿上)、间接法和影印法。

②融合子的鉴定

可从形态学、生理生化、遗传学及生物学等几方面对经过传代选出的稳定融合子进行鉴定。如菌落形态和颜色变化、代谢产物的产量、DNA 含量分析等。

(6)融合子的筛选

产生的融合子中可能有性能不稳定的杂合双倍体和单倍重组体,筛选的目的是要选出性能稳定的单倍重组体。

3.2.2 基因工程

基因工程是在分子水平上对生物遗传物质——基因进行操作和施工的复杂技术。即把分离或合成的目的基因与适当的载体连接起来,导入到更易生长繁殖、安全已知的宿主细胞内,使其扩增和表达,从而获得大量目的基因产物或表现新性状的新物种。迄今为止,基因工程已在从细菌到家畜的几乎所有非人生命物体上做了实验,并取得了成功。基因工程产品如人胰岛素、生长激素、干扰素、DNA 疫苗、工程植物等已成功生产投入使用。

4 微生物的菌种保藏及衰退与复壮

和其他的生物物种一样微生物菌种也是主要的生物资源之一。为了更好地利用这种资源,人们不仅需要对微生物菌种进行分离、纯化、鉴定,还要将已分纯的各类菌种保存好,以便于人们的交流、研究和使用。但是从遗传的观点来看,遗传是相对的,变异是绝对的,因此要保持选育出的菌种其优良性状不变或尽可能地少变慢变,能在长期的生产实践和科学研究中使用,就必须采取适宜有效的菌种保藏方法来保存相关菌种。

4.1 微生物菌种的保藏方法

微生物菌种保藏的目的是尽可能保持菌种原有性状及活力的稳定,使其不丢失、不死亡、不污染、不变化,便于交换使用。

4.1.1 菌种保藏原理

微生物菌种保藏的基本原理是选用健壮优良的纯种微生物作为保藏菌种,创造使用能降低微生物代谢活性、抑制微生物生长繁殖使微生物处于休眠状态且难以发生突变的环境条件。这些人工环境主要从低温、干燥、缺氧、缺乏营养、添加保护剂和酸碱中和剂等几个方面设计。

4.1.2 常用的保藏方法

微生物菌种的保藏方法多样，采用何种方式，要根据被保藏微生物的种类、需要保藏的时间及实验室设备条件等多方面因素而定。下面着重介绍几种常用的保藏方法。

4.1.2.1 斜面传代保藏法

将菌种接种在试管斜面培养基上，待菌种生长完全后，置于4℃冰箱中保藏，每隔一定时间再转接至新的斜面培养基上，生长后继续保藏。此法适用于各类微生物。方法简单易行，使用方便，不需要任何特殊的设备，菌存活率高，应用较普遍。其缺点是被保藏的菌株仍有一定强度的代谢，一般保存时间为3～6个月。如在4℃～6℃冰箱条件下保存，放线菌需每3个月转接一次；酵母菌每4～6个月转接一次；霉菌每6个月转接一次。此方法易发生培养基干枯、菌体自溶、基因突变、菌种退化、菌株污染等不良现象。一般不适宜做工业生产菌种的长期保藏。

4.1.2.2 半固体穿刺保藏法

对于氧气较敏感，不能在固体培养基表面形成良好菌落的兼性厌氧菌，可以采用半固体穿刺接种培养后保藏的方法，此法不宜长时间保藏菌种。

4.1.2.3 矿物油浸没保藏法

在斜面或穿刺的培养基中覆盖灭菌的液体石蜡置于室温或低温条件下保藏，可以有效地隔离氧气以削弱好氧微生物的代谢水平，防止被保藏菌因干燥而死亡。此方法要求选择优质无毒的液体石蜡，一般为化学纯规格。液体石蜡可经160 ℃干热灭菌1～2 h或121 ℃湿热灭菌20 min后120 ℃烘去水分后使用。用量以高出培养物1 cm为宜，并以橡皮塞代替棉塞封口垂直放置在4℃冰箱内保藏。但是对于某些能利用石蜡为碳源的菌株和一些对液体石蜡保藏敏感的菌株不能采用液体石蜡保藏，一般保藏菌株2～3年应做一次存活试验。

此种方法主要适用于霉菌、酵母菌、放线菌、好氧性细菌等的保存。霉菌和酵母菌可保存几年，甚至长达10年。特别对难于冷冻干燥的丝状真菌和难以在固体培养基上形成孢子的担子菌等的保藏更为有效。此方法简便有效，不需特殊装置。其缺点是对很多厌氧细菌或能分解烃类的细菌的保藏效果较差。保存时必须直立放置，所占位置较大，同时也不便携带。

4.1.2.4 干燥载体保藏法

使微生物菌体吸附在适当的干燥载体上（土壤、沙粒、硅胶、玻璃球、滤纸片及麸皮等上）进行干燥保存的方法。最常用的有砂土保藏法。主要适用于产孢子或芽孢的微生物（真菌、放线菌和部分细菌）的保藏。一般细菌芽孢常用砂管保藏，霉菌的孢子多用麸皮管保藏。此法简便，于常温或低温下保藏均可，保藏时间较长，为1～10年。

4.1.2.5 冷冻保藏法

冷冻保藏是指将菌种于－20 ℃以下的温度保藏，冷冻保藏为微生物菌种保藏非常有效的方法。通过冷冻，使微生物代谢活动停止。一般而言，冷冻温度愈低，效果愈好。加入等体积的20%甘油或10%二甲亚砜冷冻保护剂，混匀后分装入冷冻指管、安瓿管或离心管中，于－70 ℃超低温冰箱中保藏。液氮（－196 ℃）或其蒸汽相中（－156 ℃）保藏。

这是保藏微生物菌种的较好的方法之一，保存时间长，可达10年以上。冷冻方式可以采用普通冰箱－20 ℃冻藏或更低的－50 ℃到－80 ℃低温冰箱冻藏（超低温冰箱的冷冻速度一般控制在1 ℃～2 ℃/ min。若干细菌和真菌菌种可通过此保藏方法保藏5年而活力不受影响)，抑或采用液氮(－196 ℃)或其蒸汽相中(－156 ℃)保藏或干冰(－70 ℃)冻藏。无论是哪种冷冻，在原则上应尽可能速冻，使冷冻过程中产生的冰晶小而减少细胞的损伤。不同微生物的最适冷冻速度不同。为防止细胞被冻死，保存液中应加些保护剂，例如甘油、二甲亚砜等可渗入细胞，通过降低强烈的脱水作用而保护细胞；大分子物质如脱脂牛奶、血清白蛋白等，可通过与细胞表面结合的方式防止细胞膜受冻伤。保护剂还可以起支持作用，使微生物疏松地固定在上面。

在液氮冷冻保藏中，最常用的冷冻保护剂是二甲亚砜和甘油，最终使用浓度一般为甘油 10%、二甲亚砜 5%。所使用的甘油一般用高压蒸汽灭菌，而二甲亚砜最好为过滤灭菌。

恢复使用时，将安瓿管取出，立即放入 38 ℃～40 ℃的水浴中进行急剧解冻，直到全部融化为止。再打开安瓿管，将内容物移入适宜的培养基上培养。

4.1.2.6　冷冻真空干燥保藏法

将高浓度的菌体细胞与一定的保护剂溶液混合，置于安瓿管中，在极低温度(－70 ℃左右)下快速冷冻，然后在减压条件下使冻结的细胞悬液中的水分升华除去(至 1%～5%)，使培养物干燥。最后将管口熔封，置于常温下或冰箱中保存。

此法适用于大部分微生物菌种。保藏时间一般可长达数年至十余年。而且经冻干后的菌株无需进行冷冻保藏，便于运输。

4.1.2.7　悬液保藏法

该方法直接将微生物菌种混悬于适当溶液中，将容器口封好，于室温或低温下进行保藏。

①蒸馏水保藏法：适用于霉菌、酵母菌和绝大部分放线菌。将菌体悬浮于蒸馏水中于室温或较低温度下即可保藏数年，注意避免水分的蒸发。

②糖液保藏法：适用于酵母菌。将菌体悬浮于 10%的蔗糖溶液中，置于暗处，保藏期可长达十年。此外，还可采用缓冲液或食盐水等进行保藏。

4.1.2.8　寄主保藏法

用于目前尚不能在人工培养基上生长培养的微生物，如病毒、立克次氏体、螺旋体等，它们必须在活的动物体、动物组织、昆虫、鸡胚内感染并传代。

4.1.3　菌种保藏机构

4.1.3.1　中国微生物菌种保藏中心

我国于 1979 年 7 月成立了中国微生物菌种保藏管理委员会(China Committee of Culture Collection for Microorganisms，CCCCM)，委托中国科学院负责全国菌种保藏管理业务，并确定了与普通、农业、工业、医学、抗生素和兽医微生物学有关的六个菌种保藏管理中心。1985 年增加一个林业菌种保藏中心。各保藏管理中心从事应用微生物各学科的微生物菌种的收集、保藏、管理、供应和交流。

(1)普通微生物菌种保藏管理中心(China General Microbiological Culture Collection Center，CCGMC)：

中国科学院微生物研究所，北京(AS)：真菌、细菌。

中国科学院武汉病毒研究所，武汉(AS—IV)：病毒。

(2)农业微生物菌种保藏管理中心(China Agricultural Culture Collection Center，ACCC)

中国农业科学院土壤肥料研究所，北京(ISF)。

(3)工业微生物菌种保藏管理中心(China Industrial Culture Collection Center, CICC):

中国食品发酵工业科学研究所,北京(IFFI)。

(4)医学微生物菌种保藏管理中心(China Medical Culture Collection Center,CMCC):

中国医学科学院皮肤病研究所,南京(ID):真菌。

卫生部药品生物制品鉴定所,北京(NICPBP):细菌。

中国医学科学院病毒研究所,北京(IV):病毒。

(5)抗生素菌种保藏管理中心(China Antibiotic Culture Collection Center,CACC):

中国医学科学院抗菌素研究所,北京(IA)和四川抗菌素工业研究所,成都(SIA):新抗菌素菌种。

华北制药厂抗菌素研究所,石家庄(IANP):生产用抗菌素菌种。

(6)兽医微生物菌种保藏管理中心(China Veterinary Culture Collection Center, CVCC):

农业部兽医药品监察所,北京(CIVBP)。

(7)林业菌种保藏管理中心(China Forestry Culture Collection Center,CFCC):

(8)中国香港大学微生物菌物保藏中心(The University of Hong Kong Culture Collection,HKUCC)

4.1.3.2 国外著名菌种保藏中心

(1)美国典型微生物菌种保藏中心(American Type Culture Collection,简 ATCC)。

(2)美国冷泉港研究室(Cold Spring Harbor Laboratory,CSH)。

(3)美国国立卫生研究院(the National Institutes of Health,NIH)。

(4)美国农业研究菌种保藏中心(Agricultural Research Service Culture Collection, NRRL)。

(5)美国威斯康新大学细菌学系(the Department of Bacteriology,University of Wisconsin,WB)。

(6)英国国立标准菌种收藏所(National Collection of Type Cultures,NCTC)。

(7)英国英联邦真菌研究所(Commonwealth Mycological Institute,CMI)。

(8)英国国家菌种保藏中心(The United Kingdom National Culture Collection, UKNCC)。

(9)英国食品工业与海洋细菌菌种保藏中心(National Collections of Industrial,Food and Marine Bacterial,NCIMB)。

(10)德国微生物菌种保藏中心(Deutsche Sammlung von Mikroorganismen und Zellkulturen,DSMZ)。

(11)法国巴斯德研究所 L'Institut Pasteur 菌物保藏中心(Collection de L'Institut Pasteur Of Institut Pasteur,CIP)。

(12)丹麦国立血清研究所(Statens Serum Institut,SSI)。

(13)荷兰细菌保藏中心(Netherlands Culture Collection of Bacteria,NCCB)。

(14)荷兰真菌中心收藏所(The Centraalbureau voor Schimmelcultures,CBS)。

(15)新西兰环境科学研究所医学部微生物保藏中心(Institute of Environmental Science &Research Limited,ESR)。

(16)日本东京大学应用微生物研究所(Institute of Applied Microbiology,IAM)。

(17)日本生物技术研究所微生物菌种保藏中心(Marine Biotechnology Institute Culture Collection,Marine Biotechnology Institute,MBIC)

(18)日本大阪发酵研究所(Institute for Fermentation,Osaka,IFO)。

(19)日本北海道大学农业部(Agriculture,Hokkaido University,AHU)。

(20)日本东京科研化学有限公司(Kaken Chemical Company Ltd., KCC)。

(21)俄国国家工业微生物保藏中心(Institute of Genetics and Selection of Industrial Microorganisms,VKPM)

(22)全俄微生物菌种保藏中心(All-Russian Collection of Microorganisms,VKM)

(23)世界卫生组织(The World Health Organization,WHO)。

4.2 菌种的衰退与复壮

在微生物的基础研究和应用研究中,选育一株理想菌株是一件艰苦的工作,而要保持菌种的遗传稳定性更是困难。菌种退化是一种潜在的威胁,因此引起人们的研究与重视。

4.2.1 菌种的衰退的表现和衰退的原因

菌种衰退或退化(degeneration)是指菌体细胞群体中退化细胞在数量上占到一定比例后,菌种表现出生产性能下降的现象。

4.2.1.1 菌种衰退的现象

菌种衰退可表现在形态上或生理上。常见的菌种退化现象表现为:

(1)菌落、细胞或孢子形态改变,如菌落、孢子颜色的改变,畸形细胞的出现等。

(2)生长速度缓慢。

(3)产孢子越来越少直至产孢子能力丧失,例如放线菌、霉菌在斜面上多次传代后产生“光秃”现象等,从而造成生产上用孢子接种的困难。

(4)代谢产物生产能力下降,例如黑曲霉糖化能力的下降,抗生素生产菌的抗生素发酵单位下降,枯草杆菌产淀粉酶能力的衰退等。

(5)致病菌对宿主侵染能力下降。

(6)对外界不良环境条件(高温、低温、噬菌体侵染等)抵抗力下降。

值得注意的是有时候微生物在不适的生长条件下也会表现失去某些原来的特性的现象,但菌种并未真正退化。凡是给予适宜的生长条件,就能使菌种的有效性得到恢复的,都不属于菌种变异。

4.2.1.2 造成菌种退化的原因

菌种退化的主要原因是有关基因的负突变。菌种的退化是一个从量变到质变的逐步演变过程。开始时,在群体中只有个别细胞发生负突变,这时如不及时发现并采用有效措施而一味转种传代,就会造成群体中负突变个体的比例逐渐增高,最后占优势,从而使整个群体表现出严重的退化现象。

4.2.2 菌种衰退的防止与复壮

4.2.2.1 菌种衰退的防止

(1)控制传代次数;尽量避免不必要的转种和传代,把必要的传代次数降低到最低水平，以降低自发突发的几率。菌种传代次数越多，产生突变的几率就越高，因而菌种发生退化的机会就越多。

(2)创造良好的培养条件，如选用合适的培养基，或在培养基中加入某些成分以减少衰退的发生。

(3)利用不易衰退的细胞进行转种传代，如放线菌和霉菌，由于菌丝细胞常含有几个核或甚至是异核体，因此采用菌丝接种易出现不纯和衰退，而孢子一般是单核的，用孢子接种就可减少衰退现象的发生。

(4)采用有效的菌种保藏方法。根据不同菌种的特点，选择采用适宜的菌种保藏方法。尽可能选取保藏时间较长的保藏方法。

(5)经常进行菌种分离纯化，保证菌种纯种，对纯化菌种进行生产性能测定，及时地淘汰低产菌株，防止菌种退化。

4.2.2.2　退化菌种的复壮

因为在退化的菌种中仍有一些保持原有菌种特性的细胞，故有可能采取一些相应措施，使这些未衰退的细胞生长、繁殖，以更新退化的菌株，这一过程称之为菌种的复壮(rejuvenation)。

退化菌种的复壮可通过纯种分离和性能测定等方法来实现，传统的、被动的复壮方法是从退化菌种的群体中找出少数尚未退化的个体加以分离纯化，以恢复菌种的原有典型性状。另一种更为积极的方法是在菌种的典型特征或生产性能尚未退化前就经常而有意识地进行纯种分离和生产性能的测定工作，以达到菌种的生产性能逐步有所提高的目的。

具体的复壮措施如下：

(1)纯种分离。对于大多数好氧微生物或兼性微生物可采用平板划线、稀释倒平板或平板涂布的方法，让稀释后的单细胞在平板上形成单菌落，挑取单菌落，把仍保持原有典型优良性状的单细胞分离出来，经扩大培养恢复原菌株的典型优良性状。

(2)寄主复壮。对于寄生微生物可接种到相应敏感寄主体内以提高菌株的活力，通过寄主进行复壮。

(3)遗传育种。可把退化菌株作为出发菌株，重新进行遗传育种，从中选出高产的、不易退化的稳定菌株。如对退化菌株采用高剂量的紫外线辐射和低剂量的DTG联合处理，淘汰已衰退的个体(采用比较激烈的理化条件进行处理，以杀死生命力较差的已衰退个体)。

本章复习思考题

1. 什么是遗传型、表型、饰变？
2. 遗传变异的物质基础是什么？
3. 微生物作为遗传学研究对象的优势有哪些？
4. 从七个水平说明遗传物质在细胞中的存在形式。
5. 什么是基因突变？基因突变从表型分可分为哪几类？
6. 自发突变的特性有哪些？
7. 什么是转换、颠换、移码突变、染色体畸变、转座因子？
8. 试以亚硝酸、5—BU为例来说明基因突变的分子机制。

9. 紫外线诱变的机制是什么？
10. 什么是光复合修复和切除修复？其作用机制怎样？
11. 试述诱变育种的一般原则。
12. 什么叫中间培养？中间培养的原因是什么？
13. 什么是营养缺陷型？概述营养缺陷型筛选的主要步骤和方法。
14. 自然界原核微生物与真核微生物各有哪些基因重组形式？
15. 什么是完全缺陷型噬菌体？什么是部分缺陷型噬菌体？
16. 什么是完全转导？什么是流产转导？
17. 什么是基因工程？基本操作步骤有哪些？
18. 什么叫菌种衰退？常见菌种衰退的表现有哪些？
19. 什么叫菌种复壮？复壮的措施有哪些？
20. 试述微生物菌种保藏的原理及常用保藏方法。

本章主要参考文献

1. 周德庆著. 微生物学教程. 北京：高等教育出版社，1991
2. 武汉大学、复旦大学编. 微生物学（第二版）. 北京：高等教育出版社，1987
3. 黄秀梨著. 微生物学. 北京：高等教育出版社，1997
4. 何国庆，贾英民主编. 食品微生物学. 北京：中国农业大学出版社，2000
4. 刘志恒编写. 现代微生物学. 北京：科学出版社，2008
4. 盛祖嘉编著. 微生物学遗传学（第三版）. 北京：科学出版社，2007

第七章　微生物的生态

生态学(Ecology)是一门研究生命系统与其环境之间相互作用规律的科学,微生物生态学(Microbial Ecology)是生态学的一个分支学科,它是研究包括细菌在内的微生物群体与周围环境相互作用的科学,是由生态学和微生物学相结合所产生的一门边缘学科。

研究微生物生态活动的规律有着重要的理论意义和实践价值。例如了解微生物的生态分布规律有助于开发新的微生物资源,同时也为研究生物的进化提供理论基础;了解微生物之间及微生物与其他生物之间的相互关系,有助于开发新的微生物农药、微生物肥料和微生态制剂,并为发展混菌发酵、生态农业以及防治人和动、植物的病虫害提供理论依据;了解微生物在自然界物质转化过程中的作用有助于发展综合利用,为净化和保护环境提出理论依据和各种技术措施。

1　微生物在自然界中的分布与菌种资源的开发

1.1　微生物在自然界中的分布

细菌及其它微生物在土壤、水及空气中广泛分布,种类繁多,相互影响,构成了一定的微生物区系,其中的病原微生物备受重视,具有相应的检测指标。

1.1.1　土壤中的微生物

土壤是固体无机物(岩石和矿物质)、有机物、水、空气和生物组成的多孔性复合物。具备着多种微生物生长繁殖所需的营养、水分、气体环境、酸碱度、渗透压和温度等条件,并能防止日光直射的杀伤作用,溶解在土壤水中的有机和无机组分可被微生物所利用,土壤是微生物的“天然培养基”。

土壤中的微生物种类齐全、数量多、代谢潜力巨大,它们因生理习性的不同而在土壤环境中发挥着不同的作用,由于不同土壤环境条件的差异,其中微生物群落的组成和微生物数量各不相同(表 7-1)。土壤中的微生物以细菌最多,作用强度和影响范围也最大。放线菌和真菌次之,藻类和原生动物等的数量较少。

表 7-1　典型花园土壤不同深度每克土壤的微生物菌落数/CFU

深度/cm	细菌	放线菌*	真菌	藻类
3～8	9750000	2080000	119000	25000
20～25	2179000	245000	50000	5000
35～40	570000	49000	14000	500
65～75	11000	5000	6000	100
135～145	14000	—	3000	—

* 丝状真菌

地球终年结冰的极地、高山到炎热的赤道地带，甚至酷热的沙漠和深海底层的泥土都有微生物存在，但其种类和数量因土壤的结构、有机物和无机物的成分、含水量及土壤理化特性不同而表现出较大的差异。此外，与施肥、耕作方法、气象条件、植物覆盖等也有密切关系。土壤中绝大部分微生物集中在矿质颗粒和有机颗粒上，其中矿质颗粒上的菌落较少较小，一般是只含有几个细菌的微菌落，而在有机颗粒上的菌落要大得多。另外土壤具有高度的异质性，在它内部包含有许多不同的微生物，甚至在微小土壤颗粒中也存在不同的生理类群。表层土壤由于受日光照射较为干燥，微生物数量较少；在离地面 10～20 cm 深的土层中微生物数量最多，愈往深处则微生物愈少。

1.1.2 水体中的微生物

广阔的水域，由于含有可溶性无机盐、有机物以及具备微生物生长繁殖的其他条件，因此成为微生物栖息的重要场所。由于不同水域中的有机物和无机物种类和含量、光照度、酸碱度、渗透压、温度、含氧量和有毒物质的含量等差异很大，因而使各种水域中的微生物种类和数量呈现明显的差异。在清洁湖泊、池塘和水库中，有机物含量少，水体中微生物相应也少，每毫升水中仅含有几十至几百个，大部分是以自养方式为主的清水型微生物种群。在停滞的塘水、污染的江河水，以及下水道的沟水中，有机物含量高，微生物的种类和数量都很多，每毫升可达几千万至几亿个，其中以能分解各种有机物的一些腐生型细菌、真菌和原生动物为主，如变形杆菌、大肠杆菌、粪链球菌等。微生物在较深水体（如湖泊）中具有垂直层次分布的特点。在光线充足好氧的沿岸带（littoral zone）、湖水带（limnetic zone）分布着大量光合藻类和好氧微生物，如假单胞菌、噬纤维菌、柄细菌和生丝微菌等。深水带（profundal zone）位于光补偿水平面以下，光线少、溶解氧低，可见紫色和绿色硫细菌及其他兼性厌氧菌。湖底区（benthic zone）是厌氧的沉积物，分布着大量厌氧微生物，主要有脱硫弧菌、甲烷菌、芽孢杆菌和梭菌等。

1.1.3 空气中的微生物

空气中并不含有微生物生长繁殖所必需的营养物、充足的水分和其他条件，相反，日光中的紫外线还有强烈的杀菌作用，因此，它不宜于微生物的生存。然而，空气中还是含有一定数量来自土壤、生物和水体等的微生物，它是以尘埃、微粒等方式由气流带来的。因此，凡含尘埃越多或越贴近地面的空气，其中的微生物含量就越高。在医院及公共场所的空气中，病原菌特别是耐药菌的种类多、数量大，对免疫力低下的人群十分有害。

人和动植物体以及土壤中的微生物能通过飞沫或尘埃等散布于空气中，以气溶胶（aerosol）的形式存在。它是动、植物病害的传播，发酵工业中的污染以及工农业产品的霉腐等的重要根源。通过减少菌源、尘埃源以及采用空气过滤、灭菌（如 UV 照射，甲醛熏蒸）等措施，可降低空气中微生物的数量。

空气中微生物的种类和数量，随地区、海拔高度、季节、气候等环境条件而有不同。一般在畜舍、公共场所、医院、宿舍、城市街道的空气中，微生物的含量最高，而在大洋、高山、高空、森林、草地、田野、终年积雪的山脉或极地上空的空气中，微生物的含量就极少；由于尘埃的自然沉降，越近地面的空气中，微生物的含量越高；冬季地面被冰雪覆盖时，空气中的微生物很少，多风干燥季节，空气中微生物较多，雨后空气中的微生物很少。

1.1.4 农产品原料上的微生物

粮食、蔬菜和水果等各种农产品上存在着大量的微生物，由此引起人和动、植物中毒，其危害极大。据估计，每年全球因霉变而损失的粮食就达总产量的2%左右。由于谷物（小麦、稻米、玉米）和面粉等粮食具有丰富的营养，一旦温度和湿度适宜，微生物会立刻在其中生长。

引起粮食、饲料霉变的微生物以 *Aspergillus*（曲霉属）、*Penicillium*（青霉属）和 *Fusarium*（镰孢霉属）的真菌为主，而其中有些是可产生致癌的真菌毒素（mycotoxin）的种类。由于水果和蔬菜的蛋白质和脂肪的含量很低，容易降解的碳水化合物易发生细菌引起的蔬菜腐败，尤其是能造成软化的细菌，如 *Erwinia carotovora*（胡萝卜欧文菌），它们能产生水解酶。当有强的氧化—还原电势，但不存在被还原条件的情况下，好氧菌和兼性厌氧菌都会促进降解的过程。

在目前已知的大约9万种真菌中，有200多个种可产生100余种真菌毒素，其中14种能致癌。由 *A. flavus*（黄曲霉）部分菌株产生的黄曲霉毒素（aflatxin，AFT）和 *Fusarium* spp.（一些镰孢菌）产生的单端孢烯族毒素（trichothecene）T2更是强烈的致癌剂。AFT广泛分布于花生、玉米和大米（“红变米”、“黄变米”）等粮食及其加工品上，严重霉变者则含量很高。AFT至少有18种衍生物，毒性以 B_1、B_2 和 G_1、G_2 最强。其中 B_1 的毒性超过KCN，致癌性则比举世公认的三大致癌物还强得多，例如比二甲基偶氮苯即“奶油黄”强900倍。

粮食上也存在有益无害的微生物，例如 *Pseudomonas nerbicola*（植生假单胞菌）和 *P. fluorescens*（荧光假单胞菌），它们以植物各部分外渗物质为生，对某些使粮食霉变的微生物有明显的拮抗作用。因此，这类微生物的大量存在说明霉菌处于抑制的状态，是粮食健全优良的标志。

为防止农产品的变质，应在保管中形成不利于微生物生长的条件，例如干燥、低温、密闭的环境和使用某些防霉药剂等。

1.1.5 人体、动物和昆虫带的微生物

在动物暴露在外部环境中的部位如皮肤表面、口腔、呼吸道及肠道发现微生物的存在。而在器官内部、血液中或身体中的淋巴系统中，一般不会发现微生物存在。如果在这些组织中任一组织发现有相当数量的微生物，一般就会呈现疾病状态。

人体皮肤的表面并不是微生物生长的适宜之地，因为外表皮要经受周期性的干燥。只有在身体特定表面，如头皮、脸皮、耳朵及腋部、胃肠道和肛门部位、手心和脚趾的交叉部位，这些部位皮肤表面湿润，足够支持居留的微生物群落存在。

人体内的正常菌群在正常人体及动物皮肤、粘膜及与外界相通的各种腔道（如口腔、鼻咽腔、肠道和泌尿道）等部位，存在着对人体无害的微生物群，称为正常菌群。

皮肤上：有表皮葡萄球菌，各种好气杆菌，如：微球菌、链球菌、肠杆菌、霉菌等。

鼻腔中：常见的有葡萄球菌、类白喉分支杆菌。

口腔中：因温度适宜，营养丰富（唾液、食物残渣等），存在着大量的球菌、乳杆菌属和拟杆菌属的成员。

胃中：含有盐酸，不适于微生物生活，只含有少数耐酸菌；胃壁上常有乳酸菌、链球菌。

肠道：呈碱性，适合微生物生长，营养物质丰富，有大量细菌。常见的有大肠杆菌、产气杆菌、变形杆菌、粪产碱杆菌、拟杆菌、双歧杆菌等厌氧菌(占活 99%)等。

生殖泌尿道：常见的有嗜酸乳杆菌、类白喉杆菌、葡萄球菌、链球菌、大肠杆菌等。

在一般情况下，正常菌群与人体保持着一个平衡状态，菌群内部的各种微生物间相互制约，维持相对的稳定。正常菌群的种类与数量，在不同个体间有一定的差异。微生物为人体提供多种营养物质，如肠道细菌可合成人体需要的硫胺素、核黄素、烟酸等。还可合成氨基酸、抑制其他微生物生长繁殖。

所谓正常菌群，实际上是相对的、可变的和有条件的。当机体防御机能减弱时，例如皮肤大面积烧伤、粘膜受损、机体着凉或过度疲劳时，一部分正常菌群会成为病原微生物。另一些正常菌群由于其生长部位的改变，也可引起疾病。例如，革兰氏阴性无芽孢厌氧杆菌进入内脏，会引起各种脓肿。还有一些正常菌群由于某种原因破坏了正常菌群内各种微生物之间的相互制约关系，也能引起疾病。痢疾病人会出现拟杆菌减少，肠杆菌增加外，同时还可检出痢疾杆菌等致病菌。这就是通常所说的菌群失调症。

动物的皮毛与外界相通器官也有许多微生物。

皮毛：常见的有葡萄球菌、链球菌、双球菌。

肠道：大肠杆菌、粪链球菌、魏氏梭菌、腐败梭菌、纤维素分解细菌等。

1.1.6 极端环境中的微生物

自然界中，存在着一些绝大多数微生物所不能生长的高温、低温、高碱、高盐、高压或高辐射强度等极端环境下生活的微生物，例如嗜热菌(thermophiles)、嗜冷菌(psychrophiles)、嗜酸菌(acidophiles)、嗜碱菌(basophiles 或 alkalophiles)、嗜盐菌(halophiles)、嗜压菌(barophiles)或耐辐射菌等，被称为极端环境微生物(microorganisms living in extreme environments)或简称“极端微生物”(extreme microorganisms)。由于它们具有不同于一般微生物的遗传特性、特殊结构和生理机能，因此在冶金、采矿、开采石油以及生产特殊酶制剂等多种生产和科研领域中已发挥出重要的作用或有巨大的潜在应用价值，故近年来越来越引起人们的注意。

1.1.6.1 嗜热菌

嗜热菌分布在草堆、厩肥、温泉、煤堆、火山地、地热区土壤及海底火山附近等处。在湿草堆和厩肥中生活着好热的放线菌和芽孢杆菌，它们的生长温度在 45 ℃～65 ℃的范围内，有时甚至可使草堆自燃。在美国怀俄明州的黄石国家公园的热泉中，*Bacillus caldolyticus*(热溶芽孢杆菌)可在 92 ℃～93 ℃(该地水的沸点)下生长(该菌在实验室条件下还可在 100 ℃～105 ℃下生长)；在该公园的含硫热泉中还分离到一株嗜热的兼性自养细菌——*Sulfolobus acidocalderius*(酸热硫化叶菌)，它能利用硫磺作能源，产生硫酸；1983 年，J. A. Barros 等在太平洋底部发现的可生长在 250 ℃～300 ℃高温高压下的嗜热菌，更是生命的奇迹。据了解，植物界中最耐热的种类可能是南非的生石花，最高的耐受温度为 50 ℃，脊椎动物能生长的最高温度也只是 50 ℃。

已分离到的原核嗜热菌有十几个属，它们对高温的适应机制主要表现在细胞膜上脂肪酸的成分、耐高温酶和生物大分子的热稳定性上。细胞膜上长链饱和脂肪酸的比例随着温度的提高而增多，相应的不饱和脂肪酸则减少，这有利于提高膜对高温的稳定性。此外，嗜热菌的 tRNA 因其 G、C 含量高，提供了较多的氢键，故具有独特的热稳定性。

1.1.6.2　嗜冷菌

嗜冷菌分布于南北极地区、冰窖、高山、深海和土壤等的低温环境中。能在5℃以下生长的嗜冷菌有两种类型，一类是从海水和某些冰窖中分离到的，对20 ℃以下稳定的低温环境有适应性，在20 ℃以上即引起死亡；另一类是从不稳定的低温环境中分离到的，因此其生长的温度范围较宽，最高生长温度范围甚至可达30 ℃。

从南极的－60 ℃～0 ℃低温环境中所分离到的嗜冷菌，主要有芽孢杆菌属（*Bacillius*）、链霉菌属（*Streptomyces*）、八叠球菌属（*Sarcina*）、诺卡氏菌属（*Nocardia*）和斯氏假丝酵母。在植物界中，一种藻类——雪生腺衣藻能在－34℃下生长发育，而高等植物中最耐寒的种类则是生于西伯利亚的辣根类植物，它甚至能在—46℃下开花。

专性嗜冷菌因其细胞膜内含有大量的不饱和脂肪酸，且会随温度的降低而增加，从而保证了膜在低温下的流动性，这样，就能在低温条件下不断从外界环境中吸收营养物质。嗜冷菌的存在，会使低温保藏的食品发生腐败。

1.1.6.3　嗜酸菌

嗜酸菌仅分布于酸性矿水、酸性热泉和酸性土壤等处。极端嗜酸菌能生长在pH 3以下。例如 *Thiobacillus thiooxidans*（氧化硫硫杆菌）的生长pH范围为0.9～4.5，最适pH为2.5，在pH 0.5下仍能存活。它能氧化元素硫产生硫酸（浓度可高达5%～10%）。又如，*T. ferrooxidans*（氧化亚铁硫杆菌）是另一种著名的专性自养嗜酸杆菌，它能氧化还原态的硫化物和金属硫化物，还能把亚铁氧化成高铁，以从其中取得能量。然而，由于这种菌的作用也造成了严重的环境污染。例如，在美国宾夕法尼亚州的黄铁矿区，由于硫杆菌的作用，每年全区可产生300万吨硫酸流入俄亥俄流域，形成了举世闻名的天然硫酸巨流。

1.1.6.4　嗜碱菌

嗜碱菌的分布广泛，在碱性和中性的土壤中均可分离到，专性嗜碱菌可在pH 11甚至12的条件下生长，而在中性条件下却不能生长。

已分离到的嗜碱菌有芽孢杆菌属（*Bacillus*）、微球菌属（*Micrococcus*）、棒杆菌属（*Corymebacterium*）、链霉菌属（*Streptomyces*）、假单胞菌属（*Pseudomonas*）、黄杆菌属（*Flavobacterium*）和无色杆菌属（*Achromobacter*）等的一些种。

与嗜酸菌相似，嗜碱菌的细胞膜具有维持细胞内外pH梯度的机制，因而在外环境的pH达到11～12下，仍维持细胞内接近中性的pH。

1.1.6.5　嗜盐菌

嗜盐菌通常分布于晒盐场、腌制海产品、盐湖和著名的死海等处。其生长的最适盐浓度高达15%～20%，甚至还能生长在32%（或5.2 mol/L）的饱和盐水中。已分离到的极端嗜盐菌只有 *Halobacterium*（盐杆菌属）的几个种。世界上最耐盐的嗜盐角草，它只能耐0.5%～6.5%的盐度。世界上最著名的盐湖是死海，其含盐量高达23%～26%，因此其中只能生长几种细菌与少数藻类。

1.1.6.6　嗜压菌

嗜压菌仅分布在深海底部和深油井等少数地方。嗜压菌和耐压菌不同，它们必须生活在高静水压的条件下。一种生活在深海的假单胞菌（*Pseudomonas bathycete*），可在1000个大气压、30 ℃下生长。从3500 m深、压强约400个大气压、温度为60 ℃～105 ℃的油井中还分离到另一种嗜热性硫酸盐还原菌。据报道，有些嗜压菌甚至可在1400个大气压下正常生长。至于各种细菌、酵母菌和病毒在短时间内对高压的耐受性更是一种普遍现象，例如许多细菌在数分钟内还能耐 12000 个大气压而不死亡。有关嗜压菌或耐压菌的耐压机制目前还很不清楚。

1.2 菌种资源的开发

自然界的菌种资源虽十分丰富，但是要设法从其中筛到较为理想的菌种也不十分容易。据链霉素发现者 S. A. Waksman 总结筛选链霉素产生菌的经过就可知道其中的甘苦了：他的研究小组从土壤中分离约 1 万株放线菌，发现其中约有 1 千株对预定实验菌有拮抗作用，其中的 1 百株具有较好的液体发酵性能，又从其中选出 10 株产链霉素性能良好的菌株，最后，再从中挑出一株有生产价值的链霉素产生菌——*Streptomyces griseus*（灰色链霉菌）。工业生产上常用的菌种按其产物的性质来说，不外乎三类：①生产菌体物质；②生产分解酶类；③生产各种主流代谢产物、次生代谢产物或生物合成产物，例如乙醇、丙酮、丁醇、乙酸、柠檬酸、谷氨酸、赖氨酸、肌苷酸、维生素、赤霉素、抗生素或细菌外毒素等。如果我们要筛选的菌种在试样中含量很高，那么，筛选的过程只要采集含菌样品、纯种分离和进行生产性能测定三步即可；如果要筛选的菌种在试样中含量极低，那么，在采集含菌样品后，还得加上富集培养，然后才能进行纯种分离和生产性能测定。以下就着四个步骤分别加以介绍。

1.2.1 采集菌样

采集含菌样品前，先应调查一下自己打算筛选的微生物在哪些地方分布最多，然后才可着手各项具体工作。由于在土壤中几乎可找到任何微生物，所以土壤往往是首选的采集目标。除土壤外，其他各类对象上都有相应的占优势生长的微生物，例如在腐木和堆肥中纤维素和木质素分解菌较多；在果实、蜜饯表面酵母菌较多；在蔬菜、牛奶中乳酸菌较多；在动物肠道和粪便中，革兰氏阴性无芽孢厌氧菌和肠道细菌较多；在谷物种子上曲霉、青霉和镰孢霉较多；而在油田、炼油厂附近的土壤中，则以石油分解微生物较多。

现以从土壤中筛选抗生素产生菌为例来介绍采样中必须考虑到的几个问题。

1.2.1.1 土壤中有机物的含量

有机物含量高，土质就肥，一般在其中微生物数量也较多，反之亦然。过于肥沃的土壤，往往细菌的含量过多，而放线菌却比较少。因此，在寻找拮抗性放线菌时，一般可采集一些园土或耕作过的农田土。

1.2.1.2 采土的深度

土壤的深度不同，其通气、养分和水分的分布情况也不同。表层的土壤由于直接受日光曝晒，故较干燥，微生物也不易大量繁殖。在离地面 5～20 cm 处的土壤，微生物含量最高。

1.2.1.3 植被情况

植被的种类对微生物的分布有着密切的关系。例如，在冬天灌水的水稻田土壤中，以真菌 *Cephalosporium*（头孢霉菌）的种类较多。但总的说来，这方面的规律还知道得很少。

1.2.1.4 采土的季节

以春秋两季为宜。这时土壤中的养分、水分和温度都较适宜，微生物的数量也最多。采土时注意土壤中的含水量，水分过多会造成厌氧环境，不利于放线菌的生长繁殖。真菌需要较高的相对湿度，但基质中的水分却不宜过多，因此要避免在雨季采集土样。此外，土壤的 pH 也应当注意，细菌和放线菌在中性或微碱性土壤中居多，真菌在酸性的土壤中较丰富。

1.2.1.5 采土方法

选择好适当地点后，用小铲子除去表土，取 5～20cm 处的土样几十克，盛入事先灭过菌的容器中，并在上记录采土时间、地点和植被等情况。采好的土样应尽快分离。在采土的时候，一个地区采土的点不能太少，否则就不能代表该地区的微生物类群。

1.2.2 富集培养

又称增殖培养。就是利用选择性培养基的原理，在所采集的土壤等含菌样品中加入某些特殊营养物，并创造一些有利于待分离对象生长的条件，使样品中少数能分解利用这类营养物的微生物乘机大量繁殖，从而有利于分离它们。

根据微生物的营养特性可以知道，如果自然菌样中含有某一物质较多，则其中含有能分解这一物质的微生物一般也较多。如果原有菌样中这类微生物不多，则可人为地加入相应的基质以促使它们生长繁殖。例如，通常可在土壤中加入一些石油以促使其中少数能利用石油作碳源的微生物数量剧增；又如，在土样中加入纤维素也可以富集纤维素分解微生物，等等。但是，这类富集方法，一般不适用于分离能产生某些物质的微生物。例如，不可能把谷氨酸加入到土壤样品中去，以使产谷氨酸的微生物大量繁殖。不过，如果我们已知道所要分解微生物的某些特殊生理特性，也可以采用有利于这种微生物而不利于其他无关微生物的营养和培养条件，以达到富集培养的目的。

1.2.3 分离纯化

通过纯种分离，可把细胞群体中一部分仍保持原有典型性状的单细胞分离出来，经过扩大培养，就可恢复菌株的典型性状。常用的分离纯化的方法很多，大体上可将它们归纳成两类，一类较粗放，一般只能达到"菌落纯"的水平，即从种的水平来说是纯的。例如在琼脂平板上进行划线分离、表面涂布或与尚未凝固的琼脂培养基混匀后再浇注并铺成平板等方法以获得单菌落；另一类是较精细的单细胞或单孢子分离方法，它可以达到细胞纯即"菌株纯"的水平。这类方法的具体操作种类很多，既有简便的利用培养基或凹玻片等作分离小室的方法，也有利用复杂的显微操纵装置进行分离的方法。如果遇到不长孢子的丝状真菌，则可用无菌小刀取菌落边缘稀疏的菌丝尖端进行分离移植，也可用无菌毛细管插入菌丝尖端，以截取单细胞而进行纯种分离。

1.2.4 性能测定

参考前几章内容

2 微生物与生物环境间的关系

在自然界的某一环境中，总是有许多微生物类群栖息在一起，极少为单一或单一类群单独存在，这就构成了微生物与微生物之间的相互关系。但由于环境因子组成及影响条件不同，在各个生境中的微生物类群组成也不一样。而且由于各微生物类群的起始数量、代谢能力、生存和繁殖能力、抵抗外界不利环境因子的能力、适应能力等方面的不同，微生物类群之间及微生物与其他生物间所构成的相互关系可以各种各样。一般说来，这些关系可归纳为互生、拮抗、共生和寄生四类。

2.1 互生

互生是指两种本来可以单独生活的生物，共同生活在一起时，一种生物可以为另一种生物提供有利的生活环境，或者相互创造有利于对方的生活条件。这种“可合可分，合比分好”的关系叫互生。

互生关系是一个群体得益而对另一个群体并无影响。如好氧性微生物和厌氧性微生物共栖时，好氧性微生物消耗环境中的氧，为厌氧性微生物的生存和发展创造厌氧的环境条件。也可以是一个微生物群体为另一个群体提供营养基质或生长刺激物质，如厌氧消化过程中，水解性细菌和产氢产乙酸细菌为产甲烷细菌提供生长和产甲烷的前体物质如 H_2、CO_2、乙酸、甲酸等等。

两个微生物群的生长对双方互为有利的互生关系可使双方都能较之单独生长时更好，生活力更强。这种互利可能是由于：互相提供了营养物质；互相提供了生长素物质；改善了生长环境；或兼而有之。例如纤维素分解微生物和固氮细菌的互生，纤维素分解菌分解纤维素产生的糖类可为固氮细菌提供碳源和能源，而固氮细菌固定的氮素可为纤维素分解微生物提供氮源，互为有利而促进了纤维素分解和氮素固定。

2.2 拮抗

拮抗指由某种生物所产生的代谢产物可抑制他种生物的生长甚至杀死它们的一种的相互关系。在一般情况下，拮抗多指微生物间的“化学战术”，但有时因某种微生物的生长而引起的其他条件改变(如缺氧，pH 改变等)抑制其他生物的现象也称拮抗。例如，人们在腌制酸菜或泡菜时，人为创造厌氧条件，促进乳酸细菌的生长，进行乳酸发酵，产生大量乳酸而抑制其他腐败微生物生长发育。微生物间最典型、与人类关系最密切的拮抗作用是有的微生物产生的抗生素，不同种类的抗生素可以选择性地抑制各类生物的生长，但对其自身却毫无影响(图 7-1)。如青霉菌产生的青霉素可以抑制革兰氏阳性菌，链霉菌产生的制霉菌素可以抑制酵母菌和霉菌等。

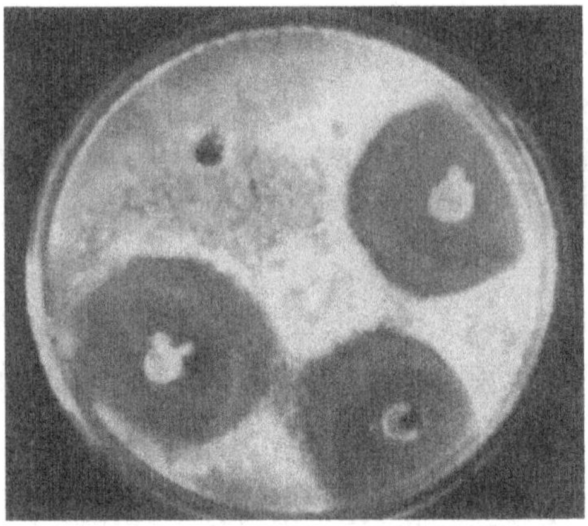

图 7-1 放线菌对核盘菌的拮抗作用

2.3 共生

有些具有互利关系的两个微生物群体相互更为密切，甚至形成特殊结构和功能的共生体，两者互相有利，互相依赖，共同生活在一起相互分工合作，难以单独生活，而且互相之间具有高度专一性，一般不能由其它种群取代共生体中的组成成员，这种关系称为共生关系。

由某些藻类或蓝细菌与真菌组成的地衣(图 7-2)是微生物之间典型的共生体，形成特定的结构，能像一种生物那样繁衍生息。地衣中的藻类或蓝细菌进行光合作用，某些藻类可以固定大气氮素，可为真菌提供有机化合物作碳源和能源，氮源以及 O_2，而真菌则可以产生有机酸去分解岩石中的某些成分，进一步为藻类或蓝细菌提供所必需的矿质营养。

根瘤菌(Rhizobium)与豆科植物共生形成根瘤共生体，这是一种典型的共生关系。共生固氮菌对农业增产具有重大的实际意义。我国劳动人民早就知道种植豆科植物可使土壤肥沃并可提高间作或后作的产量。利用根瘤菌制成的根瘤菌肥料来对豆科植物的种子进行拌种，可使作物明显增产。

原生动物与藻类的共生是又一种普遍存在的共生现象。许多原生动物可以与藻共生而从藻类光合作用过程中获得有机物质和 O_2，并为藻类提供 CO_2 进行光合作用。最近也发现原生动物体内有产甲烷细菌内共生。

图 7-2 岩石上的地衣

2.4 寄生

寄生是指一种小型生物生活在另一种较大型生物的体内或体表，从中取得营养和进行生长繁殖，同时使后者蒙受损害甚至被杀死的现象。前者称为寄生物(parasite)，后者称作宿主或寄生(host)。寄生又可分为细胞外寄生和细胞内寄生或专性寄生和兼性寄生等数种。

典型细胞外寄生方式如粘细菌对于细菌的寄生，粘细菌并不直接接触细菌，而是在一定距离外，依靠其胞外酶溶解敏感菌群，使敏感菌群释放出营养物质供其生长繁殖。细胞内寄生方式较为普遍，寄生关系有：病毒寄生于细菌、放线菌和蛭弧菌；蛭弧菌(*Bdellovibrio*)寄生于细菌(图 7-3)，真菌可寄生于真菌、藻类等，原生动物又可被细菌、真菌和其他原生动物所寄生。例如，伤口或创面受铜绿假单胞菌(该菌故而又称绿脓杆菌)感染后，常常产生绿脓，严重者引起败血症。利用侵染铜绿假单胞菌的噬菌体，可治愈大面积的创伤感染。

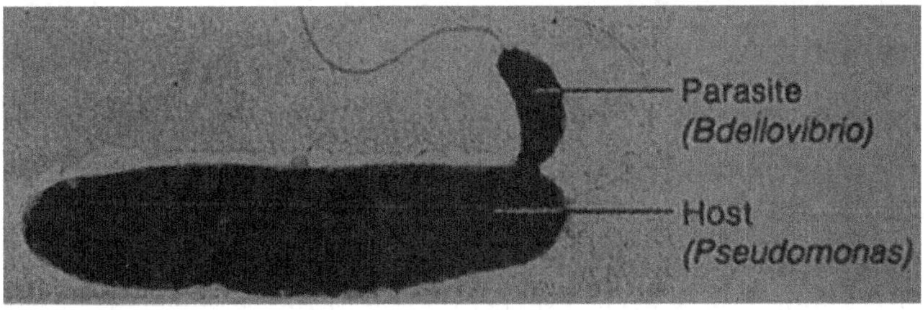

图 7-3 蛭弧菌(*Bdellovibrio*)对细菌细胞(*Pseudomonas*)的寄生

冬虫夏草(*Cordyceps sinensis*)是寄生于昆虫的真菌形成名贵中药的例子，它是子囊菌寄生于鳞翅目幼虫而形成的。冬季，虫体蛰伏在土中，真菌孢子侵入虫体，并生长发育，使虫体内充满菌丝，幼虫死亡。来年温暖潮湿时，自幼虫的头部长出棒状子实体露出土面，形似野草，故谓“冬虫夏草”。我国云南、青海、西藏等地均有出产。冬虫夏草是与人参、鹿茸齐名的中国三大滋补品之一，有益肺肾、补精髓、止血化痰及抗癌等功效。另外具有重要实践意义的是寄生于昆虫的各种病原微生物，例如细菌、真菌和病毒。由于大多数昆虫都对人类有害，因此寄生于昆虫的各种微生物都有可能供人类利用作为微生物杀虫剂，例如苏云金杆菌等细菌杀虫剂，白僵菌等真菌杀虫剂。

3　微生物在生态系统中的地位与作用

3.1　微生物在生态系统中的作用

生态系统是指在一定的空间内生物的成分和非生物的成分通过物质循环和能量流动相互作用、相互依存而构成的一个生态学功能单位。生物成分按其在生态系统的作用，可划分为3大类群：生产者、消费者和分解者。

3.1.1　微生物是有机物的主要分解者

微生物最大的价值在于其分解功能。它们分解生物圈内存在的动物、植物和微生物残体等复杂有机物质，并最后将其转化成最简单的无机物，再供初级生产者利用。

3.1.2　微生物是物质循环中的重要成员

微生物参与所有的物质循环，大部分元素及其化合物都受到微生物的作用。有一些元素的循环中，微生物是主要的成员，起主要作用；有一些过程只有微生物才能进行，起独特作用；而有的是循环中的关键过程，起关键作用。

3.1.3　微生物是生态系统中的初级生产者

微生物中的光能及化能自养微生物是生态系统的初级生产者，它们具有初级生产者所具有的两个明显特征，即可直接利用太阳能、无机物的化学能作为能量来源，另一方面其固定下来的能量又可以在食物链、食物网中流动。

3.1.4　微生物是物质和能量的贮存者

微生物和动、植物一样也是由物质组成和由能量维持的生命有机体。在土壤、水体中有大量的微生物生物量，贮存着大量的物质和能量。

3.1.5　微生物是地球生物演化中的先锋种类

微生物是最早出现的生物体，并进化成后来的动、植物。蓝细菌的产氧作用及其他细菌的固氮作用，改变大气圈中的化学组成，提供可利用氮源为后来动、植物出现打下基础。

3.2　微生物与自然界物质循环

自然界的物质循环主要可归纳为两个方面：一是无机物的有机质化，即生物合成作用；另一个是有机物的无机质化，即矿化作用或分解作用。这两个过程既对立、又统一，构成了自然界的物质循环。

碳、氢、氧、氮、硫、磷、铁、锰、钾、钙等，都是组成生物体的必需化学元素。生物只有不断地从环境中获取这些元素才能生长、发育和繁殖。但地球上这些元素特别是能被有效利用的部分的贮存量终究是有限的，这些元素的供求矛盾只有在物质的不断循环中才能得以解决。生物所推动的物质循环，为有限的营养元素的循环使用创造了极其重要的条件。在物质循环过程中，以高等绿色植物为主的生产者，在无机物的有机质化过程中起着主要的作用；以异养型微生物为主的分解者，在有机质的矿化过程中起着主要作用。

各种元素的生物化学循环都不是独立的，而是相互伴随、交织的，构成各种复杂关系。

3.2.1 碳素循环

碳元素是组成生物体各种有机物中最主要的组分，它约占有机物干重的50%。自然界中碳元素以多种形式存在着，包括周转极快的大气中的CO_2、溶于水中的CO_2（H_2CO_3、HCO_3^-和CO_3^{2-}）和有机物（死或活的生物）中的碳，此外，还有能量极大、很少参与周转的岩石（石灰石、大理石）和化石燃料（煤、石油、天然气等）中的碳。

碳素循环（carbon cycle），其中微生物发挥着最大的作用。大气中低含量（0.032%）的CO_2只够绿色植物和微生物进行约20年光合作用之需。

3.2.2 氮素循环

氮素循环（nitrogen cycle），整个循环由6种氮化合物的转化反应所组成，包括固氮、铵同化、氨化（脱氨）、硝化作用、硝酸盐还原和反硝化作用。

3.2.2.1 生物固氮

生物固氮为地球上整个生物圈中一切生物提供了最重要的氮素营养源。据测算每年全球有约2.40×10^8 t氮被固定，其中约85%是生物固氮。在生物固氮中，60%的生物固氮作用发生在陆地，另外40%发生在海洋。

3.2.2.2 硝化作用

硝化作用（nitrification）是好氧条件下在无机化能硝化细菌作用下氨被氧化成硝酸盐的过程。它的重要性是产生氧化态的硝酸盐，产物又可以参与反硝化作用。硝化作用分两步进行。

$$NH_4^+ + 3/2O_2 \longrightarrow NO_2^- + 2H^+ + H_2O + 276\ kJ(-\triangle G_0'/mol)$$

$$NO_2^- + 1/2O_2 \longrightarrow NO_3^- + 73\ kJ(-\triangle G_0'/mol)$$

把铵氧化成亚硝酸的代表性细菌是亚硝化单胞菌属，此外还有亚硝化叶菌属、亚硝化螺菌属、亚硝化球菌属及亚硝化弧菌属。把亚硝酸氧化成硝酸代表性细菌是硝化杆菌属，此外还有硝化刺菌属、硝化球菌属。前者称为亚硝化菌（nitrosobacteria）或铵氧化菌（ammonium oxidizer），后者称为硝化菌（nitrobacteria）或亚硝酸盐氧化菌（nitrite oxidizer），二者统称为硝化（作用）细菌（nitrifying bacteria）。

3.2.2.3 铵盐同化作用

以铵盐作营养，合成氨基酸、蛋白质和核酸等有机含氮物的作用，称铵盐同化作用（assimilation of ammonium），一切绿色植物和许多微生物都有此能力。

3.2.2.4 氨化作用

氨化作用（amonification）是指有机氮经微生物分解产生氨（铵）的过程。来自动物、植物、微生物的含氮有机物主要有蛋白质、氨基酸、尿素、几丁质以及核酸中的嘌呤和嘧啶等。许多好氧菌如*Bacillus* spp.（多种芽孢杆菌）、*Proteus vulgaris*（普通变形杆菌）、*Pseudomonas fluorescens*（荧光假单胞菌）和一些厌氧菌如*Clostridium* spp.（多种梭菌）等都有强烈的氨化作用能力，氨化作用对提供农作物氮素营养十分重要。

3.2.2.5 硝酸盐还原和反硝化作用

硝酸盐还原（nitrate reduction）包括同化硝酸盐和异化硝酸盐还原。同化硝酸盐还原作用是将硝酸盐还原成氨作为生长的碳源，异化硝酸盐还原作用是将硝酸盐作为能量产生的一个可变的电子受体。在大多数条件下，异化硝酸盐还原作用的最终产物是 N_2 和 N_2O，将硝酸盐转化为气态氮化合物称为反硝化作用(denitrification)，这个过程是生物形成气态 N_2 的主要方式，因为 N_2 作为氮源与硝酸盐相比很少被生物体利用，因此，由于反硝化作用从环境中除去已固定的氮，是造成土壤氮素损失的重要原因之一，所以该过程是一个有害的过程，在农业上常采用中耕松土的办法，施用硝化抑制剂以抑制反硝化作用。但从整个氮素循环来说，反硝化作用还是有利的，否则自然界氮素循环将会中断，硝酸盐将会在水体中大量积累，对人类的健康和水生生物的生存造成很大的威胁。

3.2.3 硫素循环

硫是自然界中最丰富的元素之一，硫元素以有机硫化物 R－SH 和以无机硫化合物 H_2S、S 和 SO_4^{2-} 等形式存在。自然界中的硫和硫化氢经微生物氧化形成 SO_4^{2-}；SO_4^{2-} 被植物和微生物同化还原成有机硫化物，构成其自身的成分；动物食用植物、微生物，将其转变成动物有机硫化物；当动植物和微生物尸体的有机硫化物，主要是含硫蛋白质，被微生物分解时，以 H_2S 和 S 的形式返回自然界。另外，SO_4^{2-} 在缺氧环境中可被微生物还原成 H_2S。

3.2.4 磷素循环

磷是所有生物都需要的生命元素，遗传物质的组成和能量贮存都需要磷。磷素循环包括 3 种基本过程：①有机磷转化成溶解性无机磷(有机磷矿化)。②不溶性无机磷变成溶解性无机磷(磷的有效化)。③溶解性无机磷变成有机磷(磷的同化)。

3.2.5 其他元素的循环

铁素循环的基本过程是氧化和还原，在铁氧化菌作用下亚铁化合物被氧化成高铁化合物而沉积，铁还原菌可以使高铁化合物还原成亚铁化合物而溶解，微生物可以产生非专一性和专一性的铁螯合体作为结合铁和转运铁的化合物而促进铁的吸收。许多细菌和真菌有能力从有机金属复合物中沉积锰的氧化物和氢氧化物。钙是所有生命有机体的必需营养物质，芽孢形成菌内生孢子含有钙吡啶，钙离子影响膜透性与鞭毛运动。钙的循环主要是钙盐的溶解和沉淀，$Ca(HCO_3)_2$ 溶解度高，而 $CaCO_3$ 难溶解。硅是地球上除氧以外的最丰富元素，主要化合物是 SiO_2。硅是某些生物细胞壁的重要组分。硅的循环表现在溶解和不溶解硅化物之间的转化。

本章复习思考题

1. 简述微生物在生态系统中的作用。
2. 为什么说土壤是微生物的“大本营”或是人类最丰富的“菌种资源库”？
3. 什么是极端条件下的微生物？列举说明几种极端条件下的微生物。
4. 名词解释：互生、拮抗、共生和寄生。
5. 自然界中微生物分布的规律是什么？思考它与食品质量控制的关系。
6. 以“冬虫夏草”为例，说明它们与昆虫间的寄生关系。
7. 微生物在自然界碳元素循环中起什么作用？
8. 什么是氮素循环？为什么说微生物在自然界氮素循环中起着关键的作用？
9. 什么叫氨化作用？什么叫硝化作用？什么叫反硝化作用？其中分别有哪些代表性微生物参与？这三种作用有何实际意义？

本章主要参考文献

1. 周德庆.微生物学教程(第二版).北京:高等教育出版社,2002

2. Lansing M. Prescott and John P. Harley. 沈萍,彭珍荣主译. 微生物学(第五版). 北京:高等教育出版社,2003

3. M. T. 马迪根,J. M. 马丁克,J. 帕克. 杨文博等译. 微生物生物学(第八版). 北京:科学出版社,2001

4. 李建政,任南琪主编. 污染控制微生物生态学. 哈尔滨:哈尔滨工业大学出版社,2005

5. 江汉湖主编.食品微生物学(第二版).北京:中国农业出版社,2005

6. 杨汝德主编.现代工业微生物学. 广州:华南理工大学出版社 ,2001

第八章　微生物与食品的加工生产

发酵食品(Fermentation Foods)是指经过微生物(细菌、酵母和霉菌等)酶的作用使加工原料发生许多理想的十分重要的生物化学变化及物理变化后制成的食品。从原理上讲，世界各国的发酵食品独特的风味和风格都是建立在微生物生命运动的基础上的。发酵食品的微生物学不仅仅是发酵食品生产的生物学基础和生产实践原理的源泉，而且是微生物学重要的组成部分。

酿造和发酵是食品微生物学中常见的两个概念，二者既有相同之处，又有差别。相同之处都是通过对环境生态因子的控制，利用有益微生物改变原料的特性，获得所需产品的过程。酿造通常是多菌种混合形成较为复杂的生态系统，共同作用于固体或半固体原料，经长时间作用形成特定产品的过程。发酵则多是单一特定微生物在特定容器内，经工业化生产控制，使培养基质转化为特定产物的过程。发酵食品是古老的生物技术，是人类文明、科学文化成就的重要组成部分，是农产品深加工的重要手段。

1　细菌在食品加工中的应用

1.1　食醋的酿造

食醋是我国传统的酸性调味品，我国酿醋自周朝开始，已有2500年的历史。我国食醋品种很多，其中不乏名醋，如山西陈醋、镇江香醋、北京熏醋、上海米醋、四川麸醋、江浙玫瑰醋、福建红曲醋等等。这些醋风味各异，远销国内外，深受欢迎。食醋可划分为酿制醋、合成醋、再制醋三大类，其中产量最大，与我们关系最为密切的是酿造醋，它是以粮食等为原料，经微生物制曲、糖化、酒精发酵、醋酸发酵等阶段酿制而成的。除主要成分醋酸外，还含有各种氨基酸、有机酸、糖类、维生素、醇和酯等营养成分和风味物质，具有独特的色、香、味、体，不仅是调味佳品，经常食用对健康也很有帮助。合成醋是用化学方法合成的醋酸配制而成的，缺乏发酵调味品的风味，质量不佳。再制醋是以酿造醋为基料，经进一步加工精制而成的，如五香醋、蒜醋、姜醋、固体醋等。

1.1.1　醋酸细菌

醋酸细菌具有氧化酒精生成醋酸的能力。按照醋酸菌的生理生化特性，可将醋酸菌分为醋酸杆菌属和葡萄糖氧化杆菌属两大类。前者在39 ℃温度下可生长，增殖最适温度在30 ℃以上，主要作用是将酒精氧化为醋酸，在缺少乙醇的醋醅中，会继续把醋酸氧化为二氧化碳和水，也能微弱氧化葡萄糖为葡萄糖酸；后者可在低温下生长，增殖最适温度在30 ℃以下，主要作用是将葡萄糖氧化为葡萄糖酸，也能微弱氧化酒精为醋酸，但不能继续把醋酸氧化为二氧化碳和水。酿醋用醋酸菌株，大多属醋酸杆菌属，仅在传统酿醋醋醅中发现有葡萄糖氧化杆菌属的菌株。

醋酸细菌是两端钝圆的杆状菌，单个或呈链状排列，有鞭毛，无芽孢，属革兰氏阴性菌。高温或高盐浓度或营养不足等不良培养条件下，菌体会伸长，变成线形、棒形或管状膨大等。

醋酸细菌为好氧菌，必须供给充足的氧气才能进行正常发酵。在实施液态静置培养时，会在液面形成菌膜，但葡萄糖氧化杆菌除外。在含有较高浓度乙醇和醋酸的环境中，醋酸杆菌对缺氧非常敏感，中断供氧会造成菌体死亡。

醋酸细菌生长繁殖的适宜温度为 28 ℃～33 ℃。醋酸菌不耐热，在 60 ℃下经 10 min 即死亡。醋酸菌生长的最适 pH 值为 3.5～6.5，一般的醋酸杆菌菌株在醋酸含量达 1.5%～2.5%的环境中，生长繁殖就会停止，但有些菌株能耐受 7%～9%的醋酸。醋酸杆菌对酒精的耐受力颇高，通常可达 5%～12%（体积分数），但对盐的耐受力很差，食盐浓度超过 1.0%～1.5%时就停止活动。在生产中当醋酸发酵完毕就添加食盐，其目的除调节食醋的滋味外，也是防止醋酸菌继续将醋酸氧化为二氧化碳的有效措施。

1.1.2 食醋酿造

(1)食醋生产工艺

酿造醋的生产，以前是沿用传统的生产工艺，发酵微生物是利用自然界中的野生菌，设备落后，卫生条件差，原料利用率低，生产成本高。20 世纪 60 年代，上海醋厂采用酶法液化自然通风回流制醋工艺，把酿醋工业机械化程度提高了一大步；进入 70 年代，石家庄、天津、济南、上海等地先后试验成功液态深层发酵制醋工艺，这无疑是对传统制醋观念的更新。此外，生料制醋、固定化细胞连续发酵制醋等新工艺也成功地应用于生产，使我国制醋工业水平上了一个台阶。采用新工艺制醋，虽然产量高，酿醋周期短、劳动强度低、原料利用率高、成品卫生好，但醋的风味比传统工艺的差。这主要是使用纯培养的菌种使微生物种类减少，酶系不丰富的缘故，另外，与酿造周期短也有关系。

我国传统食醋生产的基本工艺为：原料──→粉碎──→混合──→润水、蒸熟──→冷却──→接入麸曲、酒母──→入缸──→糖化、酒精发酵、倒醅接入醋酸菌种子──→醋酸发酵、倒醅──→加盐──→后熟──→淋醋──→陈酿──→澄清──→配制──→灭菌──→成品。

(2) 食醋生产用菌种

传统工艺制醋是利用自然界中野生菌制曲、发酵，因此，涉及的微生物种类繁多，如：霉菌属的根霉、曲霉、毛霉、犁头霉，酵母属中的汉逊氏酵母、假丝酵母，以及芽孢杆菌、乳酸菌、醋酸菌、产气杆菌等等。在众多的微生物中，有对酿醋有益的，也有对酿醋有害的菌种。新法酿醋，均采用经人工选育的纯培养菌株，进行制曲、酒精发酵和醋酸发酵，其好处是酿醋周期短，原料利用率高，因此带来了显著的经济效益。

曲霉菌　曲霉菌有丰富的淀粉酶、糖化酶、蛋白酶等酶系，因此常用曲霉菌制糖化曲。糖化曲是水解淀粉质原料的糖化剂，其主要作用是将制醋原料中淀粉水解为糊精；蛋白质被水解为肽、氨基酸，有利于下一步酵母菌的酒精发酵以及之后的醋酸发酵。曲霉菌可分为黑曲霉和黄曲霉两大类群。黑曲霉的分生孢子梗呈炭黑色或褐黑色或紫黑色，因而，菌丛呈黑色，但也有显无色的突变种。黑曲霉最适生长温度为 30 ℃～35 ℃。除分泌糖化酶、液化酶、蛋白酶、单宁酶外，黑曲霉还有果胶酶、纤维素酶、脂肪酶、氧化酶、转化酶活性。适宜于酿醋的菌株有：甘薯曲霉 AS 3.324 、邬氏曲霉 AS3.758、东酒一号、黑曲霉 AS 3.4309(UV－11)等。黄曲霉群包括黄曲霉和米曲霉。它们的主要区别：前者小梗多为双层，而后者小梗多为单层，很少有双层。黄曲霉的分生孢子穗呈黄绿色，发育过程中菌丛先由白色转为黄色，最后变成黄绿色，衰老的菌落则呈黄褐色。最适生长温度为 30 ℃～35℃。黄曲霉群的菌株除有丰富的蛋白酶、淀粉酶外，还有纤维素酶、转化酶、菊糖酶、脂肪酶、氧化酶等。黄曲霉中的某些菌株会产生对人体致癌的黄曲霉毒素，为安全起见，必须对菌株进行严格检测，确证无黄曲霉毒素产生者方能使用。米曲霉一般不产生黄曲霉毒素。米曲霉中常用的菌株有：沪酿 3.040，沪酿 3.042(AS 3.951)，AS 3.863 等。黄曲霉菌株有：AS 3.800，AS 3.384 等。

酵母菌　在食醋酿造过程中，淀粉质原料经曲的糖化作用产生葡萄糖，酵母菌则通过其酒精发酵酶系将葡萄糖转化为酒精和二氧化碳，完成酿醋过程中的酒精发酵阶段。除酒化酶系外，酵母菌还有麦芽糖酶、蔗糖酶、转化酶、乳糖分解酶和脂肪酶等。在酵母菌的酒精发酵中，除生成酒精外还有少量有机酸、杂醇油、酯类等物质生成，这些物质对形成醋的风味有一定作用。酵母菌培养和发酵的最适温度为 25 ℃～30 ℃，但因菌种不同稍有差异。

酿醋用的酵母菌与生产酒类使用的酵母相同。适合于高粱原料及速酿醋生产的菌种有南阳混合酵母(1308 酵母)；适合于高粱、大米、甘薯等多种原料酿制普通食醋的有 K 字酵母；适合于淀粉质原料酿醋的有 AS 2.109、AS 2.399；适合于糖蜜原料的有 AS 2.1189、AS 2.1190。另外为了增加食醋香气，有的厂还添加产酯能力强的产酯酵母进行混合发酵，使用的菌株有：AS 2.300、AS 2.338、中国食品发酵研究所的 1295 和 1312 等产酯酵母。

醋酸菌　醋酸菌可将酵母菌产生的乙醇进一步氧化成醋酸，是食醋生产的关键菌株，常用和常见醋酸菌有：

(1)奥尔兰醋酸杆菌(*A. orleanense*)　它是法国奥尔兰地区用葡萄酒生产醋的主要菌株。生长最适温度 30 ℃。该菌能产生少量的酯，产醋酸的能力弱，能由葡萄糖产 5.3%葡萄糖酸，耐酸能力较强。

(2)许氏醋酸杆菌(*A. schutzenbachii*)　它是国外有名的速酿醋菌株，也是目前制醋工业重要的菌种之一。液体中生长的最适温度 28 ℃～30 ℃，最高生长温度 37 ℃。该菌产酸高达 11.5%。对醋酸没有进一步的氧化作用。

(3)恶臭醋酸杆菌(*A. rancens*)　它是我国醋厂使用的菌种之一。该菌在液面形成菌膜，并沿容器壁上升，菌膜下液体不浑浊。一般能产酸 6%～8%，有的菌株副产 2%的葡萄糖酸，能把醋酸进一步氧化为二氧化碳和水。

(4)攀膜醋酸杆菌(*A. scendens*)　它是葡萄酒、葡萄醋酿造过程中的有害菌，在醋醅中常能分离出来。最适生长温度为 31 ℃，最高生长温度 44 ℃。在液面形成易破碎的膜，菌膜沿容器壁上升得很高，菌膜下液体很浑浊。

(5)胶膜醋酸杆菌(*A. xylinus*)　它是一种特殊的醋酸菌，若在酿酒醪液中繁殖，会引起酒酸败、变粘。该菌生成醋酸的能力弱，又会氧化分解醋酸，因此是酿醋的有害菌。在液面上，胶膜醋酸杆菌会形成一层皮革状类似纤维样的厚膜。

(6)AS1.41 醋酸菌　它属于恶臭醋酸杆菌，是我国酿醋长远的菌株之一。该菌细胞呈杆状，常呈链状排列，单个细胞大小为(0.3～0.4)μm×(1～2) μm，无运动性，无芽孢。在不良条件下，细胞会伸长，变成线形或棒形，管状膨大。平板培养时菌落隆起，表面平滑，菌落呈灰白色，液体培养时则形成菌膜。该菌生长适宜温度为 28 ℃～30 ℃，生成醋酸的最适温度为 28 ℃～33 ℃，最适 pH 值为 3.5～6.0，耐受酒精浓度为 8%(体积分数)。

最高产醋酸 7%～9%，产葡萄糖酸能力弱。能氧化分解醋酸为二氧化碳和水。

(7)沪酿 1.01 醋酸菌　它是从丹东速酿醋中分离得到的，是我国食醋工厂长远菌种之一。该菌细胞呈杆形，常呈链状排列，菌体无运动性，不形成芽孢。在含酒精的培养液中，常在表面生长，形成淡青灰色薄层菌膜。在不良条件下，细胞会伸长，变成线形或棒状，有的呈膨大状，有分支。该菌由酒精产醋酸的转化率平均达到 93%～95%。

1.1.3　食醋生产中的主要生物化学变化

酿醋过程中发生着复杂的生物作用和化学反应，即使是用曲霉菌、酵母菌、醋酸菌纯菌种酿醋也是如此，而用野生菌种发酵的传统酿造工艺则更为复杂。这些复杂的化学反应与形成食醋的主体成分和色、香、味、体的形成有密切的关系。

(1)糖化作用

淀粉质原料经润水、蒸煮糊化，为酶作用于底物创造了有利条件，由于酵母菌缺少淀粉水解酶系，因此，需要借助曲的作用才能使淀粉转化为能被酵母菌发酵的糖。曲中起糖化作用的酶主要是：具有外切酶活性的 α-淀粉酶，能将淀粉分子的 α-1，4 键在任意位置上切断，迅速形成糊精及少量的麦芽糖和葡萄糖，使淀粉糊的粘度很快下降，流动性上升，但该酶对 α-1，6 键无作用；属于内切酶的淀粉-1，4-葡萄糖苷酶以及淀粉-1，6-糊精酶和淀粉-1，6 葡萄糖苷酶。淀粉-1，6-糊精酶专一性地作用于分支淀粉的分支点，即专一性地切断 α-1，6 键，将整个侧支劈掉；而淀粉-1，6-葡萄糖苷酶仅对分支淀粉中带有一条多糖直链的分支点的 α-1，6-键有作用，形成一条单独的多糖直链和去掉直链的残余部分。淀粉-1，4-葡萄糖苷酶则是从淀粉链的非还原性末端顺次逐个切开 α-1，4 键，水解成葡萄糖分子。一般情况下，采用固态发酵发酿醋，每 100kg 醅料用麸曲量为 5～7kg。如使用大曲酿醋，由于大曲糖化率低，则用量要加大。有些醋厂使用酶制剂代替曲作糖化剂：α-淀粉酶用量为 4～6μ/g 淀粉，糖化酶用量为 100～300μ/淀粉。

(2)酒精发酵

酒精发酵是酵母菌在厌氧条件下经过菌体内一系列的酶的作用，把可发酵糖转化成酒精和二氧化碳，然后通过细胞膜把产物排出体外的过程。把参与酒精发酵的酶称为酒化酶系，它包括糖酵解(EMP)途径的各种酶以及丙酮酸脱羧酶、乙醇脱氢酶。

在酒精发酵中约有 94.8%的葡萄糖被转化为酒精和二氧化碳，酵母菌的增殖和生成副产物消耗 5.2%葡萄糖。发酵后除生成酒精和二氧化碳外，每 100 g 葡萄糖还可生成醛类物质 0.01 g，甘油 2.5～3.6 g，高级醇 0.4 g，有机酸 0.5～0.9 g，酯类微量。采用边糖化边发酵的酿醋工艺，发酵结束后会有较多的糊精和糖类残存，成为固形物的组分，它们使醋的甜味足、体态好，因此从这个意义上讲，糊精和糖适量的残存是需要的。

(3)醋酸发酵

醋酸发酵是继酒精发酵之后，酒精在醋酸菌氧化酶的作用下生成醋酸的过程。其主要反应过程如下：

$$CH_3CH_2OH + NAD \xrightarrow{\text{乙醇脱氢酶}} CH_3CHO + NADH_2$$

$$CH_3CHO + NAD + H_2O \xrightarrow{\text{乙醇脱氢酶}} CH_3COOH + NADH_2$$

根据上述反应可知：醋酸与乙醇的质量比为 1.304∶1。但由于发酵过程中醋酸的挥发、再氧化以及形成酯等原因，实际得到的醋酸与酒精的质量比仅为 1∶1。某些特性的木醋杆菌，在利用糖生成醋酸的同时，还有乳酸生成。其过程为：

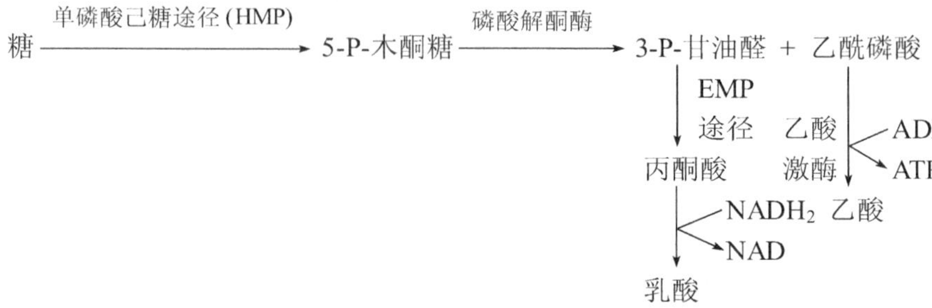

(4)陈酿过程

在陈酿过程中，食醋的色、香、味、体均会发生变化。色泽更为浓重；香气更为浓郁；口感更为柔和；体态更为匀稠。特别是陈酿后，食醋中酯类的含量明显提高，由微生物产生的醇类物质，如乙醇、甲醇、丙醇、异丁醇、戊醇等，醛类物质如乙醛、糠醛、乙缩醛、香草醛、甘油醛、异丁醛、异戊醛等，以及4-乙基愈创木酚等经一系列的变化后，达到平衡，从而与醋酸一起赋予食醋特有的风味品质。

1.2 乳制品的发酵

发酵乳(Culture Milk)是指原料乳在特定微生物的作用下，通过乳酸菌发酵或乳酸菌、酵母菌共同发酵制成的酸性乳制品。在保质期内，该类产品中的特征菌必须大量存在，并能继续存活和(或)具有活性。发酵乳制品具有营养丰富、易消化、适口性好和便于保藏等优点，深为广大消费者所喜爱。其中酸奶油、酸乳等是通过向乳液中接种乳酸细菌后，经发酵而制得的产品。而有些产品除细菌外，还有酵母和霉菌参与发酵。如蓝色干酪和沙门柏干酪就有娄地青霉(*Penicillum roqueforti*)、沙门柏青霉(*P. camemberti*)参与发酵；开菲尔中存在多种酵母菌。这些微生物不仅会引起产品外观和理化特性的改善，而且可以丰富发酵产品的风味。

1.2.1 发酵乳生产常用细菌

以酸奶为例发酵乳主要是用嗜热链球菌和保加利亚乳杆菌的混合菌种，使高固形物全脂奶进行有控制的发酵所制得的一种产品。可分为搅拌型酸奶和凝固型酸奶两种类型，工艺都是从牛奶的预处理到冷却及培养，可以共用生产线。

常用的乳酸细菌主要有：嗜热链球菌、保加利亚乳杆菌、嗜酸乳杆菌、双歧杆菌等，它们具有各自的生理生化特性。

嗜热链球菌(*Streptococcus thermophilus*)　革兰氏阳性菌；微需氧；最适生长温度为40 ℃～45 ℃；能发酵葡萄糖、果糖、蔗糖和乳糖；在85℃条件下能耐受20～30 min；蛋白质分解能力微弱；对抗生素极敏感；细胞呈卵圆形，成对或形成长链；细胞形态与培养条件有关：在30℃乳中培养时，细胞成对，而在45℃时呈短链；在高酸度乳中细胞呈长链；液体培养时，细胞呈链状；平板培养时细胞膨胀变粗，有时会呈杆菌状，形成针尖状菌落；嗜热链球菌的某些菌株在平板移接时，如中间不经过牛奶培养，往往得不到菌落，这些菌株是典型的牛奶菌；嗜热链球菌为同型乳酸发酵菌，产生L(＋)－乳酸；代谢过程中有风味物质双乙酰产生。

保加利亚乳杆菌(*Lactobacillus bulgaricus*)　革兰氏阳性菌；微厌氧；最适生长温度为40 ℃～43 ℃；能发酵葡萄糖、果糖、乳糖，但不能利用蔗糖；对热的耐受性差，个别菌株在75 ℃条件下能耐受20 min；蛋白质分解能力弱；对抗生素不如嗜热链球菌敏感；细胞两端钝圆，呈细杆状，单个或成链，频繁传代会变形；培养基和培养温度对细胞形态影响很大：在 20 ℃乳中培养，细胞可成为长的纤维状菌；在 50 ℃下培养，细胞停止生长，如在此温度下继续培养，细胞形状变得不规则；在冷的酸奶中，由于温度和高酸度的影响，会有异常杆菌出现；可能是由于氧的阻碍作用或者是氮源不合适，在琼脂平板上培养时，细胞形状不规则；属同型乳酸发酵菌，产生 D(－)－乳酸；将嗜热链球菌和保加利亚乳杆菌混合培养，两者的生长情况都比各自单独培养时好。

嗜酸乳杆菌(*Lactobacillus aciditicphilus*)　革兰氏阳性，微厌氧菌；最适培养温度为 35 ℃～38 ℃；能发酵葡萄糖、果糖、蔗糖和乳糖，除此之外，还能利用麦芽糖、纤维二糖、甘露糖、半乳糖和水杨苷等作为生长的碳源；对热的耐受性差；蛋白质分解力弱；对抗生素比嗜热链球菌更敏感；细胞两端钝圆，呈杆状，单个、成双或成短链；属同型乳酸发酵，产 D,L－乳酸；嗜酸乳杆菌的最适生长 pH 值为 5.5～6.0；对培养基营养成分要求较高。用牛奶培养时，一般都添加酵母膏、肽或其他生长促进物质；使用合成培养基时需添加西红柿汁或乳清；能耐胃酸和胆汁，在肠道中可存活。

双歧杆菌(*Bifidobacterium*)　革兰氏阳性，专性厌氧菌；但目前应用于生产的菌株有不同程度的耐氧性，有的甚至可以在有氧环境下培养，经多次传代后，革兰氏染色反应转为阴性；最适培养温度约为 37 ℃；能发酵葡萄糖、果糖、乳糖和半乳糖；除两歧双歧杆菌(*B. bifidum*)仅缓慢利用蔗糖外，短双歧杆菌(*B. breve*)、长双歧杆菌(*B. longom*)和婴儿双歧杆菌(*B. infantis*)等均能发酵蔗糖；对热耐受性差；蛋白质分解力微弱；对抗生素敏感；细胞形状多样，不同菌种，不同培养条件，细胞的形态很不一样，有棍棒状、勺状、V 字状、弯曲状、球杆状和 Y 字形等；属异型乳酸发酵，除产生 L(＋)—乳酸外，还有乙酸、乙醇和二氧化碳等生成；抗酸性弱；对营养要求复杂，含有水苏糖、棉籽糖、乳果糖、异构化乳糖、聚甘露糖和 N-乙酰-α-D-氨基葡萄糖苷中的一种或几种的培养基有助于双歧杆菌的生长。在培养基中添加还原剂维生素 C 和半胱氨酸对培养双歧杆菌有好处。

1.2.2　发酵乳制品中风味化合物的形成

最原始的发酵乳是利用乳中污染的乳酸菌将乳糖转化成乳酸制作而成的。目前，工业化生产是以乳酸菌为主的特定微生物作发酵剂接种到杀菌后的原料乳中，在一定温度下乳酸菌增殖产生乳酸，同时伴有一系列的生化反应，使乳发生化学、物理和感官变化。

在发酵乳制品的各种代谢产物中，乙醛也是一种重要的风味化合物，主要由乳糖生成。它在酸奶和有关产品中是非常重要的风味成分。生产中多选用能很好产生乙醛的嗜热链球菌和保加利亚乳杆菌，以增进酸牛奶的美味。但在发酵过的酪农奶油、酸性酪乳和酸性稀奶油中，乙醛的存在则是有害的。它会给产品带来一种“生的”、“酸牛奶”味的不良风味。某些乳链球菌和绝大多数乳链球菌丁二酮亚种菌株，都能产生高浓度的乙醛，故在上述产品的生产中禁用这些菌株。

乙醇是某些发酵乳制品中的重要风味化合物之一，风味细菌如明串珠菌在异型乳酸发酵中可形成少量乙醇。在酸牛奶酒中，乙醇是由开菲尔酵母(*Saccharomyces kefir*)和开菲尔圆酵母 (*Torula kefir*)产生的。其酒精含量可达 1%。

甲酸、乙酸和丙酸等挥发性脂肪酸也是构成发酵乳制品风味的重要化合物。参与发酵的细菌可形成足够的挥发性酸，赋予发酵乳制品的风味。特别是风味细菌中的乳链球菌丁二酮亚种，利用酪蛋白水解物形成挥发性脂肪酸的能力更强。一般认为挥发性脂肪酸对成熟干酪的口味形成是有益的。

在酸性酪乳、酸牛奶酒和马奶酒中，二氧化碳可使这些发酵产品膨胀，发出嘶嘶声或起泡。在此，二氧化碳赋予这些产品的风味效果与在软饮料中充二氧化碳气的效果相似。它是由异型乳酸细菌或酵母菌发酵乳糖生成的。风味细菌发酵柠檬酸也可在乳液中产生大量的二氧化碳。

1.2.3 酸乳

在工业化生产发酵产品前，必须根据生产的需要预先制备发酵剂。所谓发酵剂(Starter Culturer)是指制造发酵产品所用的特定微生物培养物，它含有高浓度乳酸菌，能够促进乳的酸化过程。

(1)酸乳发酵剂菌种的共生关系

酸乳发酵剂所用的菌种，一般是两种以上的混合菌种。根据FAO关于酸乳的定义，酸乳中的特征菌为嗜热链球菌和保加利亚乳杆菌。在发酵的初期嗜热链球菌增殖活跃，而后期保加利亚乳杆菌增殖活跃。使用混合发酵剂是因为二者之间存在共生关系(symbiosis)。主要是利用菌种间的共生作用，相互得益。这两种菌的共生作用机理为：发酵初期乳杆菌生长缓慢，但其有微弱的蛋白质分解能力，可产生一定量的肽和氨基酸，对球菌的生长有刺激作用。嗜热链球菌的旺盛生长将使乳糖及其它糖类产生乳酸、乙酸、双乙酰和甲酸等。当酸乳混合物的pH(最初在6.3～6.5)下降到5.5时，嗜热链球菌的生长将被抑制，此时有利于保加利亚乳杆菌的生长。酸乳的特殊风味主要是由乳酸和乙醛形成的，其中乙醛被认为是酸奶中风味物质的主要成分。酸奶香味和风味的最佳时刻是乙醛含量为23.0mg/kg及pH4.0～4.4时。

除嗜热链球菌和保加利亚乳杆菌混合具有很好的共生作用外，丁二酮乳酸链球菌和嗜酸乳杆菌配合也可以生产风味优良的发酵剂。

(2)酸乳发酵剂的类型

通常用于乳酸菌发酵的发酵剂按照制备过程分为乳酸菌纯培养物、母发酵剂、中间发酵剂和生产发酵剂。

①乳酸菌纯培养物 即一级菌种，多是从专门的发酵剂公司或研究所购得的原始菌种，一般多接种在脱脂乳、乳清、肉汁等培养基中，或者用升华法制成冻干粉状菌苗(能较长时间保存并维持活力)。当生产单位取到菌种后，即可将其移植于灭菌脱脂乳中，恢复活力以供生产需要。

②母发酵剂 即一级菌种的扩大再培养，其培养基一般为灭菌脱脂乳，它是制备生产发酵剂的基础。母发酵剂的质量优劣直接关系到生产发酵剂的质量。

③中间发酵剂 是扩大生产工作发酵剂的中间环节。

④生产发酵剂 生产发酵剂又称工作发酵剂，是直接用于实际生产的发酵剂。

由此可看出各级菌种之间的制约关系，一级菌种质量优劣，对以后两级菌种影响极大，并直接影响产品质量。

根据物理状态的不同，乳用发酵剂还可分为如下三类：

①液态发酵剂 乳品厂一般将商品发酵剂制成各种液态发酵剂供生产用。液态发酵剂中的母发酵剂、中间发酵剂一般由乳品厂化验室制备，而生产用的工作发酵剂由专门发酵剂室或车间制备，此类发酵剂一般也称为继代式发酵剂。所用培养基为脱脂奶或脱脂复原奶，一般要求干物质含量较高，必要时可添加促生长因子。工作发酵剂一般要求同生产用的原料相同，用原料乳制作。

继代式发酵剂优点是便于检查，价格便宜。其缺点是批与批之间质量不够稳定，保存期短，乳酸菌含量低，必须经常转接传代以保存活力，费时费力且容易受到外界微生物的污染和噬菌体的侵袭，必须安排那些训练有素的人员在这些岗位上；且接种量较大。其活菌数一般为 10^6～10^8 个/mL，要求在 0 ℃～5 ℃保存不超过 1 周。根据情况可在 4～6 天内转接 1 次。

②粉末状或颗粒状发酵剂 粉末状或颗粒状发酵剂往往也称为直投式发酵剂，是通过冷冻干燥培养到最大乳酸菌数的液态发酵剂而制得的。冷冻干燥是在真空下进行的，该方法最大限度地减少了对乳酸菌的破坏。冷冻干燥发酵剂活菌数高，可做母发酵剂，也可直接用作生产发酵剂。

与液态发酵剂相比，粉末发酵剂运输和保存方便，质量稳定，接种次数减少，污染机会也随之降低，但是成本高。

③冷冻发酵剂 是在乳酸菌生长活力最高点时，通过浓缩、在液氮罐中冷冻而制成的，然后保存在－196 ℃液氮罐中或在－70 ℃～－40 ℃低温冻藏。冷冻发酵剂可直接作为生产发酵剂，一次性使用简单、方便，大大降低了污染机会，确保了每批产品质量稳定；可随时按产量接种，减少了浪费。但是，该发酵剂在运输过程中不能解冻。因此，不便于运输，使用受到限制。

(3)酸乳发酵剂的调制

发酵剂的调制是乳品厂中最困难也是最重要的工艺之一，必须慎重地选择发酵剂的生产工艺及设备。要求极高的卫生条件，要把微生物污染危险降低到最低限度，菌种活化、母发酵剂调制应该在有正压和配备空气过滤器的单独房间或无菌室中进行。中间发酵剂和生产发酵剂可以在离生产近一点的地方或在制备母发酵剂的房间里制备，发酵剂的每一次转接都要在无菌操作条件下进行。对设备的清洗、灭菌要严格，以防清洗剂和消毒剂的残留物与发酵剂接触而污染发酵剂。发酵剂的调制步骤见如图 8-1 所示。

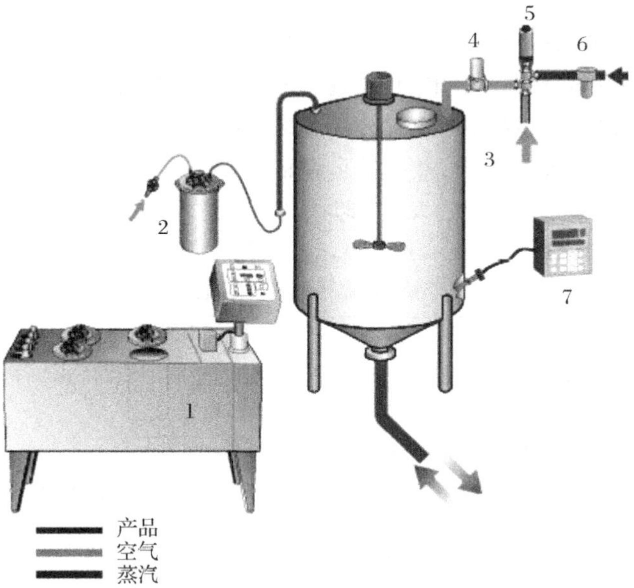

图 8-1 从中间发酵剂到生产发酵剂罐的无菌转运

1. 培养器 2. 中间发酵剂容器 3. 生产发酵剂罐 4. HEPA 过滤器 5. 气阀 6. 空气过滤器 7. pH 测定

(4) 酸乳生产工艺

酸奶可分为搅拌型酸奶和凝固型酸奶两种类型，工艺都是从牛奶的预处理到冷却及培养，可以共用生产线。其基本生产工艺如图 8-2 所示。

原料乳→标准化→15.0～30.0MPa 均质→90 ℃左右杀菌→接种发酵剂→罐装→发酵

图 8-2 酸乳生产的工艺流程

搅拌型的酸乳发酵完成后可与果料或香精混合再罐装成产品。

凝固型酸奶的原料奶经过处理并冷却、接种发酵剂后，从中间的贮存罐（缓冲罐）出来与从计量泵出来的发酵剂和果料混合一起进入包装机。

①发酵温度 嗜热链球菌的最适生长温度稍低于保加利亚乳杆菌的最适生长温度，发酵的培养温度一般采用 40 ℃～43 ℃，这是两种菌最适生长温度的折中值。低酸性产品的最终酸度是 0.85%～0.95%，高酸性酸奶的最终酸度是 0.95%～1.20%，根据国际乳业联盟（IDF）规定，最低酸度是 0.7%。

②发酵时间 一般是 3 h 左右，长者达 5～6 h，而发酵终点的时间范围（即从接近发酵终点起至开始超过发酵终点止这一段时间）比较小。

③冷却、后熟 冷却的目的是迅速而有效地抑制酸奶中乳酸菌的生长，降低酶的活性，防止产酸过度，使酸奶逐渐形成坚固的凝固状态，降低和稳定酸奶脂肪上浮和乳清析出的速度，延长酸奶的保存期限。冷藏过程的 24 h 内，风味物质继续产生，而且多种风味物质相互平衡形成酸乳的特征风味，通常把这个阶段称为后成熟期。一般 2 ℃～7 ℃下酸乳的贮藏期为 7～14 天。

搅拌型酸奶是将预处理的牛奶冷却到培养温度，然后连续地与所需体积的生产发酵剂一并泵入发酵罐，开始搅拌数分钟，保证发酵剂均匀分散。发酵罐是隔热的，以保证在整个培养期间的恒温。典型的搅拌型酸奶生产的培养条件为 42 ℃～43 ℃、2.5～3 h。用浓缩、冷冻和冻干菌种直接做发酵剂时考虑到其迟滞期较长，发酵时间为 4～6 h。

1.2.4 干酪

(1)干酪的定义及其分类

联合国粮农组织和世界卫生组织（FAO/WHO）制定了国际上通用的干酪（Cheese）定义：干酪是以乳、稀奶油、脱脂乳或部分脱脂乳、酪乳或这些产品的混合物为原料，经凝乳酶（Rennin）或其它凝乳剂凝乳，并排除乳清而制得的新鲜或发酵成熟的产品。

国际上通常把干酪扩展为三大类，即天然干酪（Natural Cheese）、融化干酪（Processed Cheese）和干酪食品（Cheese Food），这三类干酪的主要规格如表 8-1。

表 8-1 天然干酪、融化干酪和干酪食品的主要规格

名称	规 格
天然干酪	以乳、稀奶油、部分脱脂乳、酪乳或混合乳为原料，经凝固后，排出乳清而获得的新鲜或成熟的产品，允许添加天然香辛料以增加香味和滋味。
融化干酪	用一种或一种以上的天然干酪，添加食品卫生标准所允许的添加剂（或不加添加剂），经粉碎、混合、加热融化、乳化后而制成的产品，含乳固体 40%以上。此外，还有下列两条规定： 1.允许添加稀奶油、奶油或乳脂以调整脂肪含量。 2.为了增加香味和滋味，所添加的香料、调味料及其他食品必须控制在乳固体的 1/6 以内。但不得添加脱脂奶粉、全脂奶粉、乳糖、干酪素以及不是来自乳中的脂肪、蛋白质及碳水化合物。
干酪食品	用一种或一种以上的天然干酪或融化干酪，添加食品卫生标准所规定的添加剂（或不加添加剂），经粉碎、混合、加热融化而成的产品，产品中干酪比例须占 50%以上。此外，还规定： 1.所添加的香料、调味料或其他食品须控制在产品干物质的 1/6 以内。 2.添加的非乳脂肪、蛋白质、碳水化合物不得超过产品的 10%。

据不完全统计，全世界共有天然干酪900余种，其中较著名的有400余种，天然干酪的分类是基于干酪的硬度与成熟特征，见表8-2。

表8-2 主要天然干酪的品种

干酪类型		与成熟有关的微生物	MNFM(%)（水分含量）	主要品种	原产地
天然干酪	软质干酪	不成熟	61～69（40～60）	农家干酪(Cottage Cheese) 稀奶油干酪(Cream Cheese) 里科塔干酪(Ricotta Cheese)	美国
		细菌成熟		比利时干酪(Limburg Cheese) 手工干酪(Hand Cheese)	比利时、意大利
		霉菌成熟		法国浓味干酪(Camembert Cheese) 布尔干酪(Brie Cheese)	法国
	半硬质干酪	细菌成熟	54～63（38～45）	砖状干酪(Brick Cheese) 莫兹瑞拉干酪(Mozzarella Cheese)	德国
		霉菌成熟		法国羊奶干酪(Roquefort Cheese) 青纹干酪(Blue Cheese)	丹麦、法国
	硬质干酪	细菌成熟	49～56（30～40）	高达干酪(Gouda Cheese) 荷兰硬质干酪(Edam Cheese)	荷兰
		细菌成熟（丙酸菌）		埃门塔尔干酪(Emmental Cheese) 瑞士干酪(Swiss Cheese)	瑞士、丹麦
	特硬干酪	细菌成熟	<41（30～35）	帕尔门逊干酪(Parmesan Cheese) 罗马诺干酪(Romano Cheese)	意大利

(2)干酪发酵剂

制造干酪的过程中，用来使干酪发酵与成熟的特定微生物培养物称为干酪发酵剂(Cheese Starter)。干酪发酵剂可分为细菌发酵剂与霉菌发酵剂两大类。

细菌发酵剂 主要以乳酸菌为主，应用的主要目的在于产酸和产生相应的风味物质。其中主要有乳酸链球菌(*Str. lactis*)、乳脂链球菌(*Str. cremoris*)、干酪乳杆菌(*L. casei*)、丁二酮链球菌(*Str. diacetylactis*)、嗜酸乳杆菌(*L. acidophilus*)、保加利亚乳杆菌(*L. bulgaricus*)以及嗜柠檬酸明串珠菌(*Leu. citrovorum*)等。有时为了使干酪形成特有的组织状态，还要使用丙酸菌(*Propioni. bacterium*)。

霉菌发酵剂 主要是用对脂肪分解强的卡门培尔干酪青霉(*P. camenberti*)、干酪青霉(*P. caseicolum*)、娄地青霉(*P. rogueforti*)等。某些酵母，如解脂假丝酵母(*Cand. lypolytica*)等也在一些品种的干酪中得到应用。干酪发酵剂微生物及其用途见表8-3。

表 8-3　发酵剂微生物及其使用制品

一般名	发酵剂微生物菌种名	用途
乳酸球菌	嗜热乳链球菌(*Str. thermophilus*)	各种干酪,产酸及风味
	乳酸链球菌(*Str. lactis*)	各种干酪,产酸
	乳脂链球菌(*Str. cremoris*)	各种干酪,产酸
	粪链球菌(*Str. faecalis*)	切达干酪
乳酸杆菌	乳酸杆菌(*L. lactis*)	瑞士干酪
	干酪乳杆菌(*L. casei*)	各种干酪,产酸、风味
	嗜热乳杆菌(*L. thermophilus*)	干酪,产酸、风味
	胚芽乳杆菌(*L. plantarum*)	切达干酪
丙酸菌	薛氏丙酸菌(*Prop. shermanii*)	瑞士干酪
短密青霉菌	短密青霉菌(*Brevi. lines*)	砖状干酪、林堡干酪
酵母类	解脂假丝酵母(*Cand. lypolytica*)	青纹干酪、瑞士干酪
曲霉菌	米曲菌(*Asp. Oryzae*)	法国绵羊乳干酪 法国卡门培尔干酪
	娄地青霉(*P. rogueforti*)	
	卡门培尔干酪青霉(*P. camenberti*)	

(3)凝乳酶

凝乳酶(Rennen)的主要作用是促进乳的凝结,并为乳清的排出创造条件。除了几种类型的新鲜干酪,如 Cottage 干酪、Quarg 干酪等主要是通过乳酸来凝固外,其他所有干酪的生产都是依靠凝乳酶或类似酶的反应来形成凝块。皱胃酶(Rennin)是最常用的凝乳酶,由于凝乳酶的来源及成本等原因,其代用酶也被应用于干酪的实际生产当中。

(4)天然干酪的生产工艺

各种天然干酪的生产工艺基本相同,只是在个别工艺环节上有所差异。天然干酪的基本生产工艺流程如图 8-3。

原料乳 → 标准化 → 杀菌 → 冷却 → 添加发酵剂 → 调整酸度 → 加氯化钙 → 加色素 →

加凝乳剂 → 凝块切割 → 搅拌 → 加温 → 排出乳清 → 成型压榨 → 盐渍 → 成熟 → 上色挂蜡

图 8-3 天然干酪的生产工艺

①添加发酵剂和预酸化　原料乳经杀菌后,冷却到 30 ℃～32 ℃,然后加入经过搅拌并用灭菌筛过滤的发酵剂(也可加入冷冻型或直投式发酵剂),充分搅拌。为使干酪在成熟期间能获得预期的效果,达到正常的成熟,加发酵剂后进行短期发酵 30～60 min,以保证充足的乳酸菌数量,此过程即预酸化,使最后酸度控制在 0.18%～0.22%。

②添加凝乳酶和凝乳的形成　干酪的生产中,添加凝乳酶形成凝乳是一个重要的工艺环节。通常按凝乳酶效价和原料乳的量计算凝乳酶的用量。使用时先用 1%的食盐水将酶配成 2%溶液,并在 28 ℃～32 ℃下保温 30 min,然后加入到乳中。活力为 1∶10000 到 1∶15000 的液体凝乳酶的剂量在每 100 kg 乳中可用到 30mL。加入凝乳酶后,小心搅拌牛乳 2～3 min,然后在 32℃静置 30 min 左右,即可使乳凝固形成凝块(Curdling)。

③凝块切割　乳凝块达到适当硬度时,通常要鉴定乳清排出后凝块的质量。做法是将一把小刀刺入凝乳表面下然后慢慢抬起,直至裂纹的出现呈适宜状态,一旦出现玻璃样分裂状态就可认为凝块已适宜切割;或典型的方法是用刀在凝乳表面切 2 cm 深、5 cm 长的切口。用食指斜向从切口的一端插入凝块中约 3 cm。当手指向上挑起时,如果切面整

齐平滑，指上无小片凝块残留，且渗出的乳清透明时，即可开始切割(Cutting)。切割时须用干酪刀(Curd Knife)，其大小决定于干酪的类型。切块越小，最终干酪中的水分含量越低。

④搅拌及二次加温 为了促进干酪颗粒中的乳清排放，凝块切割后要对凝块搅拌及加温(Stirring and Cooking)。首先当乳清酸度达到要求后，开始徐徐搅拌，约 15 min 后，搅拌速度可逐渐加快。同时，在干酪槽的夹层里通入温水，使温度逐渐上升。初始时每 3～5 min 升高 1℃，当温度升高到 35℃时，每隔 3 min 升高 1 ℃。当温度达到最终要求(高脂干酪为 17 ℃～48 ℃，半脂干酪为 34 ℃～38 ℃，脱脂干酪为 30 ℃～35 ℃)时，停止加热维持此温度一段时间，并继续搅拌。通过加热，产酸细菌的生长受到抑制，这样使得乳酸的生成量符合要求。除了对细菌的影响以外，加热也能促进凝块的收缩并伴以乳清析出(脱水收缩)。凝块的机械处理和由细菌持续产生的乳酸有助于挤出颗粒中的乳清。

⑤排除乳清 在搅拌升温的后期，乳清酸度达 0.17%～0.18%时，凝块收缩至原来的一半(豆粒大小)，用手捏干酪粒感觉有适度弹性或用手握一把干酪粒，用力压出水分后放开，如果干酪粒富有弹性，搓开仍能重新分散，即乳清已全部排出。乳清由干酪槽底部通过金属网排出。此时应将干酪粒堆积在干酪槽的两侧，促进乳清的进一步排出。此操作也应按干酪品种的不同而采取不同的方法。排除的乳清中脂肪含量一般约为 0.3%，蛋白质 0.9%。

⑥堆叠 乳清排除后，将干酪粒堆积在干酪槽的一端或专用的堆积槽中，上面用带孔木板或不锈钢板压 5～10 min，压出乳清使其成块，这一过程即为堆叠(Cheddaring)。有的干酪品种，在此过程中还要保温，调整排出乳清的酸度，进一步使乳酸菌达到一定的活力，以保证成熟过程对乳酸菌的需要。

⑦成型压榨 将堆积后的干酪块切成方砖形或小立方体，装入成型器(Cheese Hoop)中进行定型压榨。压榨可进一步排出乳清，使凝乳颗粒成块，并形成一定的形状，在以后的长时间成熟阶段提供干酪表面一坚硬外皮。

⑧加盐 加盐的目的在于改进干酪的风味、组织和外观，排除内部乳清或水分，增加干酪硬度，限制乳酸菌的活力，调节乳酸的生成和干酪的成熟，防止和抑制杂菌的繁殖。盐加于凝块而导致排出的水分更多，这是借助于渗透压的作用和盐对蛋白质的作用。

除少数例外，干酪中盐含量为 0.5%～2%，而蓝霉干酪或白霉干酪的一些类型(Feta、Domiati 等)通常盐含量在 3%～7%。加盐引起的副酪蛋白上的钠和钙交换也给干酪的组织状态带来良好影响，使其变得更加光滑。

1.2.5 开菲尔(Kefir)

开菲尔起源于北高加索地区，近年来实现了工业化生产，产量大增。开菲尔理论上虽然以牛乳、羊乳或由山羊乳为原料进行乳酸菌和酵母菌双重发酵，但工业化生产专门用牛奶进行。开菲尔的制造使用所谓的“开菲尔粒”，它是小如绿豆、大如小指头、形状不规则、淡黄而有弹性的菌块。开菲尔粒加入到消毒乳中经一定时间培养后(通常为 20 ℃左右，16～20 hr)，滤去开菲尔粒后所得的酸乳即可作为菌种(即发酵剂)，也可不过滤而直接使用培养物作下次的发酵剂。滤出的开菲尔粒同样可以作为下次的发酵剂继续使用，但由于开菲尔粒在每次培养中以一定的速率繁殖，故其重量也有所增加。

开菲尔粒是由数种乳酸菌和酵母菌组成的混合菌块。菌块内的乳酸菌在菌体外蓄积粘性多糖类，作为菌块的支撑体，其它构成菌则附着在其上形成菌块。在牛乳中进行继代培养时，开菲尔粒以一定的速率增殖，但各个菌块菌相平衡继续保持不变。

开菲尔粒是以乳酸菌和酵母菌为基础的小生态系。不同地区、不同培养时期的天然开菲尔粒，其构成菌未必很固定，其菌群可能有多种组合。其中的乳酸菌主要有乳酸链球菌、乳酸杆菌乳链球菌二乙酰亚种、肠膜明串珠菌、嗜热乳杆菌、嗜酸乳杆菌、干酪乳杆菌等，酵母菌则有开菲尔圆酵母、酿酒酵母、假丝酵母和乳酸酵母，此外，还有醋酸细菌、枯草杆菌、开菲尔杆菌等多种微生物。

2 酵母菌在酿酒工业中的应用

2.1 白酒酿造微生物学

白酒又名烧酒，是用高粱、小麦、玉米等淀粉质原料经蒸煮，糖化发酵和蒸馏而制成的。我国蒸馏白酒酿造历史悠久，技艺精湛，种类繁多，风格独特。如驰名国内外的茅台酒、杏花村汾酒、泸州老窖特曲及宜宾五粮液等均属于蒸馏白酒。根据发酵剂与工艺不同，一般可将蒸馏白酒区分为大曲酒、小曲酒、麸曲白酒及液态白酒四大类。当前白酒酿造向两个方向发展，一是走液态发酵的道路，液态发酵法具有出酒率高、煤电消耗少、劳动强度小等优点，但风味差，尚需进一步改进。这是当前我国普通蒸馏白酒发展的方向之一；二是继续保持传统的固态发酵法走机械化生产的道路，这是目前我国传统名白酒发展的方向。“千年老窖产好酒”是中国传统白酒生产实践的科学总结，充分说明窖池在曲酒生产中的重要地位。

2.1.1 中国传统白酒窖泥微生态系

中国传统白酒酿造使用的泥窖是采用黄土建成的。黄土粘实，不易渗漏。建窖时，窖底部黄土一定要夯实。窖壁上钉入用楠竹制成的竹钉，钉长约 30 cm，宽约 3 cm，竹节向上，钉上缠烂麻丝，钉入窖壁约 20 cm，钉子间距约 20 cm，呈等边三角形排列。另用酒醅淋出的黄浆水，加在细腻、绵软、无夹砂的黄土里，踩柔后涂布在窖壁，厚约 10 cm，窖底厚 30 cm 以上。在新建窖池时，应考虑窖形，在一定的容积下，应使窖体表面积(尤其是底面积)达到最大，以增加酒醅与窖泥的接触，有利于提高酒的质量。窖容积的大小，应与甑桶容积相适应，又要与投料量和工艺相关联。既要考虑操作的方便，又要有利于保证酒质。窖容积越大，单位体积酒醅占有窖体表面积就相对减少。在生产上把窖容积相对地缩小些，有利于酒的质量。常取的窖容积在 8～12 m^3，窖深应保证 1.5～1.6 m，这样的深度既能满足嫌气性发酵和操作要求，又能取得较大的窖底面积。当窖容、窖深确定后，窖的长、宽尺寸会影响窖体的总面积，正方形窖，总面积最小。一般长：宽＝(2～2.2)：1 最适宜，这样的窖形较合理，能得到最大的表面积。

新的发酵窖经过七、八轮次后，窖泥由黄色变为乌黑色，再经过约两年时间的发酵，又逐渐转变为乌白色，并变绵软为脆硬，产品质量也随着时间的推移和窖泥的变色而逐渐提高。这样再经过 20 余年，泥质由脆硬逐渐变得又碎(无粘性)又软，泥色由乌白转变为乌黑，并出现红绿等彩色，产生一种浓郁的香味，这就初步达到发酵老窖的标准，产品酒的质量也随之而显著提高。此后，年复一年，产品质量越来越高。由于陈年发酵老窖对产品质量有决定性的影响，因此在出窖和滴窖等操作中都应特别小心，以避免损伤发酵窖泥，平时要加强对窖池的保养维修，防止窖泥老化和降低酒的质量。窖龄越长，酒质越好。

中国传统白酒生产，窖子是基础，操作是关键。随着对白酒微生物的深入研究，认识到老窖泥中栖息着以细菌为主的多种微生物，它们以酒醅为营养来源，以窖泥和酒醅为活动场所，经过缓慢的生化作用，产生出以己酸乙酯为主体的香气成分窖香味。大量的实践证明，接近窖底和窖壁的酒酿，其含酯量高，蒸出的酒较芳香。对窖泥的研究表明，老窖和新窖的根本差别是它们所含的产香微生物数量和种类的不同。老窖泥中主要有己酸菌、丁酸菌等细菌类微生物以及酵母和少量的放线菌等。

(1)己酸菌(*Clostridium caproicum*) 己酸菌属于棱状芽孢杆菌的少数种。丁酸杆菌属中的个别种和奥氏甲烷杆菌也会产生己酸。不少产丁酸的棱状菌也会产生己酸。《伯杰氏细菌鉴定手册》中的克氏棱菌即是己酸菌的一种，它一端呈鼓槌状，有芽孢，耐热性强，带芽孢的菌体在沸水中处理 3 min 不死，严格厌氧，不利用碳水化合物。以酒精为基质，栖于窖泥中，在酒醅中较少，发酵速度缓慢，生成己酸和乙酸乙酯。添加 $CaCO_3$ 可促进己酸的形成，适量的 NH_4^+、PO_4^{3-}、Mg^{2+} 能促进己酸菌的生长和产酸。

(2)丁酸菌(*Clostridium butyricum*) 丁酸菌是梭状芽孢杆菌，有 20 余种，它以糖类为基质，发酵生成丁酸，放出汗臭味或水果腐烂味，使酒味不正。窖泥中除有一定的己酸菌存在外，还有数量更多的丁酸菌，它不但能产生丁酸，也能产生少量己酸。

(3)甲烷菌(*Methanobacteriales* and *Methanococcales*) 产甲烷的菌群具有特殊的代谢功能，它在没有外源电子受体的条件下还原 CO_2 生成 CH_4。从老窖泥中分离得到的甲烷菌，不利用甲酸、乙酸、丙酸、丁酸、甲醇、乙醇、三甲胺和葡萄糖，只利用 H_2 作能源，CO_2 作碳源生长和产生甲烷。它的生长最适温度是 35 ℃，适宜生长的温度范围在 25 ℃～45 ℃之间，生长的 pH 范围 6.0～9.0，最适 pH 为 7.0。研究表明，窖泥质量的好坏，不仅与窖泥中的己酸菌数量有关，而且也与甲烷菌的多少有关。老窖泥中甲烷细菌多，而新窖泥中几乎检测不到。老窖泥中，甲烷菌的数量分布是窖底＞窖中层＞窖上层，其在窖池中的分布规律与己酸菌相似。

(4)放线菌(*Actinomycetes*) 从 20 世纪 50 年代开始，先后有若干单位从成品曲和窖泥中分离得到放线菌。在培养己酸菌及窖泥时，添加放线菌，对己酸菌活菌数的增长和己酸及其酯类的生成都有显著的促进作用，脱臭作用也很明显，还增加一些特殊的芳香气味。

(5)酵母菌(*Yeast*) 窖泥中酵母菌的数量随着窖龄的增长而减少。人工培养的窖泥中酵母菌数量较多，老窖泥中酵母菌数量很少。酵母菌的存在，能使窖泥中的己酸菌更为活跃，促进香味成分的形成，加快窖泥的老熟和产香。

窖泥微生物的生态分布，随窖龄和在窖内所处的位置而不同。老窖的细菌总数一般为新窖的 3 倍左右，是中龄窖的 2 倍左右。嫌气性细菌数也是老窖明显多于新窖，大约为 4 倍。嫌气性芽孢杆菌数，老窖是新窖的 3 倍多。在芽孢细菌中，嫌气芽孢菌明显多于好气芽孢菌，窖龄越老，差别越大。如泸州特曲窖中，嫌气芽孢杆菌是好气芽孢杆菌的 3～6 倍。老窖泥是厌气芽孢杆菌的主要栖息地，有人从特曲窖泥中分离得到 35 株芽孢杆菌，这是老窖独有的微生物学特征。浓香型曲酒的酿制离不开老窖泥的原因，就在于窖泥中存在着大量的嫌气性梭状芽孢杆菌和其他厌氧功能菌。不同窖龄窖泥微生物的比较见表 8-4。

表 8-4 不同窖龄的窖泥微生物比较(万 CFU·g^{-1} 干土)

细菌类别	老窖	中龄窖	新窖	老窖/新窖
细菌总数	104.1	39.3	33.7	3.1
好气性细菌	17.3	11.0	12.1	1.4
厌气性细菌	86.3	28.3	21.6	4.0
厌气菌/好气菌	5.0	2.6	1.8	/
芽孢细菌总数	46.1	21.6	20.5	2.3
好气芽孢菌数	9.9	5.2	6.5	1.5
厌气芽孢菌数	36.2	16.4	14.0	2.6
好气芽孢菌/厌气芽孢菌	3.6	3.1	2.1	/

2.1.2 大曲发酵酒醅微生物的构成和微生态系

经过清蒸或混蒸,酒醅中的微生物已被杀灭,但在摊凉、下曲或堆集、入窖以后,又使窖内酒醅中形成了混杂的微生物体系。大曲酒发酵是较为粗放的多菌种混合发酵,参与发酵的微生物种类很多,数量巨大,它们相互依存,密切配合,形成一个动态的微生物群系。正是这些复杂的微生物群体进行生化作用,形成了大曲酒多达 200 多种的风味成分,并且相互协调、烘托、关联,使大曲酒成为独具中国特色的饮料酒。

发酵酒醅的微生物主要来源于酒曲。加曲不但使大量有益的酿酒微生物菌种直接转移到发酵酒醅,而且还给酒醅提供了以淀粉酶、蛋白酶为主的各种酶类。通过这些酶的作用,为酒醅微生物的生长繁殖提供了大量营养和能源,特别是在前发酵和主发酵阶段,为以酵母菌等为主的各类微生物的大量增殖和发酵提供了充分的糖类。大曲还给酒醅带来了数量可观的、多种多样的代谢产物,主要是淀粉和蛋白质的分解产物以及它们的转化物质,在大曲酒的口味和香气方面起着重要作用。

由于生产工艺、曲的种类和窖池以及地区、季节的不同,发酵酒醅微生物的构成也不一样,并且随发酵过程的进展而变化。如从茅香型酒醅中筛选分离得到的微生物以芽孢杆菌类较多,其中包括巨大芽孢杆菌、地衣型芽孢杆菌、嗜热芽孢杆菌、梭状芽孢杆菌以及枯草杆菌等,而酵母和霉菌较少,主要有假丝酵母菌等,这与茅香型大曲酒使用高温大曲,晾堂堆集,泥底石窖发酵有关。而泸香型曲酒由于使用中温(或称低温)大曲,清渣地缸发酵,酒醅入缸时,霉菌中米曲霉、黄曲霉、根霉、毛霉、红曲霉较多。酵母中的假丝酵母、拟内孢霉、酵母属酵母和汉逊酵母较多,但发酵一段时间后,根霉、毛霉、米黄曲霉等明显减少或在酒醅中很难找到,而红曲霉经常存在。酵母菌的假丝酵母、拟内孢霉、汉逊酵母明显减少,而酵母属酵母占据绝对优势。细菌类的乳酸球菌开始时较多,但随着酒醅的发酵很快减少,杆菌类细菌增多。醋酸菌随发酵时间延长而增加,乳酸杆菌出现增多现象较晚,芽孢杆菌在酒醅中也能发现。

大曲是用纯小麦或添加部分大麦、豌豆等原料按照传统工艺经自然发酵制成的。其中存在的糖化菌就霉菌而言主要有曲霉属中的黑曲霉群、灰绿曲霉群、毛霉、根霉及红曲霉等,念珠霉的作用不明。细菌中主要为枯草芽孢杆菌及其他一些芽孢杆菌。酵母菌类则以酒精酵母、汉逊氏酵母、拟内孢霉、假丝酵母和白地霉较为常见。生酸菌类以乳球菌和乳酸杆菌为主,醋酸菌则较少。

在整个大曲培菌过程中,微生物数量在低温期出现一个高峰,高温期显著低落,出房期曲皮部分稍有低落而曲心部分略有升高。

此外，不论在哪一种培养基上，曲皮部分的菌数都明显地高于曲心部分。产生这种现象的原因，我们认为与大曲水分、温度、通气条件等变化有关。这是由于在低温期大曲水分充足适宜，养料及氧颇为丰富，加之温度、通气等条件配合亦佳，为微生物的增殖提供了良好的条件，从而导致了低温期菌数的显著上升，并形成一个高峰。随着水分的蒸发，到出房期曲皮部分水分已下降到14%以下，故菌数呈缓缓低落的趋势，而曲心部分尚有16.5%左右，少数耐干燥菌类尚能发育，故菌数略有升高。在高温期水分的影响不明显。

其次从大曲品温变化情况来看，低温期温度在30 ℃左右，适于各类中温性微生物生长。当进入高温期，品温达55 ℃～60 ℃，大部分菌类为高温所淘汰，即高温是造成菌数大幅度低落的主要原因。到出房期温度的影响又退居到次要地位。

此外，大曲微生物数量变化与通气状况表现出一定的相关性，而通气状况受大曲孔隙特性与水分的影响。原料粉碎度粗，通气性好；过细则易导致嫌气条件。故在新踩的同一块大曲中，特别是在曲皮部分同时具备好气与嫌气条件，因此好气性菌类与嫌气性菌类都能旺盛生长。而在曲心部分则由于空气通透性差，对好气性菌类生长不利。在分离菌类时，则都采用好气培养，故曲皮部分的菌数要显著多于曲心部分。出房期，由于曲皮部分水分大量损失而导致曲心部分空气通透性大为增加，加之曲心部分水分损失相对少一些，这就为后期曲心部分的菌类生长创造了条件。

从大曲微生物优势类群变化情况来看，低温期以细菌占绝对优势；其次为酵母菌；再次为霉菌。在肉汁琼脂上尚有一定数量的放线菌发育。其中曲皮部分的酵母与霉菌数量远高于曲心部分，细菌数量相差不多。

当大曲培菌进入高温期后，曲心部分的温度由于散热困难而升至最高点55 ℃～60 ℃，导致了曲心部位各类微生物的大量死亡与酶的钝化。而曲皮部分则因散热条件优于曲心，处在较低的温度条件下，各类微生物的死亡数明显地低于曲心部分，使曲皮部分残存的微生物数量高出曲心部分50～70倍。特别是那些聚集生长在曲皮表面的好气性霉菌，其残存数最高，并成为这一阶段的优势类群。此时细菌虽尚有相当数量，但芽孢杆菌的数量明显增高特别在曲心部位更是如此。从上述情况可以看出，高温期菌数急剧下降，主要是由于不耐热的无芽孢细菌、酵母和霉菌大量死亡所引起的。此时的糖化力，曲皮部分远高于曲心，说明糖化力的高低与霉菌的分布密切相关，即大曲淀粉酶的形成主要来自霉菌。在出房期，曲皮、曲心之间糖化力的差距显著缩小，这是与曲心部分微生物数量（主要是红曲霉）略有升高相一致的。总之，大曲具有以下特点：

(1)载有大量的具有一定特殊性的微生物。大曲中存在的微生物主要有形成淀粉酶类的糖化菌类、进行酒精发酵的酵母菌类以及形成多种有机酸的生酸菌类等生理类群。

(2)载有多种丰富的酶类。由于各类微生物强烈活动的结果，使得大曲富含各种酶类。它们或被分泌到基质中，或依然存在于菌体内。其中以淀粉酶、蛋白酶类最为重要。

(3)累积种类繁多、数量可观的前驱物质。大曲中的前驱物质是指大曲原料淀粉、蛋白质、脂肪、芳香族化合物等成分经多种微生物分解与再合成之后，累积于大曲之中的各种代谢产物。它们是构成大曲酒特有的色、香、味成分的前体。主要有芳香族化合物、多元醇及氨基酸等。

以大曲酿造的蒸馏白酒，香味浓、口味悠长、风格特征突出；其缺点是用曲量大、耗粮多、出酒率低、生产周期长。

2.1.3 小曲微生物

小曲酒在我国具有悠久的历史，是我国南方人民乐于饮用的酒类。小曲酒与大曲酒相比，无论在生产方法上还是在成品酒的风格特征上都有所不同。其特点在于用曲量小，发酵期短，出酒率高。

小曲又名药曲，因曲胚形小而取名为小曲，是用米粉、米糠和中草药接入隔年陈曲经自然发酵制成的。近年来则有不少厂家已采用纯种根霉代替传统小曲。但在名、优酒酿造中仍采用传统小曲作为接种剂。小曲中加入中草药是为了促进曲中有益微生物的繁殖和抑制杂菌的生长。

小曲中的优势微生物种类主要是根霉和少量毛霉、酵母等。此外还存在有乳酸菌、醋酸菌以及污染的一些杂菌，如芽孢杆菌、青霉、黄曲霉等。各种小曲中分离得到的根霉菌株其性能各异，糖化力、酒精发酵力和蛋白质分解力等性能依种类不同而各不相同。有些根霉能产生有机酸，如米根霉能产生乳酸，黑根霉能产生延胡索酸和琥珀酸，有些种类则能产生芳香的酯类物质。

小曲在小曲酒的酿造中，起发酵剂的作用，它为酒醅接入糖化菌种（根霉和毛霉）和发酵菌种（酵母菌）。这就是小曲酿酒用曲量小的原因。用小曲酿造的酒一般香味较淡薄，属于米香型白酒。

2.1.4 麸曲白酒酿造和相关的微生物

麸曲白酒是解放后发展起来的。采用麸曲加酒母代替传统大曲所酿制的蒸馏白酒称麸曲白酒。其质量、风味和大曲酒虽有显著区别，但它仍具有传统白酒固有的香气与滋味。因其物美价廉，故为广大消费者所乐于饮用，成为销路最广的大路货白酒。各地所产麸曲白酒，因原料品种不同而各有特色。现将麸曲白酒酿造的有关微生物学问题分述如下：

麸曲又名糖化曲，它是用以进行淀粉糖化的霉菌制品，利用麸曲中的霉淀粉酶水解淀粉产生麦芽糖或葡萄糖的生产过程称为糖化过程。糖化曲的应用在我国和日本都有很悠久的历史，近代欧美各国也学习了这项生产技术，广泛地应用于酿造工业中。

麸曲是用麸皮、酒糟及谷壳等原辅材料加水配制成曲料，常压蒸汽杀菌后，接入纯菌种培养制得，不需用粮食，生产周期短，又名块曲。麸曲中的糖化菌以曲霉为主。常用的有黑曲霉、米曲霉、黄曲霉及甘薯曲霉等。用麸曲酿酒具有节约粮食，出酒率高，能机械化生产，生产周期短，适用于多种原料酿酒等优点。麸曲白酒风味稍差，不及大曲和小曲酒，但若菌种搭配得当，操作精湛也能制得优质酒。

在普通蒸馏白酒酿造中，除使用麸曲外，还需加入酒母，它是酒精发酵的发酵剂，其作用是将可发酵性糖转化为酒精和二氧化碳。酒母是纯种酵母的扩大培养物。近年来有些厂家常随酒精酵母一起加入一些产脂能力强的生香酵母，以改善普通蒸馏白酒的风味。

2.1.5 液态白酒酿造微生物

液态白酒的生产工艺与现代酒精生产基本相同。即将原料蒸煮后，加麸曲或淀粉酶制剂糖化，糖化后的糖化醪加入酒母发酵经蒸馏得到食用酒精后，再进行固液勾兑或串香后制得成品酒。一步法工艺则于酒精发酵的后期加入己酸菌共酵，再经蒸馏制得成品酒。液态法白酒生产具有机械化程度高，劳动生产率高，淀粉出酒率高，对原料适应性强，不用辅料等优点，但液态法白酒的风味差，是妨碍液态法白酒进一步发展的主要障碍。

2.2 啤酒酿造微生物学

啤酒起源于古埃及和巴比伦，已有6000年的历史。啤酒是在麦芽浸出液中加入啤酒花浸出物进行酒精发酵而制成的。原料为大麦、啤酒花、其它淀粉质原料（如大米和玉米）以及水。啤酒的主要成分有：水、糊精、酒精和二氧化碳；其他不可缺少的成分有未发酵糖、蛋白质和芳香物质，如酒花树脂、杂醇油等。

啤酒是指以麦芽（包括特种麦芽）、水为主要原料，加啤酒花（包括酒花制品），经酵母发酵酿制而成的、含有二氧化碳的、起泡的、低酒精度的发酵酒。啤酒的生产工艺流程如图8-4所示。在啤酒的生产过程中，麦芽汁制备和酒精发酵是关键。麦芽汁制备俗称糖化，将麦芽及其它辅料粉碎与温水混合，利用大麦发芽过程中形成的水解酶，将淀粉、蛋白质等高分子物质进一步分解成可溶性低分子糖类、糊精、氨基酸、胨、肽等，制成麦芽汁。麦汁经澄清、冷却、通氧制成定型麦汁，接入人工培养的酵母将麦芽汁中可发酵的糖分转化为酒精和二氧化碳，发酵在八个小时内发生并以加快的速度进行。酵母在发酵完麦芽汁中所有可供发酵的物质后，就开始在容器底部形成一层稠状的沉淀物。随之温度逐渐降低，在8～10天后发酵完全结束。整个过程中，需要对温度和压力做严格的控制。当然啤酒种类不同，发酵的时间也不同。主发酵结束以后，绝大部分酵母沉淀于罐底。这部分酵母可回收起来以供下一罐使用。除去酵母后，生成物"嫩啤酒"被泵入后发酵罐（或者被称为熟化罐）中。在此，剩余的酵母和不溶性蛋白质进一步沉淀下来，使啤酒的风格逐渐成熟。

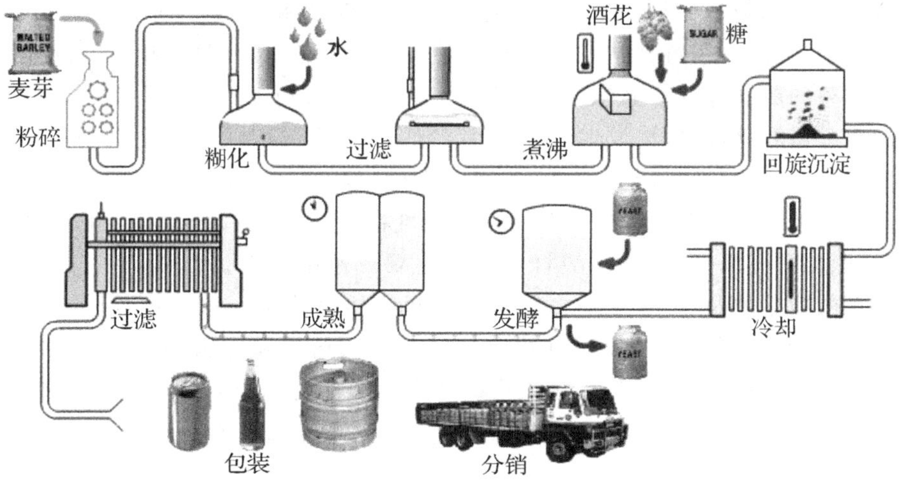

图8-4 啤酒生产工艺流程图

酵母是决定啤酒质量的最重要因素之一，它与原料一起决定了啤酒的pH、香味和最终质量。健壮与发酵旺盛的酵母是决定啤酒香味成分的多寡与低聚糖含量高低的关键。

冷却麦汁接种酵母后，酵母在充氧条件下，以麦汁中的氨基酸为主要氮源，可发酵性糖类为主要碳源，进行有氧呼吸和旺盛的增殖。当醪液中的氧消耗完毕时，酵母菌便在缺氧条件下，进行酒精发酵。其生化过程十分复杂，在啤酒酵母所含酶系的作用下，其主要代谢产物是酒精和二氧化碳，此外还有一系列的发酵副产物，如常有少量的甘油生成。

杂醇油包括戊醇、异戊醇、异丁醇及其酯类，它们分别由异亮氨酸、亮氨酸和缬氨酸生成。啤酒中生成的杂醇油含量不能过高，否则会使啤酒口味变差，甚至引起头痛。此外还可能生成一些其他的醇、醛和酸，这取决于酵母菌株、发酵培养基的成分和发酵时的温度。双乙酰具有啤酒中最不受欢迎的黄油香气和口味，它是由某些酵母生成的，酿造时，应防止双乙酰的累积量超标。

2.3 葡萄酒酿造微生物学

葡萄酒是指以葡萄为原料，经发酵酿制而成的饮料酒。葡萄酒独特的品质来源于作为原料的葡萄以及葡萄压榨、取汁、酒精发酵、苹果酸乳酸发酵、陈酿、澄清等一系列生产操作。葡萄带给葡萄酒多种挥发性的微量组分，这些微量组分赋予葡萄酒的品质及水果特征。另外，葡萄还带来一些挥发性酸，其中主要的是酒石酸和苹果酸，这些酸影响着葡萄酒的风味，以及具有苦味和涩味的单宁。发酵过程，尤其是酒精发酵过程，通过从葡萄中提取化合物、修饰葡萄中的物质以及产生许多挥发的和不挥发的代谢终产物，增加了葡萄酒的化学和风味的复杂性。在陈酿与储存过程中还会发生一系列的化学变化。因为来源于葡萄和微生物的酶还保持着活性。

尽管在葡萄酒生产中酵母的酒精发酵是主要的反应，但是整个过程的微生物生态学和生物化学是复杂的，必须很好地加以理解、认识，尽力确保生产出稳定的高质量产品。酵母、丝状真菌、乳酸细菌、醋酸细菌、其他细菌，甚至细菌噬菌体，所有这些微生物按照不同的方式促进葡萄酒产品的质量。

2.3.1 葡萄表皮的微生物菌群

按照最终葡萄酒品质的不同，葡萄酒酿造所使用的葡萄品种也各不相同。用于白葡萄酒酿造的主要葡萄品种是：雷司令、琼瑶浆、米勒、霞多丽、赛美蓉和长相思。而酿造红葡萄酒的葡萄品种包括：解百纳、赤霞珠、美乐、品丽珠、黑品乐、西拉和巴贝拉等品种。

健壮完整的成熟葡萄普通颗粒上栖息着 $10^3 \sim 10^5$ CFU · g^{-1} 的微生物。主要的酵母菌是克勒克酵母和汉逊酵母，同时还有少量的假丝酵母、梅奇酵母、隐球酵母、毕赤酵母和克鲁维氏酵母。啤酒酵母是主要的葡萄酒酵母，但是它在健壮的葡萄上含量较少，大约为 50CFU · g^{-1}。乳酸细菌包括各种各样的乳杆菌、明串珠菌和足球菌。氧化葡萄糖醋杆菌、产醋醋酸杆菌、巴斯清醋酸杆菌则是主要的醋酸细菌。然而有许多因素可以影响葡萄上总的微生物群落和各种微生物种群间的相对比例。这些因素包括温度、降雨量、其他天气条件、葡萄品种、摘取时的成熟度，昆虫、鸟类和霉菌侵害造成的普通损伤，以及杀真菌剂、杀虫剂的使用等。有关这些因素影响葡萄的微生物生态的详细研究还不够深入。受到损伤的葡萄，微生物生长很快，可达 $10^6 \sim 10^8$ CFU · g^{-1}，其中大部分是霉菌和醋酸菌。

在收获前，丝状真菌造成的葡萄腐烂对生产高质量葡萄酒来讲是一个主要的威胁，应该认真地使用杀真菌剂来加以控制。严重感染勒霉菌的葡萄，其化学组成已经发生了改变。霉菌产生的酶不仅会影响到葡萄酒的风味和颜色，还会影响到酒精发酵、苹果酸乳酸发酵的顺利完成。灰葡萄孢霉是尤其重要的葡萄腐败菌。尽管它可以造成著名的囊烂腐败，但是通过控制其在葡萄上的生长却是产生独特的甜葡萄酒(Sauternes)、特罗肯比勒瑙斯利泽酒(Trockenkeerenauslese)和匈牙利葡萄酒(Tokay)的基本原理。霉菌在葡萄上或葡萄里生长会造成葡萄失水，并浓缩葡萄的化学组分。伴随着霉菌对葡萄中糖和酸的转化代谢，这种浓缩现象造成葡萄汁中糖、甘油、其他多元醇、葡萄糖酸和少量酒石酸浓度增加。这种浓缩的葡萄汁的发酵就需要特别注意，因为浓缩的汁往往比较黏。可能由于氮源的缺乏，同时糖含量较高，已经证明霉菌会分泌抗酵母物质。灰葡萄孢霉也会产生各种影响葡萄酒颜色、风味的多酚氧化酶和葡萄糖苷酶以及堵塞葡萄酒过滤膜的可溶性胞外葡聚糖。

2.3.2 葡萄酒的酒精发酵

新鲜葡萄汁中含有葡萄上以及接触葡萄酒厂设备所带来的微生物群落。这些设备的表面是微生物的聚居点，或者是从一个酿造年份积累到下一个年份"葡萄酒酿造"的微生物菌群，这就取决于这些设备表面的特性和清洗卫生操作的效果。在多数的自然发酵中，这些设备表面的微生物菌群被认为是啤酒酵母的主要来源。如果用种子来接种葡萄汁，那么种子则是酵母的来源。目前都是用啤酒酵母，但今后也可以考虑用其他菌种。对啤酒酵母，工业化生产并不要求是绝对的纯，它不仅可以带有细菌，而且可以有其他的酵母菌株。

酒精发酵期间酵母占绝对优势。葡萄汁的组成，尤其是糖、酸含量以及较低的 pH 最适合酵母生长，发酵所产生的酒精限制了细菌和真菌的繁殖。

在自然发酵中，酵母显现出一种变化的生长模式。发酵初期，克勒克酵母、汉逊酵母、假丝酵母、梅奇酵母以及啤酒酵母开始生长，在有些情况下，毕赤酵母和克鲁维氏酵母也可生长。通常非酵母属菌种的生长只是在发酵的头 3～4 天，之后，它们逐渐消失。但在死亡之前，这些非酵母属的菌种却可以达到 $10^6 \sim 10^7$ CFU · mL^{-1}。就底物的消耗和产物的形成来讲，这些菌种的生长代谢也是十分重要的。同样死亡的酵母会形成酵母的沉积，之后就会自溶掉。它们的死亡是由于不能耐受啤酒酵母产生的不断增加的酒精浓度造成的。

许多国家多年的研究表明，在葡萄酒发酵中，最后占优势的都是啤酒酵母。结果，啤酒酵母则被广泛地确认为是主要的葡萄酒酵母，也是作为种子被工业化生产和销售的菌种。然而，正如过去所认为的那样，在接入选择性啤酒酵母的葡萄酒发酵中，不乏自然酵母菌群以及它们给葡萄酒带来的优点。

在葡萄酒发酵中，应用诸如脉冲场凝胶电泳、线粒体 DNA 限制性内切酶分析和 PCR 技术的研究都显示微生物生态的复杂性。任一种属中的不同菌株在发酵过程中都有发展变化。不同发酵阶段占优势的啤酒酵母的菌株不同。但是，已经注意到整个发酵过程中变化较大的菌株主要是非酵母属的菌种。分离出的菌种菌落形态的变化和形成的次生产物是发酵期间菌种变化的另外一种预示。

2.3.3 葡萄酒的苹果酸乳酸发酵

通常酒精发酵后葡萄酒还要进行苹果酸乳酸发酵(MLF)。苹果酸乳酸发酵于酒精发酵 2～3 周后自然开始，可持续 2～4 周。葡萄酒中苹果酸乳酸发酵是由于乳酸细菌的存在造成的，但许多葡萄酒生产厂家接入酒明串珠菌来促进苹果酸乳酸发酵。苹果酸乳酸发酵主要反应是 L－苹果酸脱羧变成乳酸，使葡萄酒的酸质降低、pH 上升 0.3～0.5。在比较冷的气候中生长的葡萄，其酿造的葡萄酒中苹果酸的浓度较高，pH 较低，这就会掩盖各种风味特征。苹果酸乳酸发酵造成的葡萄酒酸度降低可使葡萄酒具有更软、更柔和的风味特点。同样，苹果酸乳酸发酵细菌的生长有助于产生更多的可以促进风味特征的代谢产物。

刚发酵的葡萄汁中还含有少量(<10^3CFU·mL^{-1})来源于葡萄和葡萄酒厂设备上带有的乳酸细菌,主要是明串珠菌、足球菌、乳杆菌属的一些菌种,如酒明串珠菌、小片球菌、戊糖片球菌、啤酒片球菌、短乳杆菌、发酵乳杆菌、布氏乳杆菌、希氏乳杆菌、发状乳杆菌等。这些细菌有独特的耐葡萄酒环境压力的能力,包括耐低 pH、酒精和 SO_2、低温、稀薄的营养物质等。酒明串珠菌独特存在于葡萄酒中,在许多国家葡萄酒的生产中,它与苹果酸乳酸发酵有着极其密切的关系。

在延迟期以后,乳酸菌在葡萄酒中就开始活跃地生长,最终可达到 10^6～10^8CFU·mL^{-1}。乳酸菌繁殖开始、持续的时间和生态学取决于各种因素。这些因素包括葡萄酒的特性、葡萄酒的酿造方法和其他微生物的影响。葡萄酒较低的 pH(<3.0)、高酒精含量(>12%,体积分数)和高 SO_2 含量(>50mg·L^{-1})都不可能促进乳酸菌的生长,从而无法成功进行苹果酸乳酸发酵。酒明串珠菌比足球菌和乳杆菌更能耐低 pH,因此,在 pH3.0～3.5 的葡萄酒中通常存在着生长优势;pH 超过了 3.5 的葡萄酒则会有由明串珠菌和各种足球菌、乳酸杆菌组成的微生物菌群;足球菌和乳酸杆菌则比肠膜明串珠菌更能耐 SO_2 浓度,从而存在于大量含有 SO_2 的葡萄酒中。

2.3.4 影响葡萄酒酒精发酵的因素

葡萄酒的酿造包括许多变量因素,影响着微生物的生态和酒精发酵所持续的时间和酒精发酵的完成。需要考虑的因素包括:葡萄汁的澄清,葡萄汁的预处理,葡萄汁的组分,发酵温度和其他微生物的影响。葡萄汁过分澄清会减少自然酵母群落的酵母数量,由此降低或消除这些酵母菌对酒精发酵的促进作用。相反,长时间冷静置将有助于自然微生物群落的生长和增强其对酒精发酵的促进作用。虽然,许多园艺和加工因素影响葡萄汁的化学组分,但大多数葡萄汁都含有足够的营养,以保证发酵有活力地、完整地进行。

3 霉菌在食品加工中的应用

3.1 霉菌在酱油发酵中的应用

酱油是一种常用的咸味调味品,它是以蛋白质原料和淀粉质原料为主经米曲霉等多种微生物共同发酵酿制而成的。酱油中含有多种调味成分,有酱油的特殊香味、食盐的咸味、氨基酸钠盐的鲜味、糖及其它醇甜物质的甜味、有机酸的酸味、酪氨酸等爽适的苦味,还有天然的红褐色色素,可谓咸、酸、鲜、甜、苦五味调和,色香俱备的调味佳品。

我国是世界上最早利用微生物酿造酱油的国家,迄今已有 3000 多年的历史,后传到日本、东南亚各国,成为世界范围内最受欢迎的调味品之一。在酱油酿造过程中,利用微生物产生的蛋白酶将原料中的蛋白质水解成多肽、氨基酸,成为酱油的营养成分以及鲜味的来源。另外,部分氨基酸的进一步反应与酱油香气、色素的形成有直接关系。因此,蛋白质原料对酱油色、香、味、体的形成至关重要,是酱油生产的主要原料。

3.1.1 参与酱油酿造的微生物

酱油酿造是半开放式的生产过程,环境和原料中的微生物都可能参与到酱油的酿造中来。在酱油酿造的特定工艺条件下,并非所有的初始微生物都能良好生长。只有那些人工接种的或适合酱油酿造微生态环境的微生物,才能生长繁殖,并发挥作用。主要有米曲霉、酵母、乳酸菌及其他细菌，它们具有各自的生理生化特性，对酱油品质的形成有重要作用。

(1)米曲霉

米曲霉(*Aspergillus oryzae*)是曲霉的一种，由于它与黄曲霉(*Aspergillus flavus*)十分相似，所以过去很长一段时间归属于黄曲霉群，甚至直接就称黄曲霉。后来证明生产酱油的黄曲霉不产黄曲霉毒素，为了区分产黄曲霉毒素的黄曲霉，特冠以米曲霉。

米曲霉酶系复杂，分泌的胞外酶有：蛋白酶、α-淀粉酶、糖化酶、谷氨酰胺酶、果胶酶、半纤维素酶、纤维素酶等。胞内酶有氧化还原酶等。蛋白酶、α-淀粉酶、糖化酶、谷氨酰胺酶活力的高低与酱油品质及原料利用率的关系密切。

米曲霉可以利用的碳源是单糖、双糖、淀粉、有机酸、醇类等。氮源如铵盐、硝酸盐、尿素、蛋白质、酰胺等都可以利用。P、K、Mg、S、Ca 等也是米曲霉生长所必需的。因为米曲霉分泌的蛋白酶和淀粉酶是诱导酶，在制酱油曲时要求配料中有较高的蛋白质和适当的淀粉含量，以诱导酶的生成。大豆或脱脂大豆富含蛋白质，小麦、麸皮含有淀粉，这些农副产品也含有较丰富的维生素、无机盐等营养物质，以适当的配比混合作制曲的原料，能满足米曲霉繁殖和产酶的需要。

应用于酱油生产的米曲霉菌株应符合如下基本要求：不产黄曲霉毒素；蛋白酶、淀粉酶活力高，有谷氨酰胺酶活力；生长快速，培养条件粗放、抗杂菌能力强；不产生异味，酿制的酱油香气好。目前国内常用的菌株有：

AS3.863：蛋白酶、糖化酶活力强，生长繁殖快速，制曲后生产的酱油香气好。

AS3.951：(沪酿 3.042)以 AS3.863 为出发菌株，用紫外线诱变得到。蛋白酶活力比出发菌株高，用于酱油生产蛋白质利用率可达 75%。生长繁殖快，对杂菌抵抗力强，制曲时间短。生产的酱油香气好。但该菌株的酸性蛋白酶活力低。

UE328、UE336：以 AS3.951 为出发菌株，用快中子、Co^{60}、紫外线、乙基磺酸甲烷、氯化锂等诱变剂处理得到，酶活力是出发菌株的 170%～180%。UE328 适用于液体培养，UE336 适用于固体培养。UE336 的蛋白质利用率为 79%，但制曲时孢子发芽较慢，制曲时间延长 4～6h。

渝 3.811：是从曲室泥土中分离出菌株后经紫外线 3 次诱变后得到的新菌株。孢子发芽率高，菌丝生长快速旺盛，孢子多，适应性强，制曲易管理，酶活力高。

(2)酱油曲霉

酱油曲霉(*Aspergillus sojae*)是日本学者坂口从酱曲中分离出来的，用于酱油生产。酱油曲霉分生孢子表面有小突起，孢子柄表面平滑，与米曲霉相比，其碱性蛋白酶活力较强。在分类上酱油曲霉属于米曲霉系。

(3)酵母菌

从酱醅中分离出的酵母菌有 7 个属 23 个种，其中有的对酱油风味和香气的形成有重要作用，它们多属于鲁氏酵母(*Saccharomyces rouxii*)和球拟酵母(*Torulopsis*)。

鲁氏酵母　是酱油酿造中的主要酵母菌。菌体形态为：麦芽汁中培养 3 天细胞为小圆形或卵圆形，大小为(2.5～5)μm×(3.5～8.5)μm。适宜生长温度为 28 ℃～30 ℃，38 ℃～40 ℃生长缓慢，42℃不生长。最适 pH4～5。生长并活跃在酱醅这一特殊环境中的鲁氏酵母是一种耐盐性强的酵母，抗高渗透压，在含食盐 5%～8%的培养基中生长良好，在 18%食盐浓度下仍能生长，在 24%食盐浓度下生长弱。维生素 H、肌醇、胆碱、泛酸能促进它在高食盐浓度下的生长。在高食盐浓度下，其生长 pH 范围很窄，为 4.0～5.0。

酱醅中典型的鲁氏酵母是大豆接合酵母（*Zygosacharomyces sojae*）和酱醪接合酵母（*Zygosaccharomyces major*）的菌株，它们都是耐盐性的非产膜酵母，在分类上是非常近缘的种属，在形态学和生理学上只有很小的差别。它们都能利用葡萄糖、麦芽糖及果糖发酵，不能发酵乳糖，不能利用硝酸盐。在酱醅发酵前期，由于酱醅中糖含量高，pH 值适宜，酵母的酒精发酵旺盛，酱醅中酒精的含量达到 2.0%以上，同时生成少量甘油、琥珀酸以及其他多元醇。

球拟酵母 在酱醅发酵后期，随着糖浓度降低和 pH 值下降，鲁氏酵母发生自溶，而球拟酵母的繁殖和发酵开始活跃。球拟酵母是酯香型酵母，能生成酱油的重要芳香成分，如 4-乙基苯酚、4-乙基愈创木酚、2-苯乙醇、酯类等，因此，认为球拟酵母与酱醅的香味成熟有关。另外，球拟酵母还产生酸性蛋白酶，在发酵后期酱醅 pH 值较低时，对未分解的肽链进行水解。酱醅中重要的球拟酵母有：(1) 易变球拟酵母（*Torulopsis versatilis*），细胞呈圆形或卵圆形，大小为(2～8)μm×(3～10)μm，生长最适温度 25 ℃～30 ℃，35 ℃生长弱，最适 pH 为 4～4.5，pH＞5 时生长弱，食盐浓度 12%以下时生长良好，食盐浓度 18%时能生长，但需要维生素 B_1、肌醇、胆碱等生长因子，食盐浓度 24%时生长弱。无盐条件下能发酵麦芽糖和乳糖，食盐浓度 18%时不能发酵乳糖。(2) 埃契氏球拟酵母（*Torulopsis etchellsii*），细胞呈圆形或卵圆形，大小为(2～4)μm×(3～5)μm，最适生长温度为 25 ℃～30 ℃，35 ℃生长弱，37 ℃不生长；最适 pH4～4.5，pH＞5 时生长弱，食盐浓度 8%～12%时生长良好，食盐浓度 18%时能生长，但需要维生素 B_1 作为生长因子，环胺和泛酸也能促进生长。食盐浓度 18%时不能发酵乳糖。(3) 蒙奇球拟酵母（*Torulopsis mogii*），细胞呈圆形，极少数为卵圆形，适宜生长温度为 30 ℃～35 ℃。在 10%食盐浓度的酱醅中生长旺盛，18%食盐浓度下能生长。在固体培养基上，菌落为乳白色，表面光滑有光泽，边缘整齐。

在发酵后期的酱醅中，由于糖分较少，已生成一定量的酒精，氨基酸浓度增高，而且有高浓度的食盐存在，因此球拟酵母不会发生过度繁殖。但是在采用添加人工培养酵母工艺时，加进多量鲁氏酵母不会发生不良影响，球拟酵母添加过量，会使酱醅香味恶化，这是因为球拟酵母生成过量醋酸、烷基苯酚等刺激性强的香味物质的缘故。

(4)乳酸菌

酱油乳酸菌是生长在酱醅这一特定生态环境中的特殊乳酸菌，在此环境中生长的乳酸菌是耐盐的。代表性的菌有：嗜盐片球菌（*Pediococcus halophilus*）、酱油微球菌（*Tetracoccus sojae*）、植物乳杆菌（*Lactobacillus plantanum*）。这些乳酸菌耐乳酸的能力不太强，因此不会因产过量乳酸使酱醅 pH 过低而造成酱醅质量变坏。适量的乳酸是构成酱油风味的重要因素之一，不仅乳酸本身具有特殊的香味而对酱油有调味和增香作用，而且与乙醇生成的乳酸乙酯也是一种重要的香气成分。一般酱油中乳酸的含量在 15mg/mL。在发酵过程中，由嗜盐片球菌和鲁氏酵母共同作用生成的糠醇，赋予酱油独特香气。酱油乳酸菌的另一个作用是使酱醅的 pH 值下降到 5.5 以下，促使鲁氏酵母繁殖和发酵。

嗜盐片球菌 细胞呈球形，平均直径为 0.7μm，无运动性。最适生长温度 30 ℃～35 ℃。生长 pH5.5～9.0，最适 pH7.0～7.2。耐盐性强，18%食盐浓度中生长良好，24%～26%食盐浓度中生长未完全抑制，在高盐浓度时需要维生素 B、胆碱为生长促进因子。硝酸盐还原性、过氧化氢反应、亚甲基蓝还原性为阴性。不液化明胶，在石蕊牛乳培养基中不生长。可发酵葡萄糖、麦芽糖、蔗糖、半乳糖、阿拉伯糖、甘露糖，不发酵木糖、核糖、乳糖。在 pH 合适的酱醅中繁殖迅速，发酵中期的酱醅中菌数可达到 10^8 cfu/g。

酱油四链球菌 细胞大多呈球形，平均直径为 0.7μm，无运动性。最适生长温度 30 ℃～35 ℃。生长 pH 为 5.5～9.0，最适 pH 为 7.0～7.2。硝酸盐还原性、过氧化氢反应、亚甲基蓝还原性为阳性。轻度液化明胶，在石蕊牛乳培养基中少量生长。在耐盐性、所需生长因子和发酵糖类方面，与嗜盐片球菌相同。

植物乳杆菌　细胞呈杆状，两端半圆形，大小为(0.6～0.9)μm×(1.5～4.0)μm，单个或短链状排列。在含 10%食盐的培养基上生长良好，菌落微凸起，表面光滑，不透明。在液体培养基中培养。表面无膜无环，有絮状沉淀，无气泡。最适生长温度为 30℃～35℃。能发酵葡萄糖、乳糖、麦芽糖、果糖等，不还原硝酸盐。沪酿 1.08 植物乳杆菌适用于酱油生产，在固态低盐发酵后期，添加该菌株和沪酿 2.14 蒙奇球拟酵母培养液，由于它们的协同作用，可使酱油的风味明显改善。

此外，在酱醅中也存在属于链球菌的乳酸菌，其中耐盐性的菌株也具有增加酱油风味的作用。

(5)其他微生物

在酱油酿造中除上述优势微生物外，还有其他一些微生物存在。它们的作用有的还不很清楚。从酱油曲和酱醅中分离的微生物还有：毛霉、青霉、根霉、产膜酵母、圆酵母、枯草芽孢杆菌、小球菌、粪链球菌等。当制曲条件控制不当或种曲质量差时，这些菌会过量生长，不仅消耗曲料营养成分，使原料利用率下降，而且使成曲酶活力降低，产生异臭，曲发粘，造成酱油浑浊、风味不佳。

3.1.2　酱油酿造中的微生物酶系

生产酱油的主要原料经浸泡、蒸煮后，接入特定微生物，通过对通气量、温度、湿度和微生物群落等生态因子的有效控制，发酵成熟的酱醅中含有丰富的微生物酶类。

(1)蛋白酶

米曲霉所产生的蛋白酶，根据作用的最适 pH 值可以分为 3 类：酸性蛋白酶(最适 pH3)，中性蛋白酶(最适 pH7.0)，碱性蛋白酶(最适 pH 为 9.0～10.0)。一般酱油曲中，中性、碱性蛋白酶活力较强，酸性蛋白酶活力较弱。制曲时，曲料的 pH 值在 4～7，在此范围内，pH 值越高曲中碱性蛋白酶活力越高，酸性蛋白酶活力越弱；反之，则酸性蛋白酶活力增高，碱性蛋白酶活力下降。曲中蛋白酶的组成受到曲料中原料和淀粉质原料比例的影响，原来碳氮比小，曲中蛋白酶以碱性和中性蛋白酶为主；碳氮比大，酸性蛋白酶活力增强，碱性和中性蛋白酶活力下降。

酱油曲不但要求有较高的蛋白酶活力，而且要求曲中的蛋白酶有一定的耐盐性，以适应酱醅中较高的食盐浓度。

蛋白质水解酶系是一切能使蛋白质水解的各种酶的总称。根据其作用机理可分为两类：一类称为肽酶，又称外肽酶或端肽酶，目前已分离出多种氨肽酶和羧肽酶，能从蛋白质肽链的末端逐个将氨基酸水解下来；第二类为蛋白酶，又名内肽酶，其作用在是蛋白质多肽链的非末端特定部位切断多肽链，产生相对分子质量较小的肽链。蛋白质原料在蛋白酶和肽酶的共同作用下，生成各种可溶性蛋白质、胨、肽、氨基酸。一般酱油中，氨基氮占全氮的 50%～60%。

(2)淀粉酶

米曲霉分泌的淀粉酶可使淀粉糖化，除提供制曲时米曲霉生长的碳源外，在酱醅发酵阶段，淀粉酶继续将淀粉糖化，成为酱油的甜味成分。同时，一部分糖作为酵母菌和乳酸菌的发酵基质转化为乙醇和有机酸，是构成酱油风味的重要成分。米曲霉产生的淀粉酶有一定的耐盐性，在酱醅中它的活性受到部分抑制，但仍能发挥作用。如果长时间处于高浓度食盐环境中，活性会明显减弱。曲中存在的淀粉酶如下：

α-淀粉酶　此酶可催化水解淀粉分子中的α-1,4-糖苷键，不能水解淀粉链分支点的α-1,6-糖苷键。α-淀粉酶是内切酶，可任意地切断淀粉链成短链糊精，对长链底物水解迅速，随底物链的变短水解速度减慢，对麦芽糖不能水解，所以对直链淀粉的水解终产物是葡萄糖和麦芽糖，对支链淀粉的水解终产物是麦芽糖及少量糊精和葡萄糖，淀粉受到α-淀粉酶作用时，粘度很快下降，表现出强液化能力，所以该酶也称为液化型淀粉酶。

β-淀粉酶　直链淀粉受该酶的作用生成麦芽糖，支链淀粉受该酶作用时，在分支点之前可水解为麦芽糖，但遇到α-1,6糖苷键无法水解，留下具有α-1,6糖苷键的糊精。

淀粉1,6—糊精酶　此酶作用于支链淀粉的分支点切断α-1,6糖苷键。

麦芽糖酶 此酶可将麦芽糖水解为葡萄糖。

(3) 氨基转移酶和谷氨酸脱氢酶

氨基转移酶可催化氨基酸与α-酮戊二酸间的反应，生成谷氨酸；谷氨酸脱氢酶通过催化α-酮戊二酸的还原氨基化反应而生成谷氨酸。

(4) 脂肪酶

脂肪酶可催化水解脂肪中的酯键，生成甘油和脂肪酸。

(5) 纤维素酶

纤维素分子由1800～3000个葡萄糖单位结合而成，性质极为稳定，不易溶解和水解。纤维素酶能催化水解纤维素分子为低聚纤维素和葡萄糖。米曲霉的纤维素酶活力不高，可以在制曲时接入纤维素酶产生菌绿色木酶，制成米曲霉、木霉混合曲取得较好效果。纤维素酶可以水解包在蛋白质和淀粉外的纤维素保护层，使它们释放出来，被充分水解。纤维素水解酶系包括：外切纤维素分子中β-1,4糖苷键产生葡萄糖的1,4-β-D-葡萄糖苷酶；外切纤维素分子中β-1,4糖苷键逐个释放出纤维二糖的外切纤维二糖水解酶；水解纤维二糖产生葡萄糖的β-D-葡萄糖苷酶。

(6) 酚氧化酶

酚氧化酶可催化酚的衍生物生成醌，再经氧化，有些可以生成黑色素，成为酱油色素的来源之一。多存在于米曲霉孢子中。

(7) 果胶酶

果胶是一种胶体物质，存在于植物的细胞间隙，其化学结构是半乳糖醛酸甲酯以α-1,4糖苷键形成的聚合物。果胶在果胶酶作用下释放出甲醇，同时生成果胶酸。另一种与果胶水解有关的酶是聚半乳糖醛酸酶，该酶催化水解果胶酸的α-1,4糖苷键。在这两种酶的协同作用下，果胶被水解为甲醇和半乳糖醛酸。米曲霉的果胶水解酶系活力不高。

(8) 谷氨酰胺酶

此酶催化谷氨酰胺转化为谷氨酸的反应，是胞内酶，菌体细胞破坏后发挥作用。

3.1.3　酱油发酵过程中的生态学

制曲过程通常是采用人工接种米曲霉的方法来获得高品质的酱曲。米曲霉生长的最适温度是 32 ℃～35 ℃，低于 28 ℃或高于 40 ℃生长缓慢，42 ℃以上停止生长。酶的积累与培养温度和培养时间有关。在一定温度下，随着米曲霉培养时间的延续，酶活力提高，到某一时间达到高峰，随后活力下降。培养温度低时产酶高峰较迟到达；当温度在25℃以上时，温度越高，蛋白酶、谷氨酰胺酶生成越少，淀粉酶生成越多。所以，制曲时应控制前期温度 32 ℃～35 ℃，以利于长菌；后期温度 28 ℃～30 ℃，有利于蛋白酶、谷氨酰胺酶的生成。

米曲霉生长需要水分，当曲料水分小于 40%时会影响菌丝的生长，而曲料水分过高时杂菌容易繁殖。在曲霉生长期，曲料含水 48%左右为宜，空气相对湿度在 90%以上；在曲霉产酶期，水分适当降低，将有利于蛋白酶活力的提高。米曲霉生长和产酶的适宜 pH 为 6.5～6.8。

米曲霉是好氧微生物，当氧气不足时，生长受到抑制。菌体细胞呼吸作用所产生的二氧化碳，如果过多积聚于曲料中，对米曲霉的生长和产酶不利，所以在制曲时应通入空气排出二氧化碳，既满足米曲霉的好氧要求，又抑制了厌氧菌的繁殖。不过，少量的二氧化碳存在，可能对米曲霉产酶有促进作用。

工业化通风制曲就是根据米曲霉的上述生态特性，通过对曲料水分和通风量的控制，确保米曲霉生长的最佳生态环境，并通过竞争营养物质来抑制有害微生物的生长繁殖。

进入到酱醅发酵阶段，由于食盐的加入和氧气量的急剧下降，米曲霉的生长几乎完全停止。此时，耐盐性的乳酸菌，主要是啤酒片球菌、德氏乳杆菌；耐盐性酵母菌，如鲁氏酵母、大豆接合酵母、球拟酵母等大量生长，而成为优势菌群。在发酵的起始阶段，片球菌为 10^2～10^3 cfu/mL；室温下发酵 4 个月，菌体浓度可达 10^8～10^9 cfu/mL。当片球菌的浓度达到 10^6 cfu/mL 时，酱醪的 pH 值开始下降。即使在高盐浓度（20.2%～20.6%）下，酱油片球菌生长良好，发酵生产乳酸，酱醪的 pH 迅速下降，在 10 天之内，pH 值下降到 4.9 左右。这类乳酸菌的另一个特征之一是具有形成酱油芳香和风味的能力。

低 pH 值可以刺激耐盐性酵母菌的生长。在含 18%食盐的培养基中，鲁氏酵母只有在 pH4.0～5.0 之间才能生长。从酱醪中分离到的鲁氏酵母菌群的菌株有大豆接合酵母、酱醪接合酵母、*Zygosacharomyces sulsus* 和 *Zygosacharomyces japonicus* 等。酵母在碳水化合物代谢中，可以产生乙醇等多种风味物质。鲁氏酵母在酱醪中可达到 10^6～10^7 cfu/mL。在高盐好气条件下，鲁氏酵母发酵葡萄糖形成大量甘油，是重要的酱油风味来源。球拟酵母可以产生 4-乙基木酚、4-乙基苯酚和 2-苯乙醇，从而构成典型的老熟酱油风味。此外，酵母还产生糠醛等重要风味组分。

Yong 和 Wood 研究了实验室发酵条件下，1 L 发酵罐酱醪中酵母菌和乳酸菌的消长变化规律。德氏乳杆菌在 2 天之内接种时的 6.8×10^4 cfu/g，上升到 2.5×10^7 cfu/g；保持 3 天后，开始下降，在 31 天时下降到 1.0×10^4 cfu/g。鲁氏酵母在 10 天之内由 4.6×10^7 cfu/g 下降到 1.95×10^5 cfu/g；14 天时，上升到 7.55×10^7 cfu/g，并维持在该

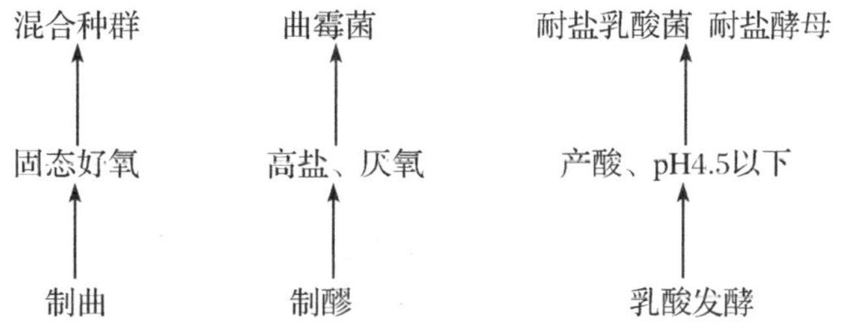

图 8-5 酱油酿造过程中的微生物生态关系

水平。当酱醪的 pH 降到 5.0 时鲁氏酵母开始生长；但鲁氏酵母单独培养时，在 pH6.0 即开始生长。总之，在酱油发酵过程中，乳酸细菌、酵母菌及其他少量的芽孢细菌之间存在着微妙的生态关系（图 8-5），正是它们的相互作用，赋予了酱油特有的风味和芳香。

3.2　霉菌在腐乳、豆豉、豆酱发酵中的应用

3.2.1　腐乳

豆腐乳是大豆蛋白发酵食品。以大豆为原料，将大豆洗净、浸泡，磨成豆浆、煮沸，加入适量硫酸钙或 D－葡萄糖酸－δ－内酯使其凝固，除去水分制成豆腐。将豆腐切成小方块，喷雾接种毛霉或根霉菌种进行发酵，在春秋季或冬季，于室温 20 ℃～26 ℃培养 2～3 天，夏天一般室温为 30 ℃～32 ℃，故只需培养 32 小时，即长满菌丝成为腐乳毛坯。然后经过腌坯，配料装坛进入后发酵，经 2～6 个月即成为风味良好的豆腐乳。

前期发酵主要是在豆腐坯上培养毛霉令其充分生长并形成蛋白酶。一般毛霉生长的最适温度为 15℃，因此只适于低温季节生产。而南京蔬菜公司发酵厂筛选出的蛋白酶活力强的根霉菌种，能耐高温，其最适生长温度为 28℃～30℃，在夏季也能进行生产。此外，在前期发酵中，附着在豆腐坯上的各种细菌也同时迅速增殖，并能深入到豆腐坯的内部。一般认为这些细菌多可以强烈分解蛋白质，与霉菌一道参与原料蛋白质分解。

后期发酵中的腌坯，其主要作用是：给豆腐乳以必要的咸味和形成具有鲜味的氨基酸钠盐；使水分析出；利用食盐的防腐能力，防止豆腐乳腐败。随后添加配料入坛进行长期的嫌气发酵直至腐乳成熟。其具体生物化学变化和机制虽不十分明晰，但有些是清楚的。例如在发酵中的微生物，除豆腐坯上培养的根霉及附着的细菌以外，还有随配料工具带入及由空气落入的各种菌类，它们有随红曲带入的红曲霉，随糟米、黄酒带入的酵母菌和随面曲带入的米曲霉等。上述好气性霉菌和营兼性呼吸的酵母菌，虽难于在嫌气环境中生存，然而在入坛初期它们可能有短暂的活动，最主要的是它们分泌的酶仍然可以继续催化腐乳发酵中的各种极其复杂的生物化学反应：使原料中蛋白质及其降解物进一步水解成氨基酸；油脂分解为脂肪酸；淀粉经糖化，再转化为酒精及有机酸；同时辅料中的酒精与有机酸及香料等也共同参与作用，形成各种脂类及其他构成腐乳色、香、味的成分。

豆腐乳的后熟，特别是氨基酸的生成，与细菌的嫌气发酵密切相关。此外，酯类及总酸的增加亦与细菌的活动有关。辅料中的酒精成分，其作用除增加产品风味外，还对微生物增殖有抑制作用。

3.2.2　豆酱

酱类制品起源于我国周朝，唐时传至日本，后逐渐传至东南亚各国。酱类包括大豆酱、蚕豆酱、面酱、豆瓣辣酱及其加工制品等。它是以豆类与面粉为原料、经蒸熟、制曲、发酵而制成的。米曲霉是酱类生产的主要微生物，制曲要求与方法以及发酵理论均与酱油生产相同或类似。不同之处是，酱油是从成熟酱醅中抽滤出的汁液，为液态产品。而酱类制品则是由成熟酱醅直接配制或经研磨制得的半固态产品，呈红褐或黄褐色，味鲜香浓，咸淡相宜。

酱类生产过去一直采用传统的自然制曲与晒露制酱工艺。现多改为纯种制曲，保温发酵制酱。酶法制面酱已获成功。对酱类发酵过程中的复杂生物化学变化，目前虽缺乏广泛深入的研究，但其主要过程已经清楚。在酱醅成熟过程中，受曲霉分泌的多种酶和

细菌、酵母作用的影响，蛋白质降解为蛋白胨、多肽、氨基酸等，增进了酱的鲜味；淀粉分解为糊精、麦芽糖、葡萄糖等使酱具有甜味；而另一部分淀粉和糖类在细菌与酵母的作用下，生成酒精、有机酸、甘油、酯类及其他一些微量的风味成分，加上酒精与有机酸之间的酯化作用生成的酯类，赋予了酱类所特有的香和味。糖类与氨基酸之间的羰氨反应产物则使酱具有特殊的色泽。

3.2.3 豆豉

豆豉生产亦始于我国，公元前二世纪已经开始有了豆豉生产，至西汉初年豆豉已相当普遍。豆豉是以大豆为原料，经浸泡蒸煮，培菌制曲，拌料发酵而制得。呈黑褐或黄褐色，滋味鲜美，颗粒完整，可直接食用或作调味料。主要产于四川、湖南、江苏、广东等地。

豆豉生产原理与酱油、酱类制品基本相同。主要是利用毛霉、曲霉或细菌产生的，以蛋白酶、淀粉酶为主体的复杂酶系，降解原料中的蛋白质、淀粉等物质，生成各种氨基酸、有机酸为主要成分的多种多样的相应产物，再加上由降解产物相互间反应形成的物质，从而构成了豆豉所特具的色、香、味。

毛霉型豆豉一般在日最高气温 17 ℃～18 ℃以下的季节生产，多采用传统的自然制曲与拌料发酵工艺。利用毛霉菌在低温条件下生长迅速的优势抑制其他菌类的生长，是此法取得成功的关键。豆豉坯上的毛霉菌以总状毛霉为主，兼有其他霉菌与某些分泌纤维素酶的霉菌及一些蛋白质分解能力强的细菌。总之，它具有菌种复杂、酶系齐全、原料蛋白质及其他成分的降解产物种类多，风味好等特点。四川潼川豆豉、永川豆豉等均属毛霉型豆豉。

曲霉型豆豉，现多采用沪酿 3.042 米曲霉纯种制曲，自然制曲已日渐减少。纯种制曲菌种单纯，技术上好掌握，不受季节限制，生产周期短，设备利用率高，可大批量生产。但缺点是产品鲜味有余而芳香不足。

4 微生物在功能制品及食品添加剂生产中的应用

4.1 微生物多糖

多糖(Polysaccharide)是一类结构复杂的高分子聚合物，按其化学组成的不同可分为纯多糖和杂多糖。目前应用广泛的多糖制品，主要来源于微生物，因此，称为微生物多糖。

微生物多糖是一些特殊微生物的代谢产物。近二十年来，陆续开发了相应的发酵产品。因其具有独特的物化性能及生物活性，已作为乳化剂、增稠剂、稳定剂、胶凝剂、成膜剂、悬浮剂和润滑剂等应用于食品、石油、化工和制药等多个领域。到 21 世纪初，国内外已工业化生产的微生物多糖主要有：黄原胶(Xanthan)、右旋糖酐(Dextran)、小核菌葡聚糖(Scleroglucan)、短梗霉多糖(Pullulan)、热凝多糖(Curdlan)以及食用菌多糖(Mushroom polysaccharide)。

4.1.1 主要产多糖微生物

自然界中能产生多糖的微生物种类很多，涉及细菌、酵母和丝状真菌。常见的有以下几类：1)革兰氏阳性细菌：明串珠菌、变异链球菌等；2)革兰氏阴性细菌：木醋杆菌、无色杆菌、土壤杆菌、固氮菌、假单胞菌等；3)酵母菌：隐球酵母、毕赤酵母、红酵母等；4)丝状真菌：青霉、银耳、冬虫夏草、灵芝、香菇等。这些微生物能合成多种多糖，在工农业生产中得到广泛的应用，见表 8-5。

表 8-5　一些主要多糖的应用与相关微生物

多糖	微生物	应用
右旋糖酐	醋杆菌、肠膜明串珠菌	用于制药作为人造血浆的成分
短梗霉多糖	*Pullularia pullulans*	可生产成不透氧的薄膜，能被生物降解
凝胶多糖	土壤杆菌	加热或酸化成凝胶，用于胶冻食品，在酸及盐中稳定
小核菌多糖	小核菌(*Sclerotium glucanicum*)	高粘假塑性，用于去除钻孔中的淤泥
纤维素	醋杆菌	纤维素直径小，持水力强，可用于食品、化工和干旱农业的改良
果聚糖	芽孢杆菌、肠膜明串珠菌 粘质沙雷氏菌、假单胞菌	高粘假塑性
藻酸盐	铜绿假单胞菌 维涅兰德固氮菌	属带钙的一系列不同粘度的凝胶，用于食品和纺织品印染
黄原胶	黄单胞菌	高粘假塑性、热酸性，可生物降解，用于食品和石油工业
磷酸甘露聚糖	汉逊氏酵母	高浓度下摇溶，可制备成带硼的凝胶
热凝多糖	琼脂杆菌属、粪产碱杆菌	食品工业赋形剂
葡聚糖	大多数大型食用真菌	保健食品的原料

微生物生产多糖的底物主要是蔗糖、葡萄糖和其他简单糖类。碳源决定微生物所产多糖的质量和数量，碳源的浓度影响转化率。一般说来，过多的碳源会降低微生物向胞外分泌多糖。

此外，许多微生物对某些矿物元素，如钾、磷、镁、钙等有严格的要求，有时对钼、铁、铜、锌也是必需的，但有些金属会抑制多糖的合成。

4.1.2　食用菌多糖

(1)灵芝多糖

灵芝多糖是具有螺旋状立体构形的多聚糖，其螺旋形结构主要由氢键来保持稳定性。其分子量从数千到数十万，不溶于高浓度的乙醇，微溶于低浓度的乙醇及冷水中，可在热水中溶解。灵芝多糖中除含有葡萄糖外，大多数还含有阿拉伯糖、木糖、半乳糖、甘露糖等单糖，单糖间大多以 β-(1,3)、(1,4)或(1,6)糖苷键相连，少数为不具有生理活性的 α 型结构。灵芝多糖中 β-D-葡聚糖、葡萄糖醛酸-β-D-葡聚糖、阿拉伯糖-β-D-葡聚糖、木糖-β-D-葡聚糖、甘露糖-β-D-葡聚糖等均具有抗癌活性，而有些水不溶性的纤维素也有抗癌活性。目前已知灵芝多糖的抗癌活性的强弱与其单糖间糖苷键的连接方式、水溶性、分子量大小、支链分支度、分支形状、空间结构以及其结合的蛋白质等有关。

灵芝多糖对提高机体免疫功能有着十分良好的效果，其中包括能将辐射照射处理后免疫功能低下的一些症状加以恢复。Lee 等人报道灵芝多糖能提高自然杀伤细胞(NK)活性，并促进干扰素(interferon)生成，而认为灵芝多糖具有抗癌功效。

(2)银耳多糖

从银耳子实体中提取的多糖主要有：

酸性多糖：由木糖、甘露糖和葡萄糖醛酸组成。还有少量葡萄糖、岩藻糖，其分子中有典型的乙酰基结构。

中性多糖：分子量约为8000，主要由木糖、甘露糖、半乳糖和葡萄糖按2∶4∶5∶35的摩尔比组成。

酸性低聚糖：分别是O-β-D-吡喃葡萄糖醛酸-(1,2)O-α-D吡喃甘露糖(1,3)O-α-D吡喃甘露糖(1,3)-D-吡喃甘露糖；O-(β-D-吡喃葡萄糖醛酸)-(1,2)O-α-D吡喃甘露糖；2-O(β-D-吡喃葡萄糖醛酸)-D-吡喃甘露糖。

胞壁多糖：现分离得到两种胞壁多糖，即由D-葡萄糖醛酸、D-甘露糖和D-木糖组成的酸不溶性多糖或由D-葡萄糖、D-葡萄糖醛酸、D-甘露糖、D-木糖组成的碱不溶性多糖。

胞外多糖：主要由岩藻糖、阿拉伯糖、木糖、甘露糖、葡萄糖醛酸组成。

银耳多糖能增强体液的免疫功能，能明显增加小鼠血清溶血抗体含量，并能对环磷酰胺等免疫抑制剂所致细胞免疫抑制都有明显的抵抗作用。银耳多糖能提高T淋巴细胞和B淋巴细胞的转化率，亦能提高肿瘤患者外周血T淋巴细胞水平，增强非特异性免疫。此外，银耳多糖对小鼠网状内皮系统(RES)有明显的激活作用，能激活小鼠腹腔巨噬细胞，提高吞噬百分率及吞噬指数，增强其吞噬功能。

(3)猴头菇多糖

猴头菇多糖能激发机体细胞免疫和体液免疫，增强宿主抗病毒、抗肿瘤及抗细菌感染的能力。经体外试验结果显示，其可抑制EC癌细胞的DNA和RNA的合成。服用猴头菌后，所产生的干扰素能增强抗癌效果，对于小白鼠肉瘤S-180和艾氏腹水癌有明显的抑制作用。

猴头菇多糖是由葡萄糖、半乳糖及甘露糖所组成，葡萄糖含量最多。其中具有抗癌活性的组分是FIo-a-α(木聚糖)、FIo-a-β(葡萄糖木聚糖)、FIo-b(杂木糖葡聚糖)、FII-1(杂木糖葡聚糖与蛋白质复合体)、FIII-2b(半乳糖木糖葡聚糖与蛋白复合体)5种。食用猴头菌后，能提高人体巨噬细胞和淋巴细胞包围吞噬外来细菌、病毒和体内异常细胞的功能。所以猴头菌也是一种良好的免疫增强剂。

(4) 灰树花多糖

灰树花多糖是β-葡聚糖，具有明显的抗肿瘤效果。灰树花新鲜子实体水溶性多糖和水不溶性多糖成分，具有较高抗鼠肉瘤S-180活性的水溶性多糖是F_{10}-α-β1和FA-α-β1组分，水不溶性多糖是FⅡ-3和FⅢ组分。经结构分析，F_{10}-α-β1是含β-(1,6)糖苷键、3个葡萄糖残基和平均5个残基链长分支的β-(1,3)-D-葡聚糖，分子量约1000kD。FⅡ-3由葡萄糖、木糖组成，在β-(1,3)葡聚糖上有一个(1,6)和(1,2)支链，分子量为50kD。

4.1.3 黄原胶

(1)黄原胶生产菌种

黄原胶生产用微生物是黄单胞菌。甘蓝黑腐病黄单胞菌(*Xanthomonas campestris*)最初是从芜菁甘蓝上分离的一种天然杆菌。此菌在甘蓝提取物和人工制成的培养基中发酵产生有相同化学组成的多糖，因此，甘蓝黑腐病黄单胞菌是工业生产黄原胶的优良菌种。除甘蓝黑腐病黄单胞菌外，黄单胞菌属的其他种如大豆斑疹黄单胞菌(*Xanthomonas phascoil*)、棉花角斑黄单胞菌(*Xanthomonas malvaclarum*)、胡萝卜黄单胞菌(*Xanthomonas carotae*)等也能产生黄原胶。

(2)黄原胶的工业化生产

甘蓝黑腐病黄单胞菌是工业化黄原胶生产的优良菌种。长期传代会蜕化出现小菌落,导致黄原胶产量、丙酮酸含量明显低于大菌落。淘汰小菌落,挑选大菌落是维持其优良性状的重要方法。筛选细胞壁合成缺陷或某些抗生素抗性菌株可能获得黄原胶高产菌株。高产菌株冷冻干燥或用20%的甘油冷冻保藏。

黄原胶产生菌在生长过程中对营养并无特殊要求,一般情况下,碳源可用葡萄糖、蔗糖、玉米淀粉等;而氮源则选用蛋白胨、鱼粉、豆粉、硝酸盐等;无机盐要有适当比例的KH_2PO_4、$MgSO_4$、$CaCO_3$及Fe^{3+}、Mn^{2+}、Zn^{2+}等。此外,研究表明,谷氨酸、柠檬酸、延胡索酸可促进黄原胶的生物合成。

在分批发酵的过程中,常用的培养基组成为蔗糖2%、豆粉0.6%、菜子油0.065%(作为消泡剂)、H_2SO_4 0.053%、$MgSO_4 \cdot 7H_2O$ 0.025%、K_2HPO_4 1.0%。分批发酵为多级通气发酵,须高速搅拌,发酵温度为28 ℃～30 ℃,周期72～96h,用KOH控制pH6.5～7.0。

(3)黄原胶在食品加工中的应用

以美国的KELCO公司生产的食品级黄原胶产品Keltrol为例,黄原胶的应用见表8-6。

表8-6 黄原胶的功能及应用

食品种类	功能及应用效果
果汁	Keltrol的触变性使果汁有良好的灌注性,并能粘着在冰淇淋、水果和薄煎饼上,能控制流动和渗透
风味面包	用Keltrol作风味面包的乳化剂得到了稳定性好的、质地光滑的风味面包,并可节约生产时间
面包馅	用Keltrol可以冷制面包馅,使面包馅有良好的质地、口感和风味释放,使馅不被糕点吸收
罐头食品	能实现粘度的良好控制,可替代部分淀粉,在维持食品营养质量和外形的基础上,可加速传热
冷冻食品	能控制脱水收缩作用并对温度稳定,所以在加热和冷冻循环中能为酱汁、调味汁提供良好的乳化及悬浮稳定性,并维持其粘度。同时能改进冷冻食品的稳定性
液体饮料	低浓度的Keltrol能长时间有效地悬浮水果肉质,这样可保持风味、浓度和口感的均一性。
干酪涂抹食品	用Keltrol制作巴氏灭菌的干酪涂抹食品。可很好地触化,并稳固切片,释放风味

4.1.4 *右旋糖酐*

右旋糖酐的分子量为1×10^4～2×10^7道尔顿或更高一些。有许多细菌能产生右旋糖酐,但工业上所使用的种属还只限于肠膜明串珠菌(*Leuconostoc mesenteroide*)和右旋链杆菌(*Streptobacterium dextranicum*)。工业化右旋糖酐的生产所用培养基含有10%的蔗糖,0.5%K_2HPO_4,0.25%酵母膏和0.02%$MgSO_4$。发酵过程中pH值降低,培养基粘度增高,到发酵结束,发酵液的pH值为4.5,粘度为400～700 cp。

右旋糖酐在临床上是一种优良的血浆代用品,可抗血栓,改善微循环。对弹性蛋白酶、尿激酶、SOD、胰岛素有稳定的作用。

4.2 微生物与食品风味物质

食品风味物质的工业化产品，主要包括香味剂、酸味剂、甜味剂、鲜味剂等，是食品中不可缺少的组成部分和影响食品质量的重要成分。由于食品原料中内源风味、芳香物质或因含量少、或因加工而挥发，往往需要外援增补强化。

4.2.1 微生物香味剂

食用香精、香料等香味物质的主要来源是利用芳香植物来提取或萃取。但或因芳香植物资源少、或因芳香成分含量稀、或因芳香物质分子结构牢固难分离，使这类天然风味物质生产成本高，价格贵，难以用于食品工业。因此，利用微生物生产食品风味物质就有了用武之地。

众所周知，微生物对传统发酵食品，如酒、发酵调味品、乳、肉制品、面食等的风味形成起着决定性作用，且不同微生物菌种、发酵条件和底物原料会产生不同的风味。用微生物生产风味物质的途径主要是利用微生物次生代谢产物和酶促转化风味前体物质等。由微生物产生的有代表性的香味物质有：

萜烯类化合物：具有香精油的特殊香味，以五碳异戊二烯为基本单位，具有开链、闭链、环式、饱和或不饱和结构。产萜烯类的微生物大多是真菌，属子囊菌类和担子菌纲，还有酶及生香酵母菌等。

内酯类化合物：具有果味、椰子味、奶油味、可可味、甜味或坚果味，是食品香气的主要成分。微生物能生产具有旋光特性的内酯，比化学合成内酯更优越。

酯类化合物：是果香的主要成分。早在100多年前，科学家就发现并合成了这类果味酯及利用微生物生产果味酯的方法。1976年，Morgan提出果味酯的形成机理，促进了微生物生产果味酯的发展。如担子菌纲的气味栓菌能产生蜂蜜香味的甲基-乙酸苯酯和茴香味的甲基-对-甲氧基乙酸苯酯等。

吡嗪类化合物：吡嗪为含N的杂环化合物，是热加工食品的典型香味成分，有咖啡味、巧克力味、爆米花味、坚果味、香蕉味等，是国际通用型香料。牛肚菌中含有吡嗪；谷氨酸棒杆菌、枯草杆菌发酵能产生4-甲基吡嗪；假单胞菌属可产生烷基吡嗪等。

蘑菇香味剂：蘑菇香味的主要成分是不挥发的谷氨酸、5′-鸟苷酸及挥发性的C_8化合物等。如野生蘑菇中含有3-羟基辛烯的特有香味；二孢蘑菇中含有3-羟基辛烯的前体物亚油酸等等。营养性蘑菇抽提物调味料在欧、美、日本市场很流行。

酶转化风味物质：应用酶促风味前体物转化为风味物质或直接合成、提取风味物质，用于增强食品风味或除去、掩盖食品杂味、异味，是食品风味生物技术的研究热点。酶具有很强的催化功能，并对反应有选择性、基质有专一性。食品原料中的蛋白质、脂肪、碳水化合物和核酸等成分，均可通过相应的酶促反应，转化或生成特定的风味物质。

4.2.2 微生物鲜味剂

酵母浸膏又称酵母抽提物，是酵母自溶和酶解及发酵过程中产生的氨基酸、核苷酸、生物肽等混合物提纯精制而成的，属新型氨基酸调味料。其肌苷酸、鸟苷酸含量为5%，高的可达20%，特别鲜美，能提升肉味，协调动物、植物蛋白水解物的鲜味。

酵母浸膏有膏状和粉状两种产品，主要用作复合调味液、鲜酱油、调味粉、罐头食品、肉制品、蔬菜制品、水产品等的增鲜剂，可掩盖杂味；也常用于动物浸膏的复配增鲜。酵母浸膏含有全部的必需氨基酸、维生素及核糖核酸、烟酸、味酸、谷胱苷肽等，矿物质元素品种和含量也很丰富，是常用的营养药物，具有助消化、降血压、治贫血等功能，也可用作食品营养强化剂和保健食品素材。酵母菌生长快、易培养。发展酵母浸膏生产，前景广阔。如：利用埃切毕赤酵母浸出液可提取牛肉型调味料；利用色串孢酵母提取物可作色拉调味料；利用乙醇纯培养色串孢酵母，制取的色串孢蛋白，具有豆油口感，可制作豆香调味料；酵母自溶物含有丰富的谷氨酸，具有肉香味，可作肉汁代用品；富硒酵母自溶物含有丰富的有机硒，可用作富硒调味料等。

4.2.3 微生物风味物质的工业化产品

微生物香味剂的工业化生产具有诱人的前景，国外许多微生物香味剂已达到工业生产规模。几乎所有生产风味物质的大公司都已应用发酵技术生产微生物香味剂。如德国 BASF 公司用微生物生产 4-癸内酯；美国的 U-nileaer 公司以 5-十二酮酸为原料，采用面包酵母生产 R-δ-十二酸酐，环化生成黄油味的内酯，已达到 3 万升发酵罐规模；美国 ESCA 公司利用生物反应器生产出含 85%香草醛及 200 多种天然香草成分的香草香精；国际香精香料公司(IFF)利用 Tenax 捕集器收集水果挥发性芳香物质，浓缩制成 15 种“活体香精”，推向市场，可用于果酱、果汁、饮料、糕点增香；1991 年，荷兰 Unochema International 公司利用脂肪酶生产出“Bioester”系列生物芳香酯；美国 Herlules 公司采用微生物生产丁酸和丁酸乙酯；英国 Stafford 食品配料制品公司用黑曲霉菌株生产青纹干酪的重要风味物质甲基酮；美国公司还优选原料、优化发酵条件，生产出高浓度啤酒香味剂，用于啤酒或低醇、无醇啤酒增香；日本协和发酵公司用从面包酵母中选育的对 4-氮杂-DL-亮氨酸具有专一性的异丁醇和异戊醇变异株，生产出面包增香剂，用于烘焙食品增香；该公司还利用啤酒酵母和面包酵母在乳清和糖培养基中常温发酵，制成面包类风味改良剂。国外在 20 世纪 70 年代已经开始用深层发酵法生产液体蘑菇菌丝体类香味物质等。

本章复习思考题

1. 试从酿造原理及工艺角度比较啤酒、葡萄酒、白酒酿造的差别。
2. 以我国传统发酵食品黄酒的生产为例，阐述我国传统发酵食品形成的一般生化历程。
3. 试述以谷物为原料酿醋时参与发酵的微生物种类及其作用。
4. 简述葡萄酒酿造中苹果酸—乳酸发酵对产品质量的意义。
5. 简述酸乳发酵菌种之间的共生关系及其对酸乳发酵生产的意义。
6. 简述酿醋醋酸细菌、酱油曲霉菌、酿酒酵母菌的基本特性。
7. 参与酱油酿造的微生物有哪些？试述酱油酿造过程中的微生物菌群演替规律。
8. 什么叫发酵剂？常用的乳品发酵剂有哪些类型？
9. 什么叫曲？试述酒曲对于我国白酒酿造的微生物学和生化意义。
10. 微生物来源的食品功能因子及食品添加剂主要有哪些？

本章主要参考文献

1. 周德庆主编. 微生物学教程(第二版). 北京：高等教育出版社，2002
2. 沈平，范秀容等主编. 微生物学. 北京：高等教育出版社，2002
3. 何国庆主编，贺稚非副主编. 食品微生物学. 北京：中国农业大学出版社，2000

4. 黄秀梨著. 微生物学. 北京:高等教育出版社,1997

5. 刘志恒编写. 现代微生物学. 北京:科学出版社,2008

6. 江汉湖主编,贺稚非副主编. 食品微生物学. 北京:中国农业出版社,2002年8月

7. M. T 马迪根等主编. 微生物生物学. 北京:科学出版社,2001

8. James M. Jay . Modern Food Microbiology. Sixth Edition An Aspen Publication , 2000

9. 李平兰,贺稚非. 微生物学实验原理与技术. 北京:中国农业出版社,2005

10. 张文治. 新编食品微生物学. 北京:中国轻工业出版社,1995

11. J. Nicklin 等著. 微生物学. 北京:科学出版社,1999

12. 郑晓冬主编. 食品微生物学. 杭州:浙江大学出版社,2001

13. H. G. 施莱杰著. 陆卫平,周德庆等译. 普通微生物学. 上海:复旦大学出版社,1990

第九章 微生物污染食品的来源及引起食品变质的主要微生物

食品微生物污染是指食品在加工、运输、贮藏、销售过程中被微生物及其毒素污染。由于自然界的微生物分布很广，在食品加工或储藏过程中不可避免地会受到不同类型的微生物污染。食品不仅供给人们营养，也是大多数微生物的营养基质，当环境条件适宜时，它们就会大量地生长繁殖，引起食品的腐败变质。不仅降低了食品的营养和卫生质量，而且还可能危害人体健康。研究食品的微生物污染源和途径及其在食品中的消长规律，对于切断污染途径、控制其对食品的污染、延长食品保藏期、防止食品腐败变质与食物中毒的发生都有非常重要的意义。

1 微生物污染食品的来源

微生物个体微小，繁殖速度快，数量多，因此，微生物在自然界容易散布并且分布很广，不同环境中存在的微生物类型和数量不尽相同；另外，食品在原料方面，在生产、加工、储藏、运输、销售直到烹调等各个环节，常常与环境发生各种方式的接触，进而导致微生物的污染。污染食品的微生物来源可分为土壤、空气、水、人及动物体、加工机械及设备、包装材料等。概括起来，食品中微生物污染的途径可分为两大类，一是动植物体在生活过程中，由于本身带有的微生物而造成的食品污染，称之为内源性污染。二是食品原料在收获、加工、运输、贮藏、销售过程中使食品发生污染称为外源性污染。

1.1 土壤

土壤中含有大量的可被微生物利用的碳源和氮源，同时还含有大量的硫、磷、钾、钙、镁等无机元素及硼、钼、锌、锰等微量元素，并且土壤具有一定的保水性、通气性及适宜的酸碱度(pH3.5～10.5)，其温度变化范围通常在 10 ℃～30 ℃之间，而且表面土壤的覆盖能起到保护微生物免遭太阳紫外线伤害的作用。可见，土壤为微生物的生长繁殖提供了有利的营养和环境条件。因此，土壤素有“微生物的天然培养基”和“微生物大本营”之称。土壤中的微生物数量可达 10^7～10^9 个/g。土壤中的微生物种类十分繁杂，其中细菌比例最大，可达 70%～80%，放线菌占 5%～30%，其次是真菌、藻类和原生动物。不同土壤中微生物的种类和数量有很大差异，在地表下 3～25cm 土壤是微生物最活跃的场所，肥沃土壤中微生物的数量和种类较多，果园土壤中酵母的数量较多。土壤中的微生物除了自身繁殖外，分布在空气、水和人及动植物体的微生物也会不断进入土壤中。许多病原菌就是随着动植物残体以及人和动物的排泄物进入土壤的。因此，土壤中的微生物既有非病原的，也有病原的。通常无芽孢菌在土壤中生存的时间较短，而有芽孢菌在土壤中生存时间较长。例如沙门氏菌只能生存数天至数周，炭疽芽孢杆菌却能生存数年或更长时间。土壤中的微生物一方面可污染水源、空气及作为食品原料的动植物表面或内部，同时土壤也是一个开放的环境，也不断地遭到污染。

1.2 空气

微生物生长繁殖需要营养物质和充足的水分，而空气中不具备这些必要的条件，加之经常接受来自日光的紫外线照射，所以空气不是微生物生长繁殖的良好场所。然而空气中也确实含有较多的微生物，这些微生物是随风飘扬而悬浮在大气中或附着在飞扬起来的尘埃或液滴上。空气中的微生物主要来自土壤、水、人和动植物体表的脱落物和呼吸道、消化道的排泄物。

空气中的微生物主要为霉菌、放线菌的孢子和细菌的芽孢及酵母。不同环境空气中微生物的数量和种类有很大差异。公共场所、街道、畜舍、屠宰场及通气不良处的空气中微生物的数量较高。空气中的尘埃越多，所含微生物的数量也就越多。室内污染严重的空气微生物数量可达 10^6 个/m^3，海洋、高山、乡村、森林等空气清新的地方微生物的数量较少。一般食品厂不宜建立在闹市区。空气中可能会出现一些病原微生物，它们直接来自人或动物呼吸道、皮肤干燥脱落物及排泄物或间接来自土壤，如结核杆菌、金黄色葡萄球菌、沙门氏菌、流感嗜血杆菌和病毒等。患病者口腔喷出的飞沫小滴含有 1 万～2 万个细菌。

1.3 水

自然界中的江、河、湖、海等各种淡水与咸水水域中都生存着相应的微生物。由于不同水域中的有机物和无机物种类和含量、温度、酸碱度、含盐量、含氧量及不同深度光照度等的差异，因而各种水域中的微生物种类和数量呈明显差异。通常水中微生物的数量主要取决于水中有机物质的含量，有机物质含量越多，其中微生物的数量也就越大。

淡水域中的微生物可分为两大类：一类是原本生活在水域中的微生物，以自养型微生物为主，可被看作是水体环境中的土居微生物，如硫细菌、铁细菌、衣细菌及含有光合色素的蓝细菌、绿硫细菌和紫细菌等。也有部分腐生性细菌，如色杆菌属（*Chromobacterium*）、无色杆菌属（*Achromobacter*）和微球菌属（*Micrococcus*）的一些种就能在低营养成分的水中生长。霉菌中也有一些水生性种类，如水霉属（*Saprolegnia*）和绵霉属（*Achlya*）的一些种可以生长于腐烂的有机残体上。此外还有单细胞和丝状的藻类以及一些原生动物常在水中生长，但它们的数量通常不大。另一类是腐生型水生微生物，它们是随土壤和污水及腐败的有机物质进入水域，获得营养而大量繁殖的，是造成水体污染、传播疾病的重要原因。其中数量最大的是 G^- 细菌，如变形杆菌属（*Proteus*）、大肠杆菌、产气肠杆菌（*Enterobacter aerogenes*）和产碱杆菌属（*Alcaligenes*）等，还有芽孢杆菌属、弧菌属（*Vibrio*）和螺菌属（*Spirillum*）中的一些种。当水体受到土壤和人畜排泄物的污染后，会使肠道菌的数量增加，如大肠杆菌、粪链球菌（*Streptococcus faecalis*）和魏氏梭菌（*Clostridium welchii*）、沙门氏菌、产气荚膜芽孢杆菌（*B. perfringens*）、炭疽杆菌（*B. anthracis*）、破伤风芽孢杆菌（*B. tetani*）。污水中还会有纤毛虫类、鞭毛虫类和根足虫类原生动物。进入水体的动植物致病菌，通常因水体环境条件不能完全满足其生长繁殖的要求，故一般难以长期生存，但也有少数病原菌可以生存达数月之久。

海水中也含有大量的水生微生物，主要是嗜盐性细菌。常见的有：假单胞菌、无色杆菌、黄杆菌、微球菌属、芽孢杆菌属和噬纤维菌属(*Cytophaga*),它们能引起海产动植物的腐败变质,有的是海产鱼类的病原菌。海水中还存在可引起人类食物中毒的病原菌,如副溶血性弧菌(*Vibrio parahaemolyticus*)。

矿泉水及深井水中通常含有很少的微生物数量。

食品加工中,水不仅是微生物的污染源,也是微生物污染食品的主要途径。如果使用了微生物污染严重的水做原辅料。则会埋下食品腐败变质的隐患,在原料清洗过程中,特别是在畜禽屠宰加工技术中,即使用洁净的自来水冲洗,如方法不当,自来水仍可能成为污染的媒介。

1.4 人及动物体

健康人体及各种动物的皮肤、毛发、口腔、消化道、呼吸道均带有大量的微生物,如未经清洗的动物皮毛微生物数量可达 $10^5 \sim 10^6/cm^2$。当人或动物感染了病原微生物后,体内会存在有不同数量的病原微生物,其中有些菌种是人畜共患病原菌,如沙门氏菌、结核杆菌、布氏杆菌(*Bacterium burgeri*)。这些微生物可以通过直接接触或通过呼吸道和消化道向体外排出而污染食品。

蚊、蝇及蟑螂等昆虫也携带有大量的微生物,其中有多种病原微生物,它们接触食品同样会造成微生物的污染。

1.5 加工机械及设备

各种加工机械设备本身不具有微生物所需的营养物质,但在食品加工过程中,由于食品残渣粘附于设备的内表面,食品生产结束时机械设备没有得到彻底的清洗灭菌,使微生物大量生长繁殖,成为污染源,在后来的使用中造成食品的微生物污染。

1.6 包装材料

包装材料处理不当同样会带有微生物。一次性包装材料通常比循环使用的材料所带有的微生物数量要少。塑料包装材料由于带有电荷会吸附微尘及微生物。

1.7 原料及辅料

健康的动、植物原料表面及内部不可避免地带有一定数量的微生物,如果在加工过程中处理不当,容易使食品变质,有些来自动物原料的食品还有引起疫病传播的可能。

辅料如各种作料、淀粉、面粉、糖等,通常仅占食品总量的一小部分,但往往带有大量微生物,调料中含菌可高达 10^8 个/g。作料、淀粉、面粉、糖中都含有耐热菌。原辅料中的微生物一是来自于生活在原辅料体表与体内的微生物,二是在原辅料的生长、收获、运输、贮藏、加工处理过程中的二次污染。

2 食品的细菌污染

细菌是污染食品和引起食品腐败变质的主要微生物类群,因此大多数食品卫生的微生物学标准都是针对细菌而制定的。

2.1 引起食品腐败变质的主要细菌

食品中细菌来自内源和外源的污染，而在食品中存活的细菌只是自然界细菌中的一部分。这部分在食品中常见的细菌，在食品卫生学上被称为食品细菌。食品细菌包括致病菌、相对致病菌和非致病菌，有些致病菌还是引起人食物中毒的原因。它们既是评价食品卫生质量的重要指标，也是食品腐败变质的原因。在《伯杰氏系统细菌学手册》(1984～1989)中，污染食品后可引起腐败变质、造成人食物中毒症状和引起疾病的常见细菌分为以下科属。

2.1.1 革兰氏阴性需氧或微需氧、能运动的螺旋形或弯曲细菌

这一类细菌中与食品有关的主要是弯曲杆菌属(*Campylobacter*)，该属菌为革兰氏阴性、微需氧的螺旋状细菌。菌体大小为(0.5～5)μm×(0.2～0.8)μm。在菌体的一端或两端生有一根鞭毛，能运动。

该属菌生长时需要8%～15%的氧，在含有0.5%～1.5%NaCl的培养基中才能生长，在不含NaCl的蛋白胨水和琼脂上不生长。不能利用葡萄糖等糖类化合物，不产生吲哚。氧化酶阳性。

弯曲杆菌广泛分布于世界各地。人食入含有该菌的食物后，可发生食物中毒，引起细菌性肠炎，症状为下痢、腹痛、发热、恶心、呕吐等。

2.1.2 革兰氏阴性需氧杆菌和球菌

2.1.2.1 假单胞菌科(Pseudomonadaceae)

该科微生物在食品中最常见的是假单胞菌属(*Pseudomonas*)。该属菌为革兰氏阴性、无芽孢、需氧、直或稍弯曲杆菌。菌体大小为(0.5～1)μm×(1.5～4)μm，大部分极生鞭毛，能运动。氧化酶阳性，糖代谢方式为呼吸型。营养要求简单，大部分菌种在不含维生素、氨基酸的合成培养基中仍能良好生长。假单胞菌属的细菌多具有分解蛋白质和脂肪的能力，其中有些分解能力很强。

此外，假单胞菌还具有一些特点：增殖速度快；部分种能在5℃的低温下生长；具有很强的产生氨等腐败产物的能力。因而，假单胞菌污染肉及肉制品、鲜鱼贝类、禽蛋类、牛乳和蔬菜等食品后可引起腐败变质，并且是冷藏食品腐败的重要菌。例如，荧光假单胞菌(*P. fluorescens*)在低温下可使肉、乳及乳制品腐败；生黑色腐败假单胞菌(*P. nigrifaciens*)能使动物性食品腐败，并在其上产生黑色素；菠萝软腐病假单胞菌(*P. ananas*)可使菠萝果实腐烂，被侵害的组织变黑并枯萎。与食品腐败有关的菌种还有，草莓假单胞菌(*P. fragi*)、类蓝假单胞菌 (*P. syncyanea*)、类黄假单胞菌(*P. synxantha*)、腐臭假单胞菌(*P. taetrolens*)、腐败假单胞菌(*P. putrefaciens*)、生孔假单胞菌(*P. lacunogenes*)、粘假单胞菌(*P. myxogenes*)等。假单胞菌属中的有些种对人或动物有致病性。该属菌多分布于土壤和水中及各种植物体上。

2.1.2.2 盐杆菌科(Halobacteriaceae)

盐杆菌科包括盐杆菌属(*Halobacterium*)和盐球菌属(*Halococcus*)两个属。盐杆菌属和盐球菌属对高渗均具有很强的耐受能力，可在高盐环境中(3.5%饱和盐溶液中)生长。低盐可使细菌由杆状变为球状。盐杆菌和盐球菌可在咸肉和盐渍食品上生长，引起食物变质。

2.1.2.3　醋酸杆菌科(Acetobacteraceae)

(1)醋酸杆菌属(*Acetobacter*)

该属菌的细胞为椭圆形至杆状,直或稍弯曲,以单个、成对或成链存在。有些菌株经常出现退化的类型。以周生鞭毛或侧生鞭毛运动,或不运动,无芽孢。菌落灰白色,大多数菌株不产生色素,少数菌株产生褐色水溶性色素,或由于细胞内含卟啉而使菌落呈粉红色。专性好氧。幼龄为革兰氏阴性杆菌,老龄常变为阳性。最适宜生长温度为25 ℃～30 ℃。该属菌能将乙醇氧化成醋酸,并可将醋酸和乳酸氧化成 CO_2 和水。其生长所需的最好碳源是乙醇、甘油和乳酸。有些菌株能够合成纤维素,当这些菌株生长在静止的液体培养基中时,会在表面形成一层纤维素薄膜。醋酸杆菌属细菌主要分布在花、果实、葡萄酒、啤酒、苹果汁、醋和果园土等环境中,并可引起菠萝的粉红病和苹果、梨的腐烂。该属菌在食品工业上可用于食醋酿造。

(2)葡糖杆菌属(*Gluconobacter*)

该属细菌为椭圆状或杆状,单生、成对或排列成链状,有或无鞭毛。菌落灰白色,专性好氧,最适生长温度为25 ℃～30 ℃,在37 ℃不生长。最适 pH5.5～6.0,大多数菌株能在 pH3.6 生长。老龄菌常由革兰氏阴性变为阳性。能氧化乙醇成醋酸,但不能将醋酸或乳酸氧化成 CO_2 和 H_2O。该属菌广泛分布于花、果实、蜂蜜、苹果汁、葡萄酒、醋和软饮料等环境中,可导致含酒精饮料变酸。

2.1.2.4　所属科未定的属

该类群中与食品关系较密切的是产碱杆菌属(*Alcaligenes*)。该菌为杆状、球杆状或球状,通常单个存在,周生鞭毛,可运动。适宜生长温度为20 ℃～37 ℃。专性好氧,有些菌株能在硝酸盐或亚硝酸盐存在时进行厌氧呼吸。能利用各种有机酸和氨基酸作为碳源,并能从几种有机盐和酰胺产碱。

产碱杆菌广泛分布于土壤、水、腐朽物质、人及动物肠道内等自然界中,与高蛋白食品变质有关,但不分解酪蛋白。

2.1.3　革兰氏阴性兼性厌氧杆菌

2.1.3.1 肠杆菌科(Enterobacteriaceae)

肠杆菌科细菌为革兰氏阴性杆菌,大小为(0.4～0.7)μm×(1.0～4.0) μm。大部分周生鞭毛、能运动,少数无鞭毛、不运动。最适生长温度为37℃(除欧文氏菌属和耶尔森氏菌属外)。氧化酶阳性。能发酵糖类,大部分能发酵糖产酸产气。对热抵抗力弱,可被巴氏消毒杀死。

肠杆菌科的细菌大多存在于人和动物的肠道内,是肠道菌群的一部分。其中一些菌种是人和动物的致病菌,一些是植物的病原菌,还有一些是引起食品腐败变质的腐败菌。该科中的主要属如下:

(1) 埃希氏菌属(*Escherichia*)

细胞呈直杆状,单个或成对存在。许多菌株产荚膜或微荚膜,周生鞭毛运动或不运动。有些菌株表面生有大量菌毛。化能有机营养,兼性厌氧。埃希氏菌属中的代表菌种是大肠埃希氏菌(*E. coli*),简称大肠杆菌。大肠杆菌多具有鞭毛,能发酵乳糖产酸产气,产生吲哚。通常单生。菌落光滑、低凸、潮湿和灰白、表面有光泽、边缘整齐,或粗糙、干燥,也可形成粘液状菌落。大肠杆菌是人和动物肠道正常菌群之一,绝大多数大肠杆菌在肠道内无致病性,极少部分可产生肠毒素等致病因子,引起食物中毒。此外,该菌大多具有组氨酸脱羧酶活性，污染食品后，可在食品中产生组胺，引起过敏性食物中毒。大肠杆菌是食品中常见的腐败菌，也是食品和饮用水的粪便污染指示菌之一。

（2）志贺氏菌属（*Shigella*）

该属菌为直杆菌，革兰氏阴性、兼性厌氧、不运动、无芽孢，菌落中等大小、半透明、光滑。不能利用柠檬酸或丙二酸作为唯一碳源，大多数菌株不分解乳糖。根据生化和血清学反应，可将其分为痢疾志贺氏菌（*S. dysenteriae*，A 亚群）、弗氏志贺氏菌（*S. flexneri*，B 亚群）、鲍氏志贺氏菌（*S. boydii*，C 亚群）和宋内氏志贺氏菌（*S. sonnei*，D 亚群）4 个亚群。该菌污染食品经口进入人体后，可侵入大肠的上皮细胞，引起以下痢、发热、腹痛为主的细菌性红痢。

（3）沙门氏菌属（*Salmonalla*）

该属为革兰氏阴性无芽孢直杆菌，大小为$(0.5\sim0.8)\mu m\times(3\sim4)\mu m$。菌体周生鞭毛，能运动。兼性厌氧，最适生长温度为 35 ℃～37 ℃。该属菌能发酵葡萄糖产酸产气，不分解乳糖，产生 H_2S。根据其生化性状差别，可分为Ⅰ～Ⅴ个亚属。根据细胞表面抗原和鞭毛抗原的不同，分为 2000 多个血清型。

沙门氏菌广泛分布于自然界，已从人和家畜等哺乳动物、禽类、蛇、龟、蛙等两栖动物中分离出该菌。从自然环境中的蚯蚓、鱼等中也分离出该菌。该菌常污染鱼、肉、禽、蛋、乳等食品，在食品中增殖，人食入后可在消化道内增殖，引起急性胃肠炎和败血症等。该菌是重要的食物中毒性细菌之一。

（4）肠杆菌属（*Enterobacter*）

该属菌为直杆状，周生鞭毛，能运动，兼性厌氧。可发酵葡萄糖产酸产气。在人肠道内比大肠杆菌少，广泛分布于土壤、水和食品中，是条件致病菌，可从尿液、痰、呼吸道等分离到。该属菌污染食品后可引起食品的腐败变质。此外，有部分低温性菌株可引起冷藏食品的腐败。

（5）柠檬酸细菌属（*Citrobacter*）

该属菌能运动，可利用柠檬酸盐作为碳源。广泛分布于自然界，可引起食品腐败变质。该属中有部分低温性菌株可在 4℃增殖，引起冷藏食品的腐败变质。

（6）欧文氏菌属（*Erwinia*）

该属菌为直杆状，单个、成对、有时呈短链存在。周生鞭毛，能运动，兼性厌氧。既有寄居在人和动物肠道内的细菌，也有植物的病原菌和腐生菌。例如，解淀粉欧文氏菌（*E. amylovora*）可使植物发生癌瘤和枯萎；胡萝卜软腐欧文氏菌（*E. carotovora*）具有果胶酶，可引起植物软腐病。

（7）克雷伯氏菌属（*Klebsiella*）

该属菌为直杆状，单个、成对或短链排列，革兰氏阴性、有荚膜、不运动。广泛分布于水、土壤、人和动物的消化道及呼吸道、粮食和冷藏食品上。可引起食品变质、人的上呼吸道感染、肺炎、败血症等。

（8）沙雷氏菌属（*Sarratia*）

该属菌呈直杆状，两端钝圆，通常以周生鞭毛运动。菌落大多数不透明，略有光泽，白色、粉色或红色，许多菌株可产生红色色素。兼性厌氧。该属菌广泛分布于水、土壤和植物表面，是腐败作用较强的腐败细菌，也是人类的条件致病菌。对食品中的蛋白质具有较强的分解能力，并产生大量挥发性氨态氮等腐败性产物，使食品产生很强的腐败性气味。

(9)变形菌属(*Proteus*)

该属菌呈直杆状,并随培养条件不同,可形成丝状、球杆状。以周生鞭毛运动,能急速运动,在湿润的培养基表面上,大多数菌株有周期性的群游而产生同心圆带,或扩展成均匀的菌膜。该属菌为兼性厌氧,广泛分布于动物肠道、土壤和水中,具有很强的蛋白质分解能力,是重要的食品腐败菌之一。

(10)哈夫尼菌属(*Hafnia*)

该属菌广泛分布于污水、土壤、人和动物粪便中,是蜜蜂等昆虫的病原菌。该属中有低温性菌株,可在4℃左右增殖,使食品特别是包装食品在低温贮藏时腐败变质。

(11)耶尔森氏菌属(*Yersinia*)

该属中与食品关系最密切的是小肠结肠炎耶尔森氏菌(*Y. enterocolitica*)。该菌为短杆菌,无荚膜和芽孢,大多周生鞭毛,兼性厌氧。该菌在25 ℃~30 ℃培养时具有运动性,在37℃培养时则失去运动性。该菌广泛分布于自然界,污染食品后可引起以肠胃炎为主的食物中毒。

2.1.3.2　弧菌科(Vibrionaceae)

弧菌科包括4个属,菌体为球杆、直或弯曲状,革兰氏阴性,以极生鞭毛运动,兼性厌氧。大多数种的最佳生长需要2%~3%NaCl或海水为基础。主要为水生,广泛分布于土壤、淡水、海水和鱼贝类中。有几个种是人类、鱼、鳗和蛙,以及其他脊椎或无脊椎动物的病原菌。该科中与食品密切相关的属如下。

(1)弧菌属(*Vibrio*)

该属为革兰氏阴性弯曲或直杆菌,单端生鞭毛,兼性厌氧,氧化酶阳性,发酵糖类产酸不产气,不产生水溶性色素。广泛分布于淡水、海水和鱼贝中。在海洋沿岸、浅海海水中、海鱼体表和肠道、浮游生物等中,均有较高的检出率。海产动物死亡后,在低温或中温保藏时,该菌可在其中增殖,引起腐败。该菌污染食品后,可引起食用者感染型食物中毒,发生腹痛、下痢、呕吐等典型的急性肠胃炎。该属中重要的菌种有副溶血性弧菌(*V. parahaemolyticus*)、霍乱弧菌(*V. cholerae*)等,它们都是人和动物的病原菌。

(2)气单孢菌属(*Aeromonas*)

该属菌为杆状至近球状,两端钝圆。以单个、成对或短链状存在。通常以单端生鞭毛运动,在固体培养基上的幼龄菌可以形成周生鞭毛。兼性厌氧,氧化酶阳性,发酵糖类产气或不产气。一些菌株可产生褐色水溶性色素。该属菌主要分布在海水和淡水中,可引起鱼类、蛙类和禽类疾病,还可引起海产食品的腐败变质及食用者的肠胃炎。

2.1.4　革兰氏阳性球菌

2.1.4.1　微球菌科(Micrococcaceae)

细胞直径0.5~2.5 μm,在一个以上的平面分裂,形成规则或不规则的细胞簇。不运动或很少运动,好氧或兼性厌氧。所有菌株都能在5%NaCl环境中生长,许多菌株能在10%~15%的NaCl环境中生长。某些种是动物和人的条件致病菌。

(1)微球菌属(*Micrococcus*)

该属菌为好氧、不运动、氧化酶和过氧化氢酶阳性的球菌。单生、双生或四联球状排列,有的四联球状可以连接成立方堆团或不规则的簇群。菌落通常为圆形、凸起、光滑,某些菌株可以形成粗糙菌落。可产生黄、橙或红色色素。细胞壁中不含磷壁酸,DNA的

G+C 克分子含量或摩尔含量为 65%～75%。对干燥和高渗有较强抵抗力，可在 5% NaCl 环境中生长，最适生长温度为 25 ℃～37 ℃。该属菌广泛存在于人和动物的皮肤上，也广泛分布于土壤、水、植物和食品上，是重要的食品腐败性细菌。在新鲜食品、加工食品和腐败的食品中，该菌的检出率都很高。可引起肉类、鱼类、水产制品、大豆制品等食品的腐败。

(2)葡萄球菌属(*Staphylococcus*)

该属菌为兼性厌氧、过氧化氢酶阳性的球菌，以多个平面分裂，单个、成对以及不规则的葡萄串状排列。不运动。菌落圆形、低凸起、光滑、闪光奶油状，不透明，可产生金黄色、柠檬色、白色等非水溶性色素。细胞壁中含有磷壁酸，DNA 的 G+C 克分子含量或摩尔含量为 30%～39%。该属具有很强的耐高渗透压能力，可在 7.5%～15%NaCl 环境中生长。该属中与食品关系最为密切的是金黄色葡萄球菌(*S. aureus*)。该菌除具有上述特征外，还能发酵葡萄糖、分解甘露醇，卵磷脂酶阳性，可产生肠毒素等多种毒素及血浆凝固酶等。该菌存在于人和动物的化脓处、健康人的鼻腔、手指、皮肤和毛发上，并广泛分布于动物体表、垃圾及人类的生活环境中。污染食品后可在其中繁殖，产生毒素，人食入该食品后可引起食物中毒。该菌感染人或动物后，可引起各种化脓性疾病、肺炎、败血症、心内膜炎等。

2.1.4.2　所属科未定的属

这一类群中与食品有密切关系的属有链球菌属(*Streptococcus*)、明串珠菌属(*Leuconostoc*)、片球菌属(*Pediococcus*)和气球菌属(*Aerococcus*)等。它们均为革兰氏阳性、兼性厌氧、过氧化氢酶阴性球菌。

(1) 链球菌属(*Streptococcus*)

细胞通常为球形或卵球形，直径小于 2μm。无芽孢，不运动，革兰氏阳性。在液体培养基中成对或链状排列，有的种有荚膜。兼性厌氧，过氧化氢酶阴性，发酵糖类产生乳酸，不产气。DNA 的 G+C 克分子含量或摩尔含量为 43%～46%。链球菌属又分为酿脓链球菌群、口腔链球菌群、厌氧链球菌群、乳酸链球菌群和肠球菌群等 6 个群。该属中许多种为共栖菌或寄生菌，见于人和动物的口腔、上呼吸道、肠道等处，其中有些是致病菌。少数为腐生菌，存在于自然界，污染食品后可引起腐败变质。

乳酸链球菌群中的有些种，如乳链球菌(*S. lactis*)、乳脂链球菌(*S. cremoris*)、嗜热链球菌(*S. thermophilus*)可用于生产乳酸发酵食品。

① 乳链球菌(*S. lactis*)细胞卵圆形，并在链长轴方向伸长，直径 0.5～1.0μm，多数成对或短链。发酵葡萄糖、麦芽糖及乳糖产酸。在含 4.0%NaCl 的培养基中生长。营养要求复杂，在合成培养基上生长，需要多种 B 族维生素和氨基酸。最适生长温度约 30℃，在 45℃时不生长。常见于牛奶及乳制品中。

② 乳脂链球菌(*S. cremoris*)细胞圆形或卵圆形，其卵圆形的长轴方向与链的方向相同。直径 0.6～1.0μm。形成长链，在牛乳中更是如此，但在有些培养物中成对的细胞占优势。发酵葡萄糖和乳糖产酸，营养要求与乳链球菌几乎相同。最适生长温度约 30℃，在 40℃时不生长。分布于生奶和乳制品中。

③ 嗜热链球菌(*S. thermophilus*)细胞圆形或卵圆形，直径 0.7～0.9μm，成对或长链状。发酵葡萄糖、果糖、乳糖和蔗糖产酸。在合成培养基上连续培养传代需要 6 种 B 族维生素。最适生长温度为 40 ℃～45 ℃，在 50 ℃能生长，但在 53 ℃不能生长，低于 20 ℃

不生长。分布于牛乳及乳制品中。

(2)明串珠菌属(*Leuconostoc*)

该属菌细胞呈球形或卵圆形,在成对或链状时长大于宽。在长链时呈具圆端的短杆状。革兰氏阳性,不运动,不产芽孢,兼性厌氧。生长缓慢,可形成小菌落,直径常小于1.0 mm,光滑、圆形、略显灰白色。最适生长温度20 ℃~30 ℃。发酵葡萄糖产生D型乳酸、乙醇和CO_2。该属中的肠膜明串珠菌肠膜明串珠亚种(*L. mesenteroides* subsp. *mesenteroides*)和肠膜明串珠菌葡聚糖亚种(*L. mesenteroides* subsp. *dextoranicum*),可发酵蔗糖产生特征性的葡聚糖黏质物,存在于黏质物中的菌可耐受80 ℃~85 ℃高温。广泛分布于果蔬、乳及乳制品中,能在高浓度的含糖食品中生长。对植物、动物和人无致病性。可使牛乳变黏;造成制糖工业中糖液黏度增加,影响过滤而降低糖的产量。

(3)片球菌属(*Pediococcus*)

细胞球形,直径1.2~2.0μm。成对或沿着二个垂直平面形成四联状排列,罕见单个细胞,不形成链状。革兰氏阳性,不运动,不形成芽孢,兼性厌氧,有的菌株在有氧时会抑制生长。同型发酵产生乳酸,发酵葡萄糖、果糖和甘露糖产酸不产气。最适生长温度25℃~40℃。主要存在于发酵的植物材料和腌渍蔬菜中,与啤酒等酒精饮料的变质有关。

① 啤酒片球菌(*P. cerevisiae*)细胞球状,直径0.6~1.0μm。发酵麦芽糖产酸不产气。可产生丁二酮,腐败啤酒中特殊的气味与该成分有关。最适生长温度25℃,在35℃不生长。温度60℃10 min致死。高度耐啤酒花防腐剂。在pH3.5~6.2时可生长,最适pH约为5.5。分布于腐败的啤酒和啤酒酵母中。

② 乳酸片球菌(*P. acidilactici*)细胞球状,直径0.6~1.0μm。在不加啤酒花的麦芽汁中生长,但在啤酒花麦芽汁或啤酒中不生长。最适生长温度40℃,最高生长温度52℃。见于酸泡菜和发酵的麦芽汁中。

③ 戊糖片球菌(*P. pentosaceus*)细胞球状,直径0.8~1.0μm。最适生长温度35℃,最高生长温度42 ℃~45 ℃。对啤酒花防腐剂敏感。分布于麦芽汁及发酵植物材料中,如酸腌菜、泡菜、青贮料等中。

④ 嗜盐片球菌(*P. halophilus*)细胞球状,直径0.6~0.8μm。在含6%~8%NaCl的液体培养基中生长最好,耐盐力可高于15%。最适生长温度25 ℃~30 ℃,最高生长温度40 ℃。在豆酱和黄酱等产品的制作中本种很活跃。

2.1.5 革兰氏阳性芽孢杆菌和球菌

该类群中与食品关系密切的菌属如下。

2.1.5.1 芽孢杆菌属(*Bacillus*)

该属为革兰氏阳性杆菌,可形成芽孢,对不良环境条件有很强的抵抗力。周生鞭毛,需氧或兼性厌氧,绝大多数菌种产生过氧化氢酶。该菌广泛分布于土壤、植物、腐殖质及食品上。其中包括人和动物的病原性细菌炭疽芽孢杆菌(*B. anthracis*)、食物中毒性细菌蜡样芽孢杆菌(*B. cereus*)、昆虫的病原菌苏云金芽孢杆菌(*B. thuringiensis*)。此外,也包括可用于食品工业生产的枯草芽孢杆菌(*B. subtilis*)。

(1)蜡样芽孢杆菌(*B. cereus*)

该菌广泛分布于土壤、水、调味料、乳及咸肉中,污染牛乳后可产生卵磷脂酶,破坏脂肪球膜,使得脂肪不能很好地乳化,还可以产生类似凝乳酶的酶,使乳在酸度不高时即可发生凝固。蜡样芽孢杆菌的生长温度为10 ℃~48 ℃,pH为4.9~9.3,发芽温度范围为

1 ℃～59 ℃。该菌污染食品后，可以引起食品腐败变质，并且产生下痢性毒素、肠毒素、溶血素、呕吐毒素及肠管坏死毒素等，引起人食物中毒。

(2)枯草芽孢杆菌(*B. subtilis*)

该菌菌落呈圆形或不规则形状，表面粗糙或有皱纹，呈奶油色或褐色，菌落形态与培养基成分有关。枯草芽孢杆菌污染面粉后，可以使发酵面团产生液化黏丝状现象，使烤制的面包或馒头出现斑点或斑纹，并且伴有异味。在肉类表面可产生黏液并有异味。在肉类罐头及其他肉制品上经常可以分离到该菌，但在密封的罐头中较少引起变质。在牛乳中生长，可以使牛乳变稠，有时在不变酸时使牛乳凝固，即产生所谓的甜凝乳现象。

(3)巨大芽孢杆菌(*B. megaterium*)

该菌可以在含氨的环境中生长，不需要生长因子，无卵磷脂酶活性。在厌氧条件下，于葡萄糖肉汤中不生长，多数菌株可在培养基中产生黄、粉红、褐或黑色色素。适宜生长温度为 28 ℃～37 ℃。该菌可以从鲜乳、消毒乳、干酪、肉类等食品中分离到，可使浓缩乳凝固并产生干酪味和气体，使肉类罐头变质胀罐。

(4)嗜热脂肪芽孢杆菌(*B. stearothermophilus*)

该菌菌落为圆形或不规则圆形小菌落，表面光滑或粗糙，能在 49 ℃～65 ℃范围内生长，对热的抵抗力很强。该菌在 pH5.0 以下的培养基上不生长。该菌主要可引起罐藏食品和淀粉类食品的腐败。

(5) 凝结芽孢杆菌(*B. coagulans*)

该菌菌落为不透明的小菌落，生长温度范围为 18 ℃～60 ℃，可在酸性条件下生长。在有氧条件下于葡萄糖肉汤中生长，产生醋酸、乳酸和 CO_2。在厌氧条件下主要产生乳酸，不产气。该菌能在 pH3.5～4.5 的食品中生长，引起食品变质，罐头食品变质后外观不膨胀。在炼乳罐头中，通常使乳形成坚实凝结，偶尔呈碎片状凝结，并有乳清析出。此种变质亦常发生于含有蔗糖的乳制品中。

2.1.5.2　梭菌属(*Clostridium*)

该属的绝大多数种为厌氧菌，只有少数种可在大气条件下生长，但在大气中不形成芽孢。该属菌形成的芽孢多呈球形，位于菌体中央，使菌体呈梭状。对不良环境条件具有极强的抵抗力。该属菌对营养的需要因菌种不同而异。可耐受 2.5%～6.5%NaCl 浓度的渗透压，对亚硝酸钠和氯敏感。

梭菌广泛分布于土壤、下水污泥、海水沉淀物、腐败植物、食品、人和其他哺乳动物的肠道内。该属中的一些菌种如丁酸梭菌(*C. butyricum*)可分解碳水化合物产生各种有机酸(乙酸、丙酸、丁酸)和醇类(乙醇、异丙醇、丁醇)，在食品加工上可用以生产某些酸、醇和酮类。一些菌种如腐化梭菌(*C. putrefaciens*)分解蛋白质和氨基酸，产生 H_2S、硫醇、甲基吲哚(粪臭素)等具有恶臭味的腐败产物，在乳中生长时可使乳中酪蛋白完全胨化，在熟肉上生长使肉变黑，在罐头中生长时，因产气使罐头发生膨胀。肉毒梭菌(*C. botulinum*)在食品中增殖时可产生肉毒毒素，当人们食入含有该毒素的食品时，可发生毒素型食物中毒，早期症状为全身无力、头痛、头晕，继而出现眼睑下垂、视力模糊、瞳孔散大、吞咽困难等症状直至死亡。此外某些梭菌如破伤风梭菌(*C. tetani*)是人和动物的破伤风病病原菌。

2.1.6　革兰氏阳性规则无芽孢杆菌

该类群中与食品关系最为密切的是乳杆菌属(*Lactobacillus*)。

乳杆菌属(*Lactobacillus*) 细胞杆状、规则，大小为(0.5～1.2)μm×(1.0～10.0)μm。通常长杆状，但有时是球杆状，通常成短链。革兰氏阳性，革兰氏染色或美蓝染色时，有的菌株显示出两极体、细胞内颗粒或横纹。不生芽孢。细胞罕见以周生鞭毛运动。菌落凸起、全缘，直径 2～5 mm。兼性厌氧，有时微好氧，在有氧时生长差，降低氧分压时生长较好；有的菌在刚分离时为厌氧菌。通常 5%CO_2 可促进生长。发酵分解糖代谢，终产物中 50%以上是乳酸。最适宜生长温度为 30 ℃～40 ℃。广泛分布于乳制品、肉制品、鱼制品、谷物及果蔬制品等许多环境，它们是人类和许多动物口腔、消化道和阴道的正常菌群，罕见致病。该属中的许多种可用于生产乳酸或发酵食品，污染食品后也可引起食品变质。

2.1.7 革兰氏阳性不规则无芽孢杆菌

这一类群包括的属很多，其中在食品中常见的属有以下几个：

2.1.7.1 棒杆菌属(*Corynebacterium*)

为直的或弯曲的棒状杆菌，有时呈椭圆、卵圆形，细胞突然分裂而形成“八”字形和栅栏状排列。不运动。过氧化氢酶阳性。好氧或兼性厌氧。主要分布在土壤、水和动植物上。通常可以在奶酪、乳、鸡肉、鸡蛋、肉类及鱼类等食品中发现。可引起食品腐败，但是腐败作用不强。该属中有人和动物病原菌、植物病原菌和腐生菌。

2.1.7.2 节杆菌属(*Arthrobacterium*)

该属菌呈明显多形性，为杆状或球状，运动或不运动，较大的球状细胞移植到新鲜培养基上，从球状细胞上可伸出 1～3 个芽管，该芽管可形成杆状细胞，杆状细胞随着时间的延长，可变成球状。革兰氏染色大部分为阳性，少数呈阴性。过氧化氢酶阳性，适宜生长温度为 25 ℃～30 ℃。严格好氧。该属细菌存在于土壤、肉与肉制品、乳制品、乳品加工废水以及污泥中等。

2.1.7.3 短杆菌属(*Brevibacterium*)

幼龄培养物的细胞呈不规则的杆状，大小为(0.6～1.2)μm×(1.5～6.0)μm。单个或成对排列，常成 V 形排列，可出现分支，但不形成菌丝体，老培养物变成球状。革兰氏阳性，不运动，不产芽孢，可在含有 8%NaCl 的培养基中生长。具有蛋白分解能力，可在灭菌鱼肉中生长，引起腐败，但腐败能力不强。广泛分布于乳制品，某些菌株可参与干酪成熟过程。

2.1.7.4 微杆菌属(*Microbaterium*)

该属菌为革兰氏阳性不规则的小杆菌，大小为(0.4～0.9) μm×(1.0～3.0)μm，单个或成对，有的排列成直角到 V 字形，不常见分支，不形成菌丝体，老培养物杆状缩短，可出现球状。革兰氏阳性，不形成芽孢，能运动或不运动。好氧，弱厌氧。DNA 的 G+C 克分子含量或摩尔含量为 69%～75%。该属菌可存在于猪肉、牛肉、禽肉、禽蛋及乳制品上，可使肉制品腐败产生异味。

2.1.7.5 丙酸杆菌属(*Propionibacterium*)

该属菌为不规则的杆菌，有分枝，有时呈球状。不形成芽孢，不运动。兼性厌氧。能使葡萄糖发酵产生丙酸、乙酸和气体。最适生长温度 30 ℃～37 ℃。主要存在于乳酪、乳制品和人的皮肤上，参与乳酪成熟，使乳酪产生特殊香味和气孔。

2.1.7.6 双歧杆菌属(*Bifidobacterium*)

细胞呈各种形态的杆状，包括弯、棒状和分支状。单生、成对、V 字排列，有时成链，细胞平行成栅栏状，或玫瑰花结状。偶尔呈膨大的球杆状。大小为(0.5～1.3)μm×(1.5～8.0)μm。革兰氏阳性，通常染色不规则。不运动，不产芽孢。厌氧，少数种可在含10%CO_2的空气中生长。pH低于4.5和高于8.5时不生长。发酵碳水化合物活跃，发酵产物主要是乙酸和乳酸，不产生CO_2。最适生长温度为37 ℃～41 ℃。主要存在于人和各种动物的肠道内。

2.2 食品中菌落总数及其食品卫生学意义

食品中的细菌数量，通常是以每g或每ml食品中或每cm^2食品表面积上所含有的细菌个数来表示。在我国的食品卫生标准中，采用的测定食品中细菌数量的方法，是在严格规定的培养方法和培养条件(样品处理、培养基种类及其pH、培养温度与时间、计数方法等)下进行的，使得适应这些条件的每一个活菌细胞能够生成一个肉眼可见的菌落，所生成的菌落总数即是该食品中的细菌总数。用此法测得的结果，常用cfu表示。

食品中细菌的种类很多，它们的生理特性和所需要的培养条件不尽相同。如果要采用培养的方法计数食品中所有的细菌种类和数量，必须采用不同的培养基及培养条件，其工作量很大。然而尽管食品中细菌种类很多，但其中是以异养、中温、好氧或兼性厌氧的细菌占绝对多数，同时它们对食品的影响也最大，所以在食品的细菌总数检测时采用国家标准规定的方法是可行的，而且已得到公认。

食品中细菌数量的食品卫生学意义主要有两个方面。一是可作为食品被微生物污染程度的标志。食品中细菌数量越多，说明食品被污染的程度越重、越不新鲜、对人体健康威胁越大。相反，食品中细菌数量越少，说明食品被污染的程度越轻，食品卫生质量越好。在我国的食品卫生标准中，针对各类不同的食品分别制定出了不允许超过的数量标准，借以控制食品污染的程度。二是可以用来预测食品可存放的期限，食品中细菌数量越少，食品可存放的时间就越长，相反，食品的可存放时间就越短。如菌数为10^5个/cm^2的牛肉在0℃时可存放7d，而菌数为10^2个/cm^2时，在同样条件下可存放18d；在0℃时菌数为10^5个/cm^2的鱼可存放6 d，而菌数为10^3个/cm^2时，则存放时间可延长至12 d。

由于食品的性质、处理方法及存放条件的不同，以致对食品卫生质量具有重要影响的细菌种类和相对数量比也不一致，因而目前在食品细菌数量和腐败变质之间还难以找出适用于任何情况的对应关系。

2.3 食品中大肠菌群的概念及其卫生学意义

大肠菌群主要包括肠杆菌科中的埃希氏菌属、柠檬酸细菌属、克雷伯氏菌属和肠杆菌属。这些属的细菌均来自于人和温血动物的肠道，需氧与兼性厌氧，不形成芽孢，在35 ℃～37℃条件下，48h内能发酵乳糖产酸产气，革兰氏阴性。大肠菌群中以埃希氏菌属为主，埃希氏菌属被俗称为典型大肠杆菌。大肠菌群都是直接或间接地来自人和温血动物的粪便。本群中典型大肠杆菌以外的菌属，除直接来自粪便外，也可能来自典型大肠杆菌排出体外7～30d后在环境中的变异。所以食品中检出大肠菌群，表示食品受到人和温血动物的粪便污染，其中典型大肠杆菌为粪便近期污染，其他菌属则可能为粪便的长期污染。

大肠菌群最初作为肠道致病菌而被用于水质检验，现已被我国和国外许多国家广泛用作食品卫生质量检验的指示菌。大肠菌群的食品卫生学意义是作为食品被粪便污染的指示菌,食品中粪便含量只要达到 3 ~10 mg /kg 即可检出大肠菌群。一般认为,作为食品被粪便污染的理想指示菌应具备以下特征:

(1)仅来自于人或动物的肠道,并在肠道中占有极高的数量。

(2)在肠道以外的环境中,具有与肠道病原菌相同的对外界不良因素的抵抗力,能生存一定时间,生存时间应与肠道致病菌大致相同或稍长。

(3)培养、分离、鉴定比较容易。大肠菌群比较符合以上要求。

然而由于大肠菌群在低温条件不适宜生长,特别是在冰冻条件下容易死亡,所以用大肠菌群作为冷冻食品的粪便污染指示菌并不理想。由于肠球菌对冷冻条件有强的抵抗力,因而有人主张以它作为冷冻食品的粪便污染指示菌更为合适,但由于肠球菌的培养较难,加之检验方法比较复杂,而且还没有统一的检验方法,因此该主张尚未得到采用。

肠道致病菌如沙门氏菌属和志贺氏菌属是引起食物中毒的重要致病菌,然而对食品经常进行逐批逐件地检验又不可能,鉴于大肠菌群与肠道致病菌来源相同,而且一般在外环境中生存时间也与主要肠道病原菌一致,所以大肠菌群的另一个重要食品卫生学意义是作为肠道病原菌污染食品的指示菌。当然食品中检出大肠菌群,只能说明有肠道病原菌存在的可能性,两者并非一定平行存在,但只要食品中检出大肠菌群,则说明有粪便污染,即使无病原菌,该食品仍可被认为是不卫生的。

3　霉菌及其毒素对食品的污染

霉菌在自然界分布很广,同时由于其可形成各种微小的孢子,因而很容易污染食品。霉菌污染食品后不仅可造成腐败变质,而且有些霉菌还可产生毒素,造成误食人畜霉菌毒素中毒。霉菌毒素是霉菌产生的一种有毒的次生代谢产物,自从 20 世纪 60 年代发现强致癌的黄曲霉毒素以来,霉菌与霉菌毒素对食品的污染日益引起重视。霉菌毒素通常具有耐高温,无抗原性,主要侵害实质器官的特性,而且霉菌毒素多数还具有致癌作用。

3.1　主要产生毒素的霉菌

实际上,一种霉菌并非所有的菌株都能产生毒素,所以确切地说产毒霉菌是指已经发现具有产毒菌株的一些霉菌,已知可污染粮食及食品并发现具有产毒菌株的霉菌有以下几属:

3.1.1　曲霉属(*Aspergillus*)

曲霉具有发达的菌丝体,菌丝有隔膜为多细胞。其无性繁殖产生分生孢子,分生孢梗不分枝,顶端膨大呈球形或棒槌形,称顶囊。顶囊上辐射着生一层或二层小梗,小梗顶端着生一串串分生孢子,分生孢子呈不同颜色,如黑色、褐色、黄色等。曲霉的有性世代产生闭囊壳,内含多个圆球状子囊,子囊内着生子囊孢子。曲霉在自然界分布极为广泛,对有机质分解能力很强。曲霉属中有些种如黑曲霉(*A. niger*)等被广泛用于食品工业。同时,曲霉也是重要的食品污染霉菌,可导致食品发生腐败变质,有些种还产生毒素。曲霉属中可产生毒素的种有黄曲霉(*A. flavus*)、赭曲霉(*A. ochraceus*)、杂色曲霉(*A. versicolor*)、烟曲霉、构巢曲霉(*A. nidulans*)和寄生曲霉(*A. parasiticus*)等。

3.1.2 青霉属(*Penicillium*)

青霉的菌丝体无色或浅色,多分枝并具横隔。由菌丝发育成为具有横隔的分生孢子梗,顶端经过1～2次分支,这些分枝称为副枝和梗基,在梗基上产生许多小梗,小梗顶端着生成串的分生孢子,这一结构称为帚状体。分生孢子可有不同颜色,如青、灰绿、黄褐色等,帚状体有单轮生、对称多轮生、非对称多轮生。青霉中只有少数种类形成闭囊壳,产生子囊孢子。青霉分布广泛,种类很多,经常存在于土壤和粮食及果蔬上。有些种具有很高的经济价值,能产生多种酶及有机酸。另一方面,青霉可引起水果、蔬菜、谷物及食品的腐败变质,有些种及菌株同时还可产生毒素。例如,岛青霉(*P. islandicum*)、桔青霉(*P. citrinum*)、黄绿青霉(*P. citreo-viride*)、红色青霉(*P. rubrum*)、扩展青霉(*P. expansum*)、圆弧青霉、纯绿青霉、展开青霉(*P. patulum*)、斜卧青霉(*P. decumbens*)等。

3.1.3 镰刀菌属(*Fusarium*)

该属的气生菌丝发达或不发达,分生孢子分大小两种类型,大型分生孢子有3～7个隔,产生在菌丝的短小爪状突起上,或产生在粘孢团中,形态多样,如镰刀形、纺锤形等。小型分生孢子有1～2个隔,产生在分生孢子梗上,有卵形、椭圆形等形状。气生菌丝、粘孢团、菌核可呈各种颜色,并可将基质染成各种颜色。

镰刀菌属包括的种很多,其中大部分是植物的病原菌,并能产生毒素。如禾谷镰刀菌(*F. graminearum*)、三线镰刀菌(*F. trincintum*)、玉米赤霉、梨孢镰刀菌(*F. poae*)、无孢镰刀菌、雪腐镰刀菌、串珠镰刀菌、拟枝孢镰刀菌(*F. sparotrichioides*)、木贼镰刀菌、窃属镰刀菌、粉红镰刀菌等。

3.1.4 交链孢霉属(*Alternaria*)

菌丝有横隔,匍匐生长,分生孢子梗较短,单生或成丛,大多不分枝。分生孢子梗顶端生长分生孢子,其形状大小不定,形态为桑葚状,也有椭圆形和卵圆形,其上有纵横隔膜、顶端延长成喙状,多细胞。孢子褐色,常数个连接成链。尚未发现有性世代。交链孢霉广泛分布于土壤和空气中,有些是植物病原菌,可引起果蔬的腐败变质,产生毒素。

3.1.5 其他属

粉红单端孢霉、木霉属、漆斑菌属、黑色葡萄穗霉等。

3.2 主要的霉菌毒素

3.2.1 黄曲霉毒素

黄曲霉毒素(*Alfatoxin* 简称 AFT 或 AT)是黄曲霉和寄生曲霉的代谢产物。寄生曲霉的所有菌株都能产生黄曲霉毒素,但我国寄生曲霉罕见。黄曲霉是我国粮食和饲料中常见的真菌,由于黄曲霉毒素的致癌力强,因而受到重视,但并非所有的黄曲霉都是产毒菌株,即使是产毒菌株也必须在适合产毒的环境条件下才能产毒。

3.2.1.1 黄曲霉毒素的性质

黄曲霉毒素的化学结构是一个双氢呋喃和一个氧杂萘邻酮。现已分离出 B_1、B_2、G_1、G_2、B_2a、G_2a、M_1、M_2、P_1 等十几种。其中以 B_1 的毒性和致癌性最强,它的毒性比氰化钾大100倍,仅次于肉毒毒素,是真菌毒素中最强的;致癌作用比已知的化学致癌物都强,比二甲基亚硝胺强75倍。黄曲霉毒素具有耐热的特点,裂解温度为280℃,在水中溶解度很低,能溶于油脂和多种有机溶剂。

3.2.1.2 黄曲霉的产毒条件

黄曲霉生长产毒的温度范围是12 ℃～42 ℃，最适产毒温度为33 ℃，最适Aw值为0.93～0.98。黄曲霉在水分为18.5%的玉米、稻谷、小麦上生长时，第三天开始产生黄曲霉毒素，第十天产毒量达到最高峰，以后便逐渐减少。菌体形成孢子时，菌丝体产生的毒素逐渐排出到基质中。黄曲霉产毒的这种迟滞现象，意味着高水分粮食如在两天内进行干燥，粮食水分降至13%以下，即使污染黄曲霉也不会产生毒素。

黄曲霉毒素污染可发生在多种食品上，如粮食、油料、水果、干果、调味品、乳和乳制品、蔬菜、肉类等。其中以玉米、花生和棉籽油最易受到污染，其次是稻谷、小麦、大麦、豆类等。花生和玉米等谷物是产生黄曲霉毒素菌株适宜生长并产生黄曲霉毒素的基质。花生和玉米在收获前就可能被黄曲霉污染，使成熟的花生不仅污染黄曲霉而且可能带有毒素，玉米果穗成熟时，不仅能从果穗上分离出黄曲霉，并能够检出黄曲霉毒素。

表9-1 我国食品中黄曲霉毒素B_1允许标准

品种	标准(μg/kg)
玉米、花生米、花生油	20
玉米及花生仁制品	20
大米及其他食品	10
其他粮食类、豆类、发酵食品	5
婴儿代乳品	不得检出

黄曲霉主要产生B_1和B_2两种毒素，因此测定黄曲霉毒素的含量多以B_1为代表。鉴于黄曲霉毒素的毒性大、致癌力强、分布广，对人畜威胁极大，我国各种食品中黄曲霉毒素允许标准见表(表9-1)。

3.2.1.3 中毒症状

黄曲霉毒素是一种强烈的肝脏毒，对肝脏有特殊亲和性并有致癌作用。它主要强烈抑制肝脏细胞中RNA的合成，破坏DNA的模板作用，阻止和影响蛋白质、脂肪、线粒体、酶等的合成与代谢，干扰动物的肝功能，导致突变、癌症及肝细胞坏死。同时，饲料中的毒素可以蓄积在动物的肝脏、肾脏和肌肉组织中，人食入后可引起慢性中毒。

中毒症状分为三种类型：

(1)急性和亚急性中毒 短时间摄入黄曲霉毒素量较大，迅速造成肝细胞变性、坏死、出血以及胆管增生，在几天或几十天死亡。

(2)慢性中毒 持续摄入一定量的黄曲霉毒素，使肝脏出现慢性损伤，生长缓慢、体重减轻，肝功能降低，出现肝硬化。在几周或几十周后死亡。

(3)致癌性 实验证明许多动物小剂量反复摄入或大剂量一次摄入皆能引起癌症，主要是肝癌。

3.2.2 杂色曲霉毒素

杂色曲霉毒素(*Sterigmatocystin* 简称ST)是杂色曲霉和构巢曲霉等产生的，基本结构为一个双呋喃环和一个氧杂蒽酮。其中的杂色曲霉毒素IVa是毒性最强的一种，不溶于水，可以导致动物的肝癌、肾癌、皮肤癌和肺癌，其致癌性仅次于黄曲霉毒素。由于杂色曲霉和构巢曲霉经常污染粮食和食品，而且有80%以上的菌株产毒，所以杂色曲霉毒素在肝癌病因学研究上很重要。糙米中易污染杂色曲霉毒素，糙米经加工成标二米后，毒素含量可以减少90%。

3.2.3 镰刀霉毒素

根据联合国粮农组织(FAO)和世界卫生组织(WHO)联合召开的第三次食品添加剂和污染物会议资料，镰刀菌毒素同黄曲霉毒素一样被看作是自然发生的最危险的食品污染物。镰刀菌毒素是由镰刀菌产生的。镰刀菌在自然界广泛分布，侵染多种作物。有多种镰刀菌可产生对人畜健康威胁极大的镰刀菌毒素。镰刀菌毒素已发现有十几种，按其化学结构可分为以下三大类，即单端孢霉烯族化合物、玉米赤霉烯酮和丁烯酸内酯。

3.2.3.1 单端孢霉烯族化合物(Tricothecene)

单端孢霉烯族化合物是由雪腐镰刀菌、禾谷镰刀菌、梨孢镰刀菌、拟枝孢镰刀菌等多种镰刀菌产生的一类毒素。它是引起人畜中毒最常见的一类镰刀菌毒素。

在单端孢霉烯族化合物中，我国粮食和饲料中常见的是脱氧雪腐镰刀菌烯醇(DON)。DON主要存在于麦类赤霉病的麦粒中，在玉米、稻谷、蚕豆等作物中也能感染赤霉病而含有DON。赤霉病的病原菌是赤霉菌(*G. zeae*)，其无性阶段是禾谷镰刀霉。这种病原菌适合在阴雨连绵、湿度高、气温低的气候条件下生长繁殖。如在麦粒形成乳熟期感染，则随后成熟的麦粒皱缩、干瘪、有灰白色和粉红色霉状物；如在后期感染，麦粒尚且饱满，但胚部呈粉红色。DON又称致吐毒素(Vomitoxin)易溶于水、热稳定性高。烘焙温度210℃、油煎温度140℃或煮沸，只能破坏50%。

人误食含DON的赤霉病麦(含10%病麦的面粉250g)后，多在一小时内出现恶心、眩晕、腹痛、呕吐、全身乏力等症状。少数伴有腹泻、颜面潮红、头痛等症状。以病麦喂猪，猪的体重增重缓慢，宰后脂肪呈土黄色、肝脏发黄、胆囊出血。DON对狗经口的致吐剂量为0.1mg/kg。

3.2.3.2 玉米赤霉烯酮(*Zearelenone*)

玉米赤霉烯酮是一种雌性发情毒素。动物吃了含有这种毒素的饲料，就会出现雌性发情综合症状。禾谷镰刀菌、黄色镰刀菌、粉红镰刀菌、三线镰刀菌、木贼镰刀菌等多种镰刀菌均能产生玉米赤霉烯酮。

玉米赤霉烯酮不溶于水，溶于碱性水溶液。禾谷镰刀菌接种在玉米培养基上，在25℃～28℃培养两周后，再在12℃下培养8周，可获得大量的玉米赤霉烯酮。赤霉病麦中有时可能同时含有DON和玉米赤霉烯酮。饲料中含有玉米赤霉烯酮在1～5 mg/kg时才出现症状，500 mg/kg含量时出现明显症状。玉米中也可检测出玉米赤霉烯酮。

3.2.3.3 丁烯酸内酯(*Butenolide*)

丁烯酸内酯在自然界发现于牧草中，牛饲喂带毒牧草导致烂蹄病。哈尔滨医科大学大骨节病研究室报道：在黑龙江和陕西的大骨节病区所产的玉米中发现有丁烯酸内酯存在。丁烯酸内酯是三线镰刀菌、雪腐镰刀菌、拟枝孢镰刀菌和梨孢镰刀菌产生的，易溶于水，在碱性水溶液中极易水解。

3.2.4 棕曲霉毒素

棕曲霉毒素是由棕曲霉(*A. ochraceus*)、纯绿青霉、圆弧青霉和产黄青霉等产生的。现已确认的有棕曲霉毒素A和棕曲霉毒素B两类。它们易溶于碱性溶液，可导致多种动物肝肾等内脏器官的病变，故称为肝毒素或肾毒素，此外还可导致肺部病变。

棕曲霉产毒的适宜基质是玉米、大米和小麦。产毒适宜温度为20 ℃～30 ℃，Aw值为 0.953～0.997。在粮食和饲料中有时可检出棕曲霉毒素 A。

3.2.5 黄变米毒素

黄变米是 20 世纪 40 年代日本在大米中发现的。这种米由于被真菌污染而呈黄色，故称黄变米。可以导致大米黄变的真菌主要是青霉属中的一些种。黄变米毒素可分为三大类：

3.2.5.1 黄绿青霉毒素

大米水分 14.6%感染黄绿青霉，在 12 ℃～13 ℃便可形成黄变米，米粒上有淡黄色病斑，同时产生黄绿青霉毒素(Citreoviridin)。该毒素不溶于水，加热至 270 ℃失去毒性；为神经毒，毒性强，中毒特征为中枢神经麻痹，进而心脏及全身麻痹，最后呼吸停止而死亡。

3.2.5.2 桔青霉毒素

桔青霉污染大米后形成桔青霉黄变米，米粒呈黄绿色。精白米易污染桔青霉形成该种黄变米。桔青霉可产生桔青霉毒素(Citrinin)，暗蓝青霉、黄绿青霉、扩展青霉、点青霉、变灰青霉、土曲霉等霉菌也能产生这种毒素。该毒素难溶于水，为一种肾脏毒，可导致实验动物肾脏肿大，肾小管扩张和上皮细胞变性坏死。

3.2.5.3 岛青霉毒素

岛青霉污染大米后形成岛青霉黄变米，米粒呈黄褐色溃疡性病斑，同时含有岛青霉产生的毒素，包括黄天精、环氯肽、岛青霉素、红天精。前两种毒素都是肝脏毒，急性中毒可造成动物发生肝萎缩现象；慢性中毒发生肝纤维化、肝硬化或肝肿瘤，可导致大白鼠肝癌。

3.2.6 展青霉毒素

展青霉毒素(*Patulin*)主要是由扩展青霉产生的，可溶于水、乙醇，在碱性溶液中不稳定，易被破坏。污染扩展青霉的饲料可造成牛中毒，展青霉毒素对小白鼠的毒性表现为严重水肿。扩展青霉在麦秆上产毒量很大。

扩展青霉是苹果贮藏期的重要霉腐菌，它可使苹果腐烂。以这种腐烂苹果为原料生产出的苹果汁会含有展青霉毒素。如用有腐烂达 50%的烂苹果制成的苹果汁，展青霉毒素可达 20～40μg/L。

3.2.7 交链孢霉毒素

交链孢霉是粮食、果蔬中常见的霉菌之一，可引起许多果蔬发生腐败变质。交链孢霉产生多种毒素，主要有四种：交链孢霉酚(Alternariol 简称 AOH)、交链孢霉甲基醚(Alternariol methyl ether 简称 AME)、交链孢霉烯(Altenuene 简称 ALT)、细偶氮酸(Tenuazoni acid 简称 TeA)。

AOH 和 AME 有致畸和致突变作用。给小鼠或大鼠口服 50～398mg/kg TeA 钠盐，可导致胃肠道出血死亡。交链孢霉毒素在自然界产生水平低，一般不会导致人或动物发生急性中毒，但长期食用其慢性毒性值得注意，在番茄及番茄酱中检出过 TeA。

3.3 霉菌及其毒素的食品卫生学意义

霉菌及其毒素污染食品后从食品卫生学角度应该考虑两方面的问题，即霉菌及其毒素通过食品引起食品腐败变质和人类中毒的问题。

3.3.1 霉菌污染引起食品腐败变质

霉菌最初污染食品后，在基质及环境条件适应时，首先可引起食品的腐败变质，不仅可使食品呈现异样颜色、产生霉味等异味，食用价值降低，甚至完全不能食用，而且还可使食品原料的加工工艺品质下降，如出粉率、出米率、黏度等降低。粮食类及其制品被霉菌污染而造成的损失最为严重，根据估算，每年全世界平均至少有2%的粮食因污染霉菌发生霉变而不能食用。

3.3.2 霉菌及毒素的食品卫生学意义

许多霉菌污染食品及其食品原料后，不仅可引起腐败变质，而且可产生毒素引起误食者霉菌毒素中毒。霉菌毒素中毒是指霉菌毒素引起的对人体健康的各种损害。人类霉菌毒素中毒大多数是由于食用了被产毒霉菌菌株污染的食品所引起的。食品受到产毒菌株污染有时不一定能检测出霉菌毒素，这种现象比较常见，这是因为产毒菌株必须在适宜产毒的特定条件下才能产毒。但也有时从食品中检验出有某种毒素存在，而分离不出产毒菌株，这往往是食品在贮藏和加工中产毒菌株已经死亡，而毒素不易破坏的缘故。一般来说，产毒霉菌菌株主要在谷物粮食、发酵食品及饲草上生长产生毒素，直接在动物性食品，如肉、蛋、乳上产毒的较为少见。霉菌毒素中毒的临床表现较为复杂，可有急性中毒，也有因长期食入少量含有霉菌毒素的食品而引起的慢性中毒，也有的诱发癌肿、造成畸形和引起体内遗传物质的突变。

霉菌污染食品，特别是霉菌毒素污染食品对人类危害极大，就全世界范围而言，不仅造成很大的经济损失，而且可以造成人类的严重疾病甚至大批的死亡。20世纪60年代英国发现黄曲霉毒素污染饲料一次性造成19万只火鸡死亡的事件，开始引起了人们对霉菌及霉菌毒素污染食品问题的重视和研究。癌症是当今人类社会的一大杀手，癌症发病率与人们是否食入了含有霉菌毒素的食物以及食入的食品所含霉菌毒素量的多少有很大的关系。因此从一定意义上讲，不食用霉变及含有霉菌毒素的食物就可以在很大程度上降低癌症发病率，避免癌症的发生。

本章复习思考题

1. 试述污染食品的微生物来源。
2. 常见的污染食品并可引起食品腐败变质的细菌有哪些？它们各自的主要生物学特性是什么？
3. 食品中细菌数量和大肠菌群的食品卫生学意义是什么？
4. 污染食品并可产生毒素的霉菌有哪些？各产生什么毒素？霉菌毒素有何特性？产毒霉菌的产毒特点是什么？
5. 霉菌及其毒素的食品卫生学意义是什么？

本章主要参考文献

1. 何国庆，贾英民. 食品微生物学. 北京：中国农业大学出版社，2002
2. 张文治. 新编食品微生物学. 北京：中国轻工业出版社，1995
3. 甘志波. 食品微生物学. 武汉：华中农业大学教务处，1992
4. 黄秀梨. 微生物学. 北京：高等教育出版社，1998
5. 周德庆. 微生物学教程. 北京：高等教育出版社，2002
6. 徐孝华. 普通微生物学. 北京：北京农业大学出版社，1992
7. 胡希容. 食品微生物学. 北京：中国农业出版社，1993

8. 无锡轻工业学院. 天津轻工业学院. 食品微生物学. 北京:轻工业出版社
9. 武汉大学、复旦大学生物系微生物教研室编. 微生物学(第二版). 北京:1991
10. 江汉湖,贺稚非. 食品微生物学(第二版). 北京:中国农业出版社,2005
11. 朱乐敏. 食品微生物. 北京:化学工业出版社,2006
12. 沈萍主编. 微生物学. 北京:高等教育出版社,2000.

第十章　食品的腐败变质及其控制

1　食品的腐败变质

人们每天必须摄入一定数量的食品用以维持生命和身体健康。但是，食品易受到外来的和内在的因素作用而发生变质腐败，每年由于食品的腐烂变质引起的浪费是十分惊人的。食品的腐败变质：一般指食品在一定的环境因素影响下，由微生物为主的各种因素作用下所发生的降低或失去食用价值的一切变化，包括食品成分和感官性质的各种变化。如鱼肉的腐臭、油脂的酸败、水果蔬菜的腐烂和粮食的霉变等。由于食品中的不良微生物增殖并在新陈代谢过程中产生挥发性化合物，使腐败食品尝起来和闻起来不正常。食品在收获、加工过程和手工操作过程中，可能会受到各种各样微生物的污染。在销售和储存时，一旦条件适宜，一些微生物就能够生长繁殖导致食品腐败。至于哪种微生物生长，或出现哪种生化和化学反应，则取决于食品及其内外条件参数的不同。引起食品变质腐败的因素按其属性可划分为生物学因素、化学因素和物理因素，每类因素中又包含诸多不同的引发食品变质腐败的因子。如生物因素中包括微生物、害虫和鼠类污染食品引起的腐败变质。其中由微生物污染所引起的食品腐败变质是最为重要和普遍的，故本章只讨论有关由微生物引起的食品腐败变质问题。

1.1　微生物引起食品变质的基本条件

食品加工前的原料，在加工过程中及加工后的成品都不可避免地要接触环境中的微生物，因而存在于食品中的初始微生物种类可能很多，只要有适宜的生长条件就会生长。根据食品腐败的难易程度，将食品分为：稳定、半稳定和易腐败食品。这种分类方法的依据是食品中的水活度、pH、天然抗菌剂的存在等内在因素。微生物在一个环境中存活与生长不但取决于营养，而且与环境中各种物理化学因素（如 pH、水分活度、盐度等）有关。

1.1.1　食品的基质特性

1.1.1.1　食品的营养

一般来说食品含有蛋白质、糖类、脂肪、无机盐、维生素和水分等丰富的营养成分，只是比例不同而已。如有一定的水分和温度，就适宜于微生物的生长繁殖从而造成食品的变质。但有些食品是以某些成分为主的，如油脂以脂肪为主，蛋品类则以蛋白质为主。微生物分解各种营养物质的能力也不同。因此只有当微生物所具有的酶所需的底物与食品营养成分相一致时，微生物才可以引起食品的迅速腐败变质。例如肉、鱼等富含蛋白质的食品，容易受到对蛋白质分解能力很强的变形杆菌、产气芽孢杆菌、青霉等微生物的污染而发生腐败；米饭等含糖类较高的食品，易受到曲霉属、根霉属、乳酸菌、啤酒酵母等对碳水化合物分解能力强的微生物的污染而变质；而脂肪含量较高的食品，易受到黄曲霉、绿脓杆菌和假单孢杆菌等分解脂肪能力很强的微生物的污染而发生酸败变质。

1.1.1.2　pH 值条件

每种微生物都有一个处于最佳生长状态的最适 pH 值和一定的 pH 值范围。大多数微生物最适生长的 pH 值在 6.6～7.5 的范围内，极少数微生物在 pH4.0 以下能够生长。一般细菌最适生长 pH 值在 7.0 左右；霉菌生长的 pH 值范围较宽，在 pH2.0～8.0 范围内均能生长；而酵母菌通常在偏酸性(pH4.0～4.5)的食品中生长。pH 值对微生物细胞至少有两方面的影响，即酶的作用和细胞营养物质的输送。食品中氢离子浓度可影响菌体细胞膜上电荷的性质。当微生物细胞膜上的电荷性质受到食品氢离子浓度的影响而改变后，微生物对某些物质的吸收机制会发生改变，从而影响细胞正常物质代谢活动和酶的作用，因此食品 pH 值高低是制约微生物生长，影响食品腐败变质的重要因素之一。

各种食品都具有一定的氢离子浓度。根据食品 pH 值范围的特点，可将食品划分为两大类：酸性食品和非酸性食品。一般规定 pH 值在 4.5 以上者，属于非酸性食品；pH 值在 4.5 以下者为酸性食品。例如动物食品的 pH 值一般在 5～7 之间，蔬菜 pH 值在 5～6 之间，它们一般为非酸性食品；水果的 pH 值在 2～5 之间，一般为酸性食品。所以有些食品可以运用天然的酸性来保护其免遭微生物腐败。

1.1.1.3　食品的水分

水分不仅影响食品的营养成分、风味物质和外观形态的变化，而且影响微生物的生长发育和各种化学反应，因此，食品中的水分含量特别是水分活度(a_w，也称水活性)与食品质量的关系十分密切。一般来说，含水分较多的食品，细菌容易繁殖；含水分少的食品，霉菌和酵母菌则容易繁殖。

食品所含的水分分为结合水和游离(自由)水，其中与蛋白质、碳水化合物及一些可溶性物质(如氨基酸、糖、盐等)结合的结合水对微生物是无用的，只有游离水才能被微生物、酶和化学反应所利用，此即为有效水分，可用水分活度来估量。微生物的活动与水分活度密切相关，低于某一水分活度，微生物便不能生长繁殖。

水分活度(a_w)是指同温同压下，样品在密闭容器内的水蒸气压(p)和纯水蒸气压(p_0)的比值，即 $a_w = p/p_0$。纯水的 a_w 是 1.00，添加溶质后水分活度降低，小于 1.00；无水食品的 a_w 是 0.0，因此，食品的 a_w 值在 0～1 之间。在最低 a_w 值时，微生物生长发育的程度不高，生长能力随 a_w 的增加而增长。当 a_w 值低于生长最低值时，尽管一部分类群会趋于死亡，但并不是所有的细菌都要死亡，它们会保持休眠状态。表 10-1 给出了不同类群微生物生长的最低 a_w 值范围，从表中可以看出，食品的 a_w 值在 0.60 以下，则认为微生物不能生长。一般认为食品 a_w 值在 0.64 以下，是食品安全贮藏的防霉含水量。

表 10-1　食品中主要微生物类群生长的最低 a_w 值范围

微生物类群	最低 a_w 值范围	微生物类群	最低 a_w 值
大多数细菌	0.90～0.99	嗜盐性细菌	0.75
大多数酵母菌	0.88～0.94	耐高渗酵母	0.60
大多数霉菌	0.73～0.94	干性霉菌	0.65

一般细菌生长比霉菌生长要求更高的水分活度，革兰氏阴性菌对水分活度的要求高于革兰氏阳性菌。正如酵母和霉菌生长的 pH 值范围比细菌广泛一样，水分活度也是如此。大多数腐败细菌在 a_w 小于 0.91 时不能生长，但腐败霉菌能够在 a_w 低于 0.80 时也能够生长。

新鲜的食品原料，例如鱼、肉、水果、蔬菜等含有较多的水分，a_w 值一般在 0.98～0.99，适合多数微生物的生长，如果不及时加以处理，很容易发生腐败变质。为了防止食品变质，需要降低食品的含水量，使 a_w 值降低至 0.70 以下，这样可以较长期地进行保存。添加盐或糖改变水分活度是一种常用的防腐方法。许多研究报道，a_w 值在 0.80～0.85 之间的食品，一般只能保存几天；a_w 值在 0.72 左右的食品，可以保存 2 至 3 个月；如果 a_w 在 0.65 以下，则可保存 1 至 3 年。

1.1.1.4　食品的渗透压

微生物的生命活动也与渗透压有一定的关系。若将微生物置于高渗溶液（如 200 g/L 氯化钠）中，水将通过细胞膜渗透到细胞周围的溶液中，造成细胞脱水而引起质壁分离，使细胞不能生长甚至死亡；若置于低渗溶液（如 0.1 g/L 氯化钠）或水中，外环境中的水从溶液进入细胞内引起细胞膨胀，甚至破裂死亡。一般来讲，微生物在低渗透压的食品中有一定的抵抗力，较易生长，而在高渗食品中，微生物常因脱水而死亡。

绝大多数细菌不能在较高渗透压的食品中生长，只有少数种能在高渗环境中生长，如盐杆菌属（*Halobacterium*）中的一些种，在食盐浓度为 20%～30%的食品中能够生活；肠膜明串珠菌能耐高浓度糖。而酵母菌和霉菌一般能耐受较高的渗透压，如异常汉逊氏酵母（*Hansenula anomala*）、鲁氏糖酵母（*Saccharomyces rouxii*）、膜毕赤氏酵母（*Pichia membranafaciens*）等能耐受高糖，常引起糖浆、果酱、果汁等高糖食品的变质。霉菌中比较突出的代表是灰绿曲霉（*Aspergillus glaucus*）、青霉属、芽枝霉属等。

食品中加入不同量的糖或盐，形成不同的渗透压。盐浓度为 1%～3%时，大多数微生物就会受到一定抑制。多数杆菌在超过 10%的盐浓度下即不能生长，抑制球菌生长的盐浓度为 15%，霉菌则需要 20%～25%。由于糖的相对分子质量比食盐的相对分子质量大，所以要达到相同的渗透压，需要的溶液浓度较高。一般 1%～10%的糖溶液会促进某些微生物的生长，50%的糖溶液会阻止大多数酵母菌的生长，65%的糖溶液可抑制细菌，而 80%的糖溶液才可以抑制霉菌。

1.1.2　导致食品变质的微生物种类

微生物在食品的腐败变质中起到最重要的作用。微生物的污染是导致食品发生腐败变质的根源。引起食品变质腐败的微生物种类很多，主要有细菌、酵母菌和霉菌三大类。我们把引起食品腐败的微生物称作腐败微生物。一般情况下细菌常比酵母菌占优势。在这些微生物中，有病原菌和非病原菌，有芽孢和非芽孢菌，有嗜热性、嗜温性和嗜冷性菌，有好气菌和厌气菌，有分解蛋白质、糖类、脂肪能力强的菌。表 10-2 中列出了容易引起不同食品腐败变质的微生物。

表 10-2　部分食品腐败类型和引起腐败的微生物

食 品	腐败类型	微 生 物
面包	发霉	黑根霉(*Rhizopus nigricans*)
		青霉属(*Penicillium*)
		黑曲霉(*Aspergillus niger*)
	产生粘液	枯草芽孢杆菌 (*Bacillus subtilis*)
糖浆	产生粘液	产气肠杆菌(*Enterobacter aerogenes*)
		酵母属(*Saccharomyces*)
	发酵	接合酵母属(*Zygosacchromyces*)
	呈粉红色	玫瑰色微球菌(*Micrococcus roseus*)
		曲霉属(*Aspergillus*)
	发霉	青霉属(*Penicillium*)
新鲜水果和蔬菜	软腐	根霉属(*Rhizopus*)
		欧文氏菌属(*Erwinia*)
	灰色霉菌腐烂	葡萄孢属(*Botrytis*)
		黑曲霉(*Aspergillus niger*)
	黑色霉菌腐烂	假单胞菌属(*Pseudomonas*)
泡菜、酸菜	表面出现白膜	红酵母属 (*Rhodotorula*)
新鲜肉	腐败	产碱菌属(*Alcaligenes*)
		梭菌属(*Clostridium*)
		普通变形菌(*Proteus vulgaris*)
		荧光假单胞菌(*Pseudomonas fluorescens*)
	变黑	腐败假单胞菌(*Pseudomonas putrefaciens*)
	发霉	曲霉属、根霉属、青霉属
冷藏肉	变酸	假单胞菌属(*Pseudomonas*)
		微球菌属(*Micrococcus*)
		乳杆菌属(*Lactobacillus*)
	变绿色、变粘	明串珠菌属(*Leuconostoc*)
鱼	变色	假单胞菌属(*Pseudomonas*)
		产碱菌属(*Alcaligenes*)
		黄杆菌属(*Flavobacterium*)
	腐败	腐败桑瓦拉菌(*Shewanella putrefaciens*)
蛋	绿色腐败、褪色腐败	荧光假单胞菌(*Pseudomonas fluorescens*)
		假单胞菌属(*Pseudomonas*)
		产碱菌属(*Alcaligenes*)
	黑色腐败	变形菌属(*Proteus*)
家禽	变黏、有气味	假单胞菌属(*Pseudomonas*)、产碱菌属(*Alcaligenes*)
浓缩橘汁	失去风味	乳杆菌属(*Lactobacillus*)、明串珠菌属(*Leuconostoc*)、醋杆菌属(*Acetobacter*)

1.1.2.1　细菌

一般细菌都有分解蛋白质的能力。多数是通过分泌胞外蛋白酶来完成的。其中分解能力较强的有:芽孢杆菌属、梭状芽孢杆菌属、假单孢菌属、变形杆菌属、链球菌属等。

分解淀粉的细菌种类不及分解蛋白质的种类多，其中只有少数菌种能力较强，例如引起米饭发酵、面包黏液化的主要菌种枯草芽孢杆菌、巨大芽孢杆菌、马铃薯芽孢杆菌、蜡样芽孢杆菌、淀粉梭状芽孢杆菌等。分解脂肪能力较强的细菌有荧光假单胞菌(*Pseudomonas fluorescens*)等。

(1)假单胞菌属 引起食品腐败变质的主要菌属，能分解食品中的各种成分，并使食品产生各种色素。

(2)微球菌属和葡萄球菌属 食品中极为常见，主要分解食品中的糖类，并能产生色素，是低温条件下的主要腐败菌。

(3)芽孢杆菌属和梭状芽孢杆菌属 食品中常见，是肉、鱼类主要的腐败菌。

(4)肠杆菌科各属 除志贺氏菌属与沙门氏菌属外，均为常见的食品腐败菌。多见于水产品和肉、蛋的腐败。

(5)弧菌属和黄杆菌属 主要来自海水或淡水。在低温环境和含5%食盐的环境中可生长，在鱼类食品中常见。黄杆菌还能产生色素。

(6)嗜盐杆菌属和嗜盐球菌属 在高浓度(28%～32%)食盐的环境中可生长，多见于腌制的咸肉、咸鱼中，可产生橙红色素。

(7)乳杆菌属和丙酸杆菌属 主要存在于乳品中使其产酸变质。

1.1.2.2 霉菌

霉菌生长所需要的水分活度较细菌低，所以在水分活度较低的食品中霉菌比细菌更易引起食品的腐败。霉菌利用分解有机物的能力很强，无论是蛋白质、脂肪，还是糖类，都有很多种霉菌能将其分解利用，如根霉属、毛霉属、青霉属、曲霉属、木霉属等霉菌既能分解蛋白质，又能分解脂肪或糖类。也有些霉菌只对某些物质分解能力较强，例如绿色木霉(*Trichoderma viride*)分解纤维素的能力特别强。

1.1.2.3 酵母

酵母一般喜欢生活在含糖量较高或含一定盐分的食品上，但不能利用淀粉。大多数酵母具有利用有机酸的能力，但是分离利用蛋白质、脂肪的能力很弱，只有少数较强。例如解脂假丝酵母(*Candida lipolytica*)的蛋白酶、解脂酶活性较强。酵母菌可耐高浓度的糖，可使糖浆、蜂蜜和蜜饯等食品腐败变质。红酵母可在肉类及酸性食品上产生色素，形成红斑。

1.1.3 食品的环境条件

微生物在食品中存活与生长不但取决于食品的基质特性，而且与环境中的各种物理化学因素有关。在某种意义上，环境因素对于微生物引起食品变质也是非常重要的。这些环境因素包括贮藏温度、环境相对湿度、环境中的气体及浓度、pH、渗透压、水分活度和其他微生物的存在和活性等。有些内容已在前面有关章节中加以讨论，故不再重复。在此，仅对温度、湿度和气体等因素进行讨论。

1.1.3.1 温度

温度是影响食品质量变化最重要的环境因素，它对食品质量的影响表现在多个方面。食品中的化学变化、酶促反应、微生物的生长繁殖、食品的水分含量及水分活度等无不受温度的制约。温度升高引起食品的腐败变质主要表现在影响食品中发生的化学变化和酶催化的生物化学反应速度以及微生物的生长发育程度等。

温度也是影响微生物生长繁殖最重要的因素之一。就总体而言，微生物生长的温度范围较广，已知的微生物在－12 ℃～100 ℃均可生长。而每一种微生物只能在一定的温度范围内生长。根据微生物对温度的适应性，可将微生物分为三个生理类群，即嗜冷、嗜温和嗜热微生物。引起食品腐败变质的微生物多属于嗜温微生物，最适生长温度在 20℃～40℃之间。虽然每一类群微生物都有最适宜生长的温度范围，但这三群微生物又都可以在 20 ℃～30 ℃之间生长繁殖，当食品处于这种温度的环境中，各种微生物都可生长繁殖而引起食品的变质。

(1)低温对微生物生长的影响

低温能够抑制微生物的生长，对微生物生长极为不利，但由于微生物具有一定的适应性，在 5℃左右或更低的温度(甚至－20℃以下)下仍有少数微生物能生长繁殖，使食品发生腐败变质，我们称之为低温微生物。低温微生物是引起冷藏、冷冻食品变质的主要微生物。在低温下生长的微生物主要有：假单孢杆菌属、黄色杆菌属、无色杆菌属等革兰氏阴性无芽孢杆菌；小球菌属、乳杆菌属、小杆菌属、芽孢杆菌属和梭状芽孢杆菌属等革兰氏阳性细菌；假丝酵母属、隐球酵母属、圆酵母属、丝孢酵母属等酵母菌；青霉属、芽枝霉属、葡萄孢属和毛霉属等霉菌。微生物的耐冷性因种类而异，一般地，球菌类比革兰氏阴性杆菌更耐冷，而酵母菌和霉菌比细菌更耐冷。食品中不同微生物生长的最低温度见表 10-3。

表 10-3 食品中微生物生长的最低温度

食品	微生物	生长最低温度(℃)	食品	微生物	生长最低温度(℃)
猪肉	细菌	－4	乳	细菌	－1～0
牛肉	霉菌、酵母菌、细菌	－1～1.6	冰激凌	细菌	－10～－3
羊肉	霉菌、酵母菌、细菌	－5～－1	大豆	霉菌	－6.7
火腿	细菌	1～2	豌豆	霉菌、酵母	－4～6.7
腊肠	细菌	5	苹果	霉菌	0
熏肋肉	细菌	－10～－5	葡萄汁	酵母菌	0
鱼贝类	细菌	－7～－4	浓桔汁	酵母菌	－10
草莓	霉菌、酵母菌、细菌	－6.5～－0.3			

虽然不少微生物能在低温条件下生长繁殖，但其新陈代谢活动极为缓慢，生长繁殖的速度也非常迟缓，因而它们分解食品引起冷藏食品腐败变质的能力已非常微弱，速度也非常慢，甚至已完全丧失。

(2)高温对微生物生长的影响

高温(特别在 45℃以上)对微生物生长十分不利。在高温条件下，微生物体内的酶、蛋白质、脂质体很容易发生变性失活，细胞膜也易受到破坏，这样会加速细胞的死亡。温度愈高，死亡率也愈高。

然而，有少数微生物在高温条件下仍然能够生长。通常把凡能在 45℃以上温度条件下进行代谢活动的微生物，称为高温微生物或嗜热微生物。嗜热微生物之所以能在高温环境中生长，是因为它们具有与其它微生物所不同的特性，如它们的酶和蛋白质具有耐热性和高温下的热稳定性；它们的细胞膜中饱和脂肪酸含量高，它比不饱和脂肪酸可以形成更强的疏水键，从而使膜能在高温下保持稳定并具正常功能；它们生长曲线独特，和其它微生物相比，延滞期、对数期都非常短，进入稳定期后，迅速死亡。

一般地，嗜冷微生物对热最敏感，其次是嗜温微生物，而嗜热微生物的耐热性最强。然而同属嗜热微生物，其耐热性因种类不同而有明显差异。通常，产芽孢细菌比非芽孢细菌更耐热，而芽孢比其营养细胞更耐热。如芽孢杆菌属中的嗜热脂肪芽孢杆菌（*Bacillus stearothermophilus*）、凝结芽孢杆菌（*B. coagulans*）；梭状芽孢杆菌属中的肉毒梭菌（*Clostridium botulinum*）、热解糖梭状芽孢杆菌（*Cl. thermosaccharolyticum*）、致黑梭状芽孢杆菌（*Cl. nigrificans*）能在 55 ℃～70 ℃生长；其次是乳杆菌属和链球菌属中的嗜热链球菌（*Streptococcus thermophilus*）、嗜热乳杆菌等。霉菌中纯黄丝衣霉（*Byssochlamys fulva*）耐热能力也很强。这类高温型的微生物给罐头工业、发酵工业等带来了一定的难度。酵母菌可以在低温和中温的范围内生长，但一般却不能在高温范围内生长。

1.1.3.2　湿度

空气中的湿度对于微生物生长和食品变质来讲，起着重要的作用，尤其是对未经包装的食品。贮藏环境中的相对湿度（RH）对食品的水分活度 a_w 值及在其表面生长繁殖的微生物都很重要。当食品的 a_w 值很低时，食品必须贮藏在不能让食品从空气中吸取水分的环境中，如果处于较高 RH 环境中，食品就会吸收水分使食品的表面和次表面的 a_w 值增加，到一定的 a_w 值时微生物就很容易生长了。同样，a_w 很高的食物放在较低 RH 的环境中，a_w 值也会降低。

1.1.3.3　气体

空气组分中约 78%的氮气对食品不起什么作用，而只占 20%左右的氧气因性质非常活泼，能引起食品中多种变质反应和腐败。首先，氧气通过参与氧化反应对食品的营养物质和其他组分产生破坏作用。其次，氧气对微生物的生命活动有着重要的影响。食品环境中如有充足的氧时，有利于好氧性微生物的生长，而厌氧性微生物只能生长在食品内部缺氧之处。由于好氧性微生物的生长速率较厌氧性微生物快得多，因此引起的食品腐败变质也较厌氧性微生物快得多。氧气的存在与否还决定着兼性厌氧微生物是否生长和生长速度的快慢。例如当 a_w 值是 0.86 时，无氧存在情况下金黄色葡萄球菌不能生长或生长极其缓慢，而在有氧情况下则能良好生长。

CO_2 是抑制食品中微生物生长的最重要的气体。如在环境中含有较高浓度（如 10%）的 CO_2，则可明显抑制好氧性细菌和霉菌的生长，从而防止食品尤其是水果和蔬菜的腐败变质。

1.2　食品腐败变质的化学过程

食品腐败变质是以食品本身的组成和性质为基础，在环境因素的影响下主要由微生物作用所引起的，是微生物、环境因素、食品本身三者互为条件、相互影响、综合作用的结果。食品腐败变质的过程实质上是食品中蛋白质、碳水化合物、脂肪的分解变化过程，其程度因食品种类、微生物种类和数量及环境条件的不同而异。例如新鲜的肉、鱼类的后熟，粮食、水果的呼吸等可以引起食品成分的分解、食品组织溃破和细胞膜碎裂，为微生物的广泛侵入与作用提供条件，结果导致食品的腐败变质。

1.2.1　食品中蛋白质的分解

富含蛋白质的食品，如肉、鱼、禽蛋和豆制品等的腐败变质，主要是以蛋白质分解为其主要特征。蛋白质在微生物的作用下，首先分解为肽，再分解为氨基酸。氨基酸在相应酶的作用下，进一步分解成有机胺、硫化氢、硫醇、吲哚、粪臭素和醛类等物质，具有恶臭味，表现出食品腐败变质的特征。

1.2.1.1 氨基酸的分解

氨基酸通过脱氨基、脱羧基被分解。

(1)脱氨反应

在氨基酸脱氨反应中，通过氧化脱氨生成羧酸和α-酮酸，直接脱氨则生成不饱和脂肪酸，若还原脱氨则生成有机酸。

RCH_2CHNH_2COOH(氨基酸)$+ O_2 \longrightarrow RCH_2COCOOH$(α－酮酸)$+ NH_3$

RCH_2CHNH_2COOH(氨基酸)$+ O_2 \longrightarrow RCOOH$(羧酸)$+ NH_3 + CO_2$

RCH_2CHNH_2COOH(氨基酸)$\longrightarrow RCH=CHCOOH$(不饱和脂肪酸)$+ NH_3$

RCH_2CHNH_2COOH(氨基酸)$+ H_2 \longrightarrow RCH_2CH_2COOH$(有机酸)$+ NH_3$

(2)脱羧反应

由于细菌脱羧酶(decarboxylase)的作用，使氮氨基末端即羧基脱去，生成常见胺类和其他物质。

CH_2NH_2COOH(甘氨酸)$\longrightarrow CH_3NH_2$甲胺)$+ CO_2$

$CH_2NH_2(CH_2)_2\ CHNH_2COOH$(鸟氨酸)$\longrightarrow CH_2NH_2(CH_2)_2\ CH_2NH_2$(腐胺)$+ CO_2$

$CH_2NH_2(CH_2)_3\ CHNH_2COOH$(精氨酸)$\longrightarrow CH_2NH_2(CH_2)_3\ CH_2NH_2$(尸胺)$+ CO_2$

(3)脱氨脱羧同时进行

有些微生物能脱氨、脱羧同时进行，通过加水分解、氧化和还原等方式生成乙醇、脂肪酸、碳氢化合物和氨、二氧化碳。

$(CH_3)_2CHCHNH_2COOH$(缬氨酸)$+ H_2O \longrightarrow (CH_3)_2CH\ CH_2OH$(异丁醇)$+ NH_3 + CO_2$

CH_3CHNH_2COOH(丙氨酸)$+ O_2 \longrightarrow CH_3COOH$(乙酸)$+ NH_3 + CO_2$

CH_2NH_2COOH(甘氨酸)$+ H_2 \longrightarrow CH_4$(甲烷)$+ NH_3 + CO_2$

1.2.1.2 胺的分解

腐败过程中生成的胺类被细菌的胺氧化酶分解，最后生成氨、二氧化碳和水。

RCH_2NH_2(胺)$+ O_2 + H_2O \longrightarrow RCHO$(醛)$+ H_2O_2 + NH_3$

过氧化氢被过氧化氢酶分解，同时也经过相应酶再分解为二氧化碳和水。

1.2.1.3 硫醇的生成

硫醇是经含硫化合物的分解而生成的。例如甲硫氨酸被甲硫氨酸脱硫醇脱氨基酶，进行如下分解：

$CH_3SCH_2CHNH_2COOH$(甲硫氨酸)$+ H_2O \longrightarrow CH_3SH$(甲硫醇)$+ CH_3CH_2COCOOH$(α－酮酸)$+ NH_3$

1.2.1.4 三甲胺的生成

鱼贝类、肉类的正常成分三甲胺氧化物可被细菌的三甲胺氧化还原酶还原成三甲胺。此时细菌需要有一些中间代谢产物如有机酸、糖、氨基酸等作为供氢体。

$(CH_3)_3NO + NADH \longrightarrow (CH_3)_3N$(三甲胺)$+ NAD^+$

1.2.2 食品中脂肪的分解

食用油脂与食品中脂肪的变质，称为酸败。酸败是由于动、植物组织中的酶或微生物所产生的酶或由于紫外线、氧、水分、金属离子等所引起的，使食品中的中性脂肪分解为甘油和脂肪酸。

1.2.2.1 油脂的自身氧化

油脂的自身氧化是一种自由基(游离基)氧化反应，基本经过三个阶段

(1)起始反应

脂肪酸(RH)在能量如紫外线的作用下产生自由基。

(2)传播反应

自由基使其他基团氧化生成新的自由基，循环往复，不断氧化。

(3)终结反应

在抗氧化物作用下，自由基消失，氧化过程终结，产生一些相应产物。

在这一系列氧化过程中，主要的分解产物是氢过氧化物、羟基化合物，如醛类、酮类、低分子脂肪酸、醇类、酯类等。还有如脂肪基聚合物、缩合物等如二聚体、三聚体等。

1.2.2.2 脂肪水解

脂肪酸败也包括脂肪的加水分解作用，如脂肪在细菌脂肪酶的作用下加水生成游离脂肪酸、甘油及其不完全分解的产物如甘油一酯、甘油二酯等。

$C_3H_5(OOCR)_3$(油脂)+ $3H_2O \longrightarrow CH_5(OH)_3$(甘油)+ $3RCOOH$(游离脂肪酸)

RCH_2CH_2COOH(饱和脂肪酸)+ $O_2 \longrightarrow RCHOHCH_2COOH$(醇酸)

$RCHOHCH_2COOH$(醇酸)$\longrightarrow RCOCH_2$(甲基酮)+ CO_2

脂肪自身氧化以及加水分解所产生的复杂分解产物，使食用油脂或食品中脂肪带有若干明显特征：首先是过氧化值上升，这是脂肪酸败最早期的指标；其次是酸度上升，羰基(醛酮)反应阳性。脂肪酸败过程中，由于脂肪酸的分解使其固有的碘价(值)、凝固点(熔点)、比重、折光指数、皂化价等也必然发生变化，因而产生脂肪酸败所特有的“哈喇”味；肉、鱼类食品脂肪的超期氧化变黄；鱼类的“油烧”现象等也常常被作为油脂酸败鉴定中较为实用的指标。

食品中脂肪及食用油脂的酸败程度，受脂肪的饱和度、紫外线、氧、水分、天然抗氧化剂以及铜、铁、镍离子等触媒的影响。油脂中脂肪酸不饱和度、油料中动植物残渣等，均有促进油脂酸败的作用；而油脂的脂肪酸饱和程度、维生素 C、E 等天然抗氧化物质及芳香化合物含量高时，则可减慢氧化和酸败。

1.2.3 食品中碳水化合物的分解

碳水化合物分解通常称为酸发酵和酵解。食品中的碳水化合物包括单糖类、寡聚糖、多糖类及糖类衍生物。粮食、蔬菜、水果和糖类及其制品含有较多的碳水化合物。这类食品腐败变质时，主要以碳水化合物在微生物及动植物组织中酶的作用下，经过双糖、单糖、有机酸、醇、醛等一系列变化，最后分解成二氧化碳和水。这个过程的主要变化是酸度升高，也可伴有其他产物所特有的气味。

1.2.3.1 醇类发酵

例如酵母、细菌利用碳水化合物能生成乙醇、高级脂肪醇和二氧化碳；耐高渗透压酵母利用碳水化合物会产生甘油；丙酮丁醇梭状芽孢杆菌发酵过程生成丁醇。

1.2.3.2 羧酸生成

乳酸菌利用碳水化合物发酵乳酸；醋酸杆菌发酵生成乙酸；根霉利用淀粉，发酵产生乳酸和乙醇。

1.2.3.3　生成醛酮

丙酮丁醇梭状芽孢杆菌发酵过程生成丙酮；酵母酒精发酵中会产生副产物乙醛。

当食品发生以上变化时，由于酸度升高、产气、产生甜味、醇类等气味物质，因而破坏了食品原有的风味。

1.3　食品腐败变质的鉴定

鉴定食品腐败变质是以感官性状并结合一定的物理、化学和微生物指标进行判定。

1.3.1　感官鉴定

感官鉴定是以人们的感觉器官（眼、鼻、舌、手等）对食品的感官性状（色、香、味、形）进行鉴定的一种简便、灵敏、准确的方法，具有相当的可靠性。轻微的食品腐败变质会产生腐败臭味，发生颜色的变化（褪色、变色、着色、失去光泽等），出现组织变软、变粘等现象。这些异臭物质在一般仪器设备尚不能检出时，人们就可以通过嗅觉查出，因此，判断一种食品是否变质，首先应进行的是感官检查，一旦确定就不需要再经过实验室的进一步鉴定。

1.3.1.1　色泽

食品无论在加工前或加工后，本身均呈现一定的色泽，如有微生物繁殖引起食品变质时，色泽就会发生改变。有些微生物产生色素，分泌至细胞外，色素不断累积就会造成食品原有色泽的改变，如食品腐败变质时常出现黄色、紫色、褐色、橙色、红色和黑色的片状斑点或全部变色。另外由于微生物代谢产物的作用促使食品发生化学变化时也可引起食品色泽的变化。例如肉及肉制品的绿变就是由于硫化氢与血红蛋白结合形成硫化氢血红蛋白所引起的。腊肠由于乳酸菌增殖过程中产生了过氧化氢促使肉色素褪色或绿变。

1.3.1.2　气味

食品本身有一定的气味，动、植物原料及其制品因微生物的繁殖而产生极轻微的变质时，人们的嗅觉就能敏感地觉察到有不正常的气味产生。如氨、三甲胺、乙酸、硫化氢、乙硫醇、粪臭素等具有腐败臭味，这些物质在空气中浓度为 $10^{-11} \sim 10^{-8}$ mol/m^3 时，人们的嗅觉就可以察觉到。此外，食品变质时，其它胺类物质、甲酸、乙酸、酮、醛、醇类、酚类、靛基质化合物等也可察觉到。

1.3.2　组织状态

固体食品变质时，动、植物性组织因微生物酶的作用，可使组织细胞破坏，造成细胞内容物外溢，这样食品的性状即出现变形、软化；鱼肉类食品则呈现肌肉松弛、弹性差，有时组织体表出现发粘等现象；微生物引起粉碎后加工制成的食品，如糕鱼、乳粉、果酱等变质后常引起粘稠、结块等表面变形、湿润或发粘现象。

液态食品变质后即会出现浑浊、沉淀，表面出现浮膜、变稠等现象，鲜乳因微生物作用引起变质可出现凝块、乳清析出、变稠等现象，有时还会产气。

1.3.3　化学鉴定

化学检测法检查的对象主要是腐败时产生的氨、胺类等腐败生成物，有时 pH 的变化也可作为参考。一般氨基酸、蛋白质类等含氮高的食品，如鱼、虾、贝类及肉类，在需氧性败坏时，常以测定挥发性盐基氮含量的多少作为评定的化学指标；对于含氮量少而含碳水化合物丰富的食品，在缺氧条件下腐败则经常测定有机酸的含量或 pH 值的变化作为指标。

1.3.3.1 三甲胺

三甲胺是构成挥发性盐基氮总氮的主要胺类之一，是鱼虾等水产品腐败时产生的常见产物，是季胺类含氮物经微生物还原产生的。把被检物用蒸馏法或扩散法分离后，可用气相色谱法进行定量，或者以简便法把三甲胺制成碘的复盐，用二氯乙烯抽取测定。新鲜鱼虾肉中没有三甲胺，初期腐败时其量可达 4～6mg/100g。

1.3.3.2 组胺

在鱼贝类的腐败过程中，通过细菌分泌的组氨酸脱羧酶使组氨酸脱羧生成组胺。鱼肉中的组胺达到 4～10mg/100g 时，就会发生变态反应样的食物中毒。

1.3.3.3 pH 的变化

随着食品的腐败，其 pH 发生变化。含碳水化合物多的食品，由于细菌生长使有机物发酵发酸，pH 降低，其他食品则不尽相同。腐败细菌不会使 pH 完全降低，有时还会慢慢上升。一般来说，腐败开始时食品的 pH 略微降低，随后上升，因此多呈现"V"字形变动。例如牲畜和一些青皮红肉的鱼在死亡之后，肌肉中因碳水化合物产生消化作用，造成乳酸和磷酸在肌肉中积累，以致引起 pH 值下降；其后因腐败微生物繁殖，肌肉被分解，造成氨积累，促使 pH 值上升。我们借助于 pH 计测定则可评价食品变质的程度。

1.3.3.4 挥发性盐基总氮

挥发性盐基总氮（total volatile basic nitrogen，TVBN）系指肉、鱼类样品浸液在弱碱性下与水蒸气一起蒸馏出来的总氮量，该指标现已列入我国食品卫生标准。

随着蛋白质类食品的腐败，由氨和胺类（主要是三甲胺和少量二甲胺）构成的挥发性盐基总氮蓄积。把被检体加水磨碎浸出，加入二氯醋酸或过氯酸，将滤过的滤液用水蒸气蒸馏法或 Conway 微量扩散法进行定量。一般在低温有氧条件下，食品中的挥发性盐基氮若超过 30 mg/100g，则可判定为初期腐败。

1.3.4 物理鉴定

食品腐败的物理指标，主要是根据蛋白质分解时低分子物质增多这一现象，先后测定食品浸出物量、浸出液电导度、折光率、冰点下降、黏度及 pH 等指标，其中肉浸液的黏度测定尤为敏感，能反映腐败变质的程度。

1.3.5 微生物鉴定

对食品进行微生物菌数测定，可以反映食品被微生物污染的程度及是否发生变质，同时它是判定食品生产的一般卫生状况以及食品卫生质量的一项重要依据。在国家卫生标准中常用细菌总菌落数和大肠菌群的近似值来评定食品卫生质量，一般食品中的活菌数达到 10^8 cfu/g 时，则可认为处于初期腐败阶段。

1.4 腐败变质食品的卫生学意义及处理原则

腐败变质的食品的卫生学意义主要有三方面：

首先是腐败变质的食品带有使人们难以接受的感官性状，如刺激气味、异常颜色、酸臭味道和组织溃烂，粘液污秽感等。其次是营养成分分解，营养价值严重降低。再次是腐败变质食品一般由于微生物污染严重，菌相复杂和菌量增多，因而增加了致病菌和产毒霉菌等存在的机会；由于菌量增多，可以使某些致病性微弱的细菌引起人体的不良反应，甚至中毒。致病菌引起的食物中毒，几乎都有菌量异常增大这个必要条件。至于腐败变质分解产物对人体的直接毒害，至今研究仍不够明确，然而这方面的报告与中毒事件却越来越多，如某些鱼类腐败产生的组胺使人体中毒，脂肪酸败产物引起人的不良反应及中毒，以及腐败产生的亚硝胺类、有机胺类和硫化氢等都具有一定毒性。

因此，对食品的腐败变质要及时准确鉴定，并严加控制，但这类食品的处理还必须充分考虑具体情况。如轻度腐败的肉、鱼类，通过煮沸可以消除异常气味，部分腐烂的水果蔬菜可拣选分类处理，单纯感官性状发生变化的食品可以加工复制等。然而人体虽有足够的解毒功能，但在短时间内摄入量不可过大。因此应强调指出，一切处理的前提，都必须以确保人体健康为原则。

1.5 各类食品的腐败变质

1.5.1 乳及乳制品的腐败变质

乳品中含有丰富的营养物质，非常适合多种微生物的生长繁殖，因此鲜乳及其制品最易受到微生物的污染而造成腐败变质，或引起病原微生物的传播。

1.5.1.1 乳中微生物的来源

刚挤出来的鲜乳，总是会含有一定数量的微生物，而且在运输和贮存过程中还会受到微生物的污染，使乳中的微生物增多。其微生物来源有两方面：一是乳房内，即使是健康乳畜的乳房内也存在着特定的乳房菌群，主要有微球菌属、乳杆菌属和链球菌属。当乳畜患乳房炎、结核或布氏杆菌病时，乳中还可能有相应的病原菌存在。二是乳畜舍内的饲料、粪便和地面的土壤是污染乳的主要微生物来源，操作人员、器具及空气也是乳中微生物的来源。

1.5.1.2 鲜乳中微生物的种类

鲜乳中含有多种抑菌物质，它们能维持鲜乳在一定时间内不变质。一般鲜乳中的菌数在 10^3～10^6 cfu/mL 的范围内。自然界多种微生物可以通过不同途径进入乳液中，但在鲜乳中占优势的微生物，主要是一些细菌、酵母及少数霉菌，如乳酸菌、胨化细菌、脂肪分解菌、酪酸菌、产气细菌、产碱菌、酵母和霉菌、病原菌。

1.5.1.3 鲜乳的腐败变质

鲜乳的腐败变质与微生物种类和贮存温度都有很大的关系。通常新挤出的乳，迅速冷却到 0 ℃可保持 48 h，5 ℃可保持 36 h，10 ℃可保持 24 h，25 ℃可保持 6 h，30 ℃仅可保持 2 h。在这段时间内，乳内细菌是受到抑制的。当乳的自身杀菌作用消失后各种微生物开始生长繁殖。在 10 ℃～20 ℃的环境中，鲜乳的腐败变质过程可分为以下几个阶段。

(1)抑制期

新鲜乳液中含有溶菌酶、乳素等来自动物体内的抑菌物质，对乳中存在的微生物具有杀灭或抑制作用。在杀菌作用终止后，乳中各种细菌均发育繁殖，由于营养物质丰富，暂时不发生互联或拮抗现象。

(2)乳酸链球菌期

鲜乳中的抑菌物质减少或消失后，存在于乳中的微生物，如乳链球菌、乳酸杆菌、大肠杆菌和一些蛋白质分解菌等开始迅速繁殖，其中以乳酸链球菌生长繁殖占优势，利用糖类产生乳酸，使乳中的酸性物质不断增高。由于酸度的增高，抑制了腐败菌、产碱菌的生长。以后随着产酸增多，当 pH 降到 4.5 左右时，乳酸链球菌本身的生长也受到抑制，数量开始减少，并有乳凝块出现。

(3)乳酸杆菌期

在 pH 降至 6 左右时，乳酸杆菌的活动逐渐增强。当乳液的 pH 值下降至 4.5 以下时，乳酸链球菌受到抑制，而由于乳酸杆菌耐酸力较强仍能继续繁殖并产酸。在此时期，乳中可出现大量乳凝块，并析出大量乳清，这个时期约有 2 d。

(4)真菌期

当酸度继续升高，pH 下降至 3.0～3.5 时，绝大多数的细菌被抑制或死亡。而霉菌和酵母菌尚能适应高酸环境，并能利用乳酸及其他有机酸作为营养来源而开始大量生长繁殖。由于酸被利用，乳液的 pH 会逐渐上升至接近中性。

(5)腐败期(胨化菌期)

经过上述各阶段，乳中的乳糖已被大量消耗，但蛋白质和脂肪的含量仍然相对较高。因此，此时能分解蛋白质的胨化细菌和脂肪分解菌开始大量生长，使凝乳块逐渐被消化，乳液的 pH 值不断上升，向碱性转化，同时并伴随有芽孢杆菌属、假单孢杆菌属、变形杆菌属等腐败细菌的生长繁殖，出现腐败臭味。

鲜乳的腐败变质还会出现产气、发黏和变色的现象。气体主要是由细菌及少数酵母菌产生的，主要是大肠菌群，其次是梭状芽孢杆菌属、芽孢杆菌属、异型发酵的乳酸菌类、丙酸细菌及酵母菌。这些微生物分解乳中糖类产酸并产 CO_2 或 H_2。发黏现象是具有荚膜的细菌生长造成的，主要是产碱杆菌属、肠杆菌属和乳酸菌中的某些种。变色主要是由假单孢杆菌属、黄色杆菌属和酵母菌等的一些种造成的。

在菌群交替现象结束时，乳产生各种异色、苦味、恶臭味及有毒物质，外观上呈现黏滞的液体或清水。鲜乳腐败变质过程中微生物的菌群交替见图 10-1。

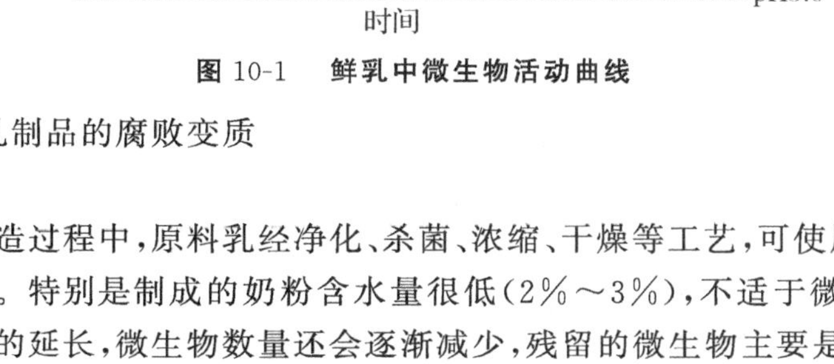

图 10-1　鲜乳中微生物活动曲线

1.5.1.4　乳制品的腐败变质

(1)奶粉

在奶粉的制造过程中，原料乳经净化、杀菌、浓缩、干燥等工艺，可使原料乳中的微生物数量大大降低。特别是制成的奶粉含水量很低(2%～3%)，不适于微生物的生长，甚至随着储存时间的延长，微生物数量还会逐渐减少，残留的微生物主要是一些芽孢杆菌，所以奶粉能储存较长时间而不变质。但如果原料乳的微生物含量过高、生产工艺不完善、设备不精良、生产环境卫生条件差，不仅原料乳中的微生物不能完全杀死，而且还会造成微生物的再次污染，使奶粉中含有较多的微生物，并可能有病原菌存在。奶粉中常见的病原菌是沙门氏菌和金黄色葡萄球菌。在保持条件不当或包装不好的情况下，残存在奶粉中的微生物就会生长繁殖，造成奶粉的腐败变质。

(2)淡炼乳

淡炼乳是将消毒乳浓缩至原体积的2/5或1/2而制成的乳制品，其固形物在25.5%以上。由于淡炼乳水分含量较鲜乳大大降低，且装罐后经115 ℃～117 ℃高温灭菌15 min以上，所以正常情况下，罐装淡炼乳成品应不含病原菌和在保存期内可能引起变质的杂菌，可以长期保存。但如果加热灭菌不充分或罐体密封不良，会造成微生物残留或再度受到外界微生物的污染，使其发生变质。表现有凝乳、产气、苦味乳等。如枯草芽孢杆菌、嗜热芽孢杆菌在淡炼乳中生长可造成凝乳，包括产生凝乳酶凝固和酸凝固。一些耐热的厌氧芽孢杆菌可引起淡炼乳产生气体，使罐发生爆裂或膨胀现象。刺鼻芽孢杆菌(*Bacillus amarus*)和面包芽孢杆菌(*B. panis*)等分解酪蛋白使炼乳出现苦味。

(3)甜炼乳

甜炼乳是在消毒乳液中加入一定量的蔗糖，经加热浓缩至原体积的1/3～2/5，使蔗糖浓度达40%～45%，装罐后一般不再灭菌，而是依靠高浓度糖分形成的高渗透环境抑制微生物的生长，达到长期保存的目的。如果原料污染严重或加工工艺粗放造成再度污染以及蔗糖含量不足，可是甜炼乳中的微生物生长而引起变质。例如，炼乳球拟酵母(*Torulopsis lactisconfensi*)分解蔗糖而产生大量气体引起胀罐。芽孢杆菌、微球菌、葡萄球菌、乳酸菌等生长产生乳酸、酪酸、琥珀酸等有机酸以及这些菌产生的凝乳酶等，使炼乳变稠不易倾出。这时在甜炼乳中生长的霉菌有匍匐曲霉、芽枝霉等。

1.5.2 肉类的腐败变质

肉类(一般指瘦肉)的水分活度适于大多数微生物的生长，是非常容易腐败的食品。肉类的高蛋白具有较强的缓冲性，所以微生物生长不会造成显著的pH降低。由于肉类营养高，很快会因为微生物的生长而变腐，甚至由于食源性病原菌的污染而具有毒性。

1.5.2.1 肉类中的微生物来源

健康畜禽具有健全而完整的免疫系统，能有效地防御和阻止微生物的侵入和在肌肉组织内扩散，所以动物本身的组织内部是没有微生物的。但身体表面、呼吸道、免疫器官有微生物存在。如未经清洗的动物皮毛上面的微生物数量可达10^5～10^6 cfu/cm^2。

有时肉的内部也会有微生物存在，这些微生物主要是在牲畜宰杀时和宰杀后从环境中污染的。在屠宰、分割、加工、贮存和肉的销售过程中的每一个环节都可能发生微生物的污染。患病的畜禽其器官和组织内部可能有微生物存在，如病牛体内可能带有结核杆菌、口蹄疫病毒等。

1.5.2.2 肉类中微生物的种类

肉类中常见的微生物有细菌、霉菌和酵母。腐败微生物中细菌具有较强的分解蛋白质的能力，细菌主要是假单胞杆菌属、无色杆菌属、黄色杆菌属、产碱杆菌属、埃希氏杆菌属、变形杆菌属、梭状芽孢杆菌属、枯草芽孢杆菌属、微球菌属、乳杆菌属、链球菌属、明串珠菌属；酵母菌和霉菌主要包括有假丝酵母菌属、丝孢酵母属、球拟酵母属、红酵母属、交链孢酶属、曲霉属、芽枝霉属、毛霉属、根霉属和青霉属。有时还可能带有各种病原菌，如沙门氏菌、金黄色葡萄球菌、结核分枝杆菌、炭疽杆菌和布氏杆菌等。它们对肉的主要影响并不在于使肉腐败变质，严重的是传播疾病，造成食物中毒。

1.5.2.3 鲜肉的腐败变质

鲜肉在0℃左右的低温环境中，一般可保存10d不变质。之后，若肉体表面比较干燥，则逐渐出现霉菌生长；若肉体表面湿润，则有假单胞菌、无色杆菌等革兰氏阴性菌的低温菌生长并占优势。当温度在10℃左右时，其他一些细菌，如黄杆菌和一些肠道杆菌等就会生长；温度在20℃以上时，会有较多的大肠杆菌、链球菌、芽孢杆菌、梭状芽孢杆菌生长繁殖。

肉类表面上的需氧微生物繁殖后，肉组织内部即发生变质并逐渐向组织内部伸展。这时，一些兼性厌氧微生物是主要活动的类群，如大肠杆菌、变形杆菌、枯草杆菌等。当继续往深部伸展时，出现较多的厌氧性微生物，主要为梭状芽孢杆菌。

(1)有氧条件下的腐败

在有氧条件下，需氧菌和兼性厌氧菌引起肉类的腐败表现为：

① 发黏 微生物在肉表面大量繁殖后，使肉体表面有粘状物质产生，这是微生物繁殖后所形成的菌落，以及微生物分解蛋白质的产物。这主要是由革兰氏阴性细菌、乳酸菌和酵母菌产生。发黏的肉块切开时会出现拉丝现象，并有臭味产生。此时含菌数一般为 10^7 cfu/cm^2。

② 变色 肉类腐败变质，常在肉的表面出现各种颜色变化。最常见的是绿色，这是由于蛋白质分解产生的硫化氢与肉质中的血红蛋白结合后形成的硫化氢血红蛋白(H_2S－Hb)造成的，这种化合物积蓄在肌肉和脂肪表面，即显示暗绿色。另外，黏质赛氏杆菌(*Serratiamar cescens*)在肉表面产生红色斑点，深蓝色假单胞杆菌(*P. syncyanea*)能产生蓝色斑点，黄杆菌能产生黄色斑点。有些酵母菌能产生白色、粉红色、灰色等斑点。

③ 产生异味 肉体腐烂变质，除上述肉眼观察到的变化外，通常还伴随一些不正常或难闻的气味，如微生物分解蛋白质产生恶臭味；无色菌属或酵母菌引起脂肪酸败产生酸败气味；乳酸菌和酵母菌作用下产生挥发性有机酸的酸味；放线菌产生泥土味；霉菌生长繁殖产生霉味等。

(2)无氧条件下的腐败

在室温条件下，一些不需要严格厌氧的梭状芽孢杆菌首先在肉上生长繁殖，随后一些严格厌氧的梭状芽孢杆菌，如双酶梭状芽孢杆菌(*Clostridium bifermentants*)、生孢梭状芽孢杆菌(*C. sporogenes*)、溶组织梭状芽孢杆菌(*C. histolyticum*)等开始生长繁殖，分解蛋白质产生恶臭味。牛、羊、猪的臀部肌肉很容易出现深部变质现象，有时鲜肉表面正常，但切开有酸臭味，股骨周围的肌肉为褐色、骨膜下有黏液出现，这种变质称为骨腐败。

在厌氧条件下，兼性厌氧菌和专性厌氧菌的生长繁殖引起肉类腐败变质的表现为：

① 产生异味 由于梭状芽孢杆菌、大肠杆菌和乳酸菌的作用，产生甲酸、乙酸、丙酸、丁酸、乳酸和脂肪酸，而形成酸味，蛋白质被微生物分解产生硫化氢、硫醇、吲哚、粪臭素、氨和胺类等异味化合物，呈现异臭味，同时还可能产生毒素。

② 腐烂 腐烂主要是由梭状芽孢杆菌属中的某些种以及假单胞菌属、产碱杆菌属和变形杆菌属中的某些兼性厌氧菌引起的。

1.5.3 鱼类的腐败变质

一般情况下，鱼类比肉类更易腐败，因为通常鱼类在捕获后，不是立即清洗处理，而多数情况下是带着容易腐败的内脏和鳃一道进行运输，这样就容易引起腐败。其次，鱼体本身含水量高(70%～80%)，组织脆弱，鱼鳞容易脱落，细菌容易从受伤部位侵入，而鱼体表面的粘液又是细菌良好的培养基，因而造成鱼类死后很快发生腐败变质。

1.5.3.1 鱼类中微生物来源和种类

从新鲜鱼类的皮肤黏膜、腮和肠等部位都能检出细菌，数量分别是 10^3～10^5 cfu/cm^2、10^3～10^4 cfu/cm^2 和 10^2～10^9 cfu/cm^2。在类似北海的环境中生长的鱼类中寄生的细菌主要是嗜冷性菌，而生活在较温暖水中的鱼类中嗜温性菌的比例较高。嗜冷微生物包括假单胞菌、不动杆菌、腐败希瓦氏菌、交替单胞菌(*Alteromonas* spp.)和莫拉氏菌(*Moraxella* spp.)。嗜温性微生物包括微球菌、棒状杆菌和不动杆菌。

1.5.3.2 鱼类的腐败变质

由于低温储存适于嗜冷微生物生长，鱼很容易腐烂，7℃存放 5 天，微生物的数量就达 10^8 cfu/g 之多。其腐烂速度高于肉类，在同样的储存条件下，肉类 10 天才会达到相同的细菌数。鱼类发出的臭味可能是假单胞菌的某些菌株产生易挥发酯类(乙酸乙酯等)和易挥发的硫化物(甲硫醇、二甲基硫化物等)所致。氧化三甲胺被鱼类的腐败微生物希瓦氏菌等还原生成三甲胺，放出鱼类腐败特有的气味。磷发光杆菌(*Photobacterium phosphoreum*，发光微生物)能引起真空包装鳕鱼的腐败。

1.5.4 蛋类的腐败变质

蛋类具有很高的营养价值，含有较多的蛋白质、脂肪、B 族维生素及无机盐类，如保存不当，易受微生物污染而引起腐败。

1.5.4.1 蛋类中的微生物来源

通常新产下的鲜蛋内部应是无菌的。在一定条件下鲜蛋的无菌状态可保持一段时间，这是因为蛋壳上有一层防水角质层和两层内膜，而且新蛋壳表面有一层黏液胶质层，具有防止水分蒸发，阻止外界微生物侵入的作用。其次，在蛋壳膜和蛋白中，存在一定的溶菌酶和铁螯合剂(伴清蛋白)等抑菌物质，也可以杀灭侵入壳内的微生物，而且较低的温度可使溶菌酶的杀菌作用保持较长的时间。此外，刚产的禽蛋，蛋白的 pH 为 7.4～7.6，一周内会上升到 9.4～9.7，如此高的 pH 环境不适于一般微生物的生存。

然而鲜蛋也会受到微生物的污染，主要来源有：卵巢内，当母禽不健康时，机体防御机能减弱，外界的细菌可侵入到输卵管，甚至卵巢。母禽带病时，病原菌可通过血液循环进入卵巢，在蛋黄形成时进入蛋中，常见的卵巢内感染菌有雏白痢沙门氏菌(*Salmonella pullora*)、鸡沙门氏菌(*S. galinarum*)等；产蛋时污染，在形成蛋壳之前，排泄腔内的细菌上行至输卵管，导致蛋的污染；蛋壳污染，蛋产下后，蛋在收购、运输、贮藏过程中被微生物污染。如果胶质层被破坏，污染的微生物就会透过气孔(4～40μm)进入蛋内，特别是贮存期长或经过洗涤的蛋，在温度和湿度过高的条件下，环境中的微生物更容易借水的渗透作用侵入蛋内，大量生长繁殖造成蛋的腐败。

1.5.4.2 蛋类的腐败变质

由于上述的多种原因，鲜蛋也容易发生腐败变质，其变质有两种类型。

(1)腐败

主要是由细菌引起的鲜蛋变质。侵入到蛋中的细菌不断生长繁殖并形成各种相适应的酶，然后分解蛋内的各组成成分，使鲜蛋发生腐败和产生难闻的气味。主要由荧光假单孢菌所引起，使蛋黄膜破裂，蛋黄流出与蛋白混合(即散蛋黄)。如果进一步发生腐败，蛋黄中的核蛋白和卵磷脂也被分解，产生恶臭的 H_2S 等气体和其它有机物，使整个内含物变为灰色或暗黑色。这种黑腐病主要是由变形杆菌属、某些假单孢菌和气单孢菌引起。

(2)霉变

外界的霉菌可在蛋壳表面或进入内侧生长，形成深色霉斑，造成蛋液黏着。霉菌菌丝经过蛋壳气孔侵入后，首先在蛋壳膜上生长起来，逐渐形成斑点菌落，造成蛋液黏壳，蛋内成分分解并有不愉快的霉变气味产生。

1.5.5　罐藏食品的腐败变质

罐藏食品是将食品原料经过预处理、装罐、密封、杀菌之后制成的一种特殊形式保藏的食品，通常称之为罐头。一般来说，罐藏食品可保存较长时间而不发生腐败变质。但是，有时由于杀菌不彻底或密封不良，也会遭受微生物的污染而造成罐藏食品的变质。

罐藏食品的种类很多，依据 pH 的高低可分为低酸性、中酸性、酸性和高酸性四大类(见表 10-4)。低酸性食品是以动物性食品原料为主要成分，富含大量的蛋白质。而中酸性、酸性和高酸性食品是以植物性食品原料为主要成分，碳水化合物含量高。

表 10-4　罐藏食品的 pH 值分类

	低酸性食品 (pH 值 5.3 以上)	中酸性食品 (5.3～4.5)	酸性食品 (4.5～3.7)	高酸性食品 (3.7 以下)
食品种类	谷类、豆类、肉、禽、乳、鱼、虾等	蔬菜、甜菜、瓜类等	番茄、菠菜、梨、柑桔等	酸泡菜、果酱等
热力灭菌要求	高温杀菌 105℃～121℃	高温杀菌 105℃～121℃	沸水或 100℃以下介质中杀菌	沸水或 100℃以下介质中杀菌

1.5.5.1　引起罐藏食品变质的微生物

罐藏食品通常由嗜热菌、中温菌、芽孢菌、不产芽孢菌、酵母菌和霉菌引起腐败变质。

(1)芽孢杆菌

嗜热脂肪芽孢杆菌、凝结芽孢杆菌，它们是引起罐头平酸腐败(产酸不产气腐败)的嗜热菌；枯草芽孢杆菌、巨大芽孢杆菌和蜡样芽孢杆菌，它们是引起罐头平酸腐败中温菌；也有少数中温芽孢细菌引起罐头腐败变质时伴随有气体产生，如多黏芽孢杆菌、浸麻芽孢杆菌；TA 菌(如嗜热解糖梭菌)是一种分解糖、专性嗜热、产芽孢的厌氧菌；特别是厌氧的肉毒梭状芽孢杆菌，在食品中繁殖能产生肉毒毒素，且毒性很强，因此罐藏食品常常把能否杀死肉毒梭菌的芽孢作为灭菌标准。

罐藏食品发生由芽孢杆菌引起的腐败，多是由于杀菌不彻底造成的。

(2)非芽孢细菌

一类是肠杆菌，如大肠杆菌、产气杆菌、变形杆菌等；另一类是球菌，如乳链球菌、粪链球菌和嗜热链球菌等，它们能分解糖类产酸，并产生气体造成罐头胀罐。不产芽孢的细菌耐热性不如产芽孢细菌，如果罐头中发现有不产芽孢的细菌，这常常是由于罐头密封不良，漏气而造成的，或由于杀菌温度过低造成的。

(3)酵母菌

引起罐藏食品变质的酵母菌主要是球拟酵母属、假丝酵母属、啤酒酵母属。由于罐头食品加热杀菌不充分，或罐头密封不良而导致酵母菌残存于罐内。罐藏食品因酵母引起的变质，绝大多数发生在酸性或高酸性罐头食品，如水果、果浆、糖浆以及甜炼乳等制品。酵母菌多为兼性厌氧菌，发酵糖产生二氧化碳而造成腐败胀罐。

(4)霉菌

霉菌具有耐酸、耐高渗透压的特性，因此引起罐藏食品变质，常见于酸度高(pH 值在 4.5 以下)的罐头食品中。但霉菌多为好氧菌，且一般不耐热，若罐头食品中有霉菌出现，说明罐头食品真空度不够、漏气或杀菌不充分而导致了霉菌残存，例如青霉属、曲霉属等。但也有少数几种霉菌耐热，如纯黄丝衣霉菌和雪白丝衣霉菌等较耐热、耐低氧，可引起水果罐头发酵糖产生二氧化碳而胀罐。

1.5.5.2 罐藏食品的腐败变质

合格的罐头，因罐内保持一定的真空度，罐盖或罐底应是平的或稍向内凹陷，软罐头的包装袋与内容物结合紧密。而腐败变质罐头的外观有两种类型，即平听和胀罐。

(1)平听腐败

平听腐败可由以下几种原因造成：

① 平酸腐败 又称平盖酸败。罐头内容物由于微生物的生长繁殖而变质，呈现浑浊和不同酸味，pH 下降，但外观仍与正常罐头一样，不出现膨胀现象。导致罐头平酸腐败的微生物习惯上称为平酸菌。主要的平酸菌是芽孢杆菌，如嗜热脂肪芽孢杆菌和凝结芽孢杆菌。

② 硫化物腐败 腐败的罐头内产生大量黑色的硫化物，沉积于罐头的内壁和食品上，致使罐内食品变黑并产生臭味，罐头外观一般保持正常或出现隐胀或轻胀。这是有致黑梭状芽孢杆菌引起的。

(2)胀罐腐败

引起罐头胀罐现象的原因可分为两个方面：一是由化学或物理原因造成的，如罐头内的酸性食品与罐头本身的金属发生化学反应产生氢气；罐内装的食品量过多时，也可压迫罐头形成胀罐，加热后更加明显；排气不充分，有过多的气体残余，受热后也可胀罐。二是由于微生物繁殖而造成的，它是绝大多数罐藏食品胀罐的原因。引起罐头胀罐的主要微生物有：TA 菌、中温需氧芽孢杆菌、中温厌氧芽孢杆菌、不产芽孢的细菌、酵母菌等。

总之，罐头的种类不同，导致腐败变质的原因菌也就不同，而且这些原因菌时常混在一起产生作用。因此，对每一种罐头的腐败变质都要作具体的分析，根据罐头的种类、成分、pH、灭菌情况和密封状况综合分析，必要时还要进行微生物学检验，开罐镜检及分离培养才能确定。

1.5.6 果蔬及其制品的腐败变质

水果、蔬菜中一般都含有大量的水分、碳水化合物、较丰富的维生素和一定量的蛋白质。水果的 pH 大多数在 4.5 以下，而蔬菜的 pH 一般在 5.0～7.0，适合于各种微生物的生长。

1.5.6.1 果蔬中微生物的来源

一般情况下，健康果蔬的内部组织是无菌的。但有时外观看上去是正常的果蔬，其内部组织中也可能有微生物存在。这些微生物是在果蔬开花期侵入并生存于果实内部的。果蔬表面接触外界环境，因而污染有大量的微生物，其中除了大量的腐生微生物外，还可能有来自人畜粪便的肠道致病菌和寄生虫卵。此外，植物病原微生物可在果蔬的生长过程中通过根、茎、叶、花、果实等不同途径侵入组织内部，或在收获后的储藏期间、运输和加工过程中侵入组织内部。

1.5.6.2 新鲜果蔬的腐败变质

新鲜的果蔬表皮和表皮外覆盖着一层蜡质状物质，这种物质有防止微生物侵入的作用，因此一般正常的果蔬内部组织是无菌的。但是当果蔬表皮组织受到昆虫的刺伤或其它机械损伤时，微生物就会从此侵入并进行繁殖，从而促进果蔬的腐烂变质，尤其是成熟度高的果蔬更易损伤。

这些微生物主要是霉菌、酵母菌和少数的细菌。霉菌和酵母菌首先在果蔬表皮损伤处，或由霉菌在表面有污染物黏附的部位生长繁殖。霉菌侵入果蔬组织后，组织壁的纤维素首先被破坏，进而分解果胶、蛋白质、淀粉、有机酸、糖类，继而酵母菌和细菌开始繁殖，进一步分解和破坏。由于微生物繁殖，果蔬外观上就表现出深色的斑点，组织变得松软、发绵、凹陷、变形，并逐渐变成浆液状甚至是水液状，并产生了各种不同的味道，如酸味、芳香味、酒味等。

1.5.6.3　果汁的腐败变质

(1)引起果汁变质的微生物

水果原料带有一定数量的微生物，在果汁制造过程中，不可避免地还会受到微生物的污染，因而果汁中存在一定数量的微生物，但微生物进入果汁后能否生长繁殖，主要取决于果汁的 pH 值和果汁中糖分含量的高低。由于果汁的酸度多在 pH2.4～4.2 之间，且糖度较高，因而在果汁中生长的微生物主要是酵母菌、霉菌和极少数的细菌。

果汁中的细菌主要是植物乳杆菌、乳明串珠菌和嗜酸链球菌。它们可以利用果汁中的糖、有机酸生长繁殖并产生乳酸、CO_2 等和少量丁二酮、3－羟基－2－丁酮等香味物质。乳明串珠菌可产生黏多糖等增稠物质而使果汁变质；当果汁的 pH＞4.0 时，酪酸菌容易生长而进行丁酸发酵。

酵母菌也是果汁中所含的微生物数量和种类最多的一类微生物，它们是从鲜果中带来的或是在压榨过程中环境污染的，酵母菌能在 pH＞3.5 的果汁中生长。果汁中的酵母菌，主要有假丝酵母菌属、圆酵母菌属、隐球酵母属和红酵母属。此外，苹果汁保存于低 CO_2 气体中时，常会见到汉逊氏酵母菌生长，此菌可产生水果香味的酯类物质；柑桔汁中常出现有越南酵母菌、葡萄酒酵母、圆酵母属和醭酵母属的酵母菌，这些菌是在加工中污染的；浓缩果汁由于糖度高、酸度高，细菌的生长受到抑制，在其生长的是一些耐渗透压的酵母菌，如鲁氏酵母菌、蜂蜜酵母菌等。

霉菌引起果汁变质时会产生难闻的气味。果汁中存在的霉菌以青霉属最为多见，如扩张青霉、皮壳青霉，其次是曲霉属的霉菌，如构巢曲霉、烟曲霉等。原因是霉菌的孢子有强的抵抗力，可以较长的时间保持其活力。但霉菌一般对 CO_2 敏感，故充入 CO_2 的果汁可以防止霉菌的生长。

(2)微生物引起果汁变质的现象

微生物引起果汁变质一般会出现浑浊、产生酒精和导致有机酸的变化。

果汁浑浊除了化学因素引起外，大多数是由于酵母菌进行酒精发酵而造成的，当然有时也可由霉菌而造成。通常引起浑浊的是圆酵母菌属中的一些种，以及一些耐热性的霉菌，如雪白丝衣霉菌、纯黄衣霉菌和宛氏拟青霉等，但霉菌在果汁中少量生长时，并不发生浑浊，仅使果汁的风味变坏，产生霉味和臭味等，因为它们能产生果胶酶，对果汁起澄清作用，只有大量生长时才会浑浊。

引起果汁产生酒精而变质的微生物主要是酵母菌，常见的酵母菌有葡萄汁酵母菌、啤酒酵母等。酵母菌能耐受 CO_2，当果汁含有较高浓度的 CO_2 时，酵母菌虽不能明显生长，但仍能保持活力，一旦 CO_2 浓度降低，即可恢复生长繁殖的能力。此外，少数霉菌和细菌也可引起果汁产生酒精变质，如甘露醇杆菌、明串珠菌、毛霉、曲霉、镰刀霉中的部分菌种。

1.5.7 糕点的腐败变质

糕点是一种营养丰富的食品，是微生物的良好培养基。极易变质污染而发生霉变现象，特别是含水分较多的糕点在高温下更易发霉。

1.5.7.1 糕点中的微生物种类

糕点类食品由于含水量较高，糖、油脂含量较多，在阳光、空气和较高温度等因素的作用下，易引起霉变和酸败。引起糕点变质的微生物类群主要是细菌和霉菌，如沙门氏菌、金黄色葡萄球菌、粪肠球菌、大肠杆菌、变形杆菌、黄曲霉、毛霉、青霉、镰刀霉等。

1.5.7.2 糕点的腐败变质

糕点变质主要是由于生产原料不符合质量标准、制作过程中灭菌不彻底和糕点包装贮藏不当而造成的。

(1)生产原料不符合质量标准

糕点食品的原料有糖、奶、蛋、油脂、面粉、食用色素、香料等，市售糕点往往不再加热而直接入口。因此，对糕点原料选择、加工、贮藏、运输、销售等都应有严格的遵守卫生要求。糕点食品发生变质原因之一是原料的质量问题，如作为糕点原料的奶及奶油未经过巴氏消毒，奶中污染有较高数量的细菌及其毒素；蛋类在打蛋前未洗涤蛋壳，不能有效地去除微生物。为了防止糕点的霉变以及油脂和糖的酸败，应对生产糕点的原料进行消毒和灭菌。所使用的花生仁、芝麻、核桃仁和果仁等已有霉变和酸败迹象时不能采用。

(2)制作过程中灭菌不彻底

各种糕点食品生产时，都要经过高温处理，既是食品熟制又是杀菌过程，在这个过程中大部分的微生物都被杀死，但抵抗力较强的细菌芽孢和霉菌孢子往往残留在食品中，遇到适宜的条件，仍能生长繁殖，引起糕点食品变质。

(3)糕点包装贮藏不当

糕点的生产过程中，由于包装及环境等方面的原因会使糕点食品污染许多微生物。烘烤后的糕点，必须冷却后才能包装。所使用的包装材料应无毒、无味，生产和销售部门应具备冷藏设备。

2 食品腐败变质的控制

2.1 食品的防腐保藏技术

食品的腐败变质，不仅会损害食品的可食性，而且严重时会引起食品中毒，产生食品安全问题。因此，控制食品的腐败变质，对保证食品的安全和质量具有十分重要的意义。食品的防腐保藏技术一直是食品科技工作者研究的热点之一。在食品的防腐保藏中采用了各种各样的技术，包括物理的、化学的、生物的等，例如采用低温、高温、脱水、速冻、腌制、发酵、浓缩、添加防腐剂、辐照等。

2.1.1 食品的低温保藏

低温对食品的保藏作用是基于在冰点温度时微生物的活性会降低，在冰点一下的温度，微生物的代谢活动基本停止的原理。这是因为微生物的代谢反应本质上是酶的催化反应，而酶的催化反应率和温度密切相关。在一定温度范围内，温度每升高 10℃，微生物生长速度约增加 2 倍。而温度每降低 10℃，微生物生长也相应降低 2 倍。因此，食品的低温保藏可以防止或减缓食品的变质，在一定的期限内，可较好地保持食品的品质，是一种最常用的食品保藏方法。低温保藏法保藏的食品，营养和质地能够得到较好的保持。但低温保藏超过一定的时间，保存的食品仍可能腐败变质，因为低温下不少微生物仍在缓慢生长，能造成食品的腐败变质。

低温保藏一般可分为冷藏和冷冻两种方式。前者无冻结过程，新鲜果蔬类和短期贮藏的食品常用此法。后者要将保藏物降温到冰点以下，使水部分或全部呈冻结状态，动物性食品常用此法。

2.1.1.1 冷藏

在食品的低温冷藏中常采用2个不同的温度范围。寒冷温度(chilling temperature)介于通常电冰箱的温度(5℃～7℃)与环境温度之间，一般为10 ℃～15 ℃。一些蔬菜和水果适合在该温度范围内保藏，比如黄瓜、马铃薯、酸橙等。冰箱温度(refrigerator temperature)是指温度范围在0 ℃～7 ℃，理想的冷藏温度是不高于4.4 ℃。

对于动物性食品，冷藏温度越低越好，但对新鲜的蔬菜水果来讲，如温度过低，则将引起果蔬的生理机能障碍而受到冷害(冻伤)。湿度高虽可抑制水分的散失，但高湿度也容易引起微生物的繁殖，故湿度一般保持在85%～95%为宜。还应说明的是食品的具体的贮存期限，还与食品的卫生状况、果蔬的种类、受损程度以及保存的温度、湿度、气体成分等因素有关，不可一概而论。

2.1.1.2 冷冻保藏

食品的冷冻有两种基本方式：速冻和缓冻。速冻就是将食品温度在30 min内降低到-20℃以下。可以采用将食品直接或间接浸没在冷媒中，也可以采用鼓风技术将冷空气吹到食品上使其冷冻。缓冻是指在3～72h内将食品温度降低到预期温度的过程。一般冷冻保藏温度为-18℃，在这样的温度下，细胞内游离水形成冰晶体，失去了可利用的水分，a_w 值降低，渗透压提高，细胞内细胞质因浓缩而增大黏性，引起pH值和胶体状态的改变，从而使微生物的活动受到抑制，甚至死亡。

食品冻结后，其质量是否优良，受冻结时生成冰晶的形状、大小与分布状态的影响很大。如肉类在缓慢冻结中，冰晶先在溶液浓度较低的肌细胞外生成，结晶核数量少，冰晶生长大，损伤细胞膜，使细胞破裂，解冻时细胞质液外流而形成渗出液，导致肉类营养、水分和鲜味流失，口感降低。同时肌细胞的水分透过细胞膜形成冰晶，肌细胞脱水萎缩，解冻时细胞不可能完全恢复原状。果蔬等植物食品因含水分较高，结冰率更大，更易受物理损伤而使风味受到损失。

冻结时冰晶的大小与通过最大冰晶生成带的时间有关。肉、鱼等食品通常在-1℃至-5℃的温度范围为其最大冰晶生成带。冻结速度越快，形成的晶核多，冰晶越小，且均匀分布于细胞内，不致损伤细胞组织，解冻后复原情况也较好。因此快速冻结有利于保持食品(尤其是生鲜食品)的品质。

在-18℃冷冻保藏的食品中，微生物已经不能生长，但是食品中原有的酶及微生物产生的酶仍有微弱的活性，如一些微生物产生的脂肪酶和蛋白酶。若食品冷冻前含有这些酶较多，而又未经钝化处理，则其冷冻保藏期就会大大缩短。因此在冷冻处理前往往要先行杀酶。通常用热水或蒸汽作短时间的热烫处理，即可使酶失活。一般冷冻保藏温度越低，保藏期就越长，一般可长达几个月至2年。

2.1.1.3 解冻

就热交换的情况而言，解冻与冻结相反，可以说是冻结的逆过程。通常是冻品表面先升温解冻，并与冻品中心保持一定的温度梯度。由于各种原因，解冻后的食品并不一定能恢复到冻结前的状态。冻结食品解冻时，冰晶升温而溶解，食品物料因冰晶溶解而软化，微生物和酶开始活跃。因此解冻过程的设计要尽可能避免因解冻而遭受损失。对不同的食品，应采取不同的解冻方式。

通常流动的冷空气、水、盐水、水冰混合物等作为解冻媒体进行解冻，温度控制在0 ℃～10 ℃为好，可防止食品在过高温度下造成微生物和酶的活动，防止水分的蒸发。对于即食食品的解冻，可以用高温快速加热。用微波解冻是较好的解冻方法，能量在冻品内外同时升温，解冻时间短，渗出液少，可以保持解冻品的优良品质。

2.1.2 食品的气调保藏

气调保藏是指通过气调包装贮藏(MAP)方法，用阻气性材料将食品密封于一个改变了食品周围气体的环境中，从而抑制腐败微生物的生长繁殖及生化活性，达到延长食品货架期的目的。

2.1.2.1 气调保藏的原理

果蔬的变质主要是由于果蔬的呼吸和蒸发、微生物生长、食品成分的氧化或褐变等作用，而这些作用与食品贮藏的环境气体有密切的关系，如氧气、二氧化碳、氮气、水分和温度等。如果能控制食品贮藏环境气体的组成，如增加环境气体中 CO_2、N_2 比例，降低 O_2 比例，控制食品变质的因素，可达到延长食品保鲜或保藏期的目的。

气调保藏可以降低果蔬的呼吸强度；降低果蔬对乙烯作用的敏感性；延长叶绿素的寿命；减慢果胶的变化；减轻果蔬组织在冷害温度下积累乙醛、醇等有毒物质，从而减轻冷害；抑制食品微生物的活动；防止虫害；抑制或延缓其它不良变化。因此，气调保藏特别适合于鲜肉、果蔬的保鲜，另外还可用于谷物、鸡蛋、肉类、鱼产品等的保鲜或保藏。

一般来说，果蔬在贮藏中希望尽可能降低气体成分中的氧气分压，但是如果氧气浓度降得过低，体内有机物就不能形成好气性分解，从而会引起有害于品质的厌氧性发酵。

2.1.2.2 气调保藏的方法

根据气体调节原理可将气调贮藏分为MA(Modified atmosphere)和CA(Controlled atmosphere)两种。前者指用改良的气体建立气调系统，在以后贮藏期间不再调整；后者指在贮藏期间，气体的浓度一直控制在某一恒定的值或范围内，这种方法效果更为确切。要想控制食品的贮藏气体环境，则必须将食品封闭在一定的容器或包装内。如气调库、气调车、气调垛、气调袋(即CAP，或MAP)、涂膜保鲜、真空包装和充气包装等。

2.1.3 加热杀菌保藏

高温可以杀死或破坏微生物，因此可以利用高温来保藏食品。在食品保藏中常用的温度范围有两个：巴氏杀菌和灭菌。巴氏杀菌采用的温度可指杀死所有的致病菌(例如牛奶巴氏杀菌)时的温度，也可以指减少某些食品中腐败菌的数量(如醋的巴氏杀菌)的温度。牛奶巴氏杀菌温度足以有效杀灭所有酵母菌、霉菌、革兰氏阴性菌和许多革兰氏阳性菌。

2.1.3.1 巴氏消毒法

巴氏消毒法一般采用63℃、30 min或71℃、15 min，也有80 ℃～90 ℃、1 min，以杀死食品中致腐微生物的营养体。巴氏消毒法只能杀死微生物的营养体(包括病原菌)，但不能完全灭菌。现在的常压杀菌更多采用水浴、蒸汽或热水喷淋式连续杀菌。一些食品当采用高温灭菌时会使其营养和色、香、味受到影响，所以，可采用巴氏消毒法以达到消毒和防腐、延长保存期的目的。

2.1.3.2 加压杀菌

加压杀菌是指灭菌温度在 100 ℃～121 ℃(绝对压力为 0.2MPa)范围内的灭菌。其中加压蒸汽灭菌法在生产上最常用，利用加压蒸汽使温度增高以提高杀菌力，可杀死细菌的芽孢，缩短灭菌时间，主要用于肉类制品、中酸性、低酸性罐头食品的杀菌。当然，杀菌温度和时间随罐内物料、形态、罐形大小、灭菌要求和贮藏时间而异。在罐头行业中，常用 D 值和 F 值来表示杀菌温度和时间。

2.1.3.3 超高温瞬时杀菌

根据温度对细菌及食品营养成分的影响规律，热处理敏感的食品，可考虑采用超高温瞬时杀菌法，即 UHTST 杀菌，简称 UHT。

2.1.3.4 微波杀菌

微波(超高频)，一般是指频率在 300～300000 MHz 的电磁波。目前 915 MHz 和 2450 MHz 两个频率已广泛地应用于微波加热。915 MHz，可以获得较大穿透厚度，适用于加热含水量高、厚度或体积较大的食品；对含水量低的食品宜选用 2450 MHz。

微波杀菌的机理是基于热效应和非热生化效应两部分。热效应即微波作用于食品，食品表里同时吸收微波能，温度升高。污染的微生物细胞在微波场的作用下，其分子被极化并作高频振荡，产生热效应，温度的快速升高使其蛋白质结构发生变化，从而使菌体死亡。非热生化效应即微波使微生物生命化学过程中产生大量的电子、离子，使微生物生理活性物质发生变化；电场也使细胞膜附近的电荷分布改变，导致膜功能障碍，使微生物细胞的生长受到抑制，甚至停止生长或死亡。另外，微波还可以导致细胞 DNA 和 RNA 分子结构中的氢键松弛、断裂和重新组合，诱发基因突变。

微波杀菌保藏食品是近年来在国际上发展起来的一项新技术，具有快速、节能、对食品的品质影响很小的特点。因此，能保留更多的活性物质和营养成分，适用于人参、香菇、猴头菌、花粉、天麻以及中药、中成药的干燥和灭菌。微波还可应用于肉及其制品、禽及其制品、奶及其制品、水产品、水果、蔬菜、罐头、谷物、布丁和面包等一系列产品的杀菌、灭酶保鲜和消毒，延长货架期。

目前国外已出现微波牛奶消毒器，采用高温瞬时杀菌技术，在 2450 MHz 的频率下，升至 200℃，维持 0.13s，消毒奶的菌落总数和大肠菌群的指标达到消毒奶要求，而且牛奶的稳定性也有所提高。瑞士卡洛里公司研制的面包微波杀菌装置(2450 MHz，80 KW)，辐照 1～2 min，温度由室温升至 80℃，面包片的保鲜期由原来的 3d 延长至 30～40d 而无霉菌生长。

2.1.3.5 远红外线加热杀菌

远红外线是指波长为 2.5～1000 μm 的电磁波。食品的很多成分对 3～10 μm 的远红外线有强烈的吸收，因此食品往往选择这一波段的远红外线加热。

远红外线加热具有热辐射率高；热损失少；加热速度快，传热效率高；食品受热均匀，不会出现局部加热过度或夹生现象；食物营养成分损失少等特点。

远红外的杀菌、灭酶效果是明显的。日本的山野藤吾曾将细菌、酵母、霉菌悬浮液装入塑料袋中，进行远红外线杀菌试验，远红外照射的功率分别为 6 KW、8 KW、10 KW、12

KW,试验结果表明,照射 10 min,能使不耐热细菌全部杀死,使耐热细菌数量降低 10^5～10^8 个数量级。照射强度越大,残留活菌越少,但要达到食品保藏要求,照射功率要在 12 KW 以上或延长照射时间。

远红外加热杀菌不需经过热媒,照射到待杀菌的物品上,加热直接由表面渗透到内部,因此远红外加热已广泛应用于食品的烘烤、干燥、解冻,以及坚果类、粉状、块状、袋装食品的杀菌和灭酶。

2.1.3.6 欧姆杀菌

这是一种新型的热杀菌方法。欧姆加热是利用电极,将电流直接导入食品,由食品本身介电性质所产生的热量可达到直接杀菌的目的。一般所使用的电流是 50～60 Hz 的低频交流电。

欧姆杀菌与传统罐装食品的杀菌相比具有不需要传热面,热量在固体产品内部产生,适合于处理含大颗粒固体产品和高黏度的物料;系统操作连续、平稳,易于自动化控制;维护费用、操作费用低等优点。

对于带颗粒(粒径小于 15 mm)的食品,采用欧姆加热,可使颗粒的加热速率接近液体的加热速率,获得比常规方法更快的颗粒加热速率(1 ℃～2 ℃/s),缩短了加工时间,使产品品质在微生物安全性、蒸煮效果及营养成分(如维生素)保持等方面得到改善,因此该技术已成功地应用于各类含颗粒食品杀菌,如生产新鲜、味美的大颗粒产品,处理高颗粒密度、高黏度食品物料。

英国 APV Baker 公司已制造出工业化规模的欧姆加热设备,可使高温瞬时技术推广应用于含颗粒(粒径高达 25 mm)食品的加工。近年来英国、日本、法国和美国已将该技术及设备应用于低酸性食品或高酸性食品的杀菌。

2.1.4 非加热杀菌保藏

传统的热力杀菌中,低温加热不能将食品中的微生物全部杀灭(特别是耐热的芽孢杆菌),而高温加热又会不同程度地破坏食品中的营养成分和天然特性,不适合于重视风味的食品的灭菌。同时,食品加热灭菌也消耗了大量的能源。为了更大限度地保持食品的天然色、香、味、形和一些生理活性成分,满足现代人的生活要求,一些"冷杀菌"技术应运而生。

所谓冷杀菌技术是相对于加热杀菌而言的,利用其它灭菌机理杀灭微生物的非加热杀菌技术。冷杀菌技术有多种,如辐射保藏、高压保藏、高压脉冲电场杀菌、磁场杀菌、玻璃化保藏、生物保藏等。

2.1.4.1 辐射保藏

食品的辐射保藏是利用射线照射食品,对食品进行灭菌、杀虫,或抑制鲜活食品的生命活动,从而达到防霉、防腐、延长食品货架期目的的保藏方法。辐射线主要包括紫外线、X 射线和 γ 射线等,其中紫外线穿透力弱,只有表面杀菌作用,而 X 射线和 γ 射线(比紫外线波长更短)是高能电磁波,能激发被辐照物质的分子,使之引起电离作用,进而影响生物的各种生命活动。

(1)辐照杀菌的基本原理

微生物受电离放射线的辐照后,细胞膜、细胞质分子引起电离,进而引起各种化学变化,使细胞直接死亡;在放射线高能量的作用下,水电离为 OH^- 和 H^+,从而也间接起到对微生物细胞的致死作用;微生物细胞中的 DNA 和 RNA 对放射线的作用尤为敏感,放射线的高能量导致DNA的较大损伤和突变，直接影响着细胞的遗传和蛋白质的合成。

不同微生物对放射线的抵抗性不同，表10-5列出了不同微生物对放射线的敏感性。一般来说耐热性大的微生物，对放射线的抵抗力也往往比较大。三大类微生物中细菌芽孢大于酵母，酵母大于霉菌和细菌营养体，革兰氏阳性菌的抗辐射较强。另外，食品的状态、营养成分、环境温度、氧气的存在与否，微生物的种类、数量等都影响着辐照杀菌的效果。此外，照射剂量影响微生物的存活，通常微生物随着被照射剂量的增加，其活菌的残存率逐渐下降。

杀灭食品中活菌数的90%（即减少一个对数周期）所需要吸收的射线剂量称为“D”值，其单位为“戈瑞”（Gy，即1kg被辐照物质吸收1J的能量为1Gy），常用千戈瑞（kGy）表示。若按罐藏食品的杀菌要求，必须完全杀灭肉毒芽孢杆菌A、B型菌的芽孢，多数研究者认为需要的剂量为40～60 kGy，根据12D的杀菌要求，破坏E型肉毒杆菌芽孢的D值为21 kGy。

表10-5　微生物对放射线的敏感性

菌种	基质	D值(kGy)	菌种	基质	D值(kGy)
A型肉毒梭菌	食品	4.0	假单孢杆菌	缓冲液、有氧	0.04
B型肉毒梭菌	缓冲液	3.3	枯草杆菌	缓冲液	2.0～2.5
E型肉毒梭菌	肉汤	2.0	粪链球菌	肉汁	0.5
产气荚膜杆菌	肉	2.1～2.4	米曲霉	缓冲液	0.43
鼠伤寒沙门氏菌	缓冲液、有氧	0.2	产黄青霉	缓冲液	2.4
鼠伤寒沙门氏菌	冰冻蛋	0.7	啤酒酵母	缓冲液	2.0～2.5
大肠杆菌	肉汤	0.2	短小芽孢杆菌	缓冲液、有氧	1.7
嗜热脂肪芽孢杆菌	缓冲液	1.0	耐辐照小球菌	牛肉	2.5

（2）辐射杀菌的特点

食品辐射已成为一种新型、有效的食品保藏技术，与传统的加工保藏技术如加热杀菌、化学防腐、冷冻、干藏等相比，辐射保藏具有许多优点：

① 食品辐射又被称为“冷巴氏杀菌”，在照射过程中食品的温度几乎不上升（<2℃），27 kGy的辐射剂量可以有效杀死常见的致病菌和非芽孢菌，而且还能很好地保持食品的色、香、味、形等外观品质，也不会改变食品的特性。

② 射线的穿透力强，杀虫、灭菌彻底。在不拆包装和不解冻的条件下，可杀死不适用于加热、熏蒸、湿煮的食品（谷物、果实、冻肉等）中的害虫、寄生虫和微生物。

③ 食品辐射应用范围广泛，可处理各种不同的食品，包括豆类、谷物及其制品、干果果脯类、熟畜禽肉类、冷冻包装畜禽肉类、香辛料类、新鲜水果和蔬菜等。辐射还可以对一些食品包装材料和医用器械进行灭菌处理。

④ 辐射处理食品时不会留下残留，可避免污染。

⑤ 可改善某些食品的品质和工艺质量。效率高，可连续作业。

⑥ 辐射保藏方法能节约能源。据国际原子能组织（IAEA）报告，单位食品冷藏时需要消耗的最低能量为324.4 kJ/kg，巴氏消毒为829.14 kJ/kg，热消毒为1081.5 kJ/kg，脱水处理为2533.5 kJ/kg，而辐射消毒只需要22.7 kJ/kg，辐射巴氏消毒仅需2.74 kJ/kg。因此，辐射处理可以大大降低能耗。

（3）辐射保藏的应用

放射线辐照由于其具有节约能源（节约70%～97%能源）、杀菌效果好、可改善某些食品品质、便于连续工业化生产等优点，目前已有 70 多个国家批准应用于食品保藏，并已有相当规模的实际应用。表 10-6 列出了放射线在食品保藏中应用的情况。

表 10-6　放射线在食品保藏中的应用

辐照效果			适用剂量	对象实例
生理学效果	杀菌	完全杀菌	30～50 kGy	畜肉、鱼肉加工品、发酵原料、饲料、病人食品
		食品中有害菌的杀灭	5～8 kGy	畜肉、蛋的沙门氏菌的杀灭
		不完全杀菌	1～3 kGy	家禽肉、鱼虾肉、水果、蔬菜、畜肉、加工食品
		贮粮害虫的杀灭	0.1～0.2 kGy	稻米、小麦、豆类、杂粮
	杀虫	水果害虫的杀灭	0.25 kGy	木瓜、芒果、桔
		干燥食品中螨类的杀灭	0.5～0.7 kGy	香辛料、干燥蔬菜
		寄生虫的杀灭	0.5 kGy	猪肉

利用放射线辐照食品，因其处理目的不同，所用剂量及处理方法也有所不同。一般将 1 kGy 以下者称为低剂量，1～10 kGy 者称为中剂量，10 kGy 以上者称为高剂量。低剂量辐照目的并不在于杀菌，而是为了调节和控制生理机能（如抑制种子发芽）以及驱除虫害等。低剂量对食品组织以及成分的影响是极微小的。中剂量辐照以延长食品保藏期为目的。该辐照剂量尚不能将微生物孢子完全杀死，但对肉、鱼、虾类、香肠等加工食品表面所附着的主要病原菌及附着菌可全部杀灭。通过辐照可延长保藏期 2～4 倍。高剂量辐照是以食品在常温下进行长期贮藏为目的而进行的完全杀菌。但完全杀菌所用辐照剂量较高，将引起食品不同程度地变质。为了尽量减少副作用，在操作时应结合脱氧、冻结、杀菌增强剂及食品保护剂等方法。

常应用的放射源为放射性同位素钴^{60}（Co^{60}）、铯^{187}（Cs^{187}）、磷（P^{32}）等。它们主要释放出的是 γ 射线。

2.1.4.2　高压保藏

食品高压技术是当前备受重视和广泛研究的一项食品高新技术，它可简称为高压技术（high pressure processing，HPP）或高静水压技术（high hydrostatic pressure，HHP）。高压保藏技术就是将食品物料以某种方式包装后，在高压（100～1000 MPa）下加压处理，高压导致食品中的微生物和酶的活性丧失，从而延长食品的保藏期。

（1）高压杀菌的基本原理

高压杀菌的基本原理是压力超过一定值后对微生物具有致死作用。高压导致微生物的形态、生物化学反应以及细胞膜等发生多方面的变化，从而影响微生物原有的生理机能，甚至使原有功能破坏或发生不可逆变化，导致微生物失活。

高压会影响细胞的形态。当细胞周围的流体静压达到 0.6 MPa 左右时，细胞内的气泡将会破裂，菌体细胞变长，胞壁脱离细胞膜、胞壁变厚。高压可使蛋白质变性，直接影响到微生物及其酶系的活力，使微生物的活动受到抑制，甚至死亡。

高压对细胞膜和细胞壁也有影响。在高压作用下，细胞膜的磷脂双分子层结构随着磷脂分子横截面的收缩而收缩，表现为细胞膜通透性变化。20～40 MPa 高压能使较大细胞的细胞壁因超过应力极限而发生机械断裂，从而使细胞裂解。一般来说，微生物具有一定的耐压特性。大多数细菌都能够在 20～30 MPa 下生长，在高于 40～50 MPa 压力下能够生长的微生物称为耐压微生物。然而，当压力达到 50～200 MPa 时，耐压微生物仅能够存活但不能生长。这种作用对真菌微生物是主要的影响因素。一般来讲，真核微生物比原核微生物对压力更为敏感。在300 MPa以上的压力下，细菌、霉菌和酵母菌都可被杀死，但一些菌的芽孢耐压强，在600 MPa才能被杀死。

(2)高压杀菌的特点

高压技术与传统的加热处理比较，优点在于：

①高压处理为冷杀菌，不会使食品色、香、味等物理特性发生变化，不会产生异味，加压后食品仍较好地保持原有的生鲜风味和营养成分，例如经过高压处理的草莓酱可保留95%的氨基酸，在口感和风味上明显超过加热处理的果酱。

②高压处理后，蛋白质的变性及淀粉的糊化状态与加热处理不同，从而获得具有新特性的食品。

③高压处理是液体介质短时间内压缩过程，可使食品灭菌达到均匀、瞬时、高效，且耗能比加热法低。

(3)高压保藏的应用

目前，在全球范围内，食品的安全性问题日益突出，消费者要求营养、原汁原味的食品的呼声也很高，高压技术不仅能保证食品在微生物方面的安全，而且能较好地保持食品固有的营养品质、质构、风味、色泽、新鲜程度，符合食品发展趋势。在一些发达国家，高压技术已应用于食品(如鳄梨酱、肉类、牡蛎)的低温消毒，而且作为杀菌技术也日益成熟。

①肉制品　与常规保藏方法相比，经高压处理后的肉制品在嫩度、风味、色泽、成熟度及保藏性等方面都得到不同程度的改善。例如，常温下质粗价廉牛肉经250 MPa高压处理，牛肉制品明显得到嫩化；300 MPa压力处理鸡肉和鱼肉10 min，能得到类似于轻微烹饪的组织状态。

②果汁和果酱　橙汁、柠檬汁、柑橘汁在常温下经10 min的高压处理，果汁中的酵母菌、霉菌数目大大减少，当压力达到300 MPa时已检不出这类细菌。使用高压技术制造的葡萄柚汁没有热加工产品的苦味。桃汁和梨汁在410 MPa下处理30 min可以保持5年商业无菌。高压处理的未经巴氏消毒的橘汁保持了原有的风味和维生素C，货架期达17个月。

在果酱生产中，高压杀菌不仅能杀灭水果中的微生物，还可简化生产工艺，提高产品品质。这方面最成功的例子是日本明治屋食品公司，室温下加压400～600 MPa，10 min加工草莓酱、猕猴桃酱和苹果酱，所得制品保持了新鲜水果的色、香、味，已有小批量产品上市。

③水产品　高压处理水产品可最大限度地保持水产品的新鲜风味，增大鱼肉制品的凝胶性。例如，在600 MPa压力下处理水产品(如甲壳类水产品)，其中的酶完全失活，细菌数量大大减少，色泽外红内白，仍保持原有的生鲜味。

④其他　对低盐、无防腐剂的腌菜制品，高压杀菌更显示了其优越性。高压(300～400 MPa)处理时，可使酵母菌或霉菌致死，既提高了腌菜的保存期又保持了原来的生鲜特色。高压技术还可以用于延长鸡蛋、鲜鱼、干酪制品、牛奶等冷藏食品的货架期。

2.1.4.3　高压脉冲电场杀菌

高压脉冲电场杀菌是一种全新的非加热处理杀菌方法，它利用高强度脉冲电场瞬时杀灭食品中的微生物，具有杀菌时间短、效率高、能耗少等特点，应用前景广阔。目前，美国、德国、日本、加拿大等国家纷纷开展这一新杀菌技术的研究。

(1)脉冲杀菌的基本原理

脉冲电场杀菌就是利用LG振荡电路原理，用高压电源对电容器放电，电容器与电感线圈和放电时的电极相连，电容器放电时产生的高频指数脉冲衰减波在两个电极上形成高压脉冲电场。脉冲电场杀菌的电场强度一般为15～100 kV/cm，脉冲频率为1～100 Hz，放电频率为1～20 Hz。

电场对微生物产生致死作用是脉冲杀菌的基本原理，脉冲导致微生物的形态结构、生物化学反应以及细胞膜和细胞壁发生多方面的变化，从而影响微生物的生理机能，使其破坏或发生不可逆变化。目前杀菌机制仍不完全清楚，但普遍认可的是细胞膜的电穿孔理论。

脉冲电场对不同的微生物杀灭效果不同，酵母菌比细菌更容易被杀死，革兰氏阴性菌比革兰氏阳性菌更容易被杀死。酿酒酵母对脉冲最为敏感，而溶壁微球菌的抵抗力最强。但对于细菌孢子，即使是更高的指数波和方波脉冲电场，其作用也甚微，只能使处于正在发芽时的孢子失活。

(2)脉冲杀菌的应用

脉冲杀菌已经在食品模型体系的研究中展现了它的应用前景，而在实际食品加工中运用是食品科学家面临的挑战。由于放电杀菌的介质为液体，故只能用于液态食品的杀菌。美国、日本、中国等国家就果蔬汁、鸡蛋、牛乳等的高压放电杀菌进行了大量试验，证明该技术具有较好的杀菌效果。

① 牛乳　脉冲电场对牛乳中的酵母菌、革兰氏阴性菌、革兰氏阳性菌、细菌孢子都有很好的灭菌效果。无菌包装的经脉冲处理的2%脂肪牛乳在4℃下具有2周货架期。脉冲电场的抑菌率可达到4～6个对数期，其处理时间一般在几个μs到几个ms，最长不超过1s。

②果汁　采用脉冲处理能够显著提高果汁的货架期。用脉冲电场强度为50 kV/cm，脉冲次数为10次，脉宽为27μs的脉冲，在45℃下处理鲜榨苹果汁，产品的货架期为28d，而没有经过处理的鲜榨苹果汁货架期只有7d。脉冲电场杀菌对未过滤的苹果汁、果肉含量高的橘子汁、菠萝汁的感官特性没有影响，橘子汁中维生素C的含量也不会改变，且脉冲处理过的苹果汁比新鲜苹果汁的味道更好。

③ 鸡蛋　目前，脉冲电场非加热杀菌技术已应用于蛋液的工业化生产中，所采用的电场强度为35～45 kV/cm。无菌包装的经脉冲处理的蛋液在4℃下保藏，货架期可达4周。脉冲对蛋液的化学成分没有影响，不足之处是使蛋液黏度下降，颜色变暗。

④ 其他 经脉冲处理的豌豆汤在4℃下贮藏4周后，其理化性质和感官品质均无变化。脉冲杀灭酿酒酵母比杀灭酸乳中的乳酸杆菌更容易，在45℃下用脉冲处理接种了酵母菌的酸乳并在4℃下贮藏，其货架期可达10d，如果在55℃下进行脉冲处理，其货架期可以达到1个月。

2.1.4.4　磁场杀菌

磁场杀菌，又称磁力杀菌，它是将食品置于高强度脉冲磁场中处理，达到杀菌目的。处理条件是在常温常压下，利用脉冲电磁场快速传播的特性，进行瞬时杀菌。近年来的研究表明，脉冲磁场杀菌在食品行业有着重要的应用价值，是一项有前途的冷杀菌技术。

(1)磁场杀菌的基本原理

磁场分高频磁场和低频磁场。脉冲磁场强度大于2T(特斯拉)的磁场为高频磁场或振荡磁场，具有强杀菌作用。强度不超过2T(特斯拉)的磁场为低频磁场，能够有效地控制微生物的生长、繁殖，使细胞钝化，降低分裂速度甚至是微生物失活。

关于脉冲磁场对微生物的作用机理有多种理论，但归纳起来，其生物效应包括磁场的感应电流效应、洛伦兹效应、振荡效应、电离效应和脉冲磁场作用下微生物的自由基效应等。

(2)磁场杀菌的特点

脉冲磁场杀菌作为一种物理冷杀菌技术具有以下几方面的优点；

①杀菌物料温升一般不超过5℃，对物料的组织结构、营养成分、颜色和风味影响小。

②安全性高。高磁场强度只存在于线圈内部和其附近区域。离线圈稍远，磁场强度明显下降。因此，只要操作者处于适宜的位置，就没有危险。

③与连续波和恒定磁场相比，脉冲磁场杀菌设备功率消耗低、杀菌时间短、对微生物杀灭力强、效率高。

④便于控制。磁场的产生和中止迅速。

⑤由于脉冲磁场对食品具有较强的穿透能力，能深入食品内部，所以杀菌彻底。使用塑料袋包装食品，避免加工后的污染。

(3)磁场杀菌的应用

磁场灭菌技术可以用于改进巴氏杀菌食品的品质，并延长其货架期。研究表明经脉冲磁场杀菌后的牛奶，菌落总数和大肠菌群数可达到商业无菌要求。经磁场保藏的食品包括含有嗜热链球菌的牛乳、含有酿酒酵母的橘汁和含有细菌芽孢的面团。日本三井公司将食品放在磁场强度为0.6 T的脉冲磁场中，在常温下处理48h，达到100%的灭菌效果。因此，各种果蔬汁饮料、调味品和包装的固体食品都可使用磁场技术进行保藏。

脉冲磁场对于水具有明显的杀菌作用。在停留时间为30 min，磁场强度500 mT，脉冲频率40 kHz的实验条件下，循环处理后水中细菌总数的存活率为0.01%，藻类基本死亡，电耗大约0.12 $kW \cdot h \cdot m^{-3}$。

2.1.4.5　玻璃化保藏

玻璃化技术是近十年来受到较高关注的一种新的食品保藏方法。20世纪80年代初美国食品科学家Levince和Slade提出了以食品玻璃态和玻璃化转变温度(T_g)为核心的"食品聚合物科学"理论。该理论认为，食品在玻璃态下，造成食品品质变化的一切受扩散控制的反应速率均十分缓慢，甚至不发生反应。因此，食品采用玻璃化保藏，可以最大限度地保藏其原有的色、香、味、形以及营养成分。

(1)玻璃化的基本概念

玻璃态、高弹态和黏流态被称为无定形聚合物的三种力学状态。无定形聚合物在较低的温度下，分支的热运动能量很低，只有较小的运动单元，而分子链和链段均处于冻结状态，这时的聚合物失去柔性，成为类似玻璃状的无定形的固体，这种状态称为玻璃态(glassy)。其外观像固体一样具有一定的形状和体积，但结构又与液体相似，因而，玻璃态也被看作是凝固了的过冷液体。在玻璃态下，物体的自由体积非常小，分子流动阻力很大，使体系具有很高的黏度，通常高于10^{12} Pa·s。基于此，食品体系中的分子扩散速率就很小，分子间相互接触和发生反应的速率也就很小。因此食品处于玻璃态时不易发生化学反应，不易变质腐败。

当处于玻璃态的物质温度升高至某一个温度时，链段的运动受到激发，但整个分子链仍处于冻结状态。受到外力作用时，无定形聚合物表现出很大的形变。外力解除后又能恢复原来的状态，这种状态叫做高弹态，又称橡胶态。温度继续升高，不仅链段可以运动，整个分子链都可运动，无定形聚合物表现出黏性流动的状态，即黏流态。

随着温度的升高，当聚合物发生由玻璃态向高弹态的转变时，即玻璃化转变，其转变温度为玻璃化转变温度，用 T_g 表示。

玻璃化是将某种物质转变成玻璃样无定形体（玻璃态）的过程，在此形态中没有任何的晶体结构存在。通过玻璃化法降温保存细胞时，细胞内外的水都不形成结晶，细胞结构不会受到破坏从而得以存活。在理论上，实现玻璃化转变不是一个难题。将新鲜食品的温度降低到冰点以下，就会有冰核和冰晶形成。温度不断降低，水分就不断变成冰晶析出，而剩余的水溶液黏度则不断增大。当黏度增大到一定程度后，溶液即处于高弹态，黏度约 10^{13} Pa·s；而当黏度增大到 10^{12} Pa·s 后，溶液即处于玻璃化态。

实现玻璃化的前体条件有两个：一是温度足够低，即 $T<T_g$；二是冷却速度足够快，冷却过程迅速并不发生结晶。但是，实际上很难同时满足以上两个条件，因此，通常食品的玻璃化只能实现部分结晶的玻璃化。

(2)玻璃化保藏的应用

由于生鲜食品的 T_g 非常低，目前还难以将玻璃化技术直接应用于食品保藏中。例如，鳕鱼肉要在玻璃化温度下贮藏，其温度需低于－77℃，这在目前的商业化低温系统中是难以达到的。不过，将玻璃化技术应用于冰激凌、各种糜制品等食品中则是可能的。因为，食品的 T_g 除了与其水分活度有关外，还与其组分的种类和分子量等因素有关。

① 谷物类 目前，关于淀粉玻璃化转变的研究已成为谷物类食品品质及其贮藏性研究方面的热点。面包在保藏中发生的显著变化是“老化”。面包老化后，风味变差，由软变硬，易掉渣，严重影响货架寿命。当温度低于 T_g 时，淀粉不再结晶，所以将面包在玻璃态保藏，对防止老化是有效的。

② 冰激凌 冰激凌的质量由风味、形状及组织、融化状态、色泽、包装及容器的状态等决定，这些都与冰激凌的加工和贮藏条件有关。冰激凌中大量未冻结水的存在使冰晶生长、重结晶的速率较高，因此可以在其贮存保藏中应用玻璃化转变理论，通过改变配方提高冰激凌的玻璃化温度，如添加稳定剂或甜味剂等方法尽可能地将玻璃化转变温度提高到一般冰箱的冷冻温度－18℃以上，以实现玻璃化贮存，降低重结晶速率。在不能改变冰激凌配方的情况下，可通过降低贮存温度至玻璃化温度以下，同样可实现玻璃化贮存。

2.1.4.6 生物保藏

生物保藏是指将某些具有抑菌或杀菌活性的天然物质配制成适当浓度的溶液，通过浸渍、喷淋或涂抹等方式应用于食品中，进而达到防腐保鲜的效果。生物保藏的一般机理包括抑制或杀灭食品中的微生物、隔离食品与空气的接触、延缓氧化作用、调节贮藏环境的气体组成以及相对湿度等。

生物保藏具有安全、简便等显著优点，其应用范围不断扩大，以成为人们关注的热点。其中，具有较好应用前景的主要有涂膜保鲜技术、生物保鲜剂保鲜技术、抗冻蛋白保鲜技术和冰核细菌保鲜技术等。

(1)涂膜保鲜技术

涂膜保鲜技术是在食品表面人工涂上一层特殊的薄膜使食品保鲜的方法。该薄膜具有以下特性：能够减少食品水分的蒸发；能够适当调节食品表面的其他交换作用，调控蔬菜等食品的呼吸作用;具有一定的抑菌性,能够抑制或杀灭腐败微生物;能够在一定程度上减轻表皮的机械损伤。涂抹保鲜法简便,成本低廉,材料易得,但目前只能作为短期贮藏的方法。根据成膜材料的种类不同,可将涂膜分为多糖类、蛋白质类、脂质类和复合膜类。目前糖类涂膜应用最广泛,成膜材料包括壳聚糖、纤维素、淀粉、褐藻酸钠及其衍生物。用于涂膜制剂的蛋白质有小麦面筋蛋白、大豆分离蛋白、玉米醇溶蛋白、酪蛋白、胶原蛋白和明胶等。脂质类包括蜡类和各种油类。

(2)生物保鲜剂保鲜技术

生物保鲜剂也称天然保鲜剂,直接来源于生物体自身组成成分或其代谢产物,不仅具有良好的抑菌作用,而且一般都可被生物降解,具有无味、无毒、安全等特点。常见的生物保鲜剂可依据其来源分成植物生物保鲜剂、动物源性生物保鲜剂以及微生物源生物保鲜剂。多酚类物质是一类广泛存在于各种植物中的、具有较好抗菌活性的生物保鲜剂,其中茶多酚研究得最多且最具应用前景。目前,数种动物源性生物保鲜剂如鱼精蛋白、溶菌酶等已获得了商业性应用,成为天然生物保鲜剂的重要组成部分。乳酸链球菌素(nisin)是目前研究和应用较多的微生物源生物保鲜剂。

(3)抗冻蛋白保鲜技术

抗冻蛋白(antifreeze protein,AFP)是一类能抑制冰晶生长,能以非依数形式降低水溶液的冰点,但不影响其熔点的特殊蛋白质。自从 20 世纪 60 年代从极地鱼的血清中提取出抗冻蛋白后,研究对象也逐渐从鱼扩大到耐寒植物、昆虫、真菌和细菌。虽然得到了多种抗冻蛋白,但其降低冰点的幅度有限,与常用的可食用抗冻剂相比效果不显著,且自然生产量很小。因此,难以大规模应用于食品中。目前,抗冻蛋白可能应用在果蔬等食品的运输和贮藏中、肉类食品冷藏中和冷冻乳制品中。

(4)冰核细菌保鲜技术

冰核细菌是一类广泛附生于植物表面尤其是叶表面,能够在 -5 ℃～-2 ℃范围内诱发植物结冰发生霜冻的微生物,简称 INA 细菌,是 Maki 在 1974 年首次从赤杨树叶中分离得到的。迄今为止,已发现 4 属 23 种或变种的细菌具有冰核活性。已发现的 INA 细菌以丁香假单胞菌(*P. syringae*)最多,其次是草生欧文菌(*Erwinia herbicola*)。此外,荧光假单胞菌、斯氏欧文菌(*E. stewartii Smith*)、菠萝欧文菌(*E. ananas Serrano*)也具有冰核活性。我国已发现 3 属 17 种或变种的冰核细菌。

冰核细菌能够在 -5～-2℃下形成规则、细腻、异质冰晶。因此,将一定浓度的冰核菌液喷于待冷冻的食品上,可在 -5 ℃～-2 ℃下贮藏。一方面可以提高冻结的温度,缩短冻结时间,节约能源,另一方面可避免过冷现象造成的冷冻食品风味与营养成分损失过多,最大限度地保持食品原料中的芳香组分,改善冷冻食品的质地。

随着低温生物技术的发展,冰核细菌及其活性成分在食品冷冻保鲜以及其他食品工业特别是食品浓缩中的应用将愈来愈重要。然而,冰核细菌要真正应用到食品工业中,还必须解决高活性冰核活性蛋白的高水平表达和冰核细菌及其活性成分对环境以及人类安全性的影响等问题。

2.1.5 食品的干燥和脱水保藏

食品的干燥脱水保藏,是一种传统的保藏方法,已经使用了几个世纪。其原理是降低食品的水分活度,使微生物不能生长,限制酶的活性,从而防止食品腐败变质。

各种微生物要求的最低水活性值是不同的。细菌、霉菌和酵母菌三大类微生物中,一般细菌要求的最低 a_w 较高，在 0.94～0.99 范围内；霉菌要求的最低 a_w 为 0.73～0.94，酵母要求的最低 a_w 为 0.88～0.94。但有些干性霉菌，如灰绿曲霉最低 a_w 仅为 0.64～0.70（含水量 16%），某些食品 a_w 值在 0.70～0.73（含水量约 16%）时曲霉和青霉即可生长，因此干制食品的防霉 a_w 值要达到 0.64 以下（含水量 12%～14%以下）才较为安全。

新鲜食品如乳、肉、鱼、蛋、水果、蔬菜等都有较高水分，其 a_w 值一般在 0.98～0.99，适合多种微生物的生长。目前防霉干制食品的水分含量一般在 3%～25%，如水果干为 15%～25%，蔬菜干为 4%以下，肉类干制品为 5%～10%，喷雾干燥乳粉为 2.5%～3%，喷雾干燥蛋粉在 5% 以下。

2.1.6 食品的化学保藏法

食品化学保藏就是在食品生产、贮藏和运输过程中使用化学品（化学保藏剂）来提高食品的耐藏性和尽可能保持食品原有质量的措施。化学保藏的优点在于，只要往食品中添加少量的化学制品，如防腐剂、抗氧化剂、保鲜剂等物质，就能在室温条件下延缓食品的腐败变质。与其他保藏方法相比具有简便又经济的特点。

但是，化学保藏剂仅能在有限时间内保持食品原来的品质状态，属于暂时性的保藏，是食品保藏的辅助措施。因为它只能推迟微生物的生长，并不能完全阻止它们的生长或只能短时间内延缓食品内的化学变化。

具体的化学保藏方法包括盐藏、糖藏、醋藏、酒藏和防腐剂保藏等。盐藏和糖藏都是根据提高食物的渗透压来抑制微生物的活动，醋和酒在食物中达到一定浓度时也能抑制微生物的生长繁殖，防腐剂能抑制微生物酶系的活性以及破坏微生物细胞的膜结构。

2.1.6.1 盐藏

食品经盐藏不仅能抑制微生物的生长繁殖，并可赋予其新的风味，故兼有加工的效果。食盐的防腐作用主要在于提高渗透压，使细胞原生质浓缩发生质壁分离；降低水分活性，不利于微生物生长；减少水中溶解氧，使好气性微生物的生长受到抑制等。

各种微生物对食盐浓度的适应性差别较大。嗜盐性微生物，如红色细菌、接合酵母属和革兰氏阳性球菌在较高浓度食盐的溶液（15% 以上）中仍能生长。无色杆菌属等一般腐败性微生物约在 5%的食盐浓度，肉毒梭状芽孢杆菌等病原菌在 7%～10%食盐浓度时，生长受到抑制。一般霉菌对食盐都有较强的耐受性，如某些青霉菌株在 25%的食盐浓度中尚能生长。

2.1.6.2 糖藏

糖藏也是利用增加食品渗透压、降低水分活度，从而抑制微生物生长的一种贮藏方法。一般微生物在糖浓度超过 50%时生长便受到抑制。但有些耐透性强的酵母和霉菌，在糖浓度高达 70%以上时也可生长。因而仅靠增加糖浓度有一定局限性，但若再添加少量酸（如食醋），微生物的耐渗透力将显著下降。

2.1.6.3 防腐剂保藏

可用于食品防腐保藏的化学物质称为食品防腐剂，它们具有抑制或杀死微生物的作用。目前，世界上用于食品保藏的化学防腐剂有 30～40 种，按其性质可分为有机防腐剂和无机防腐剂。有机防腐剂包括有苯甲酸及其盐类、山梨酸及其盐类、脱氢醋酸及其盐类、对羟基苯甲酸酯类、丙酸盐类、双乙酸钠、邻苯基苯酚、联苯、噻苯咪唑等。此外还包括天然的细菌素如乳酸链球菌肽（nisin）、溶菌酶、海藻糖、甘露聚糖、壳聚糖、辛辣成分等。无机防腐剂包括如过氧化氢、硝酸盐和亚硝酸盐、二氧化碳、亚硫酸盐和食盐等。

2.2 食品防腐保鲜理论

随着人们对食品防腐保鲜研究的深入，对于保鲜理论也有了更新的认识，研究人员一致认为，没有任何一种单一的保鲜措施是完美无缺的，必须采用综合保鲜技术。目前保鲜研究的主要理论依据是栅栏因子理论。

2.2.1 栅栏技术

栅栏因子理论是德国肉类食品专家 Leistner 博士提出的一套系统科学地控制食品保质期的理论。该理论认为，食品要达到可贮性与卫生安全性，其内部必须存在能够阻止食品所含腐败菌和病原菌生长繁殖的因子，这些因子通过临时和永久性地打破微生物的内平衡，从而抑制微生物的致腐与产毒，保持食品品质。这些因子被称为栅栏因子(hurdle factor)。栅栏因子及其互作效应决定了食品的微生物稳定性，食品的货架期可通过两个或多个栅栏因子的相互作用而得以保证，即所谓的栅栏效应(hurdle effect)。栅栏效应是食品保存的有效手段。在实际生产中，运用不同的栅栏因子，科学合理地组合起来，发挥其协同作用，从不同的侧面抑制引起食品腐败的微生物，形成对微生物的多靶攻击，从而改善食品品质，保证食品的卫生安全性，这一技术即为栅栏技术(hurdle technology,HT)。

2.2.1.1 栅栏因子

目前研究已确定认可应用的栅栏因子有 40 个以上，这些栅栏因子所发挥的作用已不再仅侧重于控制微生物的稳定性，而是最大限度地考虑改善食品质量，延长其货架期。

常用的栅栏因子有以下几种：

(1)水分活度(a_w)

降低 a_w 是控制微生物的第一步。在食品的贮藏过程中，微生物的繁殖速度及微生物群的构成种类取决于 a_w。a_w 的水平对孢子形成，发芽和毒素的产生程度也有直接的影响。除了微生物安全问题，还影响酶的活性，褐变，淀粉降解，油脂氧化，维生素损失，蛋白质变性等。

(2)温度

高温处理或低温冷藏可以杀灭微生物或抑制微生物的生长。高温处理能杀灭大多数微生物。但随着制冷技术的发展和人民生活水平的提高，冷藏保鲜已成为一种普遍采用和接受的技术，低温冷藏既能最大程度地保存食品中的营养素，又能有效地抑制微生物的生长繁殖。

(3)酸度(pH)

高酸度或低酸度。通过调节酸度可以防止一些微生物的生长。当 pH 降低时大多数细菌的繁殖速度会减慢，当 pH 低于 5.0 时，绝大多数的微生物被抑制，只有一些特殊的微生物如乳酸菌可以繁殖。

(4)氧化还原电势(Eh)

大多数腐败菌均属于好氧菌，食品中含氧量的多少影响着其中残存微生物的生长代谢。因此可以通过 Eh 值判定食品中氧存在的多少。食品中氧残存多，Eh 值高，对食品的保存不利。反之，Eh 值低，可以抑制需氧微生物的生长，有利于食品的贮藏保鲜。

(5)添加防腐剂

有机酸的抑菌作用主要是因为其能透过细胞膜，进入细胞内部并发生解离，从而改变细胞内的电荷分布，导致细胞代谢紊乱或死亡。乳酸链球菌肽(nisin)能够杀死或抑制革兰氏阳性菌。特别是 nisin 对食品的主要腐败菌——梭菌和芽孢杆菌有效果，阻止其孢子的萌发。同时添加 nisin 后可大大降低灭菌温度和灭菌时间。此外，香辛料中含有杀菌、抑菌成分，将其组分作为天然防腐剂，既安全又有效。

(6)辐照

包括紫外线照射、微波处理、放射线辐照等。所有种类的食品均可用 1MGy 或更小剂量进行辐射来避免食品被微生物和害虫破坏。如微波杀菌具有快速、节能，以及对食品的品质影响很小的特点。

(7)利用微生物竞争性或拮抗性微生物

利用乳酸菌等有益微生物来抑制其他有害微生物的生长繁殖。

(8)压力

包括高压或低压。高压处理保鲜技术将肉类等普通食品经数千个大气压处理后，细菌就会被杀灭，而肉类等食品仍可保持原有的鲜度和风味。

(9)气调

主要用于食品的气调包装中。二氧化碳能抑制细菌和真菌的生长，特别是细菌繁殖的早期；同时，也可以抑制食品和微生物细胞中酶的活性，从而达到延长货架期的目的。氧气能防止厌氧微生物引起的食品腐败变质；氮气能起到防止氧化、酸败和霉菌生长的作用。在包装中将这三种气体按适当的比例混合，可有效地延长食品的保藏期。

(10)包装

真空包装、活性包装、无菌包装、涂膜包装等。包装是隔绝污染的最有效的方法。

(11)物理加工法

磁振动场、高频无线电、荧光灭活、超声波处理、射频能量、阻抗热处理、高电场脉冲等。

2.2.1.2 栅栏技术的应用

人们将利用栅栏技术进行加工保藏的食品称之为栅栏技术食品(HTF)。栅栏技术在食品加工和保藏中已被广泛应用，它不仅可用于食品加工和保藏中微生物的控制，还可以用于食品加工保藏工艺的改进和新产品的开发上。栅栏技术在国外已经被成功地应用到肉品加工中，并且在蔬菜贮藏、粮食储藏、食品包装等领域进行研究。

对每一种食品而言，起主要作用的因子只有几个，并且对不同的食品起主要作用的栅栏因子也相同。所以应根据不同产品特性来把握和设计适合于该食品的关键的栅栏因子，同时还要对主要的栅栏因子进行合理组合。按照 Leistner 博士的观点，在应用栅栏技术(HT)设计食品时，常与危害分析与关键控制点(HACCP)和微生物预报技术(PM)相结合。HT 主要用于设计，HACCP 用于加工管理，而 PM 主要用于产品优化。

2.2.2 食品生产的质量管理体系

食品的保藏技术与生产中的科学管理密不可分，ISO9000 系列标准、GMP 管理体系和 HACCP 质量管理体系就是国际上较为流行的质量管理体系。

2.2.2.1 ISO9000

ISO 是国际标准化组织英文 International Organization for Standardization 的简称，

该组织于1987年颁布的第一套管理性质的国际标准，称为ISO9000系列标准，它是总结世界各国，特别是经济发达国家管理经验的基础上产生的，是一套综合性质的标准。负责制定这套标准的是ISO/TC176——质量保证和质量管理技术委员会。该系列标准最初共有5个标准，即：ISO9000（1987质量管理和质量保证标准——选择和使用指南）、ISO9001（1987质量体系——设计、开发、生产、安装和服务的质量保证模式）、ISO9002（1987质量体系——生产和安装的质量保证模式）、ISO9003（1987最终检验和试验的质量保证模式）、ISO9004（1987质量管理和质量体系要素——指南）。1994年经过第一次修订，形成了目前1994年版的ISO9000族标准，它包括5个部分，即术语、核心标准、质量保证补充标准、质量管理补充标准、质量管理技术指南标准。

迄今为止，世界各地的质量标准化认证工作得到了迅猛发展，全球已有近90个国家将ISO9000转化为本国标准，76个国家采用此标准开展了质量体系认证，30多个国家建立了质量体系认证机构国家认证制度。

2.2.2.2　GMP

GMP是英文Good Manufacturing Practice的缩写，即良好操作规范，是美国首创的一种保障产品质量的管理体系。目前以美国为首的发达国家都在推行GMP制度，并用于各种食品企业的食品质量管理。

GMP标准是由食品生产企业与卫生部门共同制定的，规定了在加工、贮藏和食品分配等各个工序中所要求的操作和管理规范。它要求食品生产企业应具备合理的生产工艺过程、良好的生产设备、正确的生产知识、严格的操作规范以及食品质量管理体系。其主要内容涵盖选址、设计、厂房建筑、设备、工艺过程、检测手段、人员组成、个人卫生、管理职责、卫生监督程序、满意程度等等一系列食品生产经营条件，并提出了卫生学评价的标准和规范。

GMP标准用文件形式提供管理的可靠性，目的是为各种食品的制造、加工、包装、贮藏等有关方面制定出一个统一的指导原则和卫生规范。不同的食品制造业各有其特点和要求，因而在这个框架的基础上，对各专门的食品制造业还需要制定详细的附加条件，使每一种食品加工行为按确定的管理和技术标准受到控制。

2.2.2.3　HACCP

HACCP是英文Hazard Analysis Critical Control Point的缩写，即危害分析与关键控制点体系，是一种预防性的食品安全控制体系，其宗旨是减少或消除食品安全问题。HACCP系统经过30多年的发展和完善，已被食品界公认为确保食品安全的最佳管理方案，在发达国家已得到广泛应用。它可以确保食品加工和制造遵循GMP规范，目前已为全世界接受的ISO质量认证体系也将HACCP纳入其中。

HACCP系统的最大特点是：充分利用检验手段，对生产流程中各个环节进行抽样检测和有效分析，预测食品污染的原因，从而提出危害关键控制点（包括能保证控制有害事故发生的CCP_1和能最大限度减少事故发生但不能对危害事故控制的CCP_2）及危害等级，再根据危害关键控制点提出控制项目（通常指温度、时间、湿度、水分活度、pH、可滴定酸、氯浓度、黏度度等）、控制标准（管理关键限值）、检测方法、监控方法以及纠正的措施。通过采取这些相应的措施，从而预防了危害的发生。同时也能将正确的措施及时反馈到工艺流程中，如此循环反馈、改进，不断提高。同时能对每一个关键控制点的操作进行日常监测，并记录所有检测结果，建立准确可靠的档案资料系统和检查HACCP体系工作状况的程序，出现问题有据可查。

HACCP管理体系的核心是将食品质量的管理贯穿于食品从原料到成品的整个生产过程当中，侧重于预防性监控，不依赖于对最终产品进行检验，打破了传统检验结果滞后的缺点，从而将危害消除或降低到最低限度，HACCP是一个系统工程，各级领导必须重视，全员投入协调作战，才能保证HACCP的正常运转和取得预期效果。

HACCP系统在发达国家已广泛应用。我国目前也正将此管理体系尝试性应用于生产。HACCP管理体系是我国今后食品企业管理的发展方向，也是防止食品腐败变质，延长货架期的主要管理模式。

2.2.3 微生物预报技术

微生物预报是指食品中微生物的生长、繁殖会使其所处环境的某些物理、化学参数发生变化，如果能预先了解微生物的生长、繁殖和物理、化学参数之间的关系，就可通过检测物理和化学参数的变化来了解微生物的生长、繁殖情况，间接监控微生物的生长和繁殖，就可以不通过培养微生物而直接得到有关微生物生长、繁殖或死亡的信息。众多科学家的相关研究工作为食品微生物学新领域——预测微生物学的出现奠定了基础。

所谓预测微生物学是指借助计算机的微生物数据库，在数字模型基础上，在确定的条件下，快速对重要微生物的生长、存活和死亡进行预测，从而确保食品在生产、运输贮存过程中的安全和稳定，打破传统微生物受时间约束而结果滞后的特点。微生物数据库和数字模型是微生物预报技术的必要条件。

微生物预报技术可以帮助和指导管理者在生产中贯彻HACCP，外部多因素出现时，可决定关键控制点并决定竞争实验是否必需，同时对HACCP清单给予补充；在安全可以设计出来，但不可检验出来的指导思想下，可以预报产品配方变化对于食品安全和货架期的影响，并进行新产品货架期和安全性设计；可以预报产品在贮存和流通中，在不同包装条件下微生物的变化，并客观估价该过程的失误；可以大量节约开发研究的时间和资金。

2.3 加强食品企业的卫生管理

食品是人类生存和发展最重要的物质基础。食品的卫生状况直接关系着人民的身体健康和生命安全。因此，为了保证食品卫生质量，防止食品污染，预防食物中毒和其他食源性疾病以及人体的慢性危害，保障人民身体健康，就必须加强食品卫生管理。然而，食品卫生管理工作不仅是卫生行政部门的责任，也是食品企业的重要工作内容之一。

2.3.1 加强食品卫生的法制监督管理

食品卫生监督管理是保证食品卫生的重要手段，世界各国都将其纳入国家公共卫生事务管理的职能之中，我国对食品的管理经历了从道德管理、行政管理到法制管理，从食品卫生监督管理到食品安全监督管理的过程，监督管理体制不断完善。

1995年开始实施的《中华人民共和国食品卫生法》是食品卫生的监督管理的法律依据，该法的实施确立了食品卫生监督为主要形式的食品卫生国家行政管理体制，从而使我国的食品卫生监督管理工作进入了法制管理的阶段。监督和督促食品企业认真贯彻该法，提高我国食品卫生水平必将推动我国食品走向世界，进而促进我国经济的进一步发展。

2.3.2 加强食品企业的卫生质量管理

食品企业的卫生管理是食品卫生管理的基础。《食品卫生法》第六章明确了食品生产经营企业及管理部门应该负责本系统的食品卫生工作。食品企业包括食品工业企业、食品商业企业、公共饮食企业和与这些企业有关的食品储存、运输等单位。这些食品企业的卫生条件、卫生状况、卫生管理水平与食品卫生质量有着密切的关系。

食品企业应建立相应的食品卫生管理机构，如品控部或质检部，对本单位的食品卫生工作进行全面的管理。人员由经过专业培训的专职或兼职人员组成，负责宣传和贯彻食品卫生法规和有关规章制度，监督、检查在本单位的执行情况，定期向食品卫生监督部门报告；制订和修改本单位的各项卫生管理制度和规划；组织卫生宣传教育工作，培训食品从业人员；定期进行本单位从业人员的健康检查，并做好善后工作。

按照工作的先后，食品企业的管理工作还应包括：工厂设计的卫生管理、企业卫生标准的制定和 HACCP 系统的建立、原材料的卫生管理、生产过程的卫生管理、原材料及成品的卫生检验、企业员工个人卫生的管理、成品储存运输和销售的卫生管理以及虫害和鼠害的控制等。

2.3.3 加强食品企业生产的卫生质量管理

食品生产过程的卫生管理是食品卫生管理的重要环节。食品生产过程是指一切食品生产（不包括种植业和养殖业）、采集、收购、加工、包装、储存、运输、供应、销售等业务活动的过程。食品生产过程中，不论哪一个环节不符合卫生要求，都可能影响食品的卫生质量。

为了防范在不卫生的条件下或可能引起污染和品质降低的环境中操作，减少操作错误并建立健全的质量体系，食品企业应建立良好操作规范（GMP），以确保食品的安全性和产品品质。以卫生控制程序（SCP）和 GMP 作为 HACCP 计划的基础，构建针对具体产品和加工的完整的食品安全计划，加以实施并验证有效性，采取必要的纠正措施，保证食品的安全性。

2.3.4 加强进、出口食品的卫生管理

进出口食品的卫生问题关系到国家的信誉和消费者的利益。随着我国对外贸易的发展，进出口食品的数量和品种不断增加。因为卫生质量不符合要求而造成索赔、退货等问题时有发生。因此，为了维护国家的信誉和保障人民健康就必须加强进出口食品的卫生管理。

本章复习思考题

1. 什么叫食品的腐败变质？导致食品变质的微生物种类有哪些？

2. 微生物引起食品腐败变质的环境条件有哪些？

3. 简述食品中蛋白质、脂肪、碳水化合物分解变质的主要化学过程。

4. 引起罐藏食品腐败变质的微生物种类有哪些？试述罐藏食品腐败变质的表现及其原因。

5. 非加热保藏的优点有哪些？包括哪些保藏技术？

6. 什么是栅栏技术？栅栏因子包括哪些？

本章主要参考文献

1. 曹小红.食品安全与卫生.北京：科学出版社,2006

2. 董明盛,贾英民,贺稚非.食品微生物学.北京:中国轻工业出版社,2006

3. 高永清,吴小南,蔡美琴.营养与食品卫生学.北京:科学出版社,2008

4. Jay J M,Loessner M J,Golden D A.何国庆,丁立孝,宫春波主译.现代食品微生物学(第七版).北京:中国农业大学出版社,2008

5. 何计国,甄润英.食品卫生学.北京:中国农业大学出版社,2003

6. 江汉胡.食品微生物学.北京:中国农业出版社,2005

7. 李平兰,贺稚非.食品微生物学实验原理与技术.北京:中国农业出版社,2005

8. Forsythe S J.李卫华等译.安全食品微生物学.北京:中国轻工业出版社.,2007

9. 史贤明.食品安全与卫生学.北京:中国农业出版社,2003

10. 曾名湧.食品保藏原理与技术.北京:化学工业出版社,2007

11. 朱乐敏.食品微生物学.北京:化学工业出版社,2006

12. Lund B M,T C Baird-Parker and G W Gould. The Microbiological Safety and Quality of Food. Volume II [M]. Maryland: Aspen Publishers,Inc. ,2000

13. Caplice E,Fitzgerald G F. Food fermentations: role of microorganisms in food production and preservation [J]. International J Food Microbiology,50,49～131,1999

14. Roller S. Physiology of food spoilage organisms [J]. International J Food Microbiology,50,151～153,1999